国家社科基金重大项目"中国东南海海洋史研究"【19ZDA189】
国家社科基金冷门绝学项目"中国海洋遗产：闽台民间造船绝技抢救与传承研究"【19VJX158】
南通大学"精进文库"

中国东南海海洋史研究调研丛书

卷 一

丛书主编 / 刘芝凤
本卷主编

中国东南沿海海防与人口迁徙调查研究

刘芝凤　吴小玲　刘鸿亮　苏冬梅　王　晓／等 著

知识产权出版社
全国百佳图书出版单位
—北京—

图书在版编目（CIP）数据

中国东南沿海海防与人口迁徙调查研究 / 刘芝凤主编；刘芝凤等著. -- 北京：知识产权出版社，2024.10
（中国东南海海洋史研究调研丛书/刘芝凤主编；卷一）
ISBN 978-7-5130-9250-0

Ⅰ.①中…　Ⅱ.①刘…　Ⅲ.①海防—关系—人口迁移—调查研究—中国　Ⅳ.①E255②C922.2

中国国家版本馆 CIP 数据核字（2024）第 030905 号

责任编辑：张　荣　国晓健　　　　　　责任校对：谷　洋
封面设计：张　欣　　　　　　　　　　　责任印制：孙婷婷

中国东南海海洋史研究调研丛书·卷一
中国东南沿海海防与人口迁徙调查研究
丛书主编　刘芝凤　本卷主编　刘芝凤
刘芝凤　吴小玲　刘鸿亮　苏冬梅　王　晓　等著

出版发行：知识产权出版社有限责任公司	网　址：http://www.ipph.cn
社　址：北京市海淀区气象路50号院	邮　编：100081
责编电话：010-82000860 转 8109	责编邮箱：107392336@qq.com
发行电话：010-82000860 转 8101/8102	发行传真：010-82000893/82005070/82000270
印　刷：北京九州迅驰传媒文化有限公司	经　销：新华书店、各大网上书店及相关专业书店
开　本：787mm×1092mm　1/16	印　张：21
版　次：2024年10月第1版	印　次：2024年10月第1次印刷
字　数：505千字	定　价：179.00元
ISBN 978-7-5130-9250-0	

出版权专有　侵权必究
如有印装质量问题，本社负责调换。

服务项目：

国家社科基金重大项目"中国东南海海洋史研究"【19ZDA189】

国家社科基金冷门绝学项目"中国海洋遗产：闽台民间造船绝技抢救与传承研究"【19VJX158】

构建项目：

"中国海洋文化资源学"第二工程项目

资助项目：

南通大学人文社科精品著作出版资助项目

中国东南海海洋史研究调研丛书学术委员会

主　　任：刘芝凤
副 主 任：丁卫泽
督研专家：李国强　曲金良　阎根齐　李庆新　侯　毅　顿　贺
　　　　　孙光圻　何国卫　刘义杰　张开诚　朱　兵　徐　辉
　　　　　萧　放　张继焦　时　平　蔡丰明　赵丽明　苑　利
　　　　　苏文菁　马锡珍　肖一亭
丛书主编：刘芝凤

中国东南海海洋史研究调研丛书编纂委员会

主　　任：刘芝凤
主任助理：王桂玲
委　　员：朱　兵　刘芝凤　刘鸿亮　郑力乔　蔡文彬　周　侗
　　　　　王桂玲　郭肖华　李文涛　徐　辉　林　坚　涂志伟
　　　　　谌香菊　丁卫泽　杨　杨　白　斌　贝武权　孙　峰
　　　　　屈　峰　李丹阳　方　芳　游国鹏　吴芳芳　曾晓萍
　　　　　黄鹿滨　陈良武　王志强　胡爱民　杨景霞　卢和妤
　　　　　于　华　张　杏　陈政禹　曾丽洁　黄亦鸣　马锡珍
　　　　　余文星　乔俊果　吴小玲　宋宛霖　王　晓

《中国东南沿海海防与人口迁徙调查研究》
编撰人员

主　　　编：刘芝凤
统　　　稿：王桂玲　张庆香　董星晨
撰 写 人 员：刘芝凤　吴小玲　刘鸿亮　苏冬梅　王　晓　张国琳
　　　　　　陈政禹　梁亚林　林　坚　马锡珍　涂志伟　余文星
　　　　　　许文雄　冯建章　王华峰　白　斌　于　华　周秀杰
　　　　　　林　澜　卢绪友　林江珠　李　钰　邱　静　宋宛霖
参加调研人员：刘芝凤　张庆香　陈智鹏　车小娴　许文雄　陈政禹
　　　　　　刘慧聪　邹湘文　朱奕凡　马锡珍　屈　峰　张林莹
　　　　　　张楚婷　梁亚林　范嘉伟　郑力乔　卓旭昶　胡爱民
　　　　　　邱　静　苏冬梅　李　钰　林江珠　胡冰青　张蕴嘉
　　　　　　王　晓　谌香菊

总　　序

中国的历史离不开海洋，中国海洋文化是中国文化的重要组成部分，海洋文化是海洋历史的积淀。研究中国海洋史，除了在浩瀚的历史文献中钩沉稽古，田野调研也是重要的方法。田野调查是对历史文献的补充和完善，见证了中国海洋史的鲜活、生动、立体的发展过程。

中国海洋史开启得很早，从旧石器时代晚期至新石器时代，在我国东海、南海沿海地区，人类就开始了依海为生的社会活动，并且留下了大量文物遗产。不论是分解海洋鱼类、贝类和软体海洋动物的打制石器，还是已经可以体现沿海渔民智慧与技术的网坠、陶轮等，在我国东海、南海沿海各地的考古中都有大量的发现。

学界多认为，西方的海洋学术研究早于中国，这是受"西方中心论"影响的认知结果。中国早在秦汉时期就有专著《尔雅》，其第十六卷《释鱼》，就是我国重要的渔业文化经典。仅就海洋水产的相关著作而言，在《尔雅·释鱼》之后，有西汉东方朔的《神异经》，三国（魏）曹操的《四时食制》，三国（吴）沈莹的《临海水土志》、万震的《南州异物志》，唐刘恂的《岭表录异》、段成式的《酉阳杂俎》，宋傅肱的《蟹谱》，南宋范成大的《吴郡志》和《桂海虞衡志》、罗愿的《尔雅翼》，元末明初叶子奇的《草木子》、陆容的《菽园杂记》，明屠本畯的《闽中海错疏》、李时珍的《本草纲目》，清聂璜的《海错图》、郭柏苍的《海错百一录》、屈大均的《广东新语》等大量著作，浩如烟海。自东晋法显的《佛国记》，至元代汪大渊（1310—？年）的《岛夷志略》、明代马欢的《瀛涯胜览》等，堪称记述航海亲身经历的巨著者，不胜枚举。西方人的"大航海"更是明代郑和大航海百年之后的事情。明乎此，中国的海洋文化、海洋历史之悠久，内涵之丰富，形态之灿烂，在世界上可谓无与伦比，毋庸置疑。

但是，在20世纪80年代以前，我国学术界却仍然没有海洋文化、海洋史的相关概念，更谈不上学术体系的建构。1983年，我国台湾"中研院"开始了海洋文化的学术研究；1987年，大陆学者赴德国汉堡参加第四届国际海洋学史大会，开启了与国际海洋史学界的"近距离接触"；1992年，《中国海洋报》开设"海洋文化"栏目；1995年，广东炎黄文化研究会开始举行"海洋文化笔谈"；1996年，《中国海洋大学学报》开辟"海洋文化研究"专栏；1997年，由本人组建的中国海洋大学海洋文化研究所成立，开始了对中国海洋文化的系统研究；1998—2005年，厦门大学杨国桢教授主编的"海洋与中国""海洋中国与世界"系列丛书先后出版；1999年，本人主编的《海洋文化概论》和《中国海洋文化研究》集刊第1卷同时出版；2008—2013年，本人主编的《中国海洋文化史长编》5卷本先后面世；之后，全国相关学界开始有更多学者投入，海洋文化、海洋历史专门或相关研究机构不断成立，海洋文化、海洋历史研究全面铺开，学术研究呈现出可喜的局面。

但实事求是地说，学界研究海洋文化、海洋史所依据的材料一直多以书面文献为主，田野作业、"在场"的调研虽然也有不少，岛屿文化调研成果尤为突出，但还远不够广泛、普遍，尤其是较大规模、较大区域的海洋文化、海洋史调研，就更为缺乏。

2014年，由本丛书主编刘芝凤教授主编的"闽台历史民俗文化遗产资源调查"13卷476万字出版，是第一次将含有福建、台湾沿海文化、历史和民俗的田野调查成果，分为13类汇集成书。这是一次较大规模、较大区域空间、具有特殊意义的田野调研成果，诚为可喜可观，同时也为本丛书奠定了重要基础。

本丛书作为全国第一套成体系的，系统性地对中国海事历史进行的更大规模、更大区域空间、更大内容含量的文献、田野综合调研成果，是刘芝凤教授用多年时间，先后组织团队师生200余人，对中国东南沿海地区41个地级市200余个沿海乡村进行调研的心血结晶，很不容易，更为可喜可叹。

"中国东南海海洋史研究调研丛书"6卷本，来自田野调查300余万字的调研报告，将中国海事历史分为11个专题，进行了系统化的整理研究，基本完善了海事史的架构。从海疆海防至人口迁徙、东南沿海造船史、海洋资源利用的最早形式海洋捕捞至海盐生产史、海洋航线航运到海洋商贸史、从港口码头到沿海城市发展史、沿海民间规约与海洋制度史至海洋灾害史，到东南沿海海洋文化艺术史调研，丛书涵盖了中国东海、南海地区，涉及中国东南沿海海域海防史、海洋人口迁移史、造船史、海洋捕捞与盐业史、海洋航线航运史、海洋商贸史、海港码头史、海洋民俗文化等多个方面。可以说，"中国东南海海洋史研究调研丛书"是迄今为止第一套系统研究中国海事史的田野调查报告系列丛书。上百人的学者队伍在田野调查和历史文献搜集与节录的基础上撰写调研报告、采访报道、口述史记录等，最终形成了这一成果。该套丛书调研数据翔实、典型案例突出、研究视角独特、内容种类全面，都是以往学界所鲜见的，堪称我国海洋文化体系建设中的又一重要基础性成果，填补了我国海洋史暨海洋文化专门史研究的学术空间，具有很高的学术价值。

本丛书在中国东南海海洋史研究系列工程中的作用与价值是：

一、该丛书是构建"中国海洋文化资源学"这门新知识学科体系的一个结构性工程项目，标志着中国海洋文化资源学的构建从此开始。丛书以东南沿海海事历史田野调查为对象，呈现了中国海洋、海事文化史的组织架构、类别、主要研究方向和内容。

二、本丛书的出版，弥补了我国海洋文化学界海事史研究无体系化系统田野调查的短板，意义重大。

三、本丛书的系列调研报告和研究论文，是中国海洋文化历史研究新的又一集成。

历史是人类创造的，一个拥有陆地和海洋的国家的文明史是一部大历史，厘清我国海洋文化、海事文化历史资源，构建一门新知识学科体系"中国海洋文化资源学"，意义重大，且迫在眉睫。加强我国海洋文化资源学建设，重视海洋历史调查研究，深入挖掘、收集、梳理，全面摸清我国海洋文化资源的类型、数量、分布和现状等，评估其在世界海洋文化、海洋经济建设中的价值，是相关学界学者的使命。刘芝凤教授作为南通大学海洋文化资源研究院院长、国家社科基金重大项目首席专家，率领团队做出了奠基性的贡献。

　　期待着刘芝凤教授团队有更多的研究中国东海和南海海洋文化的成果及早问世，期待着中国东南海海洋史研究学术工程，能够拓展出更多的系列海洋文化史研究工程项目，不断取得更多新的学术收获！

2023 年 12 月 11 日

总前言

中国是世界海洋大国之一，大陆海岸线约1.8万千米，海域总面积约473万平方千米。① 中国宽广辽阔的海域里，不仅孕育了丰富的海洋矿产资源、海洋生物资源、海洋动力资源等，还在近万年来中国东南沿海地区人口迁徙、向海洋开发求生存的奋斗历程中，积淀了涵盖物质遗存与非物质文化遗产的多维海洋历史文化资源。

研究中国东海和南海沿海地区海洋文化资源，既是见证中国海洋历史的需要，也是中国海洋文化产业资源开发、产出的需要，同时也是中华民族文化探源的需要。

"中国东南海海洋史研究调研丛书"（6卷）是我国第一套成体系的系统性地调查研究我国东海、南海海洋文化与海事历史的调研成果。该成果是2019年度国家社科基金重大项目"中国东南海海洋史研究"（项目号：19ZDA189）的中期研究成果。与此同时，为夯实该项目的文献累积基础，项目团队组织了二十余所高校师生和文化部门，共计两百余人做了"中国东南海海洋史历史文献辑编"（11卷）和"中国东南海海洋史研究·地方海洋史历史文献编研"（36卷）工作，生成共2400万字左右的资料，为构建"中国海洋文化资源学"——一门新知识学科体系提供了基础架构信息。在此基础上，36卷地方海洋史历史文献辑编与研究，经编辑整理成"中国东南海海洋史研究丛书（全36卷）"，已增补"十四五"国家重点出版物出版规划项目，并获2023年度国家出版基金资助项目。

"中国东南海海洋史研究调研丛书"（6卷）所涉及的海洋航线和造船史研究部分，选用了本团队已结题的2019年国家社科基金"冷门绝学"项目"中国海洋遗产：闽台民间造船绝技抢救与传承研究"（项目号：19VJX158）田野调查中的部分资料。

"中国东南海海洋史研究调研丛书"（6卷），将中国海事史进行分类调查研究。具体如下：

第一卷：《中国东南沿海海防与人口迁徙调查研究》；

第二卷：《中国东南沿海造船史调查研究》；

第三卷：《中国东南海海洋航线航运与商贸史调查研究》；

---

① 1958年9月4日《中华人民共和国政府关于领海的声明》宣布，中华人民共和国的领海宽度为12海里（浬）。这项规定适用于中华人民共和国的一切领土，包括中国大陆及其沿海岛屿，和同大陆及其沿海岛屿隔有公海的台湾及其周围各岛、澎湖列岛、东沙群岛、西沙群岛、中沙群岛、南沙群岛以及其他属于中国的岛屿。……在基线以内的水域，包括渤海湾、琼州海峡在内，都是中国的内海。在基线以内的岛屿，包括东引岛、高登岛、马祖列岛、白犬列岛、乌坵岛、大小金门岛、大担岛、二担岛、东椗岛在内，都是中国的内海岛屿。见《中华人民共和国关于领海的声明》，外交部官网，https://www.mfa.gov.cn/web/wjb_673085/zzjg_673183/bjhysws_674671/bhsmgb/202405/t20240510_11302691.shtml，访问日期：2024年12月20日。

第四卷：《中国东南沿海港口、城市与海洋灾害史调查研究》；
第五卷：《中国东南海海洋捕捞与盐业史调查研究》；
第六卷：《中国东南沿海海洋民俗与文化调查研究》。

此 6 卷是丛书主编在厦门理工学院工作时，在组建"闽台历史民俗文化遗产资源调查与研究"团队的基础上，与国家社科基金重大项目"中国东南海海洋史研究"合并形成的调研报告，是为构建"中国海洋文化资源学"，组建体系化系统研究中国海洋文化工程的项目之一。

"中国海洋文化资源学"是我国一门新知识学科体系建设工程，也是近 30 年来在我国重点学科建设因稀缺而必须培育、建设门类学科体系下产生的理念。本团队在 15 年前承担了厦门市重大社科项目"闽台历史民俗文化遗产资源调查"，由于福建和台湾均在中国东海沿海海域，是中国海洋文化的形象代表与中国海洋非遗的典型区域，且均为中国海洋大省，其所有历史民俗文化遗产均带有海洋属性，因此，本丛书主编从课题田野调查与历史文献收集中敏锐捕捉到一门新知识学科体系建设的方向，萌发了构建"中国海洋文化资源学"的思路。15 年间，团队两百余位专家学者投入"中国海洋文化资源学"的建设中。本卷为《中国东南沿海海防与人口迁徙调查研究》，后续还将继续对海洋文化资源进行系统且深入的调研，完成"中国海洋文化资源学"调查的这一部分任务。

"聚是一团火，散是满天星"是来自全国二十余所高校和科研单位组成的本团队精神和文化符号。我们的努力方向，是以最短的时间、最高效的方式，创建我国海洋文化领域里的特色文化符号和文化旗帜，夯实我国海洋文化资源学领域的信息。

本丛书是"中国海洋文化资源学"构建体系中第一套丛书中的第二个分项目，是来自江苏、上海、浙江、福建、台湾、广东、广西、海南、澳门等地的高校和文化单位的两百多位师生，历时 15 年，在中国东海、南海沿海地区调研的学术成果，希望能达到资政、存史、育人的效果。

刘芝凤
2024 年 11 月 15 日

前　言

纵观世界海洋历史，15世纪至17世纪，欧洲海洋国家（如葡萄牙、西班牙、荷兰和英国）通过航海探险活动开启全球海洋史的新阶段。在此阶段，这些国家通过殖民扩张建立全球联系，并对一些地区进行资源开发和掠夺。而在中国，两千多年前的秦朝，秦始皇派徐福带船队东渡，只为寻不死仙药；汉代张骞出使西域，带去的也只是中国的物资赠予和友谊；至17世纪初的明代，以郑和、王景弘为核心的团队下西洋，收获的仍然是外交友谊。自魏晋南北朝至元代，中国的海洋行为均以自由贸易为主，海防只是国家主权的一种体制。

在中国东南沿海地区海防史中，大规模的海疆海防战事，是自明代防御海盗、倭寇之侵略、掠夺、掳杀我东南沿海村庄开始的海疆海防战事。综观中国东南沿海人口迁徙之成因，或为历代沿海无战事，朝代更替时的戍边军人落地为民，如福建闽南地区泉州崇武古城，漳州列屿镇人家村，厦门集美区英村、后溪镇城内村，台中彰化鹿港，台南等现居民多为原戍边军人后裔；或为当朝灭亡，不愿当俘虏和亡国奴的人避祸逃难，如南宋末年，元军灭南宋时，南宋皇室及军队、百姓二十余万人逃到福建福州，建立了二年不到的朝廷，又被元军追逃至南海江门、伶仃洋一带，张世杰战死海上，文天祥被俘牺牲，陆秀夫背着末代小皇帝跳海，南宋灭亡，而没有死在海上的军民，或隐姓埋名，或逃至深山、渔村，落地为民；抑或是早在唐代前因中原战乱，举族迁徙到东南沿海的大姓大户，为便于经商、谋求生存，迁徙定居至沿海繁华城市或沿海村落。

中国东南沿海地区海防与人口迁徙有着千丝万缕的关系。做好中国东南沿海地区的海防史及沿海地区人口迁徙调查，是对中国海洋史的补充和完善，也是对国家历史的补充和完善。

本卷主要收录了课题组成员近年来在中国东南沿海地区田野调查实地取材所撰写的调研报告和研究论文。

刘芝凤

2023年11月24日

目　录

专题一　中国东南沿海海防史研究

明代"嘉靖倭患"起始时间考论 ………………………………………………… 3
薛福成与《浙东筹防录》 ………………………………………………………… 16
清代广西海域海防史研究——以19世纪中叶英国造卡龙炮研究为例 ……… 27
鸦片战争前后中国战船技术研究——以木质风帆战船"耆英"号为例 ……… 41
惠州海防文化遗产的历史脉络与现状调研 ……………………………………… 76
从收回东沙岛事件看清末惠州的海防壮举 ……………………………………… 93
福州马尾区亭江炮台考察 ………………………………………………………… 97
林则徐海防思想及实践的意义 …………………………………………………… 102

专题二　中国东南沿海戍边及人口迁徙史研究

潮州饶平县海防及海洋人口迁徙调查 …………………………………………… 107
潮州饶平县大埕沿海人口迁徙调查 ……………………………………………… 112
惠州平海明清海防及千户所古城人口迁徙调查 ………………………………… 114
珠海东澳岛海防及渔村人口迁徙情况调查 ……………………………………… 120
珠海桂山岛海防及人口迁徙调查 ………………………………………………… 124
福建漳州姓氏播迁调查研究 ……………………………………………………… 129

专题三　中国东南沿海非军事人口播迁文化史研究

东南亚华人纪录片的移民叙事研究 ……………………………………………… 143
明清广西北部湾地区外来移民的来源、途径及影响 …………………………… 151
近代以来海内外钦廉社团的特点及作用探析 …………………………………… 164
钦廉籍华侨华人与"海上丝绸之路" …………………………………………… 172
北部湾地区的古代居民探源 ……………………………………………………… 185
泉州锡兰公主家族播迁史调研 …………………………………………………… 193
福建龙海鸿渐村郑和庙与马六甲闽籍华裔渊源的调查 ………………………… 198

泉州市惠安女族群渊源的田野调查 …………………………………… 203

专题四　中国东南沿海地区乡村人口变迁调查研究

浙江舟山古城调查报告 …………………………………………………… 219
漳州市沿海地区云霄县2区6村田野调查 ……………………………… 222
惠安东部沿海四个乡镇主要姓氏源流调查 ……………………………… 231
东南沿海人口迁徙说：广东韶关珠玑巷迁徙史采访日记 ……………… 250

专题五　中国东南沿海迁徙宗祠研究

我国东南沿海人口迁徙形成的宗祠现象 ………………………………… 257
福建宗祠文化考 …………………………………………………………… 263
福建宁德市福安黄氏宗祠文化调查 ……………………………………… 269
福建宁德市福安郑氏宗祠文化调查 ……………………………………… 271
厦门"同安苏氏宗亲会"转型"苏颂研究会"的调查 ………………… 273
福建漳州龙海紫泥望族宗祠调查 ………………………………………… 282
海口三联村吴氏宗祠海洋人口迁徙调查 ………………………………… 287
儋州洋浦千年古盐田谭氏宗祠及人口迁徙调查 ………………………… 295
万宁春园湾宗祠及人口迁移调查报告 …………………………………… 299

参考文献 …………………………………………………………………… 311
后　记 ……………………………………………………………………… 319

专题一

中国东南沿海海防史研究

明代"嘉靖倭患"起始时间考论[*]

明代素有"北虏南倭"边疆之患,其中,"南倭"为患一度甚烈。《元史》记载:"日本商船焚掠庆元,官军不能敌。"[①] 明朝首次记录倭寇入侵时间则为洪武二年(1369)正月:"倭人入寇山东海滨郡县,掠民男女而去。"[②] 自此,倭寇入侵事件不绝于书。综观有明一朝,倭寇活动主要集中于前期的洪武朝以及后期的嘉靖朝,[③] 其中又以嘉靖朝后期倭患最为猖獗。采九德在《倭变事略》序中记载:

> 自嘉靖癸丑岁,倭夷骚动闽、浙、苏、松之境,中患我邑,数载勿靖。幸而渐就歼灭。然东南罢敝极矣。……四郊庐舍,鞠为煨烬;千队貔貅,空填沟壑。既伤无辜之躯命,复浚有生之脂膏。[④]

明代嘉靖朝倭患之严重亦可由此观之。"嘉靖倭患",学界又多称为"嘉靖大倭患""明代倭寇""明代嘉靖倭患"以及"后期倭寇"等,长期以来备受学界关注,且研究成果斐然。然而"嘉靖倭患"究竟始于何时,目前学界尚无定论,主要有"嘉靖二年"[⑤]、"嘉靖二十六年"[⑥]

---

[*] 作者简介:王华锋,博士,北京师范大学人文和社会科学高等研究院教授。基金项目:国家社科基金重大项目"中国东南海海洋史研究"【19ZDA189】中期研究成果。

[①] 宋濂:《元史(全十五册)》第8册卷99,中华书局1976年点校本二十四史,第2548页。

[②] 《明太祖实录》卷38,洪武二年正月丙申。

[③] 据日本学者田中健夫统计,自洪武二年(1369)至万历四十六年(1618),倭寇入侵中国辽东、山东、江南/北、浙江、福建、广东等地的事件共计663次,其中,洪武至正德时期80次,嘉靖548次,嘉靖之后的隆庆、万历时期35次。参见田中健夫:《倭寇——海上历史》,杨翰球译,社会科学文献出版社2015年版,第162 – 167页。

[④] 采九德:《倭变事略》,中华书局1985年版,第1页。"嘉靖癸丑岁"指嘉靖三十二年(1553)。

[⑤] 如藤家礼之助认为其发生于"十六世纪二十年代以后",参见藤家礼之助:《日中交流二千年》,北京大学出版社1982年版,第167页;山根幸夫指出,"宁波之乱"是"后期倭寇的发端",参见山根幸夫:《明帝国与日本》,东京讲谈社1997年版,第56页;田中健夫在讲述"十六世纪倭寇"的时候,是从"宁波争贡之役"开始的,参见田中健夫:《倭寇——海上历史》,杨翰球译,社会科学文献出版社2015年版,第3页;松浦章亦认为,发生于嘉靖二年的"宁波争贡之役"可能是"诱发嘉靖时期倭寇兴风作浪的最大原因",参见松浦章:《清代帆船东亚航运与中国海商海盗研究》,上海辞书出版社2009年版,第240页;樊树志认为,"嘉靖二年发生了'宁波争贡事件',使勘合贸易发生危机,因而成为'后期倭寇的发端'",参见樊树志:《"倭寇"新论——以"嘉靖大倭寇"为中心》,《复旦学报(社会科学版)》2000年第1期;宋烜亦指出,"嘉靖倭患"是从嘉靖二年(1523)"宁波争贡之役"开始的,参见宋烜:《明代倭寇问题辨析》,《国学学刊》2013年第4期。

[⑥] 如张廷玉在《明史·朱纨传》传中记载:"(嘉靖)二十五年擢右副都御史,巡抚南、赣。明年七月,倭寇起,改提督浙、闽海防军务,巡抚浙江。"其中所谓的"明年"即为嘉靖二十六年,由此可知,张廷玉认为"嘉靖倭患"始于嘉靖二十六年,参见张廷玉:《明史》卷205《朱纨传》;晁中辰认为,嘉靖二十六年朱纨出任浙江巡抚至服毒自杀成为一个转折,此后闽浙地区陷入"嘉靖倭患"的混乱状态,参见晁中辰:《明朝对外交流》,南京出版社2015年版,第213页;潘洵认为,"嘉靖二十六年"浙江巡抚的设置是"后期倭寇"的起点,参见潘洵:《试论"后期倭寇"概念中所隐藏的意图》,《乐山师范学院学报》2020年第2期;苏惠苹认为,朱纨因厉行海禁而死,最终酿成"嘉靖倭患",参见苏惠苹:《众力向洋:明清月港社会人群与海洋社会》,厦门大学出版社2018年版,第45页。

— 3 —

以及"嘉靖三十一年"① 三种观点。近年来，尽管有学者认为日本学界提出的"嘉靖二年"说"不仅不符合历史事实，而且目的并不单纯"，② 但是"嘉靖二年"说已然被更多的中外学者所接受。

众多学者支持"嘉靖二年"说并不令人意外。嘉靖二年，即日本大永三年，日本大名大内义兴派僧人宗设谦道与大名细川高国派僧人瑞佐赴明请求进行贸易。两位贡使在宁波不仅因阅货先后与座席位次问题发生内讧，而且细川高国派僧人瑞佐"纵火大掠，杀指挥刘锦、袁琎，蹂躏宁、绍间"③。谷应泰曾著文称："日本诸道争贡，大掠宁波沿海诸郡邑。"④ 日本贡使在明王朝境内大肆杀掠，如入无人之境，"倭自是有轻中国心"。因给事中夏言遂上疏称"倭患起于市舶"，随之明政府罢市舶、断勘合，然而自此却"奸豪外交内讧，海上无宁日矣"⑤，兵部主事唐顺之则认为："倭寇之患起于市舶不开。"⑥ 吏部主事许孚远亦言"市禁则商转而为寇"⑦，明政府甚至一度讨论"闭绝贡路、徐议征讨"⑧ 之事。诸多史料联系在一起，"嘉靖倭患"始于"嘉靖二年"一说似成确论。

一、各求所需的中日勘合贸易

"宁波争贡之役"作为中日勘合贸易史上的一次突发事件，固然不容学界忽视，但日本学界坚持将爆发"宁波争贡之役"的"嘉靖二年"视作"嘉靖倭患"的起始时间，实则是对中日勘合贸易制度的定位不当所致。

首先，中日勘合贸易只是解决两国关系的权宜之计，并非奠定两国关系的基石性制度。所谓勘合贸易，是指海外有关国家依据明政府颁发的勘合凭证进行的朝贡贸易。洪武十六年（1383），明太祖向暹罗、占城、真腊诸国颁发勘合凭证，从而揭开了中外勘合贸易的序幕。中日两国则因倭寇不时侵扰中国沿海问题而并未实施勘合贸易。明永乐初年，日本室町幕府第三代将军足利义满（1358—1408）为了解决财政窘境，遂通过"册封—朝贡"的方式获得了与明王朝实行金印勘合贸易之权。明永乐二年（1404），中日两国实现了第一次勘合贸易。足利义政（1436—1490）执政后，因其"骄奢淫逸，花费颇多，国内战乱频仍，收不上税，只能依靠朝贡贸易。明朝朝廷希望通过朝贡贸易德化蛮夷"⑨。由此观之，勘合贸易带来的巨大经济利益是日本与明政府通好的主因。明政府虽

---

① 如松浦章认为嘉靖三十一年是史称"嘉靖大倭寇"的开始，参见松浦章：《中国的海贼》，谢跃译，商务印书馆2011年版，第55页；吴大昕认为，嘉靖三十一年可看作嘉靖朝倭患暴发的重要节点，参见吴大昕：《朝鲜己亥东征与明朝望海埚之役——15世纪初东亚秩序形成期的"明朝征日"因素》，《外国问题研究》2017年第1期；郑梁生认为，嘉靖三十一年之后是明代倭寇的后期，参见郑梁生：《明代倭寇》，文史哲出版社2009年版，第25页；芮赵凯认为，嘉靖三十一年倭寇侵犯闽浙地区开启了明代倭患的高峰，史称"嘉靖大倭寇"，参见芮赵凯：《嘉靖"大倭寇"与浙江督抚设置研究》，《地方文化研究》2019年第3期。
② 潘淘：《试论"后期倭寇"概念中所隐藏的意图》，《乐山师范学院学报》2020年第2期。
③ 《明世宗实录》卷28，嘉靖二年六月甲寅。
④⑤ 谷应泰：《明史纪事本末》卷55《沿海倭乱》，中华书局2018年版，第832-833页。
⑥ 《中国地方志集成·省志辑·福建》卷270《洋市》，凤凰出版社2011年版，第544页。
⑦ 陈子龙、徐孚远、宋徵璧等：《明经世文编》卷400《疏通海禁疏》，中华书局1962年版，第377页。
⑧ 《明世宗实录》卷52，嘉靖四年六月己亥。
⑨ 渡边世祐：《早稻田大学日本史·第七卷·室町时代》，米彦军译，华文出版社2020年版，第377页。

有"锐意通四夷"树立"天朝上国"之思，但是通过勘合贸易维持中日两国之间的有限接触，从而解决长期不靖的"南倭"问题方是其主要考量。实际上，中日两国实现勘合贸易之后，明政府通过对贡期、船只数量、携带物品的限制对日本实施羁縻之策。仅就贡期而言，哈密每年一贡，朝鲜、爪哇等国三年一贡，哈烈、哈三、吐鲁番、天方、撒马尔罕诸国或三年或五年一贡，西域"番人"五年一贡，而日本则是十年一贡，其贡期最长，明政府对日本的戒备之心亦可由此窥之。

其次，由于日本屡屡违制使得中日两国勘合贸易制度成为虚设。在中日勘合贸易实施之初，明政府即规定："日本十年一贡，人止二百，船止二艘，不得携军器，违者以寇论。"① 然而，"十年一贡"与日本的利益诉求相去甚远，日本不仅在携带物资方面违反规定，而且几乎年年遣使入贡，甚至一年数至，虽然在永乐九年至宣德八年中断二十余载，但是宣德八年重新恢复勘合贸易之后，明政府反而进一步放宽了日本入贡的规模："人毋过三百，舟毋过三艘。"② 然而日本并不满足于此。景泰四年（1453），日本朝贡团乘船多达十艘，人数一千二百余人，且"贡物外所携私物增十倍"③。日本的屡屡违制与明王朝的不断退让形成鲜明对比，明政府在中日关系中的被动之举和尴尬境地，其原因无外乎是在"北虏南倭"的双重压力下，迫切希望通过勘合贸易这一"怀柔"方式解决"南倭"问题，而日本则在一定程度上凭借"倭寇"问题自始至终占据了中日勘合贸易的主动权。

最后，中日勘合贸易本应是明政府与日本室町幕府之间的官方行为，但是"朝贡贸易自始就不是纯而又纯的官方贸易"④。随着日本政局变动，勘合贸易权逐渐由幕府转至地方大名之手。日本永亨六年（明宣德九年，1434）后，日本勘合贸易权被地方封建领主大内氏与细川氏势力所控制。木宫泰彦指出，中日勘合贸易的第一期（1404—1410），勘合船"无大名（藩侯）船与寺社船，概由幕府自行经营"，第二期（1432—1547）则是"藩侯船、寺社船占大部分，幕府船仅一二艘或竟无耳"⑤。伴随日本赴明勘合贸易船的变化，勘合贸易船成员亦发生变化，"从行商"渐趋替代官员成为贡使团队的主体。如第二期第四次勘合贸易时（1468），日方的一号贡船所载人员，除正使及以下职员外，有从僧从仆54人、水手52人、客人35人；而到了第十次勘合贸易时（1540），其一号贡船职员15人、水手58人、从行商增至112人；二号船有职员5人、水手40人、从行商95人；三号船职员6人、水手35人、从行商90人。"以前名为客人众，只许便乘之商人，后竟成为主体矣。"⑥ 更为麻烦的是，这些所谓的"从行商"身份实在难以确定，而倭寇的主要来源地是萨摩、肥后、长门、大隅、筑前、筑后、日向、摄津、播磨、纪伊、种子岛、丰前、丰后、和泉，⑦ 其中大多数地区又是实力强大的大内氏的控制范围。"大内氏拥有航海权，可以向室町幕府要勘合符或者直接向明朝朝廷请求办理勘合符，（说明当

---

①②③ 张廷玉：《明史》卷322《日本传》，中华书局2000年版，第5591页。
④ 杨翰球：《十四至十六世纪中日朝贡贸易关系》，吴于廑主编：《十五十六世纪东西方历史初学集》，武汉大学出版社2005年版，第327页。
⑤ 木宫泰彦：《中日交通史》，陈捷译，山西人民出版社2015年版，第610页。
⑥ 木宫泰彦：《中日交通史》，陈捷译，山西人民出版社2015年版，第642页。
⑦ 樊树志：《"倭寇"新论——以"嘉靖大倭寇"为中心》，《复旦学报（社会科学版）》2000年第1期。

时大内氏）掌管着日中贸易的实权。日本海盗也向大内氏借勘合符，所以（海盗）也听命于大内氏。"①中日勘合贸易凭证的旁落以及使用的混乱问题，无疑加大了明政府的辨别难度："倭性黠，时载方物、戎器出没海滨，得间则张其戎器而肆侵略；不得，则陈其方物而称朝贡。"②可见，无论是勘合船还是"从行商"，都在贸易与劫掠活动之间游走。即"九州海滨以贼为业者，五船十船，号日本使而入大明，剽掠沿海郡县，是以不持日本书及勘合者，则坚防不入"③。

虽然谷应泰认为，发生于嘉靖二年的"宁波争贡之役"致使日本"自是有轻中国心"④，然而日本"轻中国心"早已有之，自中日勘合贸易实施以来，日本的屡屡违制行为又何尝不是"轻中国心"之举？正德六年（1511），当中日勘合贸易之时，日本贡使亦曾言道："或者上国嫌厌往来之烦，一旦弃小国积世禁贼之功，欲显拒绝之意，变例如此，则恐失我国王之心，废职贡之事，他日海寇闻风复集，其罪谁当？"⑤这已是公然的威胁。

二、中日勘合贸易冲突时有发生

众多史书对嘉靖二年"宁波争贡之役"中的日本使者"沿途杀掠"一事⑥进行了详细描述，并视其为导致中日勘合贸易终止，以及"嘉靖倭患"爆发的重要事件。但是从中日勘合贸易制度史角度观之，日本贡使因勘合贸易在明王朝境内引发的冲突事件并非孤例。景泰四年（1453），"日本使臣至临清，掠夺居人，及令指挥往诘，又殴之，几死"⑦；成化四年（1468），"日本国使臣麻答二郎于市买物使酒，手刃伤人"⑧；明成化十三年（1477），日本贡使"纵人殴伤朵颜夷人"⑨；成化十七年（1481），日本勘合贸易使臣"沿途多索船马，夹带货物，装载私盐，收买人口，酗酒逞凶，骚扰驿递"⑩；明成化二十年（1484），日本使团在往返北京途中违禁贩卖私盐⑪；明弘治九年（1496），又有"日本国遣使入贡，至济宁州，夷众有持刃杀人者，其正副使寿蓂等不能约束"⑫；等等。可见日本贡使在中国的蛮横行为由来已久，且屡屡制造事端。

---

① 渡边世祐：《早稻田大学日本史·第七卷·室町时代》，米彦军译，华文出版社2020年版，第377页。
② 汪向荣、夏应元编：《中日关系史资料汇编》，中华书局1984年版，第282页。
③ 瑞溪周凤：《善邻国宝记》，文明二年龙集庚寅腊月二十三条，国学刊行会1975年版。
④ 谷应泰：《明史纪事本末》卷55《沿海倭乱》，中华书局2018年版，第832页。
⑤ 木宫泰彦：《中日交通史》，陈捷译，山西人民出版社2015年版，第670页。
⑥ 《明史》云："嘉靖二年五月，其贡使宗设抵宁波"，参见张廷玉：《明史》卷322《日本传》；《明史纪事本末》云："沿途杀掠至西霍山洋，杀备倭都指挥刘锦、千户张镗，执指挥袁琎、百户刘恩"，参见谷应泰：《明史纪事本末》卷55《沿海倭乱》；田中健夫：《倭寇——海上历史》，杨翰球译，社会科学文献出版社2015年版，第88页、164页；《筹海图编》云："嘉靖元年，掠宁波濒海乡镇。二年，日本诸道争贡，掠宁波濒海郡县。"参见郑若曾：《筹海图编》卷5《浙江倭变纪》，中华书局2007年版，第322页。
⑦ 《明英宗实录》卷234，景泰四年冬十月甲申。
⑧ 《明宪宗实录》卷60，成化四年十一月壬午。
⑨ 《明宪宗实录》卷172，成化十三年十一月甲子。
⑩ 《明宪宗实录》卷220，成化十七年冬十月壬寅。
⑪ 王慕民、张伟、何灿浩：《宁波与日本经济文化交流史》，海洋出版社2006年版，第145页。
⑫ 《明孝宗实录》卷116，弘治九年八月庚辰。

尽管日本贡使在中国境内的不法行为时有发生，中日勘合贸易却并未因此中断。明代中日勘合贸易前后共进行过17次①，其中引发冲突的就有7次之多，"宁波争贡之役"不过是其中的一次而已。不过，与以往日本贡使恣意在中国境内制造祸端稍显不同的是，"宁波争贡之役"是由于日本两个勘合贸易使团在中国境内发生火并，且对明政府的军队发动进攻，进而引发东南海疆动荡。尽管明政府在此次冲突事件中损失惨重，且因给事中夏言上书"倭患起于市舶"致使废除浙江市舶司，但在嘉靖十八年（1539），日本足利义晴派僧人周良到明朝，请求明朝朝廷发给准许贸易的勘合符，随后中日两国于嘉靖十八年与嘉靖二十七年（1548）顺利实现了勘合贸易。据田中健夫统计，嘉靖二年（1523）至嘉靖二十六年（1547）仅发生过9次倭寇侵扰事件，可见这一时期倭患问题并不严重，②亦可证明所谓海禁之策的"关闭市舶"之举与倭寇问题并无太大关联。

除却日本贡使的不法行为，日本贡使的身份更加难以确认。弘治年间吏部右侍郎杨守陈曾云：

> 倭奴僻在海岛，其俗狙诈而狼贪……至永乐初，始复来贡，而后许之。于是往来数，知我中国之虚实，山川之险易。因肆奸谲，时拿舟载其方物戎器，出没海道而窥伺我。得间，则张其戎器而肆侵扰；不得间，则陈其方物而假称朝贡。侵扰，则卷民财；朝贡，则沾国赐。间有得不得，而利无不得。其计之狡如是。③

在中日勘合贸易的第二期，日本已进入战国时代，日方勘合贸易的主导权逐渐落入地方大名之手，"伪贡"事件层出不穷。如"成化二年，伪贡。倭船至宁波，觇知有备，矫称进贡。时都指挥张翥洞烛其伪贡之奸"，④ 而日本"伪贡"船只趁明政府官军不备，"袭破大嵩所"；⑤ 成化五年（1469），"倭夷奸谲，时来剽掠海边，见官兵巡捕，乃阳为入贡，伺虚则掩袭边境"；⑥ 在"宁波争贡之役"后，时任兵科给事中夏言亦曾提及日本"差遣先后并勘合真伪"问题。⑦ 除却"伪贡"之外，另有"不及期"入贡者，嘉靖二十三年（1544），"夷僧寿光等一百五十人来贡，以不及期却之"；嘉靖二十四年（1545），"夷属肥后国得请勘合于夷王宫，遣僧□俅来贡，以不及期却之"。⑧ 因史料阙如，"不及期"入贡者的身份亦难界定。钱薇曾云："倭之来也，辄矫云求贡，苟或海防弛备，即肆劫掠。"⑨ 刘晓东教授亦指出，日本进贡使臣的真伪问题"在明朝君臣看来才是真正的致乱之源"⑩。由此可见，日本"贡使"，无论是"正贡""伪贡"以及"不及期"入贡者，

---

① 木宫泰彦：《中日交通史》，陈捷译，山西人民出版社2015年版，第623—627页。
② 田中健夫：《倭寇——海上历史》，杨翰球译，社会科学文献出版社2015年版，第164—165页。
③ 郑若曾：《筹海图编》卷12《经略三·通贡道》，李致忠点校，中华书局2007年版，第847页。
④ 郑若曾：《筹海图编》卷2《倭国朝贡事略》，李致忠点校，中华书局2007年版，第171—172页。
⑤ 郑若曾：《筹海图编》卷5《浙江倭变纪》，李致忠点校，中华书局2007年版，第322页。
⑥ 《明宪宗实录》卷67，成化五年五月辛丑。
⑦ 夏言：《桂洲先生奏议》卷20《请勘处倭寇事情》，齐鲁书社1997年版，第562—563页。
⑧ 郑舜功：《日本一鉴》卷7《奉贡》，民国二十八年（1939）据旧抄本影印本。
⑨ 陈子龙、徐孚远、宋徵璧等：《明经世文编》卷214《与当道倭议》，中华书局1962年版。
⑩ 刘晓东：《"服远"与"治近"：嘉靖二十六年明廷的遣明使处置》，《明代研究》2017年，第5—37页。

实则兼具"贡使"与"倭寇"的双重身份,尤其是在中日勘合贸易后期更为明显。

实际上,明政府并无解决倭患问题之良策。对于倭患侵扰一事,出兵征讨实属不易,元世祖曾以"舟师十万征之,至五龙山遭暴风,军尽没"①,元朝的前车之鉴加之"北虏"的压力,使得明政府在处理倭患之时尤为谨慎。中日勘合贸易初期,日本打击倭寇力度较大,积极缉拿倭寇且献给明王朝,如"永乐乙酉冬十二月……献所获倭寇尝为边患者二十余人;永乐丁亥……献所获倭寇道金等……永乐戊子……献所获倭寇"②。正如木宫泰彦所言:"在第一期内,日本为了博得对方的欢心,曾按照对方的要求讨伐海寇……彼此的使节,几乎年年往来不绝。"③ 由此可见,由于日本"讨伐海寇"之功,明政府亦默许了日方的违制行为,而在第二期内,"日本只欲得贸易之利益,未曾遵守《宣德条约》,进贡之度数、人数和船数,力求增多,而无讨伐倭寇捕送于明之事"④,且在中国境内制造事端时有发生。此时的明政府显然处于两难境地,一方面,明政府担心"拒绝交通,则倭寇之侵害愈甚"⑤;另一方面,明军出兵征讨日本以解决倭患问题又不切实际。因此,明政府将解决倭患的希望寄托于日方能够严格执行勘合贸易制度,迫使追逐经济利益的日方再次严缉倭寇,但事不遂愿。

三、倭患问题并非朱纨禁海的主因

明代多海禁之策,故而有学者认为"海禁政策正是当初导致倭寇之祸愈演愈烈的主要原因"⑥,尤其是嘉靖二十六年(1547)朱纨出任浙江巡抚一事,亦被学界视为"嘉靖倭患"起始时间。然而实际并不尽然,相对于倭寇问题,走私贸易与海禁政策的关联更深一些。嘉靖二十六年六月,巡按御史杨九泽以浙闽地区"时有倭患"和"海寇出没无常"为由,请求设"巡视重臣"⑦。浙江巡抚授职敕书中记载:

> 浙江濒海阻山,宁波乃倭夷入贡之路,衢、处二府矿徒时或窃发,近年福建漳、泉等府豪民通番入海,因而劫掠沿海军民,肆行残害,甚则潜从外夷,敢行作叛,宁、绍等处亦然,虽各设有海道兵备及总督备倭等官,全不举职,且浙江地大,钱粮狱讼视他省倍繁硕,久无巡抚官统理,是为缺典。⑧

---

① 张廷玉:《明史》卷322《日本传》,中华书局1974年版,第5587页。
② 郑舜功:《日本一鉴》卷7《奉贡》,民国二十八年(1939)据旧抄本影印本。
③ 日本学者木宫泰彦认为,日中勘合贸易大体可以分为二期:第一期起自足利义满于应永十一年缔结日明贸易条约到足利义持于应永二十六年(明永乐十七年,1419),十五年时间;第二期自永亨四年(明宣德七年,1432)到足利义晴于天文十六年(明嘉靖二十六年,1547),一百一十五年时间。参见木宫泰彦:《中日交通史》,陈捷译,山西人民出版社2015年版,第606-627页。
④ 木宫泰彦:《中日交通史》,陈捷译,山西人民出版社2015年版,第598页。
⑤ 木宫泰彦:《中日交通史》,陈捷译,山西人民出版社2015年版,第598页。
⑥ 塞缪尔·霍利:《壬辰战争》,方宇译,民主与建设出版社2019年版,第30页。
⑦ 时任巡按御史杨九泽指出:"浙江宁、绍、台、温皆枕山濒海,连延福建福、兴、泉、漳诸郡,时有倭患。沿海随设卫所城池控制要害,及巡海副使、备倭都司督兵捍御,但海寇出没无常,两省官僚不相统摄,制御之法终难画一",请求设置"巡洋重臣"。参见:《明世宗实录》卷324,嘉靖二十六年六月癸卯。
⑧ 朱纨:《甓余杂集》卷1《浙江巡抚》,齐鲁书社1996年版,第14页。

此段史料涉及日本贡使、矿工暴乱、违禁通番下海以及浙江地方官制四项问题，虽然该文有"倭夷"一词，其实只是时人对日本人的称谓而已，并非"倭寇"之意。正如赵翼所言，尽管明清以来"倭乱由海禁所致"之论支持者甚众，但其实为"闽浙人腾谤之语"①，此论可谓是一语中的。

与"时有倭患"相比，"海寇出没无常"与"福建漳、泉等府豪民通番入海"的走私贸易问题方是明政府关注的焦点。明政府与他国虽以勘合贸易为主，但是私人贸易尤其是海上私人贸易从未中断。如明宣德年间，"官员军民不知遵守，往往私造海舟，假朝廷斡办为名，擅自下番"②；明弘治时期，"有贪利之徒，治巨舰出海与夷人交易"③。晁中辰亦指出，明洪熙至弘治年间的"私人海外贸易仍在暗中存在并有所发展"④，明正德年间则"随着抽分制的实行和海禁的废弛，朝贡贸易进一步衰落，而私人海外贸易明显趋于活跃"⑤，由此可见私人贸易之盛。

嘉靖三年（1524），御史王以旗指出，"福建濒海居民，每因夷人进贡，交通诱引，贻患地方"⑥；嘉靖四年（1525），浙江巡按御史潘仿认为，"漳、泉等府黠猾军民，私造双桅大舡下海，名为商贩，时出剽劫"⑦，此时的走私贸易与海盗劫掠活动已有扩大之势。嘉靖八年（1529），林富又上疏请宽海禁，致使走私贸易得到较快发展，而葡萄牙人也从广东转移到闽浙一带，导致走私贸易渐趋失控。针对此种情形，嘉靖帝亦不得不下令禁止私人贸易："禁沿海居民毋得私充牙行，居积番货，以为窝主。势豪违禁大船，悉报官拆毁，以杜后患。"⑧ 嘉靖十二年（1533），嘉靖帝再次要求"一切违禁大船，尽数毁之。沿海居民，私与贼市，其邻舍不举者连坐"⑨，然而收效甚微。

此时参与中国沿海地区走私贸易的主要是中国的海寇与葡萄牙人，虽有日本人参与走私贸易，但倭寇入侵事件并不多见。"宁波争贡之役"之后，海疆政策收紧已是大势所趋。朱纨出任浙江巡抚后，"革渡船，严保甲，搜捕奸民"⑩ 时，其目标主要是"奸民"——海寇，并未提及"倭寇"问题，朱纨遭闽、浙"势家构陷"自杀，亦把矛头指向了走私贸易，即中国的"海寇"问题。由此可见，朱纨出任浙江巡抚后厉行海禁的嘉靖二十六年（1547）并非"嘉靖倭患"的开始时间。同时，《日本一鉴》一书中曾提及王直于"（嘉靖）乙巳岁往市日本，始诱博多津倭助才门等三人来市双屿。明年复行，风布其地，直、浙倭患始生矣。"⑪ 其中，文中提及"嘉靖乙巳"为嘉靖二十四年（1545），王直引诱三名日本人来到双屿进行走私贸易，"明年复行"应为王直再次赴日引诱更多日

---

① 赵翼著，王树民校证：《廿二史札记校证》卷34《嘉靖中倭寇之乱》，中华书局1984年版，第789页。
② 《明宣宗实录》卷103，宣德八年六月己未。
③ 《明孝宗实录》卷82，弘治六年十一月乙卯。
④ 晁中辰：《明代海禁与海外贸易》，人民出版社2005年版，第132页。
⑤ 晁中辰：《明代海禁与海外贸易》，人民出版社2005年版，第157页。
⑥ 《明世宗实录》卷38，嘉靖三年四月壬寅。
⑦ 《明世宗实录》卷54，嘉靖四年八月甲辰。
⑧ 《明世宗实录》卷108，嘉靖八年十二月戊寅。
⑨ 《明世宗实录》卷154，嘉靖十二年九月辛亥。
⑩ 张廷玉：《明史》卷205《朱纨传》，中华书局2000年版，第3599页。
⑪ 郑舜功：《日本一鉴》卷6《海市》，民国二十八年（1939）据旧抄本影印本。

本人来到双屿,"风布其地"似乎有两种解释:一为日本人数量多,二为走私贸易量大。尽管书中称之为"浙倭患始生",但是此时日本人主要聚集于双屿,且数量有限,朱纨于嘉靖二十七年(1548)攻打双屿、嘉靖二十八年(1549)攻打走马溪时,击毙与擒获的多为中国人与葡萄牙人,亦可证明这一时期所谓的"嘉靖倭患"尚未形成。

四、嘉靖三十年:中日政局突变

尽管众多学者将"嘉靖倭患"爆发的原因指向明王朝的海禁政策,但是陈学文在20世纪80年代就曾指出,"嘉靖倭患的发生是由日明双方深刻的政治经济矛盾所引起的"①,此论至允至当。"嘉靖倭患"事关中日双方,其中嘉靖三十年(日本天文二十年)日本大内氏的灭亡与明政府的"宽海禁"二事对"嘉靖倭患"问题影响至深。

1467年(日本应仁元年),日本细川胜元等势力强大的守护大名参与了畠山家发生的家督斗争,并引发了以足利义尚、山名宗全为西军与以足利义视、细川胜元为东军的二分天下的斗争,该斗争一直延续至1477年(日本文明九年),史称"应仁之乱"。此次动乱对日本影响深远,"放火、抢劫成为家常便饭,殃及普通民众。不仅仅是京都,战乱还波及守护大名的领国,整个国家处于动荡之中"②。连年战争导致室町幕府名存实亡,将军等统治阶层的权威削弱,失去了对全国的控制权,随之带来了中日勘合贸易的变化,"港口城市堺的商人承包了遣明船,后来又被和博多商人联合的大名大内氏垄断"③,但是大内氏垄断中日勘合贸易的行为引起其他地方大名的不满。

1551年8月,长期掌握中日勘合贸易权的大内氏遭受重创,大内义隆(1507—1551)的家臣陶隆房(后改名"晴贤")发生叛乱,大内义隆自杀。④"勘合符也被战火烧毁,而幕府政府也因战乱无暇顾及勘合贸易。"⑤连年战乱与荒旱天灾,致使民不聊生,"(日本)海盗、奸商、武士、浪人、流民、亡命,在大内(封建领主)支持下,勾结中国的奸商、凶徒、逸囚等不逞之徒,以及蒙蔽一些失业的劳动人民,组成一支庞大的海盗队伍,向我国沿海进行掠夺的武装集团"⑥。中日勘合贸易制度虽然存在诸多问题,但是仍在一定程度上维持了中日正常的海洋贸易往来。然而,由于1551年中日勘合贸易凭证在战火中被烧毁,这无疑使得原本可以凭借勘合贸易从事中日海洋贸易的"倭人"失去了谋生之道,从而走上了掠夺之路。

就明政府而言,虽然其早期希望日本能够主动缉捕"倭寇",但并未放松海防建设,明朝政府实行"寓兵于农、屯守结合"的卫所制度,沿海地区共设卫54、千户所127、巡检司231,另有烽堠、墩台、水寨若干。⑦卫所制度以及出海巡捕等措施,对倭患起到

---

① 陈学文:《明代的海禁与倭寇》,《中国社会经济史研究》1983年第1期。
② 小和田哲男、本乡和人:《倒叙日本史(03)战国·室町·镰仓》,韦平和译,商务印书馆2018年版,第93页。
③ 王仲涛、汤重南:《日本史(修订本)》,人民出版社2014年版,第105页。
④ 李则芬:《中外战争全史》第7册,黎明文化事业股份有限公司1985年版,134页。
⑤ 王保田:《日本简史》,上海人民出版社2006年版,第62页。
⑥ 陈学文:《明代的海禁与倭寇》,《中国社会经济史研究》1983年第1期。
⑦ 郑若曾:《筹海图编》卷3~卷7,李致忠点校,中华书局2007年版,第217–490页。

了一定的震慑作用，尤其是辽东"望海埚之战"后，"倭大惧，百余年间，海上无大侵犯"①。可见，明初海防体制的建立对抑制倭患的蔓延产生了较明显的效果。② 然而，明中叶以后，地方承平日久，武备废弛，人多不知兵，"军船坏烂而不修，军额死亡而不补，营房颓坠，器甲损失"③，"大军战舰，仅可足用，自余诸寨船只俱无，徒有舟师之名，初无其实。至于营房倒塌，器械阙少，亡具尤甚"④。严从简曾喟叹道："府虽有城而弛斥不堪御寇。"⑤ 尽管不能把防御倭寇的希望完全寄托在卫所制度方面，但是不可否认的是，"由于沿海卫所制度在16世纪以前被忽视，这给海盗创造了许多机会"⑥。

朱纨出任浙江巡抚之前，"浙、闽海防久隳，战船、哨船十存一二，漳、泉巡检司弓兵旧额二千五百余，仅存千人"⑦。朱纨在实际调查中发现：

> 问军数不知，问船数不知……又如战哨等船，铜山寨二十只，见在止有一只；玄钟澳二十只，见在止有四只；浯屿寨四十只，见在止有十三只：见在者俱称损坏未修，其余则称未造。又如巡简司在漳州沿海者，九龙镇等处共一十三司，弓兵九百五十名，见在止有三百七十六名；在泉州沿海者，苎溪等处共一十七司，弓兵一千五百六十名，见在止有六百七十三名。⑧

朱纨出任浙江巡抚之后，他一方面通过"禁海"解决沿海走私贸易和海寇问题，"凡双樯艅艎，一切毁之，违者斩。乃日夜练兵甲，严纠察，数寻舶盗渊薮，破诛之"⑨。另一方面则加强海防建设，添置新船，增设水寨，整顿水军，并派得力将官驻扎险要之地：福建都指挥使卢镗率水军守福宁、海道副使翁学渊率陆兵守福宁、海道副使柯乔守漳州、佥事余爌守泉州、备倭黎秀守金门、把总孙敖守流江，等等。朱纨的海疆治理措施取得一定实效，"旬月之间，虽月港、云霄、诏安、梅岭等处，素称难制，俱就约束。府、县各官，交口称赞"⑩，随后，双屿之战的胜利以及走马溪大捷亦证明了朱纨加强海防建设之成绩。然而，嘉靖二十八年（1549），朱纨因厉行海禁遭闽浙人构陷而被迫自杀，随后明政府"罢巡视大臣不设，中外摇手不敢言海禁事"⑪，海防亦再度废弛，"浙中卫所四十一，战船四百三十九，尺籍尽耗"⑫，就连其招募的"福清捕盗船四十余，分布海道，在台州海门卫者十有四，为黄岩外障。副使丁湛尽散遣之"⑬，"一卫不满千余，一所不满百

---

① 张廷玉：《明史》卷91《兵志三》，中华书局2000年版，第1499页。
② 张炜、方堃主编：《中国海疆通史》，中州古籍出版社2003年版，第285页。
③ 真德秀：《西山先生真文忠公文集十五》，商务印书馆1937年版，第251页。
④ 真德秀：《西山先生真文忠公文集八》，商务印书馆1937年版，第12-22页。
⑤ 严从简：《殊域周咨录》卷3《东夷》，余思黎点校，中华书局1993年版，第103页。
⑥ 安德鲁·S.埃里克森、莱尔·J.戈尔茨坦、卡恩斯·洛德主编：《中国走向海洋》，董绍峰、姜代超译，海洋出版社2015年版，第244页。
⑦ 张廷玉：《明史》卷205《朱纨传》，中华书局2000年版，第3599页。
⑧ 朱纨：《甓余杂集》卷2《阅视海防事》，齐鲁书社1997年版，第24-25页。
⑨ 谷应泰：《明史纪事本末》卷55《沿海倭乱》，中华书局2018年版，第834页。
⑩ 朱纨：《甓余杂集》卷2《阅视海防事》，齐鲁书社1997年版，第24-25页.
⑪ 张廷玉：《明史》卷205《朱纨传》，中华书局2000年版，第3600页。
⑫⑬ 张廷玉：《明史》卷205《朱纨传》，中华书局2000年版，第3600-3601页。

余"①成为常态。

明嘉靖三十年（1551），与日本大内氏被杀、勘合贸易凭证被毁的同年，明政府的海防政策却出现重大转变。兵部尚书赵锦覆议董威、宿应参的"请宽海禁"得到明嘉靖帝批准，自此海防洞开，倭患再起。关于嘉靖三十年的"宽海禁"一事，《明史纪事本末》一书记载："嘉靖三十年夏四月，浙江巡按御史董威、宿应参前后请宽海禁，下兵部尚书赵锦覆议，从之。"②《皇明大政记》亦云："三十年四月诏复宽海禁（从浙江巡按宿应参之请）。"③可见，"宽海禁"一事应在明嘉靖三十年四月，其中涉及董威、宿应参、赵锦等人。

明嘉靖三十年是明嘉靖帝下诏确定"复宽海禁"的时间，而浙江巡按御史董威则早在嘉靖二十九年初，就曾"请宽海禁"。董威，字重夫，河南信阳人，曾任川御史、浙江巡按御史、大理寺右寺丞、南京大理寺卿等职。④董威"请宽海禁"一事，《嘉靖以来注略》记载较为详尽：

> （嘉靖二十九年）二月，川御史董威言：罢海禁时，闽、粤滨海宦家，惟诱番货为利。番人肆掠出没，不逞之徒，为之内导。王直、徐海、毛激据近岛，拟于王者。朱纨明晰其情，特严海禁，镌暴勾引诸豪，欲遂除之，于是哗者四起。比（董）威巡按闽、浙，豪贵争赂之，以弛禁为便。内阁主之，尽反纨令，卒酿大乱。⑤

该段资料虽然提及"（董）威巡按闽、浙，豪贵争赂之，以弛禁为便"，但是董威是否是因闽浙"豪贵争赂之"而"请宽海禁"则无从考证。宿应参，字文炳，山东掖县人，曾任太仆寺卿、浙江巡按御史等职，其"请宽海禁"应是在董威之后，但具体时间尚不可知。赵锦，字大卿，直隶良乡人，时任兵部尚书，⑥董威、宿应参的"宽海禁"经其复议后被嘉靖帝批准。然而，嘉靖三十年十二月，赵锦在面对"北虏"问题时则声称："自古御寇之道，战守为上，羁縻终非长策。乃开市甫毕，而旋三入寇，防微杜渐，诚宜审处。"⑦"宽海禁"与"严塞防"形成鲜明对比，亦可看出面对"北虏南倭"问题时，明政府防御的重心仍是北部边疆。

五、嘉靖三十一年（1552）"嘉靖倭患"大爆发

据田中健夫统计，嘉靖二年（1523）至嘉靖三十年（1551），倭寇进犯明境的记录多

---

① 陈子龙、徐孚远、宋徵璧等：《明经世文编》卷260《条陈海防经略事疏》，中华书局1962年版，第2749页。
② 谷应泰：《明史纪事本末》卷55《沿海倭乱》，中华书局2018年版，第835页。
③ 朱国祯：《皇明大政记》卷31《补遗》，明崇祯刻本，第27页。
④ 王世贞：《弇山堂别集》卷60《南京大理寺卿》，中华书局1985年版，第1134页；《信阳州志》卷8《忠义》；《明世宗实录》卷409，嘉靖三十三年四月丁酉。
⑤ 许崇熙撰：《嘉靖以来注略（宪章外史续编）》卷4，崇祯六年刊本。
⑥ 毛佩琦主编：《中国长城志》，凤凰科学技术出版社2016年版，第735-736页。另：《明史》卷210《赵锦传》，此赵锦为余姚人，嘉靖二十三年进士，直至万历二年加兵部尚书。由此可知，嘉靖三十年的"兵部尚书赵锦"为良乡人赵锦。
⑦ 谷应泰：《明史纪事本末》卷60《俺答封贡》，中华书局2018年版，第907页。

以 1 次为主，间或有 2 次，至嘉靖三十一年突然达到 13 次，随后逐年增多，嘉靖三十二年 64 次，嘉靖三十三年 91 次，至嘉靖三十四年达到 101 次的最高峰，嘉靖三十五年 68 次，嘉靖三十六年 25 次，嘉靖三十七年 32 次，嘉靖三十八年 56 次，嘉靖三十九年 15 次，嘉靖四十年 22 次，嘉靖四十一年 20 次，嘉靖四十二年 18 次，嘉靖四十三年 5 次，嘉靖四十四年 3 次。①

倭寇活动在嘉靖三十一年突然爆发，史籍中多有记载：

> 嘉靖三十一年四月，漳、泉海贼勾引倭奴万余人，驾船千余艘，自浙江舟山、象山等处登岸，流劫台温宁绍间。②
>
> 壬子（嘉靖三十一年），倭众破黄岩，掠定海，浙东骚动。③
>
> 嘉靖三十一年四月，倭寇台州。④
>
> 嘉靖壬子，忽有倭寇据上海之柘林为巢穴。⑤
>
> 倭患日剧，于是廷议复设巡抚。三十一年七月以佥都御史王忬任之，而势已不可扑灭。⑥
>
> 三十一年，倭贼大掠浙东。⑦
>
> 嘉靖三十一年王直移巢烈港。直既破陈思盼，求市不得，乃引倭彝突入定海关。⑧
>
> 嘉靖三十一年二月，倭寇海滨。⑨

故而有部分学者将是年视为嘉靖倭患起始时间。

实际上，将嘉靖三十一年视为"嘉靖倭患"大爆发的时间并无问题，但是需要注意的是，嘉靖三十年（1551）日本大内氏的灭亡，以及明政府的"宽海禁"对"嘉靖倭患"爆发的影响不容小觑。

日本人前来中国主要由"贸易风"即风向决定，郑若曾记载：

> 大抵倭船之来恒在清明之后。前乎此，风候不常。届期方有东北风，多日而不变也。过五月风自南来，倭不利于行矣。重阳后风亦有东北者。过十月风自西北来，亦非倭所利矣。故防春者，以三、四、五月为大汛，九、十月为小汛。其停桡之处，焚劫之权，若倭得而主之，而其帆樯所向一视乎风，实有天意存乎其间，倭不得而主之也。⑩

---

① 田中健夫：《倭寇——海上历史》，杨翰球译，社会科学文献出版社 2015 年版，第 164—166 页。
② 《明世宗实录》卷 384，嘉靖三十一年四月丙子。
③ 邓球：《皇明泳化类编》卷 128，明隆庆间刊本。转引自郑樑生编校：《明代倭寇史料》第七辑，文史哲出版社 2005 年版，第 3145 页。
④ 中国历史研究社编：《倭变事略·嘉靖东南平倭通录》，上海书店 1982 年版，第 3 页。
⑤ 褚人获辑撰：《坚瓠广集》，李梦生点校，上海古籍出版社 2012 年版，第 934 页。
⑥ 张廷玉：《明史》卷 322《日本传》，中华书局 2000 年版，第 5594 页。
⑦ 张廷玉：《明史》卷 212《俞大猷传》，中华书局 2000 年版，第 5603 页。
⑧ 郑若曾：《筹海图编》卷 5《浙江倭变记》，李致忠点校，中华书局 2007 年版，第 323 页。
⑨ 郑若曾：《筹海图编》卷 7《山东倭变记》，李致忠点校，中华书局 2007 年版，第 455 页。
⑩ 郑若曾：《筹海图编》卷 2 下《日本纪略》，李致忠点校，中华书局 2007 年版，第 197 页。

日本学者木宫泰彦亦有相关记载：

> 发兵库时在二三月，或七八月。由博多经五岛横断中国东海，概利用秋季所谓小汛（东北季节风）于十月十一月间到北京，在彼地度岁，待翌年初夏之西南季节风而回航。①

由此可知，倭寇活动受季风影响，其来华主要在清明节后的农历三、四、五月和重阳节后的九、十月；其中又以三、五月最多。其中，日本大内义隆自杀是在八月，其内乱的形成需要时间，此时，嘉靖三十年的季风已过，此可谓"万事俱备，只欠东风"，故而倭寇在嘉靖三十一年四月爆发已是必然之势。

六、结 论

明代"南倭"问题时隐时显，于洪武朝和嘉靖朝酿成巨祸。关于"嘉靖倭患"的起始时间，日本学者提出"嘉靖二年"说的深层原因是将勘合贸易制度视为明代中日关系的基础与核心，但其忽略了中日两国在勘合贸易的实施目的、规制遵循等方面存在的差异性，而且随着时间的推移，中日双方在勘合贸易中的地位亦发生巨大变化。中国学者支持的"嘉靖二十六年"说，实则是视明清时期中国为"闭关锁国"观念的延续，亦是对朱纨"厉行海禁"政策的否定，忽略了倭患的长期性以及明清政府实施海疆建设的正当性与合理性。正如曲金良教授所言："所谓'明清海禁'，是被夸大、歪曲、妖魔化了的问题。其实，'海禁'是古今中外许多国家在许多历史时期根据其政治、经济、军事时局经常采取的维护本国利益的政策措施……明清政府对之实行的并不是海禁政策，而是有效的国家管理的贸易保护政策。"②"嘉靖三十一年"说虽注意到了倭患浙东，但是忽略了"嘉靖倭患"的动态变化，仅凭"倭寇犯台州，破黄岩，大掠象山、定海诸邑"以及"倭既自浙创归"③一语有欠公允。同时，无论是"嘉靖二年"说、"嘉靖二十六年"说抑或"嘉靖三十一年"说，都有意无意间将倭寇发生的原因引向中国内部，从而忽略了一个基本事实——日本是倭寇的来源地，日本内部问题方是引发倭患的最根本原因。

本文尝试提出"嘉靖三十年"作为"嘉靖倭患"的起始时间，主要缘于两方面考虑。一是从日本而言，倭患与日本国内局势息息相关，前期倭患时，日本处于南北朝分裂时期（1333—1392），后期倭患时，日本则处于战国时代（1467—1585），"垄断了勘合贸易的大内家族于1551年（嘉靖三十年）灭亡，日本与中国之间的正规贸易通道中断了，商人们进行贸易的手段除了走私贸易之外别无他法"④。实际上，嘉靖三十年后的日本已由走私贸易蜕变为寇劫。二是从中国而言，嘉靖朝海防渐趋废弛，朱纨的厉行海禁之策实属强弩之末，勉强支撑，朱纨自杀后，"中外摇手，不敢言海禁事"⑤。至嘉靖三十年夏四

---

① 木宫泰彦：《日中交通史》，陈捷译，山西人民出版社2015年版，第610页。
② 曲金良等：《中国海洋文化基础理论研究》，《绪言》，海洋出版社2014年版，第8页。
③ 谷应泰：《明史纪事本末》卷55《沿海倭乱》，中华书局2018年版，第835页。
④ 松浦章：《中国的海贼》，谢跃译，商务印书馆2011年版，第54页。
⑤ 张廷玉：《明史》卷205《朱纨传》，中华书局2000年版，第3600页。

月，明政府通过了浙江巡按御史董威、宿应参以及赵锦的"请宽海禁"之举，无疑是对明朝虚弱不堪的海防的致命一击，"自是船主土豪益自喜，为奸日甚，官司莫敢禁"①，而次年的倭患爆发已是不可逆转。

  同时，有众多中外学者将倭寇发生归咎于海禁政策，如木宫泰彦认为，"然若果拒绝日本贸易，倭寇之侵害必甚"②，但笔者认为此论甚是荒谬。倭寇入侵与所谓的"海禁政策"并无太大关联，与其说海禁阻止了中外海洋贸易，毋宁说海禁成为入侵者苍白无力的辩解与托词。"实际上，不但绝贡以后有倭寇侵扰的事，就是足利义满称臣、奉表入贡时期，日本籍海盗在中朝两国沿海的劫掠骚扰活动，也没有中止过。"③明洪武朝之后倭寇事件进入低潮，实则是明政府加强海防建设与实施海禁政策之结果，"然禁严而倭患尚剧"④，"弛海"之后果亦可想而知。至明中后期，随着朝贡贸易渐趋没落，走私贸易则日益严重："各夷朝贡，例许稍挟私货以来，盖羁縻远人，宜俯顺其情而不可过防，以伤其向化之心也。"⑤面对走私贸易问题，明政府并非严格控制，反而提出"不可过防"之论，而"不可过防"无疑进一步促使沿海民众追逐海洋利益，"驾造巨舶，私置兵器，纵横海上"⑥。诚如廖大珂所言："明中叶以后，由于商品经济的发展和国内外形势的变化，曾经盛极一时的官方朝贡贸易江河日下，趋于衰落。同时，明代社会中已逐渐形成因利益驱动而要求向外发展的新兴势力，即私人海外贸易在政权的高压下非但没有消亡，反而日益壮大。"⑦马大正等亦认为："森严的海禁政策在沿海地区蓬勃发展的商品经济大潮的冲击下，很难得到严格执行。自洪武年间起，江浙、福建、两广沿海之民就不顾朝廷的严刑酷罚，交通'外番'，私易货物。"⑧1551年，在日本内乱所致的倭寇入侵与国人走私贸易的合力作用下，加之明政府的"宽海禁"一策导致的海防废弛，"嘉靖倭患"最终爆发。

---

① 谷应泰：《明史纪事本末》卷55《沿海倭乱》，中华书局2018年版，第835页。
② 木宫泰彦：《中日交通史》，陈捷译，山西人民出版社2015年版，第632页。
③ 汪向荣、汪皓：《中世纪的中日关系》，中国青年出版社2001年版，第264页。
④ 张燮：《东西洋考》卷7《饷税考》，中华书局1981年版，第140页。
⑤ 《明武宗实录》卷43，正德三年十月甲戌。
⑥ 《明武宗实录》卷113，正德九年六月壬辰。
⑦ 廖大珂：《朱纨事件与东亚海上贸易体系的形成》，《文史哲》2009年第2期。
⑧ 转引自张炜、方堃主编：《中国海疆通史》，中州古籍出版社2003年版，第279页。

薛福成与《浙东筹防录》*

近代中国饱受战争摧残，沿海地区更是战事吃紧。浙东因其优越的地理位置长久以来备受国人的关注和侵华列强的觊觎，所以浙东海防就显得尤为重要。有关清代海防，《李鸿章全集》《左宗棠全集》《郑观应集》等书籍中都有所涉及。相较之下，在内容方面，薛福成所著《浙东筹防录》一书则相对更加集中于海防要事与策略。作为一部介绍浙东海防筹备情况和浙东战事的著作，《浙东筹防录》不失为研究光绪十年（1884）、光绪十一年（1885）间浙东沿海军事、外交以及民生情况的优质资料，对于研究中国近代海防具有重要价值。薛福成悉心筹备和加强海防设施，在浙东前沿架设起坚固的海防屏障。该书记载的多种防御措施和其中利弊为后世提供参考，同时，也记录了一道道防御工事的诞生过程。就目前研究状况来看，研究薛福成的不乏其人，而专门研究《浙东筹防录》的却很少。刘悦斌的《薛福成对近代国际法的接受和运用》①，史革新的《清末外交官薛福成》②等都对《浙东筹防录》一书有所引用和参考，他们主要研究的是薛福成对近代国际法的应用和其外交策略；庞冬冬的《薛福成海防思想研究》③以薛福成的海防思想为研究对象，涉及薛福成生平多部作品，但并未专从《浙东筹防录》入手。本文将以《浙东筹防录》一书为基础，从作者生平、写作背景、内容、志书体例、特点、文献价值六个方面进行介绍，整理分析薛福成的浙东海事防备策略和海防计划。

一、作者生平与写作背景

薛福成，字叔耘，号庸盦，近代散文家、思想家、政论家、外交家，洋务运动领导人之一，道光十八年（1838）出生于无锡的一个书香门户。在擅长八股文的父亲薛湘和书香气息浓厚的家庭环境的影响下，在母亲严格的监督与敦促下，幼年的薛福成埋头读书，满心科举。直到薛福成"往在十二三岁时，强寇窃发岭外，慨然欲为经世实学，以备国家一日之用，乃屏弃一切而专力于是"④。咸丰元年（1851），太平天国运动爆发，太平军随后占领南京。太平天国运动日渐崛起的态势惊动了清廷，同时也惊醒了沉醉于科举和仕途的薛福成，他开始学习兵法、战阵、天文等，以备有朝一日为国家贡献才学。

---

* 作者简介：白斌，博士后，宁波大学人文与传媒学院副教授。国家社科基金重大项目"中国东南海海洋史研究"【19ZDA189】渔业捕捞史负责人。
① 刘悦斌：《薛福成对近代国际法的接受和运用》，《河北师范大学学报（哲学社会科学版）》1998年第2期。
② 史革新：《清末外交官薛福成》，《文史知识》1983年第12期，第80-84页。
③ 庞冬冬：《薛福成海防思想研究》，河北师范大学硕士学位论文，2015年。
④ 薛福成：《上曾侯相书》，丁凤麟、王欣之编：《薛福成选集》，上海人民出版社1987年版，第10页。

薛福成考取秀才后数年，太平军挥戈南下，战火蔓延，满目疮痍。遭遇了父亲离世、家人离散、战火摧残等变故的薛福成，并未因此而颓丧，而是"心忧天下，更加刻苦地研读'经世实学'，了解民间疾苦，考察社会积弊，积极构思挽救'时变'的蓝图"①。

同治四年（1865），薛福成抓住机遇，将所著《上曾侯相书》交由时任两江总督的曾国藩过目。《上曾侯相书》从"养人才，广垦田，兴屯政，治捻寇，澄吏治，厚民生，筹海防，挽时变"②几方面初步展现了薛福成的政治、军事等思想，深受曾国藩欣赏，得其肯定，薛福成由此成功地成为曾国藩的幕僚之一。随后薛福成经曾国藩保荐，担任五品候补同知，走入官场。由于此官职尚无资格上书进言，同治十三年（1874），慈安、慈禧两宫皇太后决定广开言路、谕令建言的懿旨恰时给予薛福成陈言时弊、力荐西学、推崇洋务、鼓励重商、进言海防对策的大好机会，也正因此次进言，薛福成声名大振，并成为李鸿章的智囊。渐渐地，薛福成在海防方面的卓越才华亦被清廷发现。光绪十年（1884），中法战争爆发，法国扩大对华战争并趁机要求中方赔偿巨额军费。局势动荡，形势危急。清政府在宁波、镇海地区布防，任命薛福成担任空缺的浙江宁绍台道之职。③薛福成深受浙江巡抚刘秉璋的信任，在其设立的宁波海防营务处处理巡抚所发号令等防务事宜。就职期间，薛福成充分施展才干，提出多项有效措施加强宁郡及其周边地区海防，以强硬态度面对侵犯中国主权的英、法等国，又多次以卓越的口才和文采击退得寸进尺的洋人，严守中国海疆，并积极参加中法战争。④随后他承担外交工作，出使英、法、意、比四国，近距离考察欧洲社会，分析中外差距，维护中国国家利益，成为中国近代早期改良思想家之一。⑤光绪二十年（1894），薛福成任职期满回国不久，不幸染病身亡。

薛福成的一生，大部分时间都在为中国海防和外交事业劳累奔波。"他在国家处于内忧外患的时期，能够勇于抨击时弊，抵抗外敌，向西方探求救国之道，而成为清季著名的爱国官员和早期资产阶级思想家，成为中国近代史上不可忽视的历史人物。"⑥

薛福成留于后世的著述颇丰，其中政治、军事、外交等方面的公文、书牍等偏多，如《治平六策》《筹洋刍议》《浙东筹防录》《出使四国日记》等，也有少部分文学著作，比如《观巴黎油画记》《蜘蛛与蛇》等。其中，《浙东筹防录》如其名，是一部介绍浙东海防筹备事宜的著述。

19世纪80年代，法国侵占越南多个地方，对我国边境安全造成严重威胁。清政府在此情况下，一方面做出出兵援越的姿态，另一方面却想着与法国进行谈判，并下令沿海各省加强海防。薛福成对法国侵略越南及其在中国沿海的挑衅行为深感忧虑。一开始，他就援越抗法提出多项措施和对策，却未能获得清政府的重视，随即他写就的《援越南

---

① 丁凤麟：《薛福成评传》，南京大学出版社1998年版，第7—8页、第9—12页、第15页。
② 薛福成：《上曾侯相书》，丁凤麟、王欣之编：《薛福成选集》，上海人民出版社1987年版。
③ 丁凤麟：《薛福成评传》，南京大学出版社1998年版，第21—22页、第45页、第62—63页、第75—77页、第159页。
④ 薛福成：《浙东筹防录》，朝华出版社2018年版。
⑤ 丁凤麟：《薛福成评传》，南京大学出版社1998年版，第120—150页。
⑥ 史革新：《清末外交官薛福成》，《文史知识》1983年第12期，第80—84页。

议》得到关注与褒扬，① 在此背景下，薛福成被委派分巡浙东，担任恰好空缺的宁绍台道一职。浙东因其优越的地理位置而成为列强觊觎之地，自古以来，作为海防重地的宁波更是备受瞩目。浙东沿海防务任务繁重，"忠心报国的薛福成，怀抱'不惮烦劳，百计营度'的任职态度，毅然勇敢地挑起这副非同寻常的重担，决心抓住这次历史的机遇，施展一下'匡时济世'的抱负"②。他为浙东筹防费尽心思，尽职敬业，充分发挥筹防才智，为浙东海防做出重要贡献。光绪丁亥年（1887），薛福成收集中法海战期间所著文牍书信等，整理成《浙东筹防录》一书。该书内容所体现的，正是薛福成主要的海防计划与思想，以及他的拳拳爱国之心。

二、原书内容与志书体例

《浙东筹防录》正文前有黎庶昌序、薛福成自序以及凡例。编著《浙东筹防录》一书的目的，薛福成在自序中已然明示："辑当时文、牍、书、檄、电报稍有关系者，厘为四卷，时时取以自镜，并付剞劂，以质当世达时务者。夫武备日新，事变无穷，此詹詹者，本不足道，然存其梗概，用为防海之嚆矢焉，亦以鸣安不忘危之意云尔。"③ 如此表明，《浙东筹防录》不仅是一部辑录文、牍、书、檄、电报等的著述，而且蕴含薛福成的反思和教诲之意，作者教导人们要居安思危，因此这部书具有警示意义。

全书正文部分按辑录文章的类型分为四卷。

卷一又分为上下两卷。上卷集合光绪十年（1884）六月初二日至九月初一日期间薛福成所书禀牍以及夹单禀，所递交的对象为抚院刘秉璋、督抚院南北洋大臣等，还包括抚院批示和一篇附上的《潘译洋文中英条约》。下卷为光绪十年九月初三日至光绪十年十一月初三日所书禀牍、详文以及夹单禀，另有说帖、钉桩图示、北洋大臣批示、督院批示等，内容基本为述职和呈报浙东海防情况。纵览卷一包括如下九个方面的内容。

1. 加强沿海军事防御能力

薛福成虚心接受西方先进技术和优良方法，学习西方的海防措施，择为己用。他在书中写道："查西人阻拒敌船之法，其用于水深之处者，曰浮炮台，曰浮筏，曰浮绳，曰冲拒。其用于水不甚深之处者，曰筑坝，曰沈船，曰沈石，曰钉桩。"④ 继而在镇海海域附近用钉桩、沉船的办法阻挡敌船靠近。薛福成还详细说明钉桩事宜："自招宝山石厂台脚起，至对面金鸡山止，两边排钉桩木，环以铁练，中留船路十余丈，以便船只往来，并饬派红军师船两只，靠桩抛锭。"⑤ 他改进桩木材料，选择洋木进行散钉。在薛福成看来，散钉好处有三。其一，能够阻挡船只通过，省去"桩缝沈船"的费用。其二，防止涨潮时因潮水拍击堤岸而损坏堤岸。其三，将原本独立发挥作用的"丛桩、沈船"联系

---

① 丁凤麟：《薛福成评传》，南京大学出版社1998年版，第153－159页。
② 丁凤麟：《薛福成评传》，南京大学出版社1998年版，第161页。
③ 薛福成：《浙东筹防录》，朝华出版社2018年版，第12页。
④ 薛福成：《禀抚院刘 镇海钉桩预备堵口办理情形由》，《浙东筹防录》，朝华出版社2018年版，第39－43页。
⑤ 薛福成：《禀督抚院南北洋大臣 夹单》，《浙东筹防录》，朝华出版社2018年版，第49－50页。

起来,达到 1+1>2 的效果。① 薛福成在金鸡山、招宝山等优势地段修建炮台,并利用草木和颜料等对炮台进行掩护,"将各炮台做成与各山色相似"②。还添置巨炮,分析"惟防海之要,首在建筑炮台,购置大炮,可以扼据形势,四面轰击,使敌人不敢近岸"③。

2. 引水权维护

在当时的浙东沿海地方总共有四位经验丰富又有执照的专业引水员,为防止法国船舰在镇海口外被引带,对沿海军事安全造成威胁,官府决定雇用其中必得生、师密士二位引水洋人。与此同时,顾及"彼等在洋,为法人所逼,不敢不遵,或啖以重资,暗为引带,仍无益于事。若竟撤销执照,不使出洋,各国领事必不应允",便想出"给费暗雇一法"④。然而仍有英、美、德国人经法国船舰雇佣为向导引水的事情发生,薛福成遂与其中郝尔、贝伦两人签订合同,从法律上防范引水员受雇。⑤

3. 沿海居民管控

薛福成考虑到沿海渔民、居民良莠不齐,提议严加管控,"分行密察、妥慎办理、随时禀报,并饬宁波府及渔团保甲委员一体确察,晓以利害,申明赏罚"⑥。在战事危急、形势窘迫的情况下,宁波天主教堂迁址前有谣言宣称教堂内藏有大炮,造成群众恐慌。虽然最终调查结果表明"系属讹传",但薛福成仍然选择将教堂和教堂里的法国人迁至江北岸以安定民心。⑦

4. 督促英方履行条约

薛福成以《中英退还舟山条约》为依据,在法国船只游弋宁波舟山海域附近的情况下,分析英国为维护本国商业利益和欧洲强国的形象将会履行条约内容,"英为著名大国,必不甘心让法而自废前约以示弱于欧洲"⑧。薛福成又写信向英方分析得益之处,"英只用一二号兵船而定海可全,定海全而英之商务亦全,从此信义兼著,盟约勿渝,商民感颂,名实无损,不愧为欧洲第一等强邦"⑨,从道德和经济层面劝说英国自觉遵守条约。

5. 宁波天主教堂迁址

由于宁波地区形势吃紧,所以薛福成决定将教堂和其中的法国人迁徙至江北岸便于管理。然而这一过程并不十分顺利,法国主教赵保禄多次拒绝,"语多强横"。于是,薛

---

① 薛福成:《禀抚院刘 遵饬勘办梅墟钉桩事宜由》,《浙东筹防录》,朝华出版社2018年版,第130-131页。
② 薛福成:《禀抚院刘 虎蹲山设立暗号并于游山派弁迎询来船办理情形由》,《浙东筹防录》,朝华出版社2018年版,第85-86页。
③ 薛福成:《禀抚院刘 陈明镇海撤防后宜添筑坚台并购巨炮由》,《浙东筹防录》,朝华出版社2018年版,第151页。
④ 薛福成:《禀抚院刘 遵饬暗阻海口引水密行办理情形由》,《浙东筹防录》,朝华出版社2018年版,第45-48页。
⑤ 薛福成:《禀南北洋大臣督抚院 为在上海禁阻法船领港人给酬银两由》,《浙东筹防录》,朝华出版社2018年版,第147-149页。
⑥ 薛福成:《禀抚院刘 遵饬暗阻海口引水密行办理情形由》,《浙东筹防录》,朝华出版社2018年版,第45-48页。
⑦ 薛福成:《禀抚院刘 饬令宁郡天主教堂迁徙江北岸办理情形由》,《浙东筹防录》,朝华出版社2018年版,第63-69页。
⑧ 薛福成:《禀督抚院南北洋大臣 夹单》,《浙东筹防录》,朝华出版社2018年版,第63-72页。
⑨ 薛福成:《附录 英宜遵约保护舟山说》,《浙东筹防录》,朝华出版社2018年版,第63-72页。

福成"峻词婉喻,再三开导,并设法使之悚然自危。筹办半月,甫肯搬出"①。

6. 设置暗号和记号防止法船冒充

对于法船冒充他国船只闯入浙东沿海区域一事,薛福成提议"先选熟识洋船之人一二名,送交招宝、金鸡两炮台,以便登高识别",并在虎蹲山、七里屿处立黄斜十字方旗以便示意,所有船只停留在炮台外接受检查后才允准放行。夜间、白昼分别以悬不同颜色的灯、挂不同款式的旗帜加以区别,所有船只"须先事招呼,则轮船、炮台可以预备往接查看;而夜间悬灯,亦须分别颜色。现拟分三色,如系局外各国轮船则用白色;系中国船则用红色;系法国船则用绿色。灯须极大,便于瞭望"②。光绪十年(1884)八月十一日,根据杜丞暨元凯、超武两管驾的建议,"因虎蹲山风浪甚大,难以泊船",于是停船检查点改设风浪较小便于泊船的游山。③

7. 架设电线

薛福成仔细分析镇海、宁波的地理位置,认为"镇海距宁波水程六十里,陆路四十里,当此海氛不靖,驻扎重兵,军书旁午,遇有要紧消息,不能呼吸相通。若快船又须乘潮,上下殊嫌迟缓",遂为军事需要和防务需要,在镇海与宁波之间架设电线,并联系上海大北电线公司,交由中国商人办理。④

8. 调整沿海防守兵力分配

浙东沿海兵力分配不均,在薛福成看来,定海"地居冲要,四面受敌,既无坚利兵轮,又无得力炮台","实非四五千人所能兼顾",需要抽调兵力加强保护。他非常重视定海的兵力分布,在物资紧张、不敢轻言添募的情况下,几乎以恳求的语气,期盼阃省防营能够"酌量抽调赴定,以资防守"。在他看来,这"非惟全浙之福,亦大局之幸也"。⑤

9. 提请免收米税

由于法国船只停泊于宁郡沿海处阻拦江苏对宁波的粮食输送,造成宁波粮食短缺,粮价高涨。薛福成由此提议来甬贩米不收税,"以定民志,而固军心"。⑥

卷二辑录书牍,所含包括自光绪十年(1884)六月二十六日至光绪十一年(1885)二月二十八日的《上刘中丞书》《上阎中堂书》《答英国领事官兼办法事固威林书》《移英国领事官固威林书》《与统领抚标亲兵等营杨军门书》《与统领亲兵小队等营钱总镇书》《答总办省城防军支应局务唐吴观察书》《答伯兄书》等。卷二的内容多为卷一所述事项的具体补充和处理事宜,同时还有卷一上卷中不曾提及的一些事项,另辑录萧穆对薛福成文字的评价一篇。卷二书牍所含内容较卷一禀牍丰富,覆盖面更广。

---

① 薛福成:《禀抚院刘 饬令宁郡天主教堂迁徙江北岸办理情形由》,《浙东筹防录》,朝华出版社2018年版,第63-69页。
② 薛福成:《禀抚院刘 防备法船冒混进口先后办理情形由》,《浙东筹防录》,朝华出版社2018年版,第77-84页。
③ 薛福成:《禀抚院刘 虎蹲山设立暗号并于游山派弁迎询来船办理情形由》,《浙东筹防录》,朝华出版社2018年版,第85-86页。
④ 薛福成:《禀抚院刘 请于镇海添设电线以捷军报由》,《浙东筹防录》,朝华出版社2018年版,第89-94页。
⑤ 薛福成:《禀抚院刘 报赴定海阅勘炮台防营并请抽调营勇赴定海防守由》,《浙东筹防录》,朝华出版社2018年版,第103-108页。
⑥ 薛福成:《禀抚院刘 法船在口米船不到请招商运米免收厘税由》,《浙东筹防录》,朝华出版社2018年版,第141-142页。

其中，他多次上书刘中丞提出抵御敌军海上入侵的措施，涵盖钉桩、沉船、购置水雷、裁减支出、派勇巡逻、保护定海、教堂迁址、教民迁徙、暗雇引水洋人、管理经费、操练营勇、团结军心、铺设电线等内容。① 《答英国领事官兼办法事固威林书》主要内容是：通过与固威林商量，劝导和监督教堂及其内教士等法国群众"迁往江北岸，安其身家，得与各国商民共获保护"②。《上阁中堂书》分析了法国占领越南后借观音桥战役勒索赔款，趁机想要占台湾为己有的阴谋。③《与统领抚标亲兵等营杨军门书》分析了使用油篓抵御炮击一事。油篓"本系柔韧之物"，经过特殊处理后"深得以柔制刚之妙"，成为抵御炮弹轰袭的得力之物。④《与统领亲兵小队等营钱总镇书》商讨建筑土炮台一事，分析并列举土炮台的十大益处。⑤《答总办省城防军支应局务唐吴观察书》禀报钉桩、沉船事宜，分析浮筏对于受风力影响大的镇海作用较小。⑥ 在《移英国领事官固威林书》中，薛福成认为，法国因勒索赔款不成而发动战争是无理取闹之举，阐明对法国的态度是：若其仍要侵扰商务，则用强令手段责令其离开；若法国有求和意向，则与其和好。此外，还表明希望英国领事劝说法国船只退出中国海域以求和平的态度。⑦《答伯兄书》表明与法船对战时，炮台发挥了巨大的作用，呈报清间谍、修电线等事宜，表达工作繁忙，文末又表明了对捷报内容的看法，认为捷报没有把最重要的战时布置明示，"布置各端，既一字不及，即于军门、统领之布置各端亦一字不及，突叙炮台开炮一事，无以启发人意，使人阅之，转觉其敷衍无聊，疑非事实"，对此薛福成指出："浙省以卓然非常之绩，而出以黯然无光之文，固属可惜。"⑧

卷三辑录光绪十年（1884）十二月十三日至光绪十一年（1885）二月初八日的咨、移、札、照会、告示，以及光绪十二年（1886）六月十八日所拟《驱逐游勇并严禁结党拜盟示》。相较于前两卷，内容更多在于浙东战事筹备情况和具体战况，其中对浙东沿海的几次战役，包括镇海战役双方战况等有较详细的描述。另包含加强沿海军事防御设施，严格筛查进入关口的洋人；撤出标志性物件如浮球、彩色木桩等以迷惑敌人；⑨ 提醒渔民切勿在钉桩处捕鱼、行船以免妨碍海防；⑩ 警告造谣生事者，安定民心⑪；对于主动报官自首的汉奸间谍予以宽赦；⑫ 广泛征集可以打击法国船舰的精妙发明⑬等事宜；以及在中

---

① 薛福成：《上刘中丞书》，《浙东筹防录》，朝华出版社2018年版，第191—208页、第215—230页、第239—245页、第269—279页、第291—297页。
② 薛福成：《答英国领事官兼办法事固威林书》，《浙东筹防录》，朝华出版社2018年版，第209—214页。
③ 薛福成：《上阁中堂书》，《浙东筹防录》，朝华出版社2018年版，第247—251页。
④ 薛福成：《与统领抚标亲兵等营杨军门书》，《浙东筹防录》，朝华出版社2018年版，第253—254页。
⑤ 薛福成：《与统领亲兵小队等营钱总镇书》，《浙东筹防录》，朝华出版社2018年版，第255—261页。
⑥ 薛福成：《答总办省城防军支应局务唐吴观察书》，《浙东筹防录》，朝华出版社2018年版，第263—264页。
⑦ 薛福成：《移英国领事官固威林书》，《浙东筹防录》，朝华出版社2018年版，第265—266页。
⑧ 薛福成：《答伯兄书》，《浙东筹防录》，朝华出版社2018年版，第281—288页。
⑨ 薛福成：《照会浙海关税务司葛显礼》，《浙东筹防录》，朝华出版社2018年版，第337—338页。
⑩ 薛福成：《会同浙江提督欧阳晓谕中外商船以海口钉桩出入须认旗灯示》，《浙东筹防录》，朝华出版社2018年版，第347—348页。
⑪ 薛福成：《劝谕居民各安生业毋得造谣煽惑示》，《浙东筹防录》，朝华出版社2018年版，第349—350页。
⑫ 薛福成：《会同浙江提督欧阳招谕法船胁从诸人示》，《浙东筹防录》，朝华出版社2018年版，第357—358页。
⑬ 薛福成：《劝募毁沈敌舰明设赏格示》，《浙东筹防录》，朝华出版社2018年版，第363—365页。

法海战一年后,沿海勇兵"多有去而复来,或留滞不去,且时有会匪混迹其中,行踪诡秘,党类繁伙",影响浙东沿海居民正常生活,为了防止勇兵流为地痞土匪,"为地方筹安谧",命令驱逐居无定所的勇兵并明文禁止结党拜盟。①

卷四收集了数十篇相关电报,篇幅短小,内容精练,一定程度上可以看作前三卷所述事例的简约概括。从时间上看,为光绪十年(1884)六月二十三日至光绪十一年(1885)六月初一日之间,大致上为一日一电,故而内容更具有连续性。

全书内容覆盖面较广,内容较散,但总体上集中于筹办浙东海防,体现了薛福成主要的海防策略及思想。

三、本书特点与文献价值

有关清代海防,《李鸿章全集》《左宗棠全集》《郑观应集》等都有所涉及,然而相较于其他,薛福成的《浙东筹防录》中有关海防的内容更加集中,以书牍、公文、电报等为主,由多个短篇幅文章辑录而成,多为书信文体,包括向上级官员或同事之人汇报、分析沿海防务筹措情况与战争进程。其中内容较为混杂,一封书牍往往涉及海防的不同方面,但大部分篇章只谈及两三项海防要务。与《浙东筹防录》全书仅有文字、未附图片不甚相同的是,同时期爱国将领关天培所著《筹海初集》内收录了中流击楫图、伏波洗甲图等十余幅。② 同为海防图书,明代的《两浙海防类考续编》是在谢廷杰的《两浙海防类考》的基础上增修编撰的。"《续编》模仿《类考》的体例,根据当前形势的发展,修改了与当前形势不适合的内容,增加了新的大捷考、新的战船、新的火器等内容,总结了嘉靖三十六年(1557)到万历三十年(1602)来的新的海防形势。更重要的是《续编》保存了已佚的《海防类考》中的部分内容。"从内容上看,《两浙海防类考续编》"备载三十年间巨纤沿革,其筹海练兵,各旧籍有关于斥候、隘塞、营哨、缮废、入冠、奏捷、占候及舟械、图式如干条,咸摘要汇附共成一书"③。

《浙东筹防录》按照时间顺序辑录不同类型文章,并没有单独将某一海防要事或战役战况整理成文。如有关镇海战役,薛福成在《浙东筹防录》的《咨统领援台兵轮提督衔记名总兵吴》《移管带象石练军刘副将》《法船临境劝居民各安生业示》等篇章中均有所涉及,从中国一方的视角,借数次考察、听闻和亲身实践叙述南琛、南瑞、开济三只舰搜寻法船,澄庆、驭远两舰受困等情况,记述范围停留在战况和战前准备与战后修复上。而黄振南的《中法战争诸役考》记述镇海之役,分析战争爆发原因、战争推进情况以及镇海之役的意义和作用,使中法双方对照互证,角度更广,对这场战役的见解也更为全面。④

---

① 薛福成:《驱逐游勇并严禁结党拜盟示》,《浙东筹防录》,朝华出版社 2018 年版,第 367—369 页。
② 吴枫主编:《简明中国古籍辞典》,吉林文史出版社 1987 年版,第 890 页。
③ 徐鸣:《〈两浙海防类考续编〉及其海防思想——以练兵、预警为中心》,《文教资料》2021 年第 12 期,第 44—46 页。
④ 黄振南:《中法战争诸役考》,广西师范大学出版社 1998 年版,第 242—284 页。

根据薛福成描述,在中法镇海之役中,中方"水陆诸军壮气百倍,昼夜严防"①,加上虎蹲山地理形势危险,中方筑台置炮,海防筹备仔细,处处严格防范,又修建长墙迷惑敌人,故而法船处于弱势,进攻困难,且多次被中方击退击沉。②薛福成分析法军长途奔波来甬作战,其弹药、粮食以及药品准备必不充分,加之法军攻击准备不当,放炮无一击中,中方军民竟毫无损伤。总体来看,战争中的中国虽处于防守地位,但同时较于法军拥有战略优势,从而有效阻止法船进攻,保持着完好无损的气势,在战争中获得多次成功。③南琛、南瑞、开济三只舰躲进镇海口内后,遭受法船不停歇的攻击,形势危急之下,薛福成表达了誓与镇海口共存亡的气概。三舰奋力扼守,炮击法船,数次击中法舰要害。④光绪十一年(1885)正月十五日未刻,中方炮弹击中孤拔所乘船,孤拔逃跑。申刻,一艘"大黑舰"以招宝山为目标发起进攻,中方发动炮台、兵轮合力迎战,五次击中大黑舰,迫使其因重创而败退。⑤从薛福成的视角来看,总体而言,镇海之役战况激烈,中方凭借高昂的士气和英雄的团结精神屡次击退敌军,重创法船,多次获得胜利,是一场惊心动魄而结局令人满意的海战。

然而,薛福成的描述与黄振南对史料的详细考察结果存在某些相异之处。据黄振南考察发现,中方史料记述的法舰被击中五炮,仓皇而逃可能与真实情况不符。法舰若是真的被五次击中,船体在大规模受损后的修理情况和船员伤亡情况在法国方面怎能毫无记述?黄振南通过多个资料分析比较,得出"中方这一记述并不可靠"的结论。此外,中方对于法军伤亡颇多的陈述也存在问题。按照法方记载,双方无伤亡情况。黄振南考证得,法方确无损失,而中方可能存在人员伤亡。⑥本次中法镇海之役,中方的记载明显多于法方,其中或许有清朝官府为了鼓舞士气、激励民心、显示清军实力等各种因素而故意夸大战况和战果的可能。薛福成于本书记载镇海之役多项内容与实际情况不甚相同的情况表明,《浙东筹防录》一书在史料方面存在一定的缺陷。

纵观全书,《浙东筹防录》中只有小部分是薛福成引用和摘录他人书牍,并其中仅有一短篇为萧穆评价薛福成其人其文所撰,其余大部分是薛福成自己撰写的,带有极强的主观性。读者阅读此书,是通过薛福成的主观视角直观了解清朝海防情况,透过薛福成的思想行为明晰清朝官员筹措海事军事的特点。因其主观性,此书也不失为研究薛福成其人、其文、其思想的得力资料。正如丁凤麟在《薛福成评传》一书中所指出的,"这部《浙东筹防录》,恰恰为世人研究浙东反法战争及薛福成在其中的是非功过,提供了极其宝贵的历史记录"⑦。然而就目前研究状况来看,研究薛福成的不乏其人,而研究《浙东筹防录》的学者几乎没有,仅有刘悦斌的《薛福成对近代国际法的接受和运用》⑧、史革

---

① 薛福成:《上刘中丞书》,《浙东筹防录》,朝华出版社2018年版,第269页。
② 薛福成:《答伯兄书》,《浙东筹防录》,朝华出版社2018年版,第281-282页。
③ 薛福成:《答伯兄书》,《浙东筹防录》,朝华出版社2018年版,第283-284页。
④ 薛福成:《同刻递杭垣 甚急》,《浙东筹防录》,朝华出版社2018年版,第387-389页。
⑤ 薛福成:《未刻递天津》,《浙东筹防录》,朝华出版社2018年版,第390页。
⑥ 黄振南:《中法战争诸役考》,广西师范大学出版社1998年版,第257-261页。
⑦ 丁凤麟:《薛福成评传》,南京大学出版社1998年版,第195-196页。
⑧ 刘悦斌:《薛福成对近代国际法的接受和运用》,《河北师范大学学报(哲学社会科学版)》1998年第2期,第122-126页。

新的《清末外交官薛福成》、丁凤麟的《薛福成评传》等文章和图书对《浙东筹防录》一书有所引用和参考。

作为一部介绍筹备浙东海防事宜的著述，《浙东筹防录》的文献价值有如下四个方面。

（1）了解清朝官员的海防思想，以及薛福成的防备策略和海防计划。丁凤麟在《薛福成评传》中评价薛福成"筹防浙东的历史功绩是不容抹杀的"①，薛福成不仅仅是中法海战期间浙东海防筹备的参与者与海战的亲历者，更是其中多项活动的组织者。身为宁绍台道，他能够接触到更多浙东海防筹备计划的详细资料或国防信息，第一视角的叙述方式使得《浙东筹防录》能够比同类型的其他很多海防类书籍更加直观、真切地展现一名清朝官员及其身边人物在面对浙东海防急迫情形时的所做所想，包括海防策略，以及对海防兵将的一些看法观点，这就使得《浙东筹防录》在研究浙东海防方面具有很高的价值。

肩担宁波、定海等地防务重任的薛福成"因形势设巨防、定民心、搜军实、用与国、伐敌谋、清间谍、杜向导、申纪律、明赏罚、励客将、布利器"②，与各将领拟订"包括加固炮台、扩充营勇、海口设险、严防间谍、巩固内部、争取国际舆论等措施在内的全面性防御计划"③。他提出"将来一有海警，当以笠山大炮台为第一重门户，而招宝山居第二重，小金鸡、安远两炮台尤在后路，扼守口门，辅以桩、船，助以水雷"④的防守形式，采用刚柔、明暗、虚实相结合的方法。⑤薛福成认识到团结军心和民心的重要性，认为"志不壹，则势不完而防不密"⑥"人手不敷，心力不齐，以及于败"⑦。在督抚院的官员看来，使命感和熟练掌握的技能是战争中的一个重要方面，"若守台之人无必死之心，则有台与无台同；放炮之人无命中之技，则有炮与无炮同"⑧。

（2）研究薛福成其人的历史形象与其思想性格等特点。《浙东筹防录》除了清晰的防御计划和原则，引人注意的还有薛福成在字里行间所体现的爱国爱民的强烈情感。对于战争造成无数兵民伤亡、尸骨堆积的现象，他发出"查淹葬之患，实始于停棺；人祸之酷，莫甚于暴骨"的慨叹，以一颗敬畏之心面对死伤的平民和为家国而战的士兵，建议设立一块或多块公共墓地安置死者，以安其在天之灵；⑨他会因为战胜捷报中漏提守备吴杰之名而不悦并向刘中丞表示希望加以激励，⑩鼓励将士团结一致御敌，不吝惜赞扬，团

---

① 丁凤麟：《薛福成评传》，南京大学出版社1998年版，第185页。
② 薛福成：《浙东筹防录》，朝华出版社2018年版，"自序"第10页。
③ 史革新：《清末外交官薛福成》，《文史知识》1983年第12期，第80-84页。
④ 薛福成：《禀抚院刘 勘定镇海口门筑台添炮事宜由》，《浙东筹防录》，朝华出版社2018年版，第170页。
⑤ 薛福成：《答伯兄书》，《浙东筹防录》，朝华出版社2018年版，第282页。
⑥ 薛福成：《浙东筹防录》，朝华出版社2018年版，"自序"第9页。
⑦ 薛福成：《会同浙江提督欧阳禁止兵轮弁勇登岸示》，《浙东筹防录》，朝华出版社2018年版，第354页。
⑧ 薛福成：《禀抚院刘 陈明镇海撤防后宜添筑坚台并购巨炮由院批》，《浙东筹防录》，朝华出版社2018年版，第161页。
⑨ 薛福成：《札宁波府镇海县》，《浙东筹防录》，朝华出版社2018年版，第321-324页。
⑩ 薛福成：《上刘中丞书》，《浙东筹防录》，朝华出版社2018年版，第272页。

结军心与民心，谓成守"坚忍耐劳，谙练戎机"①；在战事吃紧、谣言四起的时候，他及时安抚民心。他说："凡在人民，皆吾赤子。"② 书中所呈现的，不单是薛福成所要表达的海防思想，还有他那颗炽热的爱国之心和对百姓的怜爱之心。

（3）反映浙东沿海商民生活状况及其对战争的反应。《浙东筹防录》中除了有关海防事项，还涉及对宁波及其附近地区商民行为、状态等的描述。沿海商民在浙东筹防中也扮演了重要角色。如"沿海渔民众多，良莠不一"③，当战争信号频频传来之时，"民情惶恐"④，谣言四起，这极易造成社会动荡混乱。为安定民心、稳定社会秩序，薛福成不得不发布《劝谕军民各安生业毋得造言煽惑示》⑤。在某些情况下，民众可能也会对浙东海防造成阻碍，"无论大小商民船，概不准进口"⑥ 的命令，一方面是"防被暗算"⑦，另一方面在于担心"贫穷失业之渔户、船户为敌所用"⑧，此外，用于防御敌人的桩木、沉船等也有被平民偷窃、破坏的可能。沿海居民给予官府信任，团结一心，各安生业，不滋生事端，对浙东海防的有序展开、稳定进行起到了重要作用。

（4）梳理清朝光绪年间发生于浙东的几场海战筹备、应战情况，以及浙东海防的历史脉络，对加深对中国近代化进程的理解、加深对中国海防历史的了解具有现实意义。光绪十年（1884），法国侵占越南，对我国沿海地区的安全造成严重威胁。浙东地区为做好与法军应战的准备付出巨大努力。《浙东筹防录》以时任宁绍台道、巡视浙东的薛福成的第一视角，观察并记录了宁波、舟山地区海防布置情况，从钉桩、沉船、施行海上封锁的海上防御到建立炮台、置办大炮、立灯塔、设暗号以及管控岸上军民的陆上防御，无不体现清朝为迎战法军，在海战前夕和战时所进行的精心策划与布置。浙东海防的建立并非一蹴而就，而是经历了一个漫长的创建、修正和完善的过程。从薛福成辑录于《浙东筹防录》一书的禀牍、电报等来看，相关防御设施如桩木材料的使用与钉桩方法⑨、炮台迷彩效果的确定⑩等是经历了试验的。有关海战的应战情况，该书各卷都有所涉及，并包括中法几场海战中双方势力描述与对比、中方海军的精神状态、战争过程、战争结果以及战后的分析与反思等，对于从薛福成视角研究镇海之役等海战具有重要意义。同时，该书按时间顺序进行收编辑录，更有利于理清浙东海防筹备的历史脉络。

---

① 薛福成：《禀抚院刘 报赴定海阅勘炮台防营并请抽调营勇赴定海防守由》，《浙东筹防录》，朝华出版社2018年版，第107页。
② 薛福成：《劝谕居民各安生业毋得造言煽惑示》，《浙东筹防录》，朝华出版社2018年版，第349页。
③ 薛福成：《禀抚院刘 遵饬暗阻海口引水密行办理情形由》，《浙东筹防录》，朝华出版社2018年版，第47页。
④ 薛福成：《禀督抚院南北洋大臣 夹单》，《浙东筹防录》，朝华出版社2018年版，第51页。
⑤ 薛福成：《劝谕居民各安生业毋得造言煽惑示》，《浙东筹防录》，朝华出版社2018年版，第349－350页。
⑥ 薛福成：《递镇海》，《浙东筹防录》，朝华出版社2018年版，第384页。
⑦ 薛福成：《递镇海》，《浙东筹防录》，朝华出版社2018年版，第384页。
⑧ 薛福成：《禀南北洋大臣督府院 夹单》，《浙东筹防录》，朝华出版社2018年版，第144页。
⑨ 薛福成：《禀抚院刘 遵饬勘办梅墟钉桩事宜由》，《浙东筹防录》，朝华出版社2018年版，第127－132页。
⑩ 薛福成：《禀抚院刘 夹单》，《浙东筹防录》，朝华出版社2018年版，第101页。

四、结　语

19世纪80年代正是中法战争进行、浙东沿海关系紧张的一个关键时期，因此，这一时期的海防筹备、战争准备是重要话题。当时记述清朝浙东海防的书籍并不少，而薛福成的《浙东筹防录》是其中较为系统而集中的一部。虽然由后人考证的中法海战情况可证，薛福成在该书中有关中法海战战时情况的一些描述有夸大且失真之疑，但《浙东筹防录》作为一部记录浙东海防筹备事宜和中法镇海海战战况战果的书，从一名亲历者的角度呈现中法海战时浙东海防筹备情况，集中体现了彼时身为宁绍台道的薛福成的军事思想与海防计划，为研究光绪十年（1884）、十一年（1885）间浙东海防布置情况，清朝官员的海防意识，中法海战镇海之役的情形以及作者薛福成的海防策略、为人处世都提供了丰富的史料，具有重要的参考价值。虽然该书的作者薛福成是一位为人所熟知的中国近代外交家，但是他在军事与海防方面的突出贡献，也应当被后人更加深入地了解。

清代广西海域海防史研究

——以19世纪中叶英国造卡龙炮研究为例*

  维护一个国家海疆和海防安全最重要的力量无疑是海军,在飞机、坦克和核武器被人类发明和用作兵器之前的很长时间内,船炮一直是代表中西方海防核心的军事技术、主战兵器及杀伤敌人的利器,其强弱是衡量一个国家海防力量的重要尺度。在二者中,又以造船为第一先务。中国是一个居陆面海的两栖型大国,但古代国人未产生真正意义上的海防行知。至15世纪中期以来,一直固守皇权专制的它错过了世界大航海时代的发展契机,尤其清朝为维护其落后的皇权专制和既得利益,推行的"首崇满洲、防范汉人"的国策,致使中国军事技术发展缓慢,国家海防安全岌岌可危,沿海沿江民众深受其害。

  梧州位于广西东部,与粤、港、澳一水相连,背靠大山,东、西、南三面环江,可谓据有天险,是中国珠江文化和岭南文化的发祥地之一,在近现代有"两广商埠、水上门户"之美誉。"西江即为珠江中下游,因位于广东西部而得名。梧州是西江沿岸重要口岸。因处于两省交界和大河交汇的有利环境,梧州不仅于汉代开始发展成为岭南都会,而且在明成化年间成为两广总督府的驻地。梧州港长期以来承担调动岭南地区商品贸易中转和转运的角色。梧州的对外交通在近代开埠后更盛极一时,而从1897年开关后直至抗战前夕是梧州历史上的黄金时代。"①

  在西江汛期时江水的冲刷与枯水期的打捞使往昔颠覆其中的火炮被陆续发现。今梧州市博物馆通过当地船家,在西江两岸收购14—19世纪中叶的中西铁炮共计44门,其中明清铁炮23门,19世纪中叶前后的西洋铁炮21门。发现地点多在梧州的西江、桂江和浔江的三江交汇区,以及附近陆地,此处历来为明清督抚府所在地、水师营驻扎地、军事要塞防卫处和旧海关的所在地。这里的"西",主要是指以英国为代表的欧洲国家,经常也称之为"西洋国家"。19世纪中叶泛指自鸦片战争始至第二次鸦片战争结束的十多年。当然,其铁炮数目远不止于此。梧州市博物馆馆藏火炮最突出的特点是:火炮数量在中国博物馆系统虽不是最多的,但类型是较全的;尤其是一些西洋铁炮和明清铁炮弹,其数量之多和重量之大在国内实属罕见。梧州对于中国沿海而言,应属内陆地区,作为西江通往珠江的沿岸城市,战事甚少,而明清以来,中西商贸来往频繁,许多商船都有购买火炮甚至洋炮用来保护货物的习惯,其颠覆在西江中应是常有之事。今该馆展览的

---

  * 作者简介:刘鸿亮,科技史博士,河南科技大学教授,深圳大学海洋艺术研究中心和厦门胡里山炮台保护中心特约研究员;崔萍萍,鸦片战争博物馆馆员。基金项目:全国考古人才振兴计划资助(项目编号:2024-269)国家哲学社科基金重大项目"中国东南海海洋史研究"【19ZDA189】阶段性成果。

  ① 陈宇思:《近代华洋交流中的西江流域口岸研究——以1897年至抗战爆发前夕的梧州港为例》,《经济与社会发展》2012年第6期。

一门19世纪中叶的英国卡龙炮（Carronade），其特征明显，国内藏品甚少，故可谓"镇馆之宝"，其所彰显的清代海疆海域海防历史值得玩味。以此为据，除可了解梧州在明清军事历史中的特殊作用外，也可洞悉明清中西军器、华南中西商贸的交流史等。

一、西洋卡龙炮发展的史实以及在海战时的近距离定位

第一，13—19世纪中叶中西火炮的分类。以青铜、黄铜、熟铁、生铁和铸钢制造火炮是中西火炮材质在这一时期的发展历程。中西炮制也屡次发生变化，炮制的异同自然导致火炮类型的差异。从13世纪末，中国开始把火炮用于战争，但一直没有按用途作明显的区分。在鸦片战争前后，炮制依然杂乱，即使当时购买的洋炮也是如此。我们今天按照其弹道和弹药装填方式的不同对此进行划分，主要有六种类型：重型红夷炮（Red - Barbarian Cannon）、抬炮（Gingalls/Wall Gun）、子母炮（Mother - and - Son Cannons）、冲天臼炮（Chongtian Mortar）、纸质基体的火箭炮（Rocket）以及数量不菲的西洋前装滑膛洋炮等。广东珠江两岸的虎门各炮台所配置的佛山铸造的生铁炮，基本上反映了江海炮洞式炮台所用海岸炮的状况，当时中国最佳火炮的缩影应是浙江镇海龚振麟首创的铁模铸炮。

从两广众多博物馆馆藏的短小洋炮类型来看，它们多不是作战用的舰炮，而是当时中西商船在珠江航行时使用的护货炮。在16世纪前，欧洲火炮名称也非常繁杂，法国人于1732年建立了世界上首个火炮系统。1830年，英法两国都用了单一口径的武器装备，发射同样口径的炮弹。迄至英法联军侵华之役，侵华英军在陆海战中除使用了传统的前装滑膛炮外，还使用了诸如距当时已有370年历史的前装滑膛炮——加农炮，17世纪末期以来创制的榴弹炮、陆海兼用的臼炮、1752年发明的海上用卡龙炮、1805年英人康格里夫发明的直杆式火箭炮等，以及少部分由英人阿摩士壮于1854年发明的后装弹药、发射锥头柱体炮弹的线膛炮等。①

第二，18世纪下半叶，西洋火炮包括卡龙炮在内技术的发展。西洋火器制造实行的是政府采购和各私营铁器制造商自由竞争的制度。在此期间，英国先后活跃的公司有韦尔德（Wealden）、利物浦（Liverpool）、卡龙（Carron Commpany of Falkirk，其公司运行于1759—1982年，最后铸炮时间为1852年）、伯明翰（Birmingham）等几家私营公司。其海军或商船用的臼炮主要指的就是短管铁炮型的舰炮——卡龙炮，此为臼炮和榴弹炮的变种，炮重和长度约为同样口径正规加农炮的1/4。有关当时卡龙炮的相关数据详见表1。

英国更重要的技术进步是18世纪60年代铸造技术的提高。此后，枪炮不再是中空铸造的，而是实心铸成的，铸成后用水钻膛，再用蒸汽动力设备旋削，制成更为精密的炮膛，从而能够更有效地利用发射药的推动力。这种方法也使得苏格兰卡龙公司在18世纪70年代发展了卡龙炮技术。②

---

① 刘鸿亮：《中西火炮与英法联军侵华之役》，科学出版社2015年版，第180-184页。
② 麦克尼尔：《竞逐富强：西方军事的现代化历程》，倪大昕、杨润殷译，学林出版社1996年版，第181、193页。

表1 1828年英国卡龙炮的一些技术数据

种类	膛径（厘米）	重量（千克）	爆炸弹重（千克）	发射火药重（千克）	炮长（米）	炮弹直径（厘米）
68磅弹卡龙炮	20.4	1829	14.9	2.55	1.57	20
42磅弹卡龙炮	17.4	1118	9.08	1.588	1.38	17.3
32磅弹卡龙炮	15.9	864	6.81	1.19	1.21	15.8
24磅弹卡龙炮	14.4	660	5.45	0.908	1.1	14.3
18磅弹卡龙炮	13.1	508	4.1	0.68	0.998	13
12磅弹卡龙炮	11.5	305	2.72	0.454	0.822	11.4
6磅弹卡龙炮	9.32	241	1.36	0.34	0.838	9.1

资料来源：O. F. G. Hogg, *Artillery: Its Origin, Heyday, and Decline.* London, C. hurst and company, 1970, p. 276.

第三，鸦片战争时期清人对英国卡龙炮的认知。清人称此炮型为"短薄单耳铁炮"，粤俗呼为"瓦筒口"。如道光二十一年三月初四日（1841年3月26日），江南道监察御史骆秉章奏："夷炮则首尾相等，形似直管。"① 这里描述的应为卡龙炮。《演炮图说辑要》中绘有鸦片战争时期美利坚卡龙舰炮的形制及炮架结构图（图1），并说：

> 此有表熟铁短炮，重一千斤。……身轻质小，故安船面，不碍驶船，然击远不及长炮四分之一，弹发略有高低左右之偏，身短故也。此等短炮，必用此架，钩在船旁，方不跳动。②

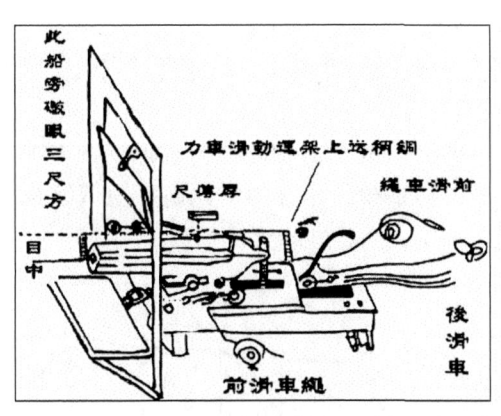 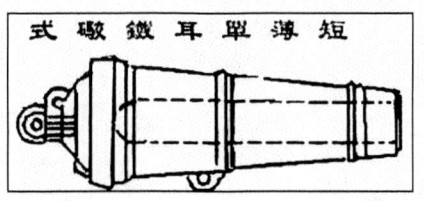

图1 19世纪中叶清人绘制的美利坚卡龙炮型及其炮架结构图

资料来源：丁拱辰：《演炮图说辑要》（卷2），国家图书馆藏书，道光二十三年（1843）刻本，第6页；黄达权、王韬：《火器略说》，上海鸿文书局1862年版，第46页。

第四，英国卡龙炮海战时的近距离定位。1650—1850年，西洋海战动辄以百艘计的战船作战，战列舰是当时英军最大的军舰，其任务是在决战中组成战斗队形，并依靠向敌舰发射炮弹的总重量决定会战的结局。它有三层或两层甲板。

---

① 中国第一历史档案馆编：《鸦片战争档案史料（3）》，天津古籍出版社1992年版，第274页。
② 丁拱辰：《演炮图说辑要》卷4，国家图书馆藏书，道光二十三年（1843）刻本，第2页。

因为正规加农主炮射击不准确,射程短,其真实有效射程不出600码(约540米),拼杀只可能在短距离内进行,且因炮位固定朝左或朝右装置,通常仅有机会发射半数,甚至不足半数的炮械,故以船多炮多来弥补这些缺陷。小船为求以有限的空间和承载力提供较大的火力,通常都以射程较短的卡龙舰炮为主要炮械,而仅备很少数的小型正规炮械。①

从18世纪末期以来,西洋海战又从"线式战术"逐步过渡至"机动战术";在鸦片战争时期,英海军对清朝水师作战主要使用"机动战术"。因为他们知道清朝绿营水师之弱,没有期望和其在海面进行西方式的炮战,所遣船只的主要任务为对岸作战(如支持海军陆战队的行动)。水陆协同配合,迂回侧击,同时还采用了以吃水浅的炮艇绕过清方要塞,配合大型战船实施夹击等战法,即其蒸汽木质或铁壳船适于近海作战,不仅是侵略军用来传递信息的工具,而且是武装成炮舰直接投入作战,显示出可怕的威力。卡龙炮遂在其舰队中有所配置。这类船只的特性很明显,它们是为在海面短距拼杀而设计的。如32磅弹卡龙炮最大射程达1070米,而同样口径的长管加农炮最大射程达2652米。

装备卡龙炮的战舰必须比装备长炮的敌舰航速更快,并要更易驾驶,否则不等其进入轰击敌舰的射程就会先被对方击毁。②

随着19世纪60年代铁甲舰时代的到来,由于交战中的舰船不依赖于风向和水流,所以海战的战法就更加接近于陆战战法,并且服从陆战的战术原则。从此,便开始不再重视使用卡龙炮了。

二、鸦片战争后期清人创制的铁模炮是对英国卡龙炮技术的扬弃

鸦片战争后期,御侮屡败的创痛唤起了中国上下改革旧物的最初意识。如1841年嘉兴县丞龚振麟在浙江镇海首创了铁模铸炮技术,确系模仿西方的卡龙炮等炮型综合而成,炮口径变大,炮身粗和短,开始铸有圆环围纽和立表的瞄准装置,见图2、图3。

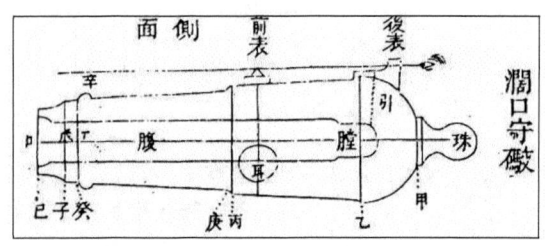 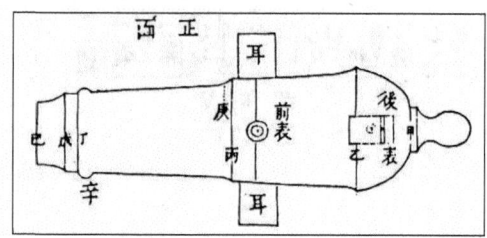

图2　1843—1849年绘制的铁模炮结构图

资料来源:丁拱辰撰:《演炮图说后编》,中国科学院自然科学史研究所藏书,1851年,第9页。

---

① 马幼垣:《靖海澄疆:中国近代海军史事新诠》,中华书局2013年版,第7-16页。
② T. N. 杜普伊:《武器和战争的演变》,李志兴、严瑞池等译,军事科学出版社1985年版,第226页。

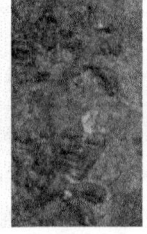

图 3　福建厦门胡里山炮台展览的 1841 年龚振麟制造的铁模炮（刘鸿亮拍摄）

注：立表已被破坏。炮身上铭文："铁模 配药 配弹比 监造"。口至炮耳长 78 厘米，口至火门长 129 厘米（炮长），炮尾至后蒂长 23 厘米，膛径 10 厘米，口外径 21 厘米，底径 36 厘米。耳长 15 厘米，耳径 10 厘米。

鸦片战争中的浙东中英之战是清军唯一稍具组织规模的御侮之战。参战的英人对发生在 1841 年 10 月 10 日中英镇海之战时的清军铁模铸炮技术写道：

> 英军炮击山下的清军炮台，清军利用两门铜铁模炮、抬枪和火绳枪进行了回击，但幸运的是我们死伤不多；我们在岸上发现了清军 90 门铁炮、82 门黄铜炮与卡龙炮（实质上是铁模炮）。英双桅运输船"风鸢"（Kite）号曾在此海域失事，它上面的 2 门卡龙舰炮被清人俘获，清人以它为模型铸造了铁模炮，二者非常相似。这里有一个非常好的炮厂，许多铁炮和铁模炮还没有铸造好。我们还看到了一门炮击时仍在铸造的铁模炮，由于发烫，以致不能触摸。中国炮很大，但口径却小，没有超过 32 磅弹炮的。黏土做的炮模是分离的，用铁环捆缚，可以交替铸同样的炮。在英军驻地的附近一个庙宇，清人已建造了一个工作车间，以制作炮架。比我们过去见到的要好，但多是固定的。在一个炮房，他们造了许多炮架，其模样也是仿制我们的，做得非常好，可以旋转发射。在这里，我们还发现了两本书，是谈论数学、天文、机械和炮术的，显然是从耶稣会士传播而来。但他们的书极具特色，如球形的物品上装饰了一些帝国龙。①

综上，英参战军官明确指出了中国的铁模炮和承载其的炮架是仿制英国卡龙炮型的，且有西洋炮术学著作予以参考。今对中国境内遗留的几门铁模炮实物的调研发现：一是确系国人利用俘获的英军有耳卡龙炮型仿制而成，炮架也吸取了英军卡龙炮型机动性强的一面。二是铸炮效率提高而非性能优越。因为从炮身材质来看，白口铁的脆性使其性能下降。此技术在随后的国内外战争中未得到普及，性能也劣于西方步入近代化阶段的强势火炮。三是诸多的社会原因阻碍了包括铁模铸铜铁炮在内的火炮威力的发挥。

三、梧州渊源乃至在明清之际两度成为两广督抚府驻地的原因

第一，梧州发展渊源。即便到了明代，岭南西江流域这一远离王朝中心的南越边地

---

① A. Murray. Doings in China: Being the Personal Narrative of an Officer Engaged in the Late Chinese Expedition, from the Recapture of Chusan in 1841, to the Peace of Nankin in 1842. London: R. Bentley, 1843. pp. 33 - 51.

仍在"中原化"的道路上徘徊,明朝相当有效地化"他"为"我",融合了当地的少数族群,与汉人和谐共存。①

第二,明初在梧州设置两广督抚府的缘起。明代岭南地区防务重心的东移从根本上影响着两广总督府址的迁徙方向,但总督府具体要迁至何处,还要受到其他因素的制约:提督军务是明代两广总督的主要职能,但总督同时还兼管盐法、水利、粮饷、农桑、屯田、城池建设等诸多事务。在总督府址的区位选择上既要充分考虑到军事上"两广协济应援"的初衷,也要方便兼顾两广民政、经济等诸多事务。潮、惠二府虽地当海防要冲,但远离粤中经济发达地区,对于广东西部乃至广西地区的控制来说更显得鞭长莫及,故在广东海防事态严重时,两广总督府临时移镇潮、惠地区,督理军务,却不宜常驻当地,这便是惠、潮地区不能最终成为两广总督府址的根本原因(表2)。②

表2 梧州渊源以及明代两广督抚府设立及其驻地变迁

时间	两广总督府址	称谓	概 况
汉高后五年(前183)			南越王朝设苍梧王城,这是梧州建城之始
唐武德四年(621)			始称梧州
元朝至元十六年(1279)			梧州安抚司改为梧州路,设总管府,治梧州,辖苍梧县
明朝正统至景泰年间	无固定总督府址	两广总督	"明朝为防止地方专权,在巡抚之上设一官职归于中央,即总督,可总管相近省份的巡抚和事务,有的总督直接兼理巡抚,这样可有效地掌握地方局势,并监理军事民政,合理调配资源等。"③ "明朝政府从正统以来设置广东巡抚,从景泰三年(1452)置两广总督,但终明之世,广东职巡抚不常设,多以两广总督兼理巡抚。"④ 但由于此地区的海洋经济和江海防务的重要性,使得此职位持续时间长,且具有连续性,始终属于中央的委派官吏,主要行使军事管理的职能
明宪宗成化五年至嘉靖四十二年(1469—1563)	梧州	两广总督	成化五年(1469)两广总督韩雍[长洲(今江苏苏州)人,1422—1478]开府于广西梧州。第二年在梧州府城东北建总督府,使之成为两广政治、军事中心⑤
万历元年至二年(1573—1574)	惠州和潮州	两广总督	两广总督府也曾先后临时性移镇惠州和潮州⑥,此时的总督终于成为名正言顺的两广最高军政长官

---

① 赵克生:《经略西江:明朝对岭南的治理》,《中国史研究》2014年第3期。
② 吴宏岐、韩虎泰:《明代两广总督府址变迁考》,《中国历史地理论丛》2013年第3期。
③ 徐丽:《明代两广总督设置及其治所变动原因之分析》,《中国市场》2010年第48期。
④ 蒋祖缘:《明代广东巡抚与两广总督的设置及其历史地位》,《广东社会科学》1999年第2期。
⑤ 梧州市地方志编纂委员会:《梧州市志》综合卷,广西人民出版社2000年版,第91页。
⑥ 蒋祖缘:《明代广东巡抚与两广总督的设置及其历史地位》,《广东社会科学》1999年第2期。

续表

时间	两广总督府址	称谓	概况
嘉靖四十三年至崇祯五年（1564—1632）	肇庆	两广总督	在嘉靖四十三年（1564）督府署设往广东肇庆。两广总督吴桂芳在肇庆的岭西分巡道旧址基础上改建总督行台，以备其不时东巡之需，但此时两广总督的正式驻所仍在苍梧。此后随着军情发展，肇庆不断受到重视。经凌云翼、刘尧海两代总督的兴修，万历八年（1580）肇庆督衙署正式完工后，总督府迁往肇庆的变动才正式完成。即从嘉靖末到万历初年两广总督的职权调整后，两广总督关注重点转移到了广东，位于广东的肇庆，实际上，肇庆成为了总督事实上的长期驻地①
崇祯五年（1632）	广州	两广总督	为加强对葡萄牙殖民者的防御和对澳门市舶贸易的管理；适应明代中后期珠江三角洲商品经济迅速发展；尤其是广州作为岭南政治、军事、经济中心功能进一步加强的新局面②

资料来源：赵尔巽主编：《清史稿》卷116《职官志三·外官·总督巡抚》，中华书局1974年版，第456页。

从表2可以看出，有明一代，为防止海贼、倭寇骚乱和西方殖民者的入侵，明朝政府总的说来以海禁为主，仅偶有松弛。其深层次原因是：国人具有厚重的重陆轻海的陆权主义传统，一直把东南海洋视为大陆最保险的屏障；封建统治者为了维护自己赖以生存的自然经济，要扼制海陆联络的商业和手工业的发展。但随着社会经济的发展、西方资本主义势力的东来，沿海的防务越来越滞后，海防设施不得不内徙。明代前中期的军事防御重心主要集中在肇庆以西的西江流域，而梧州正处于控制岭南少数民族分布地区的要害之处，因此成为两广总督开府定驻的首选之地，居中调度与东西兼治，就成为协调与制衡两省分权现象的当然举措。

第三，梧州作为明代两广总督府的所在地，其时间占了明代300多年历史的1/3。当时官府用兵对象有以下三种情况。

一是"改土归流"，镇压当地少数民族起义。"明清两代广东黎、瑶、壮、畲等民族举行了近130次规模大小不同的起义。这些起义大致可分为明初洪武时期、明中后叶至清初时期和清中叶至清末年时期，引发起义的原因是封建统治者沉重的赋役、汉族地主奸商的巧取豪夺、民族上层分子的鱼肉和官吏的勒索等。规模大、斗争目标明确和各民族互相联合等是这一时期起义的特点，沉重地打击了明清王朝在广东的统治势力，迫使统治阶级惩治一些贪官污吏，或者调整其统治的政策或策略。"③

二是实施"禁海"，平灭违禁下海、武装贩运和劫掠的海盗。

---

① 任建敏：《万历本〈苍梧总督军门志〉中的嘉靖史料考索——兼论明代两广总督地位的变迁与成书因由》，《文史》2021年第1辑。
② 吴宏岐、韩虎泰：《明代两广总督府址变迁考》，《中国历史地理论丛》2013年第3期。
③ 练铭志：《广东明清时期黎、瑶、壮、畲等民族起义述论》，《广西民族研究》2002年第4期。

三是抗击逐步南侵的倭寇，打击安南（今越南）、佛郎机（今葡萄牙）、西班牙、荷兰、英国的侵扰活动。军事活动总要与兵器制造与使用发生关联。明洪武十三年（1380），明政府设置军器局，洪武二十八年（1395）置兵仗局，由中央统一制造火器，严禁地方私制。

第四，时至清代，两广督抚府常驻广州，仅偶尔移驻肇庆、梧州，尤其在梧州仅区区7年（表3）。

表3　清代两广督抚府的设置及其驻地的变迁

时间	两广总督府址	称谓	概况
顺治四年（1647）	广州	广东总督	两广总督的前身为1647年所置的广东总督，当时驻广州，兼辖广西。其正式官衔为"总督两广等处地方提督军务、粮饷兼巡抚事"，是清朝九位最高级的封疆大臣之一。直辖督标中、左、右、前、后五营及肇庆营，兼节制广东、广西巡抚、提督，广东七镇以及广西二镇清代总督作为封疆大吏的地位开始确立，职责是"厘治军民，综制文武，察举官吏，修饬封疆"。辖区范围、官品秩位以及归属地方编制都十分明确
顺治十年（1653）	广州	两广总督	顺治八年（1651）设广东巡抚，署在广州府西门大街旧平南王府。从顺治六年（1649）的第一任巡抚李栖凤至道光二十年（1840）鸦片战争爆发时的怡良共63人职任广东巡抚（不包括重复任职）。巡抚有自己的直辖部队，即抚标左营、右营。广东巡抚秩从二品，为广东的地方军事行政长官，巡抚协助两广总督综理广东全省的军政事务，遇有用兵则有督理粮饷之责。光绪二十四年（1898）和光绪三十一年（1905）裁撤广东巡抚
顺治十三年（1656）二月	梧州	广东总督	总督府迁往梧州
康熙二年（1663）	廉州/桂林	两广总督/广西总督	移驻廉州，专辖广东；别置广西总督，移驻桂林
康熙三年（1664）	肇庆	广东总督	撤销广西总督，广西政务复归广东总督管辖，广东总督署迁驻肇庆。设置广东水师提督，驻顺德，至康熙七年（1668）裁撤；雍正元年（1723）重设广西总督，次年再次裁撤
雍正十三年（1735）	肇庆	两广总督	雍正元年（1723）复分置。明年仍合。雍正七年（1729）为统一西南军事指挥权，镇压苗族起事，广西政务暂归云贵总督兼辖。1734年广西政务仍隶广东总督管辖，更号"两广总督"
乾隆十一年（1746）	广州	两广总督	又移驻广州
嘉庆十五年（1810）			以原设提督为陆路提督，复添设水师提督，入驻虎门
光绪三十一年至宣统三年（1905—1911）	广州	两广总督	两广总督兼任广东巡抚事

第五，清代火器制造分中央制造和地方制造两种，由内务府、工部、盛京工部、八旗军、各地驻军五个系统的军事手工业组成，各系统都要按清廷颁布的则例执行。不过，嘉庆朝以前，战事因在内陆和南、西、北等边远地区，所需火炮大都由工部统一安排制造后，调拨给前线和各地驻军。从嘉庆朝以后，战事的重点已转移至东南沿海地区，制炮重点也随之转移至这些地区督抚所在地的铸炮局。有的设在特定的地点制造。如广西全省所用的火炮多由广东佛山制造，尔后通过水运运至该地。故今日梧州遗存的清代铁炮上的铭文多有佛山标注的，此自然毫不奇怪了。

而广东制炮地点原本分散各地，乾隆五十六年（1791），两广总督福康安（满洲镶黄旗人，1754—1796）奏请朝廷，广东沿海各标协营寨所需修造之炮位集中由佛山一地制造，由官府指定的民户承造。①

由此看出，梧州在明清两朝两度成为两广督抚府的所在地，总督府的设置与火器的制造、城防的加固、城防和水师火炮乃至巨炮在西江两岸的配置自然是相辅相成，故今日梧州西江旧海关区遗留有大量14—19世纪中叶的明清古炮就毫不奇怪了，后来随着历史的变迁，这些火炮被辗转乃至沉入西江。今日船家打捞之，才恢复了其本来面目。

但卡龙炮属于18世纪末期以来的洋炮类型，应该与明清之际两广督抚府的设置以及中国内战风云无关。

四、明清官府"禁海或迁界"政策及对商贾通过海关携带的护货炮位的限制

第一，明清两朝政府禁海与沿海民众反禁海的较量。清朝顺治初年，以明朝遗臣郑成功为首的抗清势力盘踞于东南沿海的大小岛屿，以此为根据地，进出大陆进行着抗清活动。为了对付郑氏集团，清廷害怕反清势力与外国人联合起来。为此，清廷延续了明代的海禁政策，正式的《禁海令》是在顺治十三年六月十六日（1656年8月6日）颁布的禁海令：

> 敕谕浙江、福建、广东、江南、山东、天津各督、抚、镇曰："海逆郑成功等窜伏海隅，至今尚未剿灭，必有奸人暗通线索，贪图厚利，贸易往来，资以粮物。若不立法严禁，海氛何由廓清！自今以后，各该督、抚、镇着申饬沿海一带文武各官，严禁商民船只私自出海。有将一切粮食、货物等项与逆贼贸易者，或地方官察出，或被人告发，即将贸易之人，不论官民俱行奏闻正法，货物入官，本犯家产，尽给告发之人。其该管地方文武各官不行盘诘擒缉，皆革职，从重治罪。地方保甲通同容隐、不行举首，皆论死。凡沿海地方，大小贼船可容湾泊登岸口子，各该督、抚、镇俱严饬防守各官相度形势，设法拦阻，或筑土坝，或树木栅，处处严防，不许片帆入口，一贼登岸。②

禁海令先后持续了40年，尽管这期间澳门（时属广东）、福建厦门与台湾的对外贸易

---

① 卢坤、邓廷桢编，王宏斌点校：《广东海防汇览》，河北人民出版社2009年版，第580页。
② 中国人民大学清史研究所编：《清史编年：第一卷顺治朝》，中国人民大学出版社2000年版，第471-472页。

曾在一定范围和时期内开展着，但都不在清廷的控制之下。《迁界令》是清廷为对付在台湾的郑氏王朝，断绝沿海居民对其的接济，于1661年颁布，康熙二十二年（1683）终止。北起北直（河北），中经山东、江南（江苏）、浙江，南至福建、广东等沿海省份的居民均属迁海范围。清廷强令江南、浙江、福建、广东沿海居民，分别内迁30～50里，商船民船一律不准入海。

出于自身统治的安全利益，清朝在海外贸易政策中，尤其是对本国商民的出海方面采取了诸多限制措施，此不可避免地对中国社会的发展带来不利后果。清代前期，对付包括对一切危及或可能危及沿海社会治安的"盗、贼"仍是海防的基本职责。统治者局限于"从来有海防而无海战、重陆轻海、以守为战，防内而不是防外"的思维定势，不仅从来没有派遣兵船出海保护本国商船的打算，而且对于本国出海商船的安全防卫能力设置了诸多限制。从康熙年间开始限制民船发展，禁止携带火炮、硝磺、铁钉、军火器械、樟板等出海，对于携带其他防卫武器如鸟枪、腰刀、弓箭等也有明确的数量限制。如《洋防辑要》中说：

> 洋船即商船之大者，船用三桅，桅用番木，其大者可载万余石，小者亦数千石。……雍正六年（1728），同知张嗣昌禀归厦防厅查验。出贩东洋南洋之大船准带军器，每船炮不得过二位，鸟枪不得过八杆，腰刀不得过十把，弓箭不得过十副，火药不得过三十斤。造时呈明地方官，给与照票，赴官局制造，完日錾凿姓名，于照内填明轻重数目，以备海关汛员盘验，回棹日逐一查点，将炮贮官库，俟开船之日再行给还。①

至乾隆、嘉庆时期，虽然允许出海商船可以携带少量火炮以防备海盗，但做出了根据商船梁头宽窄配备不同数目的炮械武器的规定。这诸多限制性规定，使得在多数情况下，出洋船只的人手及武器的数量、质量均难与海盗船匹敌，不足以自卫。1760—1835年，清廷先后颁布《防夷五事》《民夷交易章程》《防范夷人章程》《防范夷人规程》，限制国人与外商来往。②

第二，梧州作为一个商埠，梧州港的贸易在岭南地区一枝独秀。管理贸易、征收商税成为历代地方政府的财政收入。早在明成化六年（1470），总督韩雍就在梧州城南西江中设水关，课征杂税，明正德十六年（1521）设盐关兼征销盐杂税。清代咸丰四年（1854）在梧州左江道设"经费厂"抽厘，这是梧州榷厘之始。③

---

① 中国史学会主编，齐思和编：《鸦片战争（4）》，神州国光社1954年版，第351–352页。
② 姜鸣：《龙旗飘扬的舰队：中国近代海军兴衰史（增订本）》，生活·读书·新知三联书店2002年版，第15页。
③ 朱从兵、庞广仪：《近代北海、龙州、梧州、南宁开埠及其对区域贸易的影响》，《广西社会科学》2008年第6期。1876—1906年，清廷相继开放了位于今天广西境内的四个通商口岸：北海（时属广东）、龙州、梧州、南宁。至于梧州，其开埠过程是这样的：法国把越南变为殖民地，并迫使龙州等地开埠，并决定在广西增开商埠，英国最终选中了素有"三江门户"之称的梧州。该埠是广西内河运输的枢纽，沿西江而下，可通穗、港、澳等重要商埠，溯桂、浔二江而上，可深入广西腹地。1897年2月4日，中国清朝政府与英国签订《中英续议缅甸条约》，在商务专条中，清廷同意"将广西梧州府、广东三水县城、江根圩开为通商口岸，作为领事馆驻扎处所，……允许轮船由香港至三水、梧州，由广东至三水、梧州往来"。梧州自此承担了接受云贵川土特产外销和洋货内销的角色。同年5月，清廷宣布梧州正式对外通商。从此，广西由一个闭塞的省份转变为一个开放的省份，这对于此后广西乃至中国西南地区的经济发展都产生了巨大的影响。四埠开放是近代中国口岸开放史的缩影，广西与国际市场、与以穗港为中心的沿海市场的连接由此更加直接和紧密，云南和贵州两个内陆省份很大程度上也通过该四埠与沿海和国际市场发生联系。

1897年梧州开关后，在大东桥沿岸正式设立梧州关，除引进西方海关管理制度之外，同时为西方人长期担任梧州海关税务司、利用控制海关干涉西江内河贸易提供了便利。直到民国三十二年（1943），最后一任由美国人担任的梧州海关税务司被强迫退休之后，才由中国籍税务司接任。那时已经是抗日战争进行到最后关头了，中国的沿海通商口岸均为日本人控制。①

由此看出，清代的"禁海与迁界"政策对出洋或出海商贾控制甚严，对其商船的尺寸乃至携带的护货炮位都有详细的规定。而造于18世纪下半叶的西洋卡龙炮型，通过中西贸易方式流入梧州是可能的。梧州作为清代西江边的一个重镇，出洋或出海商贾欲进出西江交易，其商船携众多的炮位在三江交汇区的海关因过不了关而被抛入江中，便是可以理解的。

五、清代西江内战的史实及其对轮渡的影响

第一，自明朝中期以来，梧州境内便战争不断，有"改土归流"过程中的官民敌对，敌对的官民双方自然运用到火器；在明清之际的改朝换代战争中，不同政权（南明政权、大顺政权余部、大西政权余部以及南下的清军）的军队在此地的激烈对抗产生了的火器遗留物。②

第二，时至鸦片战争前后，清朝通过洋商购买的洋炮主要来自葡萄牙、西班牙等与英国关系一般甚至敌对的国家，当时的澳门是清朝进口西方武器的重要窗口，武器主要由葡萄牙商人提供，由西洋船只从新加坡运至澳门或清朝沿海，再以很高的价格卖给清人。③

这些武器在鸦片战争中大都遭到英夷破坏。从1854年起，面对御侮的失败和"器不如人"的现实，广东、福建、浙江、江苏等地的一些军政大吏、火器家、商船主和沿海海盗集团在岭南和上海地区通过英国、法国、美国、俄国等国私商购买和仿制了一些西洋前装滑膛洋炮，安装在重要炮台和战船上。尽管规模和程度非常有限，但这是个别独立的事件，仅仅通过行商或个别具有西洋军事背景的人来完成，如华南西洋军火进口多通过广州十三行洋商协调而成。大致从这一时期起，国人过去所习用的西洋火炮，和此时期的西洋火炮，中间又大有区别。此后凡说到洋枪洋炮，多是指新式的线膛枪炮。

第三，咸丰四年（1854）泛滥于两广的洪兵大起事，历时十余年，影响远及江西、湖南、贵州数省，是清代晚期规模最大的会党起事。④

具体而言，太平军离开广西的最初几年，咸丰元年（1851）到咸丰五年（1855）间，广西的天地会（三合会）仍然在省内各地分股活动，他们活跃于广西南部从贵县到梧州

---

① 陈宇思：《近代华洋交流中的西江流域口岸研究——以1897年至抗战爆发前夕的梧州港为例》，《经济与社会发展》2012年第6期。
② 牟复礼、崔瑞德：《剑桥中国明代史》，中国社会科学出版社1992年版，第345页。
③ 兴河：《天朝师夷录：中国近代对世界军事技术的引进（1840—1860）》，解放军出版社2014年版，第351页。
④ 郑永华：《广东洪兵围攻广州军事舆图考释之三——关于平洲的舆图及其档案》，《中国历史地理论丛》2008年第4期。

的浔江两岸，南宁、永淳、横县一带的邕江两岸，以至丽江沿岸的扶南、崇善等地。在广西东北部有以朱洪英、胡有禄为首的天地会起义军，1854年一度占领恭城和灌阳，称"升平天国"，用"太平天德"年号。这些天地会力量都没有形成很大的声势。1855年有一股较强的天地会力量从广东进入广西。在广东省天地会的秘密组织向来在下层社会中很流行，但一般还不杀害官员、劫夺城市。太平天国定都南京后的第二年即1854年，他们公开造反，这年五六月间广州省城四围的东莞、花县、三水、佛山等地都为天地会起义群众所攻占或围困。从六月下旬起，各股起义力量互相配合进攻省城。在半年多的时间，全省几乎所有的州府都有会党起义，他们占领了许多城镇，切断了省城和各地的交通。两广总督叶名琛依靠洋人的支援，才守住了广州城。叶名琛在1855年渐次击退了围攻广州的起义军并且发动各地的地主武装，从天地会手里收复了许多城镇。这个面对侵华英军不鸣一枪的总督，在同天地会作战中先后杀戮了近十万民众。广东的天地会起义军一部分往北进入湖南，一部分往西进入广西。到广西的是在广州附近的佛山镇发动起义的陈开、李文茂所率领的一股力量。陈开是船夫出身，李文茂原是走江湖唱戏的。他们同本来活动于广西浔江上的三合会首领梁培友合作，突破清军在梧州的堵击，溯江而上，1855年8月占领浔州，建"大成国"，年号"洪德"，把浔州府城（桂平）改名秀京，作为他们的京城，起义的头领们都称为"王"。1855—1860年，他们以浔州为中心，分兵占领了几十个府州县城，势力达到广西的大部分地区。许多本来在广西省内活动的天地会头领，或者同大成国发生联系，或者趁机发展自己的势力。广西官方的绿营兵毫无作战实力，有一部分湘军在1857年由蒋益澧统率进入广西。陈开、李文茂、梁培友等不能摆脱天地会各立山堂、互不统属的积习，他们抵挡不了战斗力较强的湘军。三首领相继战死。①

关于梧州战事，起义军在咸丰四年（1854）到咸丰七年（1857）间连续五次攻打梧州。梧州军民拼死抵抗，终因后援断绝和敌众我寡，城池沦陷，天地会入城后，烧杀抢掠，屠城三日，当时5万人口的梧州城战死和被杀死的军民达3万多人，这对梧州是毁灭性的，两千年来历史文化沉淀的古城，其城池、街市、府衙、学宫、寺庙、坊表、楼阁、营垒、驿站、商肆等皆毁于炮火之中。②

此战争发生在中国南方官民少量购买洋炮的历史当中，从广东开来的天地会船只携带些许洋炮应是必然，尔后被梧州官民击沉于西江少许也完全可能。

第四，时至英法联军侵华之役，侵略军有达梧州的史事。

在1859年2月20日，侵华的英法军（巴夏礼亦在其内）在广州"带大小火轮船十只、西瓜艑船八只、小舢板船十余只，载夷兵一千余名西进，驶至肇庆停泊"；24日驶至广西梧州城外，"晤广东提督昆寿，谓此来别无他意，不过游览山川，遂赴各街市游行，并登山照千里镜，绘画地图。次日，开船返回"③。

这里，梧州因无中外对抗的史实，故英法侵略军的火炮应没有被梧州官民掳获的

---

① 胡绳：《从鸦片战争到五四运动（上）》，人民出版社1997年版，第208页。
② 黄震、陈侃言：《梧州：前近代的中西方文化接触桥头堡》，《梧州学院学报》2012年第4期。
③ 中国人民大学清史研究所编：《清史编年：第九卷咸丰朝》，中国人民大学出版社2000年版，第592、602页。

可能。

第五，梧州到南宁的内河航道。鸦片战争后，为防止国外轮船对内河木船航运的冲击，保护地方税收等目的，清廷一直禁止轮船进入内河停靠未开埠的港口。

> 江轮海轮时统名为大轮，其与大轮并行于内江外海或驶大轮所不能达之处，则有小轮。光绪初商置小轮之行驶，仅限于商口岸。十年明申禁令，小轮不得擅入内河，官商雇佣西江海关给照乃可，然只限于苏杭之间。直到19世纪末期，清廷依然坚持不准内河行驶小轮。广东航商在不能采用蒸汽机的情况下，只好从人力方面寻找改进渡船航行的出路，因而在两广地区出现了将拉銮桅杆渡改造成用人力脚踏的车渡。前广东数年省河中有创为船尾置轮，以足踏而行者，名曰车渡。后各帆船与较行驶之迟速及用度之繁简，终以车渡为胜。近日粤东内河各曰车渡纷然。直至广西梧州，所在多有。①

这种脚踏的明轮船由于速度优势得到各地方政府的推广，直至内河轮船放开后才逐渐被淘汰。因此，直至1897年梧州开放为通商口岸之前，除国外商人和兵舰的少数非法探察之外，几乎没有小轮在西江河道航行。② 据1905年3月10日的《中外日报》报道：

> 梧州行驶商轮者，以三公司为最。曰宝德、普安、兆祥。此三者以普安为平稳，宝德是年居然停业，闻亏折约十万金，兆祥连遭水火贼劫讼诸案，惨不可言。有船七艘，今只存三艘而已。泰兴屡招贼劫，泰亨词讼未结，航福已成灰烬，航利去岁撞沉航兴，又于本年正月十六日撞石沉去，幸无伤人。③

从此报道来看，当时广西内河航运极不太平。19世纪末，社会动荡，华南沿海、内河水贼活跃，武装劫船时有发生，加上内河开放后，洋人的航运公司和轮船对民船航运的毁灭性打击，西江外轮也屡遭愤怒的船民报复，华商的轮船也同样受到波及。因此，盗匪劫掠商船导致沉船与沉炮是必然的。

第六，辛亥革命爆发前，孙中山派出大批同盟会骨干到梧州开展革命活动，使梧州成为继武昌起义成功之后率先在广西举起义旗、脱离清廷、宣告独立的城市。孙中山在筹划北伐期间（1921年10月—1922年4月），曾三次驻节梧州。梧州也成了决定北伐全局成败的第一个战略重镇，是督师北伐前进的基地，也是北伐军的后勤中转站。④⑤

1897年前后，遍布中外的陆海主战火炮是德国克虏伯炮型和英国阿摩士壮炮型，英式前装滑膛卡龙炮型早就被历史淘汰多年。但中外商船武装的变革应有个滞后期，它们来梧州经商，携带落伍的些许卡龙炮型作为护货炮位也有可能。

综上所述，中国从明代起始有海防观念；在此世界大航海时代来临的特殊时期，中

---

① 中国第二历史档案馆，中国海关总署办公厅汇编：《中国旧海关史料（1859—1948）》第16册，京华出版社2001年版，第99页。
② 吴轶钢、李芬：《对横县蒸汽机明轮船的考察和判断》，蔡薇编：《船史研究》武汉理工大学出版社2018年版，第163－168页。
③ 中国第二历史档案馆，中国海关总署办公厅汇编：《中国旧海关史料（1859—1948）》第16册，京华出版社2001年版，第99页。
④ 田日隆：《孙中山与梧州》，《广西地方志》2001年第5期。
⑤ 李业安：《梧州在孙中山北伐中的地位和作用》，《广西地方志》2001年第5期。

国海防力量主动退出大海、固守沿岸、转为陆上发展，使得海疆海域管理受到严重挑战。清代亦然，海防战略是以打击海盗和防范走私为主要任务，以陆制海，侧重于海口要点防御。清政府长期履行反动的"禁海与迁界"政策，海疆海域管理重人轻海，重陆轻岛；此种战略与政策管理，致使军事技术长期滞后于西方，国家海防安全岌岌可危，沿海民众灾难深重，国家发展步伐长期停滞不前。今通过对梧州市博物馆所展览的一门英国卡龙炮的调研、对中西炮史的研究以及明晰清代沿海商贸政策的运行，可判断出该馆展览的明清中西火炮的来源途径有三：明清之际的国内战争中不同政权的自造物、中西商船通往西江的护货炮位、广东天地会船只攻打梧州时的官军与敌对义军的遗留。而该馆的镇馆之宝——英国造卡龙炮，其两种途径当最为可能：中西商船通往西江的护货炮位与广东天地会船只攻打梧州时敌对双方的遗留。

鸦片战争前后中国战船技术研究
——以木质风帆战船"耆英"号为例*

维护一个国家海疆和海防安全最重要的主体力量无疑是海军。"专门的海军职能、海战战术与用于作战的战船,一起构成了海军作为一个独立军种的三大标志。"[①] "中国初无海军,自道光年筹海防,始有购舰外洋以辅水军之议。同治初,曾国藩、左宗棠诸臣建议设船厂、铁厂。沈葆桢兴船政于闽海,李鸿章筑船坞于旅顺,练北洋海军,是为有海军之始。"[②] 在此以前,多称"水军""水师"等,主要活动范围限定在内陆的江河湖汉和近海一带,在战争中的作用大体上属于陆军的附属力量。

时至明初,郑和率庞大船队七下西洋的壮举,标志着中国古代航海行知达到顶峰,形成了明清航海指南和航行技术的基本形态。从15世纪中期以来,原本起点较高的中国船炮技术却发展缓慢,这种发展模式使国家海防安全面临严峻挑战,江海附近的人民深受其害,国家与民族形象也蒙受了耻辱。"晚明成为'船坚炮利'之欧洲印象的源头所在。到鸦片战争爆发前后,此已成为官方上下广泛使用、语意约定俗成的流行词汇。"[③] 随后的中国军事近代化是据此被逼出来的,洋务运动的兴起乃至中国海军的兴办实自此认识入手。

一、问题的析出

中国是一个陆海兼备的大国,但在古代,国人未产生出真正意义上的海防意识。自15世纪中期以来,一直固守陆疆发展,错过了世界大航海时代(15—17世纪)的发展机遇。原本起点较高的中国战船技术发展缓慢,而一向官营的明代造船技术最发达的省份是福建,其传统一直保持到清朝。

明清两代均实行松散的战船管理以及承修的雇募制度,船型、属具等技术长期没有创新,其欧化特征直到鸦片战争后才缓慢起步。到了清代,海防上无论是部队规模、

---

* 作者简介:刘鸿亮,科技史博士,河南科技大学教授,深圳大学海洋艺术研究中心和厦门胡里山炮台保护中心特约研究员。李淼,山西大学科技史研究所博士研究生,研究方向为明清火器史。

基金项目:国家哲学社科基金重大项目"中国东南海海洋史研究"【19ZDA189】阶段性成果;2024年度全国考古人才振兴计划项目资助;2023年度河南省高等学校哲学社会科学基础研究重大项目"技术史视野中的近代中国海军'盛衰史'研究"(2023-JCZD-12)项目资助。

① 军事科学院世界军事研究部编:《世界军事革命史》,军事科学出版社2012年版,第19页。
② 赵尔巽主编:《清史稿》第136卷,中华书局1976年版,第4029页。
③ 庞乃明:《"船坚炮利":一个明代已有的欧洲印象》,《史学月刊》2016年第2期。

御侮能力都超过了明代;但在"重防其出、主要针对海寇而非西洋殖民者";对入侵的西洋人是"以守为战、以逸待劳,诱敌深入、聚而歼之"战略战术,具有明显的保守性、被动性、地方性,承担海防重任的绿营水师海防意识仅停留在"防守海口、防范走私、缉拿海盗"方面;这与同期西洋船炮技术的变革求新迥然不同。直至鸦片战争末期,清朝沿海官员有了外购和仿制西洋船炮技术之举,但仅是些个别独立的事件,未能进入量产阶段。由于技术上的瓶颈与体制上的障碍,仿制效果差强人意。因为除了设备和技术上的不足,其中最困难之处,就是动力问题无法解决。钦差大臣和两广总督林则徐认识到中国战船不具备与英国战船较量的实力。因此,他通过种种措施,获得一批欧洲人的船只。"剑桥"(Cambridge)号①是一艘退役的印度商船,排水量1200吨,它是为保护英方的利益而配备的武装,但后来卖给美国人,挂上美国国旗。林则徐首先购入之,接着又获得三艘丹麦船,但最后还是退还给船主。在广州,中方依照欧洲船只打造了多艘帆船,还有大量枪支和战备物资正从北方的兵工厂运送过来。②

在此浪潮中,有一艘名为"耆英"号的商船颇引人注意,因为它是近代西方人眼中最著名的中国帆船,集中体现了中国古代船舶设计理念和建造工艺。

鸦片战争结束后的1846年12月,一群英国投资人购入一艘经过改制的广东水师中式帆船,并以参与签署《南京条约》时任两广总督耆英的名字来命名。它是第一艘(也是唯一的一艘)从中国出发经好望角驶入北大西洋的中式帆船,同时,它也是有史以来首艘横跨印度洋和大西洋的中国造帆船。它在广州和香港招募了中西方船员,船上装载了各式各样的中国物品,计划从香港驶往英国伦敦,以期大赚一笔。但其航程一波三折,途中问题不断,意外地抵达了大西洋彼岸的美国波士顿和纽约。当它抵达纽约时,著名诗人惠特曼曾登船参观。但船主因拖欠船员工资而在纽约被告上法庭,美国著名汉学家卫三畏亲自出庭为中国船员辩护。在经历了多起船员分裂事件后,"耆英"号终于在1848年抵达英国伦敦,维多利亚女王携王室成员亲自到访;小说家狄更斯以新闻记者的身份参观,并撰文评论。"耆英"号在泰晤士河畔被公开展览至1853年,伦敦大众观者如潮,绘制其图片甚多。之后,它被拍卖拖送至利物浦,最终被拆毁。③

英国人认为"耆英"号战船优于自己建造的风帆战船,明确记载了它的航海经历:它是晚清唯一一艘成功横越大西洋的风帆战船,其安全性经过暴风雨的考验到达欧洲,且是有记录以来清朝帆船最长的船只。④

此评价颇令古今中国人自豪,但我们需要用历史的眼光去审视之,最终才能不唯上、不唯书、只唯实。今借助英国政府档案以及诸多后续文献,对其进行研究,以点带面,

---

① 船主是美国人,称之为"切萨皮克"(Chesapeake)。
② 英国陆军部:《英国国家档案馆藏鸦片战争史稿(1840—1842)》,黄若泽、庄驰原、吴慧敏译,黄宏志审校,上海书店出版社2022年版,第27页。
③ 戴伟思:《东帆西扬:"耆英号"之航程(1846—1855)》,高丹译,浙江大学出版社2021年版,第376页。
④ 沈弘编译:《遗失在西方的中国史:〈伦敦新闻画报〉记录的晚清(1842—1873)》,北京时代华文书局2014年版,第17页。

在客观评价的同时,深层次地展示中西船舶军事物质文化的魅力。

二、清代战船船型、尺度计量以及明清四大船型介绍

(一) 清朝战船的船型

中国古代战船采用所谓"母营法/船壳法"建造,程序方法与同期西洋大同小异;中华船以仿"水鸟"为船型,首尖后硕、最宽处位于船中偏后段,用帆布和竹篾等编织而成的硬帆,利用八面来风,扬帆时费力,但落帆却易。

《钦定江苏省外海战船则例》《钦定江苏省内河战船则例》《钦定福建省外海战船则例》,是清代官修的战船定例样本。① 清朝从嘉庆初年到道光末年(约1796—1850),中国内河战船共34种,外海战船共28种。以广东、福建、浙江三支水师装备的战船比较完备,尤以福建、广东水师装备的外海战船最具代表性,具有主力战船、辅助战船与后勤保障船相结合的特点。

(二) 中西战船的尺度计量

海军载体——战船,其技术包括攻击、防御和航海性能三种。攻击性能主要取决于战船所装备的武器性能;防御性能包括战船为保存船体、免受或削弱敌方来自水面上下的攻击能力,其主要取决于船壳材料的布置和厚度、生存力、机动性、隐蔽性、防御武器系统的性能;航海性能是船体的安全航行和准确机动的能力,主要取决于其主尺度、排水量、稳定性、不沉性、操纵性、耐波性、适航性、续航力、生命力、自给力、人员编制员额、居住性等。风帆时代舰艇的主尺度是船体外形大小的基本量度,是其战术技术性能的要素之一。包括船长、船宽、舱深、干舷和吃水等,通常以米为单位计量。船长是艏艉端点之间的最大水平距离,称总长,包括上甲板长和龙骨长两种;船宽,是两舷之间的最大水平距离,称最大宽度;舱深,风帆时代的战船,通常上面甲板载枪炮,下面甲板载弹药等各种物资。此是下面炮甲板下层底板与货物层上甲板面之间的垂直距离;吃水,是水线面至底龙骨线的垂直距离;舰艇排水量,是其静水中船体入水部分所排开的水的重量,以吨位计量,承载吨位为排水量的一半;航速是船体航行时相对于水的运动速度(1节=1.852千米/时),龙骨,是舰艇结构中纵贯船底中线、承受纵向弯曲应力的连续构件,对保证强度具有重要作用。②③ 主甲板以上的部分,我们现在把它叫作上层建筑;主甲板是前后贯通连续的甲板;干舷,是船体水线面到上甲板中线的垂直距离。

需要注意的是,"在桨帆和风帆时代,船舶运载货物和计税的单位实际是容量,稍超

---

① 张岩鑫、梁二平:《漂泊的船——中国流失海外的古船模》,清华大学出版社2020年版,第26页。
② 国防科学技术工业委员会科学技术部编:《中国军事百科全书·海军技术分册》,军事科学出版社1992年版,第107-110、132页。
③ Rif Winfield. *British Warships in the Age of Sail 1817-1863: Design, Construction, Careers and Fates*. Barnsley: Seaforth publishing, 2014, p. 7.

过排水量；船舶的大小不是用排水量计算的，而是用建造单位（buider's measurement，简称 bm）。排水量是重量计算法，bm 是容量计算法，二者南辕北辙，很难算出等值。[①] 在那个时代，船舶的吨位通常是基于目测估算，缺乏精确的测量手段。同时，不同国家所采用的吨位制度也各不相同，导致了吨位大小的标准各异。

（三）中西帆装在技术上存在显著差异

差异并不等于差距，因为二者都是适应各自海域环境和航行任务的结果。例如，西洋船的垂式软帆复杂，超大船型，是适应从大西洋向印度洋、南海远海贸易航行的结果，帆面积战胜了中国师船的单位面积效率。受地球自转影响，大西洋东岸海域深阔，风气和柔，极少海洋性风灾气候，对船舶的驶风性要求极高，所以欧洲船舶往往有巨大繁复的帆装，可以使用强度较弱的三节桅杆。16 世纪以来，由于地中海航路被奥斯曼土耳其帝国控制，切断了欧洲各国从亚洲直接获取香料等商品的途径，大西洋沿岸的海上贸易目的地，从地中海向美洲、印度和东南亚转变，而非洲的经济状况很难满足当时欧洲国家的贸易需求。因此，欧洲船舶主要以跨海远航为主，因航行周期长，补给不便，往往需要体型巨大的船只，以保证长时间航行的补给和单次航行的利润。远海航行对船舶的操控性要求不高，其风帆只是提供动力，不影响行驶的方向。偶尔船舵失灵时，才升起后帆，使船尾转动。这些特征在南海海域以及中国大陆的东南沿海地区就转变成了技术缺陷和劣势。特别是在南海多风的环境下，西洋帆装高大，受风面积大，缩帆过程复杂，尤其不利。故东来的他们，往往需要征用当地的中国戎克船或各类快艇才能在近海和内河活动。明清两代对欧洲的坚船利炮充满了敬畏与羡慕，但多是对其火器的青睐，对欧洲船舶的需求十分微弱，重利炮与轻坚船是一个长期的传统。[②]

（四）明清四大船型

1. 沙船

一般认为，中华传统帆船包含沙船、福船和广船三种船型（也有认为四大船型——沙船、福船、鸟船、广船）。分别航行于渤海、黄海、东海和南海等中国传统海域或江河。名目繁多，就其基本构造而言，差别不大。

沙船适于在长江以北沿岸海域航行，部分承担漕运。它原为运输船，征集用作运兵船，广东海防亦多用之。船上无遮挡物，故只能作后续之用，用于近海、港口及内河作战。分为特大、大、中、小四号。大号沙船排水量约 230 吨，长 31.1 米，宽 5.59 米，长宽比为 5.56，舱深 1.9～2.3 米。船帆和福船的扇形帆不同，是狭长形的方帆，主要是为了在内河航行时不会被两岸河堤、树木挡住。（见图1、图2）

[①] 马幼垣：《靖海澄疆：中国近代海军史事新诠》，中华书局 2013 年版，第 7 页。
[②] 谭玉华：《岭海帆影：多元视角下的明清广船研究》，上海古籍出版社 2019 年版，第 256 页。

图1 清代内河帆船型——黄海的平底沙船及其披水板

资料来源：杨槱、陈伯真：《话说中国帆船》，上海科学普及出版社2007年版，第73、129页。

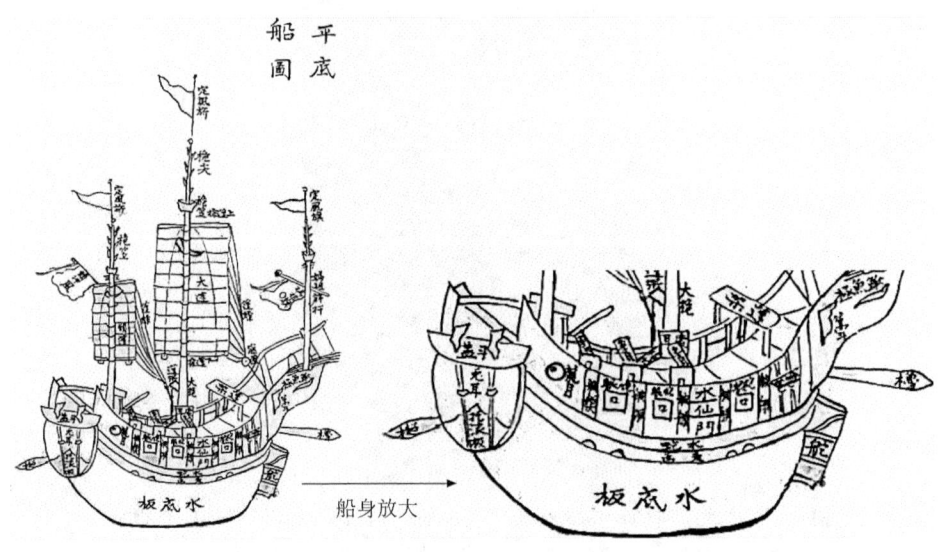

图2 清朝平底沙船式样

2. 福船

福建船有六号，只有一号、二号具名福船。底尖上阔，首昂尾高，吃水较深，往往在一丈以上，用松木或杉木制造，常要清洗。船分四层，驱动全仗风力，有2~3桅，挂长方形平衡纵帆。依其大小，分为六个型号。福船艏艉彩绘艳丽，因其船尾彩绘格外花哨，被形象地称为"花屁股"，属中优秀海船，适于在东南海及南海航行。（见图3、图4）

图3　鸦片战争前后，中式帆船"花屁股"型三桅帆式福船

资料来源：索高罗夫：《中国船》，陈经华译，海洋出版社2013年版，第100页。

图4　鸦片战争前后，中式帆船"花屁股"型三桅帆式福船的船首模样

资料来源：唐涅利：《中国木帆船》，陈经华译，海洋出版社2013年版，第135页。

3. 鸟船

鸟船系福建水手使用的一种远洋商船，其特点是身肥，船身长直，船行水上，有如飞鸟，属尖圆底的南方船系。一般采用三桅，扇形布帆（"就像蝴蝶的翅膀，很有特色。在帆面积相近情况下，其桅杆比福船、沙船要短而粗，当张满帆时，帆的上横桁最高点高出桅的顶端，比福船、沙船大得多，帆的面积上移，更有利于利用风力，提高航速。"[①]）或矩形竹

---

① 顿贺：《广东船细节的研究及广东与海上丝绸之路》，《广东造船》2015年第1期，第60-63页。

蓬，当主蓬和头蓬各向两舷张开，其正面和航行姿态极似鸟的双翼。一般还配橹，有风扬帆，无风荡橹，行驶灵活。艏艉都有民俗彩绘，俗称"绿眉毛"。

4. 广船

广船的概念初见于明嘉靖朝，是指官军征用东莞乌艚船、新会横江船等民船改制而成的战船（图5~图6）。它是当时最大型的尖底海船，船型与福船相近，多用热带硬木制成，如铁力木（柚木）材质坚硬，耐腐蚀，寿命达60年之久；可与敌船直接碰撞，击沉对方；艏部漆成红色，俗称"红头船"；采用三桅，前桅、中桅略向前倾、配宽底边扇形帆；操纵较为困难，不如福船方便，并常带有中插板等，其特点是：尖底、小方艏、宽平艉、两端上翘、线型较瘦、带艉楼、艉出艄、用带菱形小孔平衡舵；吃水深、甲板梁拱小。其制上宽下窄，状如两翼，在内河则稳，在外洋则动摇，在这点上不如福船。

**图5 1822年抛锚于厦门海域的
广东乌艚民用红头船**

资料来源：丁新豹编：《晚清中国外销画》，香港艺术馆1982年版，第41页。

**图6 1822年抛锚于厦门海域的广东
乌艚民用红头船**

资料来源：Nigelpickford, Michael Hatcher, *The Legacy of the tek sing: China's Tragedy and its treasure*. Chesterton: Cambridge Granta Editions, 2000, p. 12.

广船的历史可以追溯到春秋时期甚至更早，其技术在唐宋时期得到了显著的发展并最终成熟，并在元明时期定型。在秦汉时期，随着南海水运的扩展，广东的造船业首次迎来了高峰。继秦汉之后，到了唐宋元时期，广东再次迎来了古代造船史上的第二次高峰；在明代，广东的造船工艺达到了当时的巅峰，包括船体的钉接法和水密隔舱的设置，都是世界上最先进的。然而，明朝并没有继续宋元时期海上船舶制造业的发展势头，而是转向增加舟船的品种和数量，提高船只的坚固性能，并因地制宜，以满足内河行驶和海防体制的需求。广船的特点是船体庞大、上层建筑优越，以及附属设置完备。郑和船队的规模是明代所仅见的，这可以视为宋元造船业高峰的延续。在嘉靖之后，尽管广东偶尔出现了一些较大的海舶，但并未得到持续发展。《筹海图编》中说：

> 广船视福船尤大，其坚致亦远过之。盖广船乃铁栗木所造，福船不过松杉之类而已。二船在海若相冲击，福船即碎，不能当铁栗之坚也。倭彝造船，亦用松杉之类，不敢与广船相冲。但广船难调，不如调福船为便易。何也？广船

非我军门所辖，不似福船之易制御。①

明代广东 11 个府中濒临南海的 8 个府，均有造船场所。尤以潮州、广州和高州为中心。战船和民船在构造上本没有什么区别，只不过装备不同而已，民间的商船其规模比战船大，制造亦远为精良，万历年间，兵船所花的成本只及商船的 1/3。②

三、鸦片战争前后清朝战船技术的总体水准

（一）晚清师船管理体制

"首崇满洲"是清朝一以贯之的治国理念，以有定点的满蒙兵来控制无定点的绿营兵，以陆路绿营来控制水师绿营。

清代在工部下设置都水清吏司，名义上掌全国航政及船政事宜。战船、炮台与烽墩的修造皆属水师的职责，由专职的水师提督负责，提督遂成为一省中最高的绿营长官。其统领多为汉人，亦有少数满人和蒙古人。"巡洋会哨、防海缉盗、战船和炮台的督造与维护"是水师的中心任务。江海水师布防最大的特点就是兵力分散，防地的选择和兵力配置方面大抵采取内外相依与水陆并重之策。清代战船制度，多是承继明代制度而来，但取长补短，部分做了修正。"实行松散的战船管理以及承修战船的雇募制度，造船业从未独立成为一个产业，它是从属于渔业、海上贸易、交通运输业的。以提供服务为主，几乎不存在整船出售的事实。就技术创新而言，民船总是走在时代的前列，在大部分的时间内，战船多由民船中的外洋商船和渔船雇募改造而成。"③ 而兵船与之相较，无非多增加一些炮孔以及驱动的风帆数，其他一如既往。

（二）晚清师船技术水准

每个绿营水师营仅拥有 4~5 艘战船而已。清朝真正设厂造船并形成体系是在康熙和乾隆年间，大多分布于江海的省府、州、县所在地。如船厂主要设于浙江、福建、广东，而台湾因为位置特殊，战船制度有别于其他地区。沿海船厂甚多，这种分布，分散资源与战力，不利于抗击外敌入侵。至 1810 年左右，战船数量到达高峰，尤以福建所造战船数量为最多，而福建省中，尤以台湾军工厂所造战船数最大，广东、浙江次之。明代沿海战船曾有 2700 艘，几百年后的千艘反而是大幅下降。外海水师主力战船的演变按其形制大致可分为三个阶段：顺康年间为福船型的鸟船和水䑸船，康乾年间为广船型的赶缯船和双篷船，嘉庆以后为广船型的米艇和福船型的同安梭船。④

时至鸦片战争前后，清军师船水准仅相当于欧洲 17 世纪"木质风帆时代（1650—1850）"的初期水平，桨橹时代的特征并未完全消失。样式多承继明代而来，多是福船和

---

① 胡宗宪：《筹海图编》卷 13《经略三》，钦定四库全书本史部，第 3 页。
② 叶显恩：《明代广东的造船业》，《学术研究》1987 年第 6 期，第 78~84 页。
③ 谭玉华：《岭海帆影：多元视角下的明清广船研究》，上海古籍出版社 2019 年版，第 229 页。
④ 祁磊：《鸦片战争以前清朝水师战船的演变》，《历史档案》2018 年第 1 期。

广船等民用船的改装版,典型特征是尖底、阔面、有水密隔舱,没有真正的以军用目的而设计的战船,抗沉和造价比西洋风帆战船优秀,但是由于航速、炮位和防御的弱势,不适合用来作为热兵器时代的战船。其实力在嘉道两朝达到鼎盛,但无论是福建的大横洋梭船和广船所属的米艇,其水平居然都落后于明代末期。战船制敌于外洋,炮台歼敌于沿岸,江海水师则防堵敌人于岸上。但由于其海防战略和御敌对象被锁定在实力甚弱但船技相当的海盗身上,战船修造侧重于速度,忽视船只大小以及武器的改良,缺少一套培养水师人才的政策。

(三) 晚清典型战船吨位呈现出减小的趋势

航速与机动性,成为水师选择船型与修造的一个重要标准。清朝水师在与台湾郑成功部明军作战时,双方的主力战船都是鸟船和赶缯船。时至郑成功之子郑经时期,在此发生了17世纪中国最大的海战——清郑澎湖海战,双桅或三桅双层甲板木质帆船技术,居然代表了19世纪中叶以前中国师船的最高水平,但双方均未发展出帆船时代的标准战术——"线式战术"。

清朝在攻击台湾郑氏政权之际,因郑氏政权拥有较大的鸟船型的战船,清廷亦建造了与其相当的船只。郑氏覆灭之后,海盗已无大型船只可用,为了操驾及追击海盗便利等考虑,清廷转向改造速度快、船型规模小的赶缯船。尔后又仿照民船,改造成速度更快的同安梭船,以利对海盗的追捕。"弃用大型福船,仅用小型的鸟船为战船标配,导致其战力急剧下降,为后来海战中御敌失败埋下了伏笔。"①

18世纪末期在与海盗蔡牵对抗的过程中,海盗船高大且速度快。为了有效压制之,清廷兴建了与其相当的艇船。可见,清代是有能力制造大型船只的,只是平常没有这样的需求,无须建造大船,而追击海盗更应讲求速度,因此战船的改造以提高速度来代替扩大体量。但只要有实际上的需求,在极短时间内,亦可做出规模更大的战船。②

清代"重内轻外、以岸防为主、辅以战船"的陆基海防体系,极大影响了水师的建设。虽然按其性质分为战船、巡船与哨船三大类,而又有大、中、小三型之分,可是名称相当复杂,且各省所用者也不尽相同。至其型制的矮小,制造的粗劣,均证明清代在一味地施行海禁政策之下,中国的造船技术不进反退,水师自然也大为不振。从战船各种不同的名称来看,可知其型式非一,新旧杂陈;大小航速不一,几乎是东拼西凑。而其特色则全部为木材所制,全靠桨、橹、风帆为之推动,虽然最初尚以广东的鸟船、福建的福船、江浙的沙船战斗力较强,但因这些船只的体型较小,有时尚不如海盗的船只坚固快速,故于此后,不得不借用民间的商船、盐船或仿造米艇,以期应付。闽粤师船实力,号称"东南第一"。自乾隆末年以来,广东海盗猖獗,逐渐取代福建成为全国的海防和造船重心。

广东大米艇身长9.5丈③,船宽2.6丈,舱深0.93丈,排水量2500石④;船板厚

---

① 刘义杰:《福船源流考》,《海交史研究》2016年第2期,第2页。
② 李其霖:《见风转舵:清代前期沿海的水师与战船》,五南图书出版公司2014年版,第479页。
③ 1丈=3.33米。
④ 1石=0.0605吨。

3.2~9.6公分，配兵60名，水手30人，铁炮17~18位，还有火罐、喷筒、藤牌等，造价约合白银4378.655两；中米艇身长8.6丈，船宽1.85丈，舱深0.86丈，工料银3620.765两，排水量2000石；小米艇身长7.6丈，船宽1.648丈，舱深0.651丈，工料银2677.873两，排水量1500石，配兵40名，铁炮12~13位；捞缯船工料银1645.752两。①

沿海师船以福建同安船型数量最多，约占全部海船的1/2。譬如，1817年的"集"字号大同安梭船载重仅150吨左右（排水量300多吨），造价5000两白银（图7）。最大的船，长可达26米，水线宽为8.3米，主桅高29米，载50人，炮25门。火炮有效射程一般只有四百多米。炮位安于舱面，官兵无所遮蔽。炮架重滞，仅能直击的特点具有普遍性，且战船年久失修者为多。

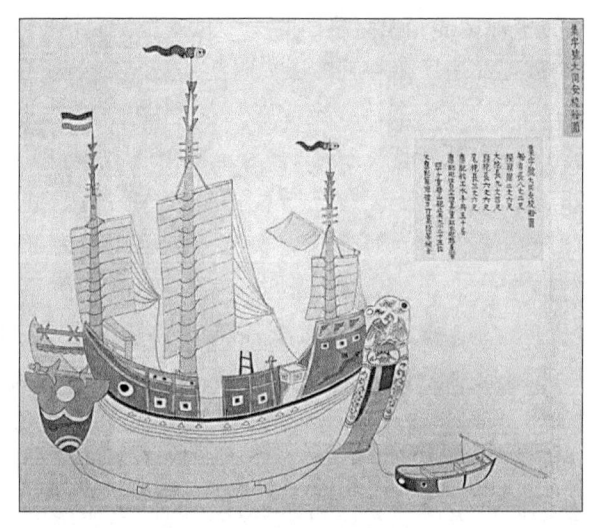

图7 台北故宫博物院收藏的嘉庆、道光年间闽浙较大师船——"集"字号大同安梭船图
资料来源：陈龙贵、周维强：《顺风相送：院藏清代海洋史料特展》，台北故宫博物院2013年版，第86页。

在道光二十年七月十五日（1840年8月12日），闽浙总督邓廷桢曾对朝廷上奏了中国船炮技术的实情："内地师船，广东名为'米艇'，船身较大；福建名为'同安梭船'，以'集'字号为极大，然皆不敌夷船十分之五，向以杉板为之，惟桅舵木较坚致，船之大者配炮不过八门，重不过二千余斤。若再加多，则船身吃重，恐其震损。且炮位安于舱面，炮兵无所障蔽，易于吃亏。此系向来造船部定则例如此。其病不尽在偷工减料，是所谓势不均而力不敌者，非兵之势不敌，而舰炮之力实不相敌也。"②

至中英鸦片战争时期，中英战船差距主要表现在小型近海战船与大型风帆战舰的差异、航线需求决定船型的主尺度的差异、帆装演进停滞与增强的差异。③

清朝船炮以广炮最好，而广炮几乎全是佛山镇铸造的，佛山重炮代表了当时中国铸炮技术的最高水平，最佳轻型生铁炮以浙江镇海龚振麟创制的铁模铸炮为代表。发射的多是重量偏小的球形实心铅铁弹，此与泥模铸炮法以及铁炮材质多为白口铁的缘故有关。

---

① 卢坤、邓廷桢编，王宏斌校：《广东海防汇览》，河北人民出版社2009年版，第367页。
② 中国第一历史档案馆编：《鸦片战争档案史料Ⅱ》，天津古籍出版社1992年版，第265页。
③ 蔡薇、赵万永：《论戚继光水军战船与同时代西方风帆战舰的船型》，《北部湾大学学报》2019年第8期。

鸦片战争始终，御侮清军共使用过28种铜铁炮抗英，主要以红夷炮和铁模炮两种为主，炮弹重量为12~68磅①。其中在江南吴淞炮台使用的24磅弹炮，长3.35米，重3302千克。铜铁火炮大都为中国制造，也发现有葡萄牙制式火炮。中国火炮从炮口到后膛多蜂窝涩体。清军还使用火箭，制造粗糙，有些携带倒刺箭。②

清朝二等战船为单桅或双桅帆船，以松木或杉木制成，单层或双层甲板，船首和底部无铜片包裹，一遇风浪，不堪使用者居多，此为清军主力战船，代表了鸦片战争时期师船的真实水平；大量的为单桅单层甲板的帆船或无帆桨船，对战斗不起作用。

今英国人讲：清朝单层炮甲板战船粗笨，吃水浅，最大排水量仅为250~350吨，方头，甲板平整，艄艉上翘，艉楼及瞭望室高大；使用木碇、藤棕绳缆、席帆；通身黑红，彩绘船艏大眼；一般只有2~4炮。不管大小船都追求速度，小船更快，因其装备10~20支桨，装备1~2门2~4磅弹回旋炮，船舷一侧悬挂虎头藤牌，武器以矛剑以及大小火绳枪为主，后者须由木杆支撑在船舷上。船炮口径不一，大多由清朝生产，少量国外进口。除此之外，还有火药罐、防护渔网、手雷等武器。③

（四）晚清师船江海炮战战术

由于缺少具备海上作战能力的大型船只，师船基本不具备出海作战的能力，只好采取"舍水就陆、沿海筑土城、建炮台、造巨炮的战术"对抗侵略军的"线式战术"。八旗、绿营水陆各部均将大部兵力驻于陆地，依托岸基炮台、营寨进行防御作战。④

四、"耆英"号战船的优劣

（一）鸦片战争战后晚清沿海省份"师夷长技"热潮初步兴起

鸦片战争期间，清朝水师领教了英军"船坚炮利"，在战后，沿海的一些官绅以私人身份购买了零星的西洋风帆战船和木壳明轮船，用于自卫。这些新式兵船逐步更换了在战争中被证明是操作笨拙、行驶迟缓的旧式兵船。这一趋势最早是由广东等地的地方大员通过广州十三行商人推动，最终得到了皇帝的认可和鼓励。然而，以广东师船为代表的清军师船技术与以往相比虽有进步，但仍缺乏大船重炮，与同时代的西方船炮技术差距反而在拉大。此外，由于中西社会基础、制度和思想存在诸多差异，此举效果有限。1843年，英人巴夏礼（Sir Harry S. Parkes, 1828—1884）乘船到广州，途中见到了多艘清军外购的西式战船，他在日记中写道：

> 在距城3英里的地方，河的中央停着中国人从英国购买来的许多船只。船被重新上漆，俗气地增添了很多装饰物，它们的格调看起来有点吓人。有一艘船的帆上挂的旗子写着"广州海域巡洋舰"，但我想可能它永远也不会离开现在的

---

① 1磅=0.454千克。
② 英国陆军部：《英国国家档案馆藏鸦片战争史稿（1840—1842）》，黄若泽、庄驰原、吴慧敏译，黄宏志审校，上海书店出版社2022年版，第278、329、375页。
③ G. R. G. Worcester, *The Chinese War-junk*, The Mariner's Mirror, Vol. 34, 1948, p. 16-25.
④ 谢茂发：《清前期江苏江海防体系考略》，《军事历史》2015年第5期，第61-65页。

位置去开展巡视工作。船的舷墙板上摆放着小枪、火神枪,就是没有看到一把大的枪。船的样子看上去很糟糕,中桅和传动装置看上去都失灵了。

……

我注意到有两艘欧洲的船,他们也是清人购买的,船的风格和前面我们提到的那艘一样,被改造得庸俗不堪。①

(二) 购买西式战船情况

购买西式战船对清朝水师而言,只是杯水车薪,清人自行仿制无疑是解决问题的最好办法(表1)。《清史稿》中载:

> (帝)以海上用兵二载,闽、粤、江、浙水师,迭致挫败,令四川、湖广等省,采购巨木,速制坚船,驶往闽、浙等省,防守海疆。寻因各省战船,如快蟹、拖风、捞缯、八桨等船,仅能用于江湖港汊,新造之船,亦止备内河巡缉,难于海上冲锋。惟潘仕成捐资新制之船,坚固适用,炮亦得力,并仿美利坚国兵船制造船样一艘,又仿英吉利国中等兵船之式,调取各省工匠,改造大船。其例修师船,一律停造,以资挹注。并以船炮图说,饬江苏、福建、浙江三省督抚详勘,何者利用,由广东省制成,分运各省。②

表1　1842年5月前夕广东绿营水师改进的战船及装备状况

相关人身份	数量	炮位及每只炮重	《海国图志》(卷84)所载清军战船规格及其用工料银
广东批验所大使长庆承造水轮战船	1只	12门红夷炮,800~2000斤	长6.7丈,深0.43丈,设桨36支,可容100余人,用工料银7000两。能内河缉捕之用,但不能游弋于大洋
广东绅士许祥光捐造战船	2只	15门红夷炮,800~2000斤,子母炮36门	两层甲板的船长9.9~10丈不等,宽1.6丈,深1.3丈,底板厚3寸,舟板厚8寸,载174人,大桅长5.6丈,头桅长4.2丈,三桅长2.3丈,设桨64支,用工料银5000余两
广州知府易长华承造战船	1只	25门红夷炮,1000~2000斤	米艇长10.8丈,宽2.06丈,深1.05丈,底板厚3寸,载200人,大桅长8.7丈,头桅长7.5丈,三桅长3.2丈,用工料银8000两
在籍刑部郎中潘仕成仿制西洋战船	4只	40门红夷炮,数百至4000斤,子母炮数十杆	其中一只长13.2丈,宽2.9丈,舱深2.1丈,底板厚6寸,舷板厚7寸,载人300余,底用铜包,使用了滑车炮架,需用工料银1.9万两。达到了英国护卫舰的标准。到1850年,共造西式战船12艘,但很快被两广总督徐广缙裁撤掉了

---

① 斯坦利·莱恩-普尔、弗雷德里克·维克多·狄更斯:《巴夏礼在中国》,金莹译,中西书局2011年版,第53页。

② 赵尔巽主编:《清史稿》,中华书局1976年版,第4015页。

续表

相关人身份	数量	炮位及每只炮重	《海国图志》(卷84)所载的清军战船规格及用工料银
水师提督吴建勋仿造西洋战船	1只	49门红夷炮,2000~3000斤	此船系仿照美国重型护卫舰所造,船底用铜片包裹。长13丈,宽2丈,深1.8丈,底板厚4寸,载300余人,船设3桅,俱长6丈

注：1丈=3.3333米。
资料来源：魏源撰,王继平整理：《海国图志》,山东画报出版社2004年版,第1248-1252页。

其中,1841年广州盐茶商、在籍刑部郎中潘仕成延揽美国人壬雷斯（J. D. Reynolds）仿造二桅帆力舰4艘,并制成攻船水雷,这显然是由洋人指导而制造的。1842年7月,他仿造一只三桅战船,三层船舱。船长达13.2丈,船宽2.94丈,中层安炮20位,船尾安炮2位,两旁安炮18位,侧可列子母炮数十门,船头炮位,随宜安放,此船可容300余人。① 此船底裹以铜片,载炮数（40多门）接近英军五级战船水平（载50炮以上,见图8）。但能否经得起实战,不得而知。

图8 潘仕成出资仿造的三桅战船

在此浪潮下,当时的英国人千方百计想要了解清人新造兵船的秘密,有几位英人乔装打扮,混入了广州城,买通了一位当地的四品官员,并以其名义于1846年8月秘密购买了一艘相当于中国最高等级新式兵船的平底帆船,以迂回方式将其秘密地运到了香港。因为大清律法严禁将船只售予外国人和擅自出公海,违者问斩。英人最终目的是将之运到伦敦东印度公司的码头进行拆解,以了解它的内部构造,并找出它的致命弱点。

但其每一件东西都跟西洋船只上所看到的迥然相异：船的建造方式、龙骨、船首斜桁和侧支索的缺失以及造船的材料、桅杆、帆、帆荇、船舵、罗盘和锚等,所有这些都跟英国人所熟悉的船上装备迥然不同。②

---

① 魏源撰,王继平整理：《海国图志》,山东画报出版社2004年版,第1248页。
② 沈弘编译：《遗失在西方的中国史：〈伦敦新闻画报〉记录的晚清（1842—1873）》,高丹译,北京时代华文书局2014年版,第66页。

在风帆航行中，要根据中国海域风向的变化随时调整帆角，因此出现了一系列索具：升帆索、托帆索、抱桅索、围桅绳、控帆索、吊角索和缭绳7种。

（三）"耆英"号战船

"耆英"（Keying）作为船名，它的命名方式更多地承袭了英国传统，而不是中国传统，这从许多东印度公司用于印度贸易的商船以及英国商船的船名就能看出：大多数商船的命名是为了表达对所有者、资助人和当权者的敬意。"耆英"是满族显贵耆英的中文名字，他是清朝第一任统治者、清太祖努尔哈赤第九子巴步泰的后裔，是皇族爱新觉罗氏的一员，属正蓝旗。也可以解释成仅仅出于它的字面意义而被选作了船名。① 鉴于"耆英"号（图9）在航程中的遭遇及其最终命运，或许可以说，船名具有的象征意义在很大程度上比选择它的初衷更为贴切。②

图9 清朝"耆英"号战船正视图以及船尾舵式样

资料来源：香港艺术馆编：《香江遗珍——遮打爵士藏品选》，康乐及文化事务署2007年版，第119页。

"耆英"号战船的一些数据以及旅欧历程表现详见表2～表3。

表2 道光朝最大组合型战船"耆英"号详况

船型	是一艘往来于广州与南洋之间贩运茶叶的清军最高等级的师船，虽在广东建造，但主要采用福船的外形和线型，艉楼向后开有2扇瞭望窗，又属传统广船的特色。它的舵是广船形式，帆又是福船形式，是福船兼广船的特例，仅此一例

---

① 1843年，清廷大吏耆英再任钦差大臣，与英国签订中英《五口通商章程》和《虎门条约》。1844年，耆英任两广总督兼办通商事务，与美国签订了《望厦条约》，与法国签订了《黄埔条约》。正因为他在鸦片战争前后是代表清廷与夷人打交道较多的一个人物，又长期在广东主政，所以广东的一艘兵船用他名字命名也就在情理之中了。

② 戴伟思：《东帆西扬："耆英号"之航程（1846—1855）》，浙江大学出版社2021年版，第79、82页。

续表

材质	该船以柚木或松木制成,靠锲子和栂子来固定,而非用肋骨将它们钉在一起。载重约495吨,即排水量694~711吨
主桅、前桅、后桅	艏高9米,艉高13.5米。吃水线以上的主桅直径0.5米,吃水线以上的桅杆高28.9米,甲板处直径1米,由一整根柚木制成,并不全直。前桅杆高22.86米,后桅高15.24米;船上有一个面积70平方米、3.7米高的客厅
船舵	悬挂式尾舵由铁力木和麻栗木制成,并裹以铁,重7.5~8吨,面积很大,15~20人通过滑轮来操作,但在良好气象条件下,2人即可,由位于艉楼上的两个轴辘随时吊起,这说明舵效较好
载炮	载20门重炮,而旧式兵船只载小得多的火炮12门
载人	船上有31名清人和12名英人
船体	上层炮甲板长为50.3米,龙骨长36.6米,吃水线长39.6米;船宽7.8米,舱深3.65~4.9米;吃水3.5米;长宽比4.8∶1;甲板厚0.5米。船体制作粗糙,侧面的木板基本上保持了木材的原生状态
主帆	用棉麻或竹草织物做成,面积约1020平方米,重约9吨,全部用人力升起,约需40人操作,耗时约2小时,但落帆则瞬息即可。主帆斜桁长18米,由4人即可操作
到欧洲的航线	1846年10月它离开广州前往香港整修,12月6日驶离香港,1847年3月22—23日,在毛里求斯岛附近海面遇到台风,竟无任何损坏,终于绕过好望角。其原定目的地是英国,却意外地于1847年7月9日到达美国纽约,26名中国船员起诉了船长,并赢得了胜利。至1848年3月27日到达英国伦敦,不久就被拆解。它载运过去的清朝文物及手工艺品,在1851年召开的首届伦敦世博会上进行了展示
水密隔舱	全船由14道水密隔壁,分割为15个水密舱
船锚	3个用铁力木制成的锚,长约10米,其中有一个重3000磅,另一个重2700磅。起锚绞辊设有2具,是硬木质的,包了铁皮,还有竹材绑着
性能	它于1855年被卖掉并解体。最快航速小于8~9节;最佳平均航速5~6节;平均航速3.5节

资料来源:沈弘编译:《遗失在西方的中国史:〈伦敦新闻画报〉记录的晚清(1842—1873)》,高丹译,北京时代华文书局2014年版,第17页;王森、王芳、郑明:《中华帆船"耆英"号》,《现代舰船》2010年第10期,第58-59页。

表3 "耆英"号战船航程中的性能表现

第一段航程:中国香港至巴达威亚	1846年12月6日—1847年1月26日。行进缓慢,问题出现

续表

第二段航程：巴达威亚至圣赫勒拿岛	1847 年 1 月 26 日，4 月 17—23 日。逆风能力不佳，依旧迟缓；风力微弱，船底附着。它不是快速船，只是符合其建造目的的一艘坚固可靠的近海工作船。虽然它在性能上无法与同一时期西方最快的横帆船出色的表现相提并论，但是，与严格意义上的对标物——欧洲 18 世纪末的双桅横帆船——比较起来，却毫不逊色。即使是刚刚登场的无与伦比的极速飞剪船，在风力不佳的情况下从中国出发，艰难航行 1.5 万英里，也需要近 140 天，这比"耆英"号的平均速度只快了 1 节。但中式帆船只是一个大而不当的运载工具，设计时丝毫没有考虑航速和顶风航行能力。其目标是制造一种低成本、低技术含量的船体，具有良好的内部载货量，能够在传统季节里成功而经济地提供服务。总的来说，这个目标明显是达到了的
第三段航程：圣赫勒拿岛到美国纽约	1847 年 4 月 23 日—7 月 9 日。慢上加慢，蜗行牛步，驶向西北。在纽约展览，总收入为 1.1 万美元，参观人数为 3.9 万人
最后航程：美国波士顿至英国伦敦	1848 年 2 月 17 日—3 月 28 日。遭遇风暴，海上维修；逆风航行能力并不出众，但是能顺利地航行
航程终点：停驻伦敦，尔后驶向利物浦	第二次试图让这艘船成为付费游览景点的努力以失败告终，证据就是随着码头的租约到期，它再次被拍卖

资料来源：戴伟思：《东帆西扬："耆英号"之航程（1846—1855）》，浙江大学出版社 2021 年版，第 101 - 253 页。

五、以"耆英"号为代表的明清中国帆船技术和性能

"战船不在船体大小，主要看其性能是否优良：要考虑三大因素，即安全、速度和运载能力。就远洋航行来说，需要的一是安全，二是多用途。"①

在明清时期的很长时段，中国战船一直处于桨帆战船与风帆战船并用的阶段。此与侵华英军战船相比，应是 16 世纪末期水准与 19 世纪中期水准的冲突，也是农业时代与工业革命时代的交锋。二者区别在于：桨帆战船船型较瘦长，吃水较浅，干舷较低，靠人力划桨摇橹推进，顺风时辅以风帆；装备有冷、热兵器，作战时多采用零距离的撞击战、接舷战、近距离的火攻战和远距离的火炮战，作战地点主要局限于内河、湖泊和近海。风帆战船吃水较深，干舷较高，艏艉翘起，竖有多桅帆，以风帆为主要动力，作战区域则是辽阔的海洋。与桨帆相比，风帆战船的排水量、航海性能、远洋作战能力均有较大幅度的提高，主要武器为前装滑膛炮，作战方法主要是双方战船拉开距离，在数十米至千米的距离间进行炮战。②

---

① 刘景华：《大航海时代的西欧造船和航海术》，《长沙理工大学学报（社会科学版）》2005 年第 4 期。
② 国防科学技术工业委员会科学技术部编：《中国军事百科全书·海军技术分册》，军事科学出版社 1992 年版，第 24 页。

（一）鸦片战争前后中国帆船的坚固性

西洋海战"线式战术或机动战术"实施的条件是：坚固的船体、严格的纪律以及充沛的火力。"而中国造船技术的演进受制于诸多地区性因素，最大的限制是缺乏制作龙骨的木材。因此，中国建造的是平底大帆船，虽然有复杂和非常完善的设计思路，却缺乏支撑重炮的坚固制材。"① 即从结构上说，"具备水密隔舱的中国船型根本不适合安放舷侧重炮"②。继而难以采用西洋式的"线式战术或机动战术"以用于海战。

广船型战船除少数使用热带铁力木之外，多使用材质一般的松木（纤维疏松，木质软，强度小，易加工，但易变形，含水率高，易开裂）和杉木，不像欧洲帆船（尤其是战船）使用橡木等优良材料，故广船型战舰在船身强度方面显得弱势。西方多层火炮甲板及炮架型式让西方战船的火力远超过中国传统战船，西方风帆战船的船底镶铜板对早年的圆型炮弹有一定的防护力，这些在中式风战上是看不到的。

（二）清朝师船的抗沉性

船舶除了具备足够的储备浮力外，保证抗沉性的结构措施是设置足够的水密横舱壁，即将整个船体分割为若干水密舱室，以阻止进水向其他舱室漫延。在5世纪之初的晋代，中国出现了水密隔舱。"时至清代，福建水师的赶缯船，水密舱室可达15～21舱，密度很大，差不多1米多就有一个。"③ 其优越性是世界各处所采用的以横肋骨加强的船之通舱结构所无法比拟的。隔舱板与船壳板结合起来，实际上起到了肋骨的作用，使船舶的抗沉能力整体提高，也可利用此装载货物和枪炮。当西方近代造船科学诞生后，此水密舱壁结构在西方及世界各地的现代钢船上无一例外地被采用，欧洲仿效之具体时间是在18世纪末到19世纪初。

但是，现今国人引以自豪的中国古船的隔水舱设计，首先是起到一个结构的作用，其次才是防水。由于有隔板来支撑结构，所以建造的时候要么不使用肋材，要么使用得很少。由厚实的舱板替代了肋骨构件和隔舱构件的双重功能，定型船体，隔断船舱。但其结构上的坚固性是相对的，从东方式的节约物料的角度出发，其结构能低成本满足远洋航行所要求的强度，的确是比较完美，但其强度很难达到安放后坐力大的重炮的要求。因为中国帆船一般来说缺乏肋板进行加固，横向强度不佳，无法承受重炮的后坐力。这正是明清时期师船仅能配备不超过30门火炮的原因，非不愿而是实不能。尽管在抗沉性和成本效益上优于西方帆船，但由于航速、炮位布局和防御能力的不足，它们并不适合作为热兵器时代的主力战舰，尤其是在实心弹作为主要武器使用的时代。

由于船壳材质和水密隔舱的局限，使得19世纪中叶的清军战船一般只能配置数百斤至二三千斤重的舰炮17～18位，其他战船只有炮8～10门，小型的只有4～5门，发挥作

---

① 弗兰克·韦尔什：《香港史》，王皖强、黄亚红译，中央编译出版社2007年版，第144页。
② 马杀鹰：《新海权论：中国崛起的海洋之路》，电子工业出版社2012年版，第149页。
③ 辛元欧：《中外船史图说》，上海书店出版社2009年版，第186页。

用的有效射程一般只有四百多米。英参战军官对清军战船评论道：

除了小船，所有的清军师船，无论是有帆或没帆，在欧洲叫舢板船，它们有各种尺寸，最大的排水量吨位有 800 吨，有笨拙的驱动机器，在海上很难有效服务。虽然从战争开始以来它们的船样已有提高，但驱动力还是桅杆和帆蓬。战船有不同的尺寸，载炮数从 4～14 门不等，或者更多，有各种口径，一些是外国造的，多数是中国人自己造的。船体还提供了矛、剑，常常是大抬枪，不像我们的火炮，装载在甲板之下，以便稳定地瞄准目标。它们的船上有许多圆盾，做成茶碟状，直径有 0.76～0.92 米。①

（三）明清中国帆船的航速

中国古帆船最重要的技术特征就是，硬帆和可转动，在斜风下能自如航行；风向角大于 135 度至逆风风域视为不可航行区域，除非逆风打戗航行。从明代开始，中国就有了披水板和打戗驶风技术，由于披水板的横向抗漂作用，它与船舵的结合在打戗驶风时配合使用，效果更佳。②

中国古帆船能逆风行驶，须斜行，否则不能前进。为了保持正确航向，又须轮流换向，必须走"之"形路线。"打戗驶风技术是完全可以在逆风下航行，此是中国古代船民实践中的重要创造。但此操作须连续左右操舵控制船向，船员处于一刻不闲的高度紧张状态，技术要求很高，连续作业时间长，劳动强度极大，若用披水板来配合调戗则更是如此。"③

譬如，在 1633 年 10 月 22 日中荷金门料罗湾之役中，荷兰船队被明郑集团郑芝龙水军船队伪装的火攻船打败之后，中式帆船追击荷兰船只，却追赶不上。"欧洲船只能够以接近逆风的角度航行，因为其设计本来就是为了适应当地的环境条件，中式帆船所面临的情况是不同的。亚洲海域有季风，尽管季风有地区性的差异，但整体而言是春天吹一个方向，秋天吹另一个方向。在这种情况下，只要顺风即可航行非常远的距离。而大西洋的状况却复杂得多。要在西欧沿岸航行，特别是如果想绕过非洲，就必须面对复杂得令人摸不着头绪的海风与洋流。因此，欧洲的船只与航海技术也就发展成能够应对各式各样的不同状况。中式帆船（包括大多数的亚洲船只）根本不需要像欧洲船只那样具备逆风航行的能力。"④

18 世纪末期，英国使团代表马戛尔尼对清朝战船载重、舢艒形状、桅杆数量、战帆形状、船舵安置等有所描述。此移植到"耆英"号上也是适用的：

中西船只完全不同，清朝船体和索具形状各异，载重量从 20 吨到大约 200 吨，从奇特的结构看，确实很不适宜在风暴中航行。露在水面上的船壳，形状颇像初生四天的月亮。船首不像欧洲船头那样圆，而是和船尾一样四四方方，没有任何统称船头破浪处的木尖头，也没有龙骨。船头两边各绘上一个大圆眼，船两头在甲板上翘起老高。有的船

---

① Hall, W. D, Bernard. *Narrative of the Voyages and Services of the Nemesis from 1840 to 1843 and of the Combined Naval and Military Operations in China.* London：Henry Colburn，1844，p.278.
② 何国卫：《析中国古帆船行驶八面风技术》，《行舟致远扬帆丝路：何国卫船史研究文选》，南京大学出版社 2015 年版，第 147 页。
③ 何国卫：《别具特色的中国船帆》，《中国船检》2018 年第 1 期，第 100 页。
④ 欧阳泰：《1661，决战热兰遮：中国对西方的第一次胜利》，陈信宏译，九州出版社 2014 年版，第 259 页。

有两根桅杆，有的三根或者四根。桅杆是用一根整木头制成，因此不能像欧洲船桅那样可以随时缩短。桅杆固定在甲板的巨大基座上，每根桅都有一面用竹条编织成的席帆，并用竹竿撑开，彼此根距约 2 英尺。这些帆时时可以像扇子一样收卷或打开。当完全升起，前后差不多绷直，即与船两侧平行时，中国船可在三级半或四级的风里航行，但他们的船在遭遇逆风时就不如欧洲船，因为船底半圆，粗糙而且没有龙骨。舵安置在船尾的大孔洞中，能按需要收起，一般在遇到沙洲浅滩时这样做。①

以上各种技术的组合，使得清代远洋船只航速可达每更 60 里，相当于 7 节的速度，与西方贸易帆船的速度相当。②

鸦片战争前后，中式帆船"花屁股"型三桅帆式福船最长者可达 60 米左右。今欧洲人曾描绘了这些船中的一艘，他们这样描述："上层炮甲板长 49.3 米，船宽 10 米。帆重达若干吨，用绞盘来升降，易于操作。舵可用绞车来升降，没有托架，其定位则靠缆索提升。另有缆索系住舵踵，通过船底连接到艏柱（俗称勒舵索），防止舵在风浪中丢失。"③

今人对福建沿海帆船调研后，聘请当地熟练船匠，运用福建传统造船工艺，将福建水师提标后营"清"字 8 号赶缯船复原并试航，压载后的它在离岸 10 海里以外的台湾海峡顺风顺流时的最大航速为 6 节，即每小时的航速为 11.112 千米。④

考虑到风帆技术迄今的退化因素，鸦片战争前后清朝师船的航速应在 7 节以上。此与同期西洋战船平均 10 节的航速相比，差距明显。

1846 年 12 月—1848 年 3 月，"耆英"号的东帆西扬是它的唯一成就。在此期间有将近 300 天的航行，在各种各样的条件下——从风平浪静到大西洋冬季的暴风雨，它都稳定地以平均 3 节的速度航行，使船员安然无恙，这证明了它是一艘出色的海船。⑤

（四）明清中国战船的操纵性

一般而言，清朝师船比较瘦长，两头高高翘起，不是前高后低，就是前低后高。船首较锐，中、后部较丰满，呈菱形，调向较易，抗飘能力较强。船体宽度较窄，航行时水阻力较小，船速相对较快，但船只在风浪中摇摆大，稳定性差。同时，船内空间小，不利于舱室内放置设备特别是架设大炮。本来"V"形船只的稳定性是可以的，但因船体吨位小，重心高，一旦重心高于浮心，船体易侧翻，不利于船只在大风大浪的海中航行。

战船要保持和改变运动状态，需要借助船舵与船锚等构件完成。明代广东船发明并使用了开孔舵。古代操舵靠人力，开孔舵是在舵叶上开若干个菱形孔，转舵时对舵本身效果影响不大，但可减小转舵时所需的力矩。根据现代力学原理，平衡舵和多孔舵（中国）是为了缩短转舵力矩而采取的有效措施。今欧洲人评论道："亚洲战船的那种敏捷的平衡艉舵非常重要，它是用来充当活动龙骨，在浅水区可以扯起来，舵手虽然远离海面，

---

① 乔治·马戛尔尼、约翰·巴罗：《马戛尔尼使团使华观感》，何高济、何毓宁译，商务印书馆 2013 年版，第 130—135 页。
② 杨槱、陈伯真：《话说中国帆船》，上海科学普及出版社 2007 年版，第 120 页。
③ 郑明、张恩海、王淼等：《三桅帆式福船》，《中国远洋海运》2007 年第 10 期，第 98 页。
④ 许路：《清初福建赶缯战船复原》，《现代舰船》2010 年第 1 期，第 55—59 页。
⑤ 戴伟思：《东帆西扬："耆英号"之航程（1846—1855）》，浙江大学出版社 2021 年版，第 305、313 页。

但仍可安全地继续操作。甚至是更小一些的平底帆船都拥有5根桅杆,桅杆上有坚固的竹子斜撑起来的帆,可以快速移动,拥有惊人的机动能力。更大一些的中国战船则有自我防护的双层独立船体。西方直到数个世纪后才得以仿造。第一批有如此装备的英国战船中的一艘,最后是在吴淞江与清朝师船相遇了。"①

中国船舶操纵系统一直走在世界前列,但到了清代,没有发生大的改变。战船多为单桅式、双桅木质帆船,还有相当数量的无帆桨船,尚未采用转舵装置,继续使用那种依靠7~8人在甲板上大幅度用力转舵的方法。此与侵华英军的战船相比,显得相当笨拙。至鸦片战争,当时侵华的一名英国参战军官说:

虽然我已习惯了这些,但清军师船这巨大的盒子形载体是我见到过的独特的船体,后来也有革新。然而第一次印象不能说不奇怪,在这个巨大的棺材式的船体里能承载多少人!根据目击大约推算,它一定过多地承载到了500吨。船尾的上部分至少高约22.5米,用一楼梯上下,它的桅杆有33.5米高,它的缆绳由纤维制成,扎紧桅杆和风帆,但各处多少不一,木制的锚结构原始,漆过的船体虽然彩旗飘飘,但摇摇晃晃,巨大的舵虽有革新,但绝非随心所欲驾驶。②

(五) 明清中国战船的导航技术

导航技术是决定航海中最关键也是最重要的技术。中西战船的操纵和导航颇为不同,这是由中西方科技和工业水平不同所致。中国导航用"更"来测速,远洋航行时使用的每更60里计量只是一个参考值(40里最为确实),短程和近岸航行则无须考虑更的长短。而且中西判定船位的方法也不同。中国航海家需要通过山形水势图判读和测深检查海底水质状况,综合起来才能判断船位。

鸦片战争前后的清军师船常常离岸航行,并与海匪、西洋侵略者等作战,此必然涉及天文、地文与水文导航技术,此是中国传统各种成熟导航技术的综合运用。至于明清师船实施效果一般,应更多归咎于当时的一些社会因素。

航向、航距、水深和星高是定量航海技术中最重要的四种数据,而它们赖以实现的工具和技术,即中国的罗盘、印度洋的短时段计程法、地中海的测深锤和阿拉伯的过洋牵星术,分别由这条航线上几个古老的文明国家和地区最初开始使用,又在航线沿途广泛流传,使西大西洋和印度洋两端的航海家们使用同样的技术航行于欧亚非大陆之间。③

在天文、地文与水文三大导航技术中,天文导航最为重要,其他导航技术与之相辅相成。在清代前期,中国船只仍由标有24方位的罗盘导航,并用沙漏计时。至康熙年间,泉州府人陈伦炯撰写的《海国闻见录》一书中记载:

中国洋艘,不比西洋呷(甲)板,用混(浑)天仪、量天尺,较日所出,

---

① 迈克尔·E.哈修斯:《图解世界战争战法:装备、作战技能和战术:东方战争(1200—1860年)》,张魁译,宁夏人民出版社2010年版,第216页。
② Arthur Cunynghame. *The Opium War: being recollections of service in China.* Philadelphia, G. B. Zieber & Co, 1845, p.51.
③ 陈晓珊:《长风破浪——郑和下西洋航海技术研究》,山东教育出版社2020年版,第1页。

刻量时辰,离水分度,即知为某处。中国用罗经,刻漏沙,以风大小顺逆较更数。每更约水程六十里,风大而顺,则倍累之;潮顶风逆,则减退之,亦知某处。心尚怀疑,又应见某处远山,分别上下山形,用绳驼(砣)探水深浅若干,驼(砣)底带蜡油以粘探沙泥,各各配合,方为确准。①

可见当时船舶航行已有航海图和一套探知方位的技术。至18世纪末期,清朝战船导航技术发展得怎么样呢?这里,以英国使团代表马戛尔尼所载的情形为实况:

事实上,清人既不擅长于造船术,也同样不擅长航海术。他们没有海上船只位置的推算法,也没有丝毫概念绘制地面上的航线,借以确定某一地点的位置。换句话说,他们没有任何方法测定一个地点的经纬度,既没有航行距离的计算,也没有仪器观察天体。他们各个朝代都普遍接受的观念:地是平的,清朝则在这平面的中央。现在清朝的航海方法是,尽可能靠近海岸,而且视线不离开陆地,除非航行中绝对需要,知道要去的港口方位或方向,他们不管顺逆风,尽可能利用罗盘,始终把船头对准港口。②

此评价反映了当的情况。由于中英谈判最终以英国失败告终,英使负气而走,自然对清朝船炮技术的评价不会客气。清朝的导航技术主要借助罗盘,并尽量把师船限制在沿海领域,避免驶入深不可测的大海之中。

清军战船包括"耆英"号在内,除抗沉性、机动性胜过西洋战舰外,其稳定性、坚固性、防腐性、操纵性及航速都不及西洋战船。随着西洋轮船投入战场数量的增加,清军战船抗沉性、机动性的优势也随之消失。再加上舰载武器和战术的劣势,使得西洋战船的战斗力远在清军战船之上,故在整个鸦片战争期间,清军战船与侵略军战船并没有过一次真正意义上的海上交战。③当时中英军队曾发生了8次小规模的陆海炮战,清军陆海部队虽拼死抵抗,但结局不尽如人意。

六、鸦片战争侵华的英军战船比较

(一) 鸦片战争后期英国战船向明轮方向继续发展

19世纪中叶,已建立了多年的资本主义制度和进行了多年资本主义经济、文化变革的欧洲诸海军强国的战船技术正处于由"木质风帆时代"向"蒸汽铁甲舰时代"的过渡期。作为世界强国的英国更是充当了这一变革的急先锋。以英、法为代表的欧洲诸殖民强国在17世纪中叶已全部淘汰冷兵器而进入火器时代,其技术革新大都在1840—1864年这短短的25年间宣告完成,并自19世纪30年代开始向蒸汽铁甲战舰时代过渡。可以说,1800—1850年这50年间造船业所发生的巨变超过了过去500年发展的总和。以英国为代表的西洋诸殖民强国的战船是其木质造船技术发展到巅

---

① 陈伦炯撰,李长傅校注:《〈海国闻见录〉校注》,中州古籍出版社1985年版,第49-50页。
② 乔治·马戛尔尼、约翰·巴罗:《马戛尔尼使团使华观感》,何高济、何毓宁译,商务印书馆2013年版,第130-135页。
③ 张建雄:《鸦片战争英军"船坚炮利"的秘密》,《羊城晚报》2015年7月18日246期B2。

峰的杰作。

譬如，1846年停泊于广东海域的英国皇家海军一艘木质战船"阿金库特"（Agincourt）号，是一艘1817年下水的三级舰艇，配备了80门炮、443名官兵、53名勤杂工和125名水手。其单侧船舷的火力远甚于1840年整个广州海防舰队。该舰是西方木制造船技术发展到巅峰的杰作。"阿金库特"号战船体积庞大，又异常坚固——既为了承受自身武器发射时所产生的强烈后坐力，也为了抵抗敌舰回击时猛烈的冲击。最重要的是，它复杂到惊人的程度，由几万个特制的链接部件和几千片特殊形状的木板构成，许多木板是按照"天然弯曲"挑选的，即长得具有特定半径或形状的弯曲。它的索具是一座复杂的迷宫，3根箍合木桅，每一根的中桅和上桅都有18根大的后支索、4根前支索和10根横桅索加固；11张横帆，每一张都由多达19根控制索操纵；4张或5张纵帆，每一张由4根控制索操纵。每一艘军舰的结构都同样复杂，即使是这些较为小型的舰艇，比起与之对应的装备最好的中国海军舰艇或海盗船来说，也可谓全副武装。这些舰船无论是航行还是战斗，都由职级明确、训练有素的船员对它们进行机器一般精准的操控。发射炮弹的操作被精心安排为8个步骤，炮弹大约每一分半钟发射一次，每个人都有明确严格的职责，全都听从于各司炮手的指令。从最低级的勤杂工到总司令连贯成一个严格的指挥系统。复杂的视觉信号采用信号旗和详细的编码本，确保意图能被理解，命令能被传达，情报能被传递。从欧洲到亚洲的航程为期3个月，舰队能够在全面战备状态下自给自足，并且原则上——通常事实也是如此——能够在航程结束时投入战斗，就像第一天驶离出发港一样。羽翼渐丰的大英帝国是靠海洋航线和舰艇巡逻维系起来的，而这种常规训练也伴随着英国的全球扩张得以延续下来。①

（二）英国明轮战船的优缺点分析

科学定律和重大技术的发明和应用，为近代海军技术的发展作了理论准备。从18世纪中叶到19世纪末，一些国家的科学家先后研究并写出了有关舰船浮性、稳性、流体力学、结构力学等专著，这些专著完善了船模实验、强度、振动计算与设计等科学方法。迄至19世纪初，航船的发展达到了巅峰。此时的美国也是海运技术发展的先锋，可建造部分世界上最快的三帆快速铁壳明轮船，逐渐替代了木质帆船。螺旋桨推进器的发明使蒸汽动力战船迅速发展。②

1. 明轮船的优点

明轮船的历史可以追溯到18世纪末，一些较大的铁帆船、铁轮船已在19世纪初被投入内河和沿海航运。自1807年美国人富尔敦（Robert Fulton，1765—1815）发明第一艘以蒸汽机为动力、引擎用双桨轮驱动的客轮后，英国于1811年便仿制成功，1827年首先将蒸汽机装在军舰上，1830年制成了第一艘铁质明轮船。

尽管如此，直到1860年，蒸汽机还未能完全取代风帆，铁制舰也未能全部取代木制

---

① 戴伟思：《东帆西扬："耆英号"之航程（1846—1855）》，浙江大学出版社2021年版，第9页。
② 国防科学技术工业委员会科学技术部编：《中国军事百科全书·海军技术分册》，军事科学出版社1992年版，第5页。

舰。明轮舰还配着全套帆缆索具,大多数海军军官都认为蒸汽机不过是风帆的辅助品。美国海军还以没有大型铁制舰而自豪。然而,蒸汽机和钢铁的意义是显而易见的。与木制舰船相比,能够造得更大、更坚固,设计也更多样化,它可提供更加稳固的基础以装载巨炮。铁制船身比木制的经久耐用,还可分隔成水密舱来增加抗毁能力,就初始造价和维修费用而言,钢铁也比木料更便宜。①

2. 明轮船的缺点

一是早期的蒸汽发动机笨重且效率不高,其平均动力小于风帆,它不适于航海,尤其不适宜作战船。二是由于明轮的壳体经受不住炉内压力而发生爆炸,所以其安全性能较差。三是其续航力不得不受到煤炭燃料的限制。四是庞大的明轮和部分机器暴露在敌方的火力之下,因而在战斗中极易受到炮火的毁坏,使船舶失去动力。五是明轮和保护明轮的巨大箱壳遮住了两舷的大部,占了舰船的重量,且占据了用于安装火炮的宝贵空间,此易暴露在敌方直接瞄准火力之下,成为一个很大的目标。故蒸汽机应用于商船早于军舰,最初的用途是把船只拖到远离港口的海中,最早的汽船大都是拖船。到鸦片战争爆发时,尽管轮船技术有了一定程度的改进,在内河、湖泊尚可使用,但在大风大浪的海面上航行不稳,常常因一侧桨轮高出水面而失去作用。何况,"侵华英军知道清朝绿营水师之弱,没有期望和其在海面进行西方式的线式炮战,所遣包括明轮船在内的小型船只的主要任务是对岸作战(如支持海军陆战队的行动)"②。

因此,在19世纪40年代前后,明轮船只一般只用于巡航、候察、通信和短途运输,或者风帆和蒸汽动力并用,直到1845年螺旋桨引擎(暗轮)被投入使用之前,只有一些比较小型的二桅或一桅军舰采用了蒸汽动力。

(三)鸦片战争时期侵华英军战船的真实水准

在鸦片战争期间,侵华英军至少有176艘船只,主要由在线军舰、驱逐快舰、轻巡航舰、武装汽船、运兵船、运输船组成,主要为欧洲五六等级及少量的三级战船类型,辅助船只多了大半。直属英国159艘船只中,不单没有作为其王牌单位的一二级战舰,再其次的三级也就区区4艘,四级仅3艘,五级舰仅4艘,六级舰有8艘,以及排不上等次的各式小舰21艘。这是一支以三级帆舰为首、以五六级舰为主,杂以各种武装汽船、运输船、运兵船等组成的杂牌舰队(图10~图11)。这支舰队并不是最先进的,完全不能反映出它是世界第一海军大国的事实。譬如,在遣华诸舰当中,英海军仅有4艘木壳明轮船;而东印度公司有16艘,其中含铁壳者6艘、木壳者10艘。铁壳船比木壳船更为先进,东印度公司以精品船只为主力,而英海军则以将要退役的船只充数。③

---

① 阿伦·米利特、彼得·马斯洛斯金:《美国军事史》,军事科学院外国军事研究部译,军事科学出版社1989年版,第125页。
② 马幼垣:《靖海澄疆:中国近代海军史事新诠》,中华书局2013年版,第7-16页。
③ 马幼垣:《靖海澄疆:中国近代海军史事新诠》,中华书局2013年版,第19页。

图10　侵华英军五级战船
"忒提斯"（Thetis）号轻巡洋舰的平面图

资料来源：《1817—1863年风帆时代的英国战船的设计、结构、生涯和命运》163页。

图11　英国典型五级战船（Maeander）
甲板以及船舵形制图

资料来源：《1817—1863年风帆时代的英国战船的设计、结构、生涯和命运》159页。

"忒提斯"号是五级战船，原载36门炮，后被改装为运兵船。最上层炮甲板长164英尺7.25英寸（50米），龙骨长135英尺10英寸（41.4米），船宽46英尺8.75英寸（14.2米），舱深13英尺6.5英寸（4.14米）。吃水13英尺10英寸～15英尺5英寸（4.2～4.7米）。造价5.1926万英镑，容量1533吨。

由上述史实看出，在清人眼中庞大的"耆英"号仅相当于同期侵华英军五六级战船而已，然其驾驭技术和性能与侵略军相比肯定差距很大。

第一，以英国为代表的风帆战船的坚固性。西洋木质战船用榆木做龙骨，用橡木做剩下的部分。17世纪中叶以后，坚实的橡木板双层厚度可达到46厘米。采用密集的肋骨来定型船体，形成了一个几乎全由肋骨组成的船壳，横向强度远超中国师船。大型船只的建造在岸上的船坞完成，其他的在造船台完成。造船的第一步是放置龙骨。龙骨又长又直，通常是由几个部件通过斜面嵌接而成。在龙骨的前上方是弯曲的船首柱，用来支撑肘板以及装饰性栏杆和人像。在龙骨后下方是笔直的船尾柱，会稍微偏离垂直方向，便于支撑船舵。每个构件船只基本形状的框架都是由几个众所周知的底肋材、复肋材和上部用材部件构成，此称为"结构法"（图12）。大约在1815年后，这些部件通常都是组装成对，并带有结合点，有了它，邻近部件才会出现交叉。完成造船的木工活之后，木板之间的缝隙再用添絮和焦油填满；西方造船内部结构是榫卯相扣，完全是经验的积累，其实有许多甚至连张图纸都没有，监造官往往就是一些有经验的老船长。

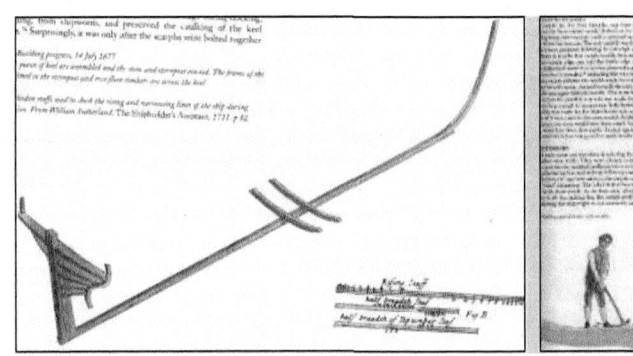
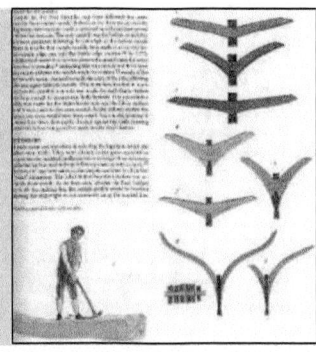
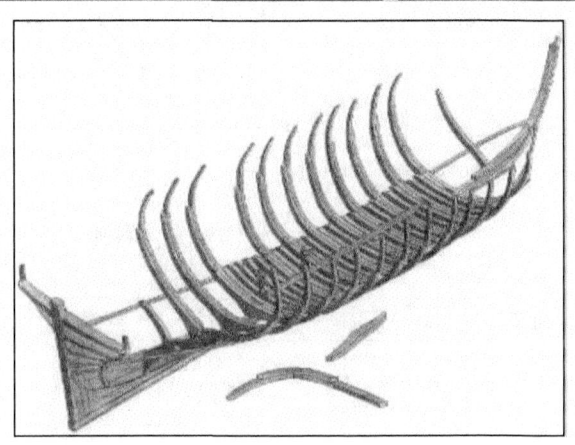

图 12　英国战船建造过程中不同形状的龙骨

资料来源：Richard Endsor, *The Restoration Warship: The Design, Construction and Career of a Third Rate of Charles Ⅱ's Navy*. Annapolis: Naval Institute Press, 2009: 36, 39, 42.

一般来说，欧洲船型的横截面呈典型的"U/V"形，具备龙骨，同时不惜耗费工料，大量使用密集勒板进行横向加固。如此设计的远洋船只，结构坚固，下部空间宽敞，可以设置多层全通甲板，适合承载舷侧重炮（欧洲一直到快要放弃舷侧炮时才采用水密隔舱，大概在 18 世纪末期）。正是凭借坚固船只提供的强大承载力和机动性，火炮才可以越造越大，因为船载模式率先解决了火炮机动性的问题。①

第二，以英国为代表的风帆战船的操纵性。时至 19 世纪的英国战船技术处于顶峰，促使海军从一个季节性的有限力量成为一个几乎无所不能的全能战略单位，大型战船一般采用三桅装置，每根桅上挂上横帆，配合一定数量的纵帆，挂满帆时，可达 36 面风帆，以 10 节的航速波浪前进。一般战船则以 5~6 节的航速前进；1700 年欧洲人发明了舵柄，改变了过去那种靠人力在整个甲板宽的地方大幅度转舵的笨拙方法，只需一二人便可手拨，与清船之全力在舵尾又不同。"74 型和快舰"成为此时期战船的典范和标准。到了 18 世纪末和 19 世纪初，大型帆舰和巡洋舰的主炮已完全是标准化的 16 磅、18 磅和 24 磅爆炸弹的加农炮。此时期的战船级别分类及相关数据见表 4。

---

① 马杀鹰：《新海权论：中国崛起的海洋之路》，电子工业出版社 2012 年版，第 150 页。

表4　1793—1815年英国皇家海军战船的六级分类以及载人和载炮数据

级别	战舰别名	载炮数及甲板数	1793年载人数	1808年载人数	船身长度和排水量
一级	常担任船队的旗舰	100、112、120炮，三层甲板	850	837	全长62.8米，排水量2500~3500吨
二级	在暴风雨天气，下层炮孔不能打开	90~98炮，三层甲板	750	738	全长59.5米，排水量2000吨以上
二级		84炮，二层甲板	650		
三级	风帆战舰的基石，数量最多的主力船只	80炮，二层甲板	650	700	船长57米左右，排水量1300~2000吨
三级		74炮，二层甲板	600	640或590	
三级		64炮，二层甲板	500	491	
四级	多担任巡洋舰的旗舰	50~60炮，二层甲板	350	343	全长45.7米，排水量1000吨以上
五级	三帆快速巡洋舰，护卫舰（Frigates），多用来袭击商船	44炮，一层甲板	300	294	全长39.6~45.7米
五级		38炮，一层甲板	280	284	
五级		36炮，一层甲板	270	264	
五级		32炮，一层甲板	220	244或216	
五级		28炮，一层甲板	200	195	
六级	多为单桅纵帆船，常送信和护航	24炮，一层甲板	160		全长35米
六级		22或20炮，一层甲板	160	155	
无级	单桅纵帆船（Ship sloops）	28炮，一层甲板		121~135	
无级	双桅船（Brig sloops）	22炮，一层甲板		80~121	

资料来源：Gregory Fremont-Barnes：*The Royal Navy* 1793—1815. Oxford：Osprey Publishing, 2007, p. 57.
Blake, Nicholas, *Steering to Glory：A day in the life of a Ship of the Line*. London：Chatham Publishing, 2005, p. 22.

在鸦片战争前，英国皇家海军从一支主要用于海上防御和运送陆军的作战力量，转变为发动两栖突袭作战的机动船队，造船和航海技术提升到了极致，但其战力已是在滑铁卢大捷后几十年间相对下降的状况。英国木制风帆战船、巡洋舰主要依靠风帆驱动，"鱼形"船身，吃水较深，干舷较高，艏艉翘起。战船的机动性包括其承载舰炮的机动性，此与铁炮大小、炮架装置有直接关联。西洋船炮通常由8~12人操纵，炮手操作熟练，加之铁壳明轮船以及滑轮轨道的优势，机动性增强。

"伯兰汉"（Blenheim）号军舰（图13），由英国德特福德（Deptfort）船厂制造，最上层炮甲板长53.57米，龙骨长44.07米，船宽14.53米，舱深6.41米。吃水4.19~5.49米，容量94吨，即排水量约1747.27吨。载590人，造价共8.008万英镑。[①]

[①] Rif Winfield. *British Warships in the Age of Sail 1817-1863：Design, Construction, Careers and Fates*. Barnsley：Seaforth publishing, 2014, p. 81.

图 13 英国"伯兰汉"号军舰

资料来源：香港艺术馆编：《香江遗珍——遮打爵士藏品选》，康乐及文化事务署 2007 年版，第 51 页。

第三，以英国为代表的风帆战船的导航性。"到 16 世纪中，西洋航海术主要依赖于使用天文星盘、指南针、测速器等来进行经纬度定位。"①

1569 年，荷兰人默卡托（Gerardus Mercator），创造了地图投影法，后经赖特的进一步改进（1590），成为迄今使用最广的世界地图绘制法。1659 年，荷兰人惠更斯发明了船用钟，用以在海上指示标准时间，以便确定经度。欧洲各国特别是英国正是凭借这些导航设备，在世界海洋驰骋，成就了日不落帝国的强势形象。②

到 17 世纪后半叶，用投影法制作的海图取代了老式的沿海航行指南，不过，真正的准确定位，还是在 18 世纪经纬仪和六分仪出现后。通过在海平面上测量正午太阳高度角（在白天，测量的是正午的太阳与地平线间的角度；在夜晚，北半球测量的是北极星与地平线间的夹角；在南半球则测量南十字座与地平线的角度③），海员们便可轻而易举地计算出纬度。然而，经度的计算与地球的运行息息相关，因此必然也和时间有关。至 17 世纪后半叶，用投影法制作的海图取代了老式的沿海航行指南，它用直线显示出经纬线，更适用于推测和观察所处的地理位置。1731 年，约翰·哈德利（John Hadley）发明了八分仪，成为航海史上的重大突破。八分仪采用镜子扩大角度覆盖面，利用五彩玻璃使眼睛免受伤害。进而，六分仪在八分仪的基础上有所改进。它由黄铜和游标尺制作而成，其测量更为精确。以当时的技术来看，六分仪的设计堪称完美，和目前使用的没有多大区别。④

---

① 刘景华：《大航海时代的西欧造船和航海术》，《长沙理工大学学报（社会科学版）》2005 年第 4 期，第 96 页。
② 张建雄：《清代前期广东海防体制研究》，广东人民出版社 2012 年版，第 214 页。
③ 布莱恩·莱弗里：《DK 航海史：探险、贸易与战争的故事》，邓峰译，中信出版集团 2021 年版，第 163 页。
④ 布赖恩·莱弗里：《海洋帝国：英国海军如何改变现代世界》，施诚、张珉璐译，中信出版集团 2016 年版，第 82 页。

七、时至 1845 年前后中英战船技术的发展

鸦片战争以后，清朝海防重点已逐步移至北方。北方水师以山东登州、盛京旅顺最强，尽管大多有名无实。战船式样仍然陈旧，维修补造又很差，然水师分布南重北轻的状况并未改变。实力最强和技术水平最高的仍是珠江水域的广东兵船。从型制上看，以广东为代表的沿海战船仍不见大船巨艘，仍是清中叶已有的红单船、拖风船、米艇等式样，承载的火炮数量少且小。①

广东沿海的运输船红单船（造船厂造船须禀报海关，粤海关给予红单以备稽查，故名红单船），大者可载 30 余炮，小者亦载 20 余炮。② 清军视之为师船中最剽急者，是清代广东沿海的一种运输船的别称。红单船速度快，舱面宽，也曾作为师船，与米艇和拖风船相比，具有以下特点：（1）船型肥大，因是大型货船，因此成为清代关税的主要征收对象。由于海关以梁头丈尺长短征税，为了避税，船舷窄小，前后宽度均匀，船腹宽大。（2）尖形船首。不同于米艇的倒梯形平头上翘的船首，红单船没有首封板，首柱与龙骨相接处，安装带菱形孔的呆木，作用在于开浪，稳定航向。其尖形船首，外形干净利落，加工工艺简单，是其最明显的欧化特征。（3）桅杆为三桅或双桅，普遍有侧支索。除风帆外，还可用桨橹驱动。同治年间出现了以铜包底的头蒙船。③

在比利时安特卫普河边博物馆展览的一艘清朝琼州大兵船（缉私船）即是这种红单船（图 14）。此船船体按照欧洲船的线型，帆装则是中国式样。船模比例 1∶30，即船长 36.6 米，宽 7.8 米，深 3.7 米，采用席布帆，主桅旗上有指挥官的名字，而船尾不同的旗帜上用颜色表示出该船所属的水师。此船采用铁壳包裹，还使用了舷梯和索具，其流线型的设计，比中国其他一些帆船要好得多。此船为居住在澳门的葡萄牙人创造的"老恰"（Lorcha，葡萄牙语，指远东地区特别是中国南部沿海（后来又在长江上）出现的数量较多的一种快速帆船，亦称老闸船或鸭尾股船），具有中西合璧的特点，直线形的龙骨前面连接弯曲而倾斜的船首。船模主体为肋骨和隔舱壁，再加上木条铺设的船壳板。装有欧洲杠杆式锚机、舷梯、侧支索、舱口盖。中式帆装，棉布帆。载 6 炮：4 门在主甲板上，2 门在尾甲板上。杠杆式锚旁立一个人偶，另一人偶在绞盘旁，矩形的舵板有菱形的通孔，这是广船的特征。一般采用斜行四角帆，帆呈扇形且下缘很宽，此船主帆显然挂反了。

铁甲舰时代从 19 世纪 20 年代始，1850 年法国建成载 90 炮的战舰"拿破仑"号，使中型明轮相形见绌而致淘汰，预示着风帆时代的结束。19 世纪 50 年代以后，由于船用螺旋桨（在明轮船的基础上发展而来，其安装于船尾水线以下，转动后将水推向船后，利用水的反作用力推船前进。其构造简单、重量轻、效率高，在水线以下受到保护）的使用，轮船航速提高很快，木质帆船被淘汰成为必然。在 10 年之内，未安装暗轮的战船都被认为已过时，或者只适合承担辅助任务（表 5）。

---

① 茅海建：《近代的尺度：两次鸦片战争军事与外交》，生活·读书·新知三联书店 2011 年版，第 96 页。
② 颜泽贤、黄世瑞：《岭南科学技术史》，广东人民出版社 2002 年版，第 540 页。
③ 谭玉华：《岭海帆影：多元视角下的明清广船研究》，上海古籍出版社 2019 年版，第 105 页。

图 14　比利时安特卫普河边博物馆展览的清朝琼州大兵船（缉私船）

资料来源：张岩鑫、梁二平：《漂泊的船——中国流失海外的古船模》，清华大学出版社 2020 年版，第 139 页。

表 5　鸦片战争前后欧洲轮船技术上的重要发明

发明时间	发明项目	发明国家及个人	发明内容
1789 年	明轮船	美国人约翰·菲奇	轮船商用的第一阶段。1807 年美国人富尔顿制造的蒸汽船用于内河商业运营；1811 年英国仿制成功，并在海上贸易方面使用①
1827 年	蒸汽机被装在军舰上	英国人	促进了风帆战船向蒸汽战船的过渡②
1829 年后	实用船舶螺旋桨	奥地利人约瑟夫·莱塞尔	靠桨叶在空气中旋转将发动机转动功率转化为推进力的装置（暗轮）。它的推进效率接近明轮，并有许多明轮无法竞争的优点，明轮逐步消失③
19 世纪初	世界上第一艘轮机军舰	美国人	英国明轮船只用于巡航、候察、通信和短途运输。1812 年美国海军命令富尔顿造了世界上第一艘轮机军舰④
鸦片战争时期	铁壳轮机炮艇	英国人	英国风帆战船全部依靠风帆，英国东印度公司使用了铁壳轮机炮艇来华参战⑤

---

① E. B. 波特：《海上力量：世界海军史》，李杰译，解放军出版社 1992 年版，第 223 页。
② T. N. 杜普伊：《武器和战争的演变》，李志兴、严瑞池等译，军事科学出版社 1985 年版，第 215 页。
③ H. 帕姆塞尔：《世界海战简史》，史密斯英译，屠苏等译，海洋出版社 1986 年版，第 120 页。
④ T. N. 杜普伊：《武器和战争的演变》，李志兴、严瑞池等译，军事科学出版社 1985 年版，第 215 页。
⑤ E. B. 波特：《海上力量：世界海军史》，李杰译，解放军出版社 1992 年版，第 223 页。

续表

发明时间	发明项目	发明国家及个人	发明内容
1837年	螺旋桨推进的蒸汽船出现	英国人佩狄特·史密斯和瑞典裔美国发明家约翰·埃里克松	蒸汽舰商用与军用的第二阶段。1842年英国海军建造了世界上第一艘螺旋桨军舰，以后几年内，英国许多老式军舰都装上了轮机和螺旋桨①
1845年			蒸汽船商用与军用的第三阶段。螺旋桨替代明轮，使得战船同时使用蒸汽机和风帆②
1853—1856年			木壳军舰逐步被带有护甲的铁甲舰或钢壳舰所代替③

八、远航欧洲的中国最大"耆英"号战船落后于英国战船的原因

中国从15世纪中期以来，海防力量主动退出大海，转向固守沿岸以及陆上发展，致使船炮等核心兵器技术长期滞后于西方。船炮技术发展的动力主要来自与海外联系较广的民间商船技术，蹒跚前进；而明清政府在这400多年间一直扮演着阻碍船炮技术发展的角色，其根源在于清政府维护其落后的封建专制及其"首崇满洲"的观念使然。譬如，清代"耆英"号战船秉承了封建中国"技术发达、整体滞后"的特征。它与同期其他战船相比，确是不俗，然而从造船史视野来看，其技术和性能已落后于时代，并且，其仅是特例而无法普及，具体原因如下。

（一）缺乏"民族—国家"结构模式的坚强支撑，水师发展乏力

西洋海军是民族—资本主义国家建构的产物。"在持久的战争压力下，西欧诸国逐步建立起中央集权的政府权力结构、近代化的财政体系和官僚制度，为包括海军在内的军事现代化提供了基础。这一现代国家建构的过程，最终形成了以资本主义、工业主义、高度监控和彻底垄断暴力资源为特征的民族—国家，对业已划定国界的领土实施行政垄断，它的统治靠法律以及内外部暴力工具的直接控制而得以维护。"④

国人具有国际观念的近代"民族—国家"观念，大体萌生于甲午战争之后的世界资本主义制度变革的浪潮中，经梁启超、孙中山等人的阐发宣教，以及实施众多的措施后，成熟于五四新文化运动。⑤

清代的战船一则重视速度与驾驭，这是随着沿海对敌组织的转变，因时制宜地改变。二则在乾嘉年间被固定下来的战船式样受制于"工部军器则例、户部军需则例"等的规

---

① E. B. 波特：《海上力量：世界海军史》，李杰译，解放军出版社1992年版，第223页。
② 安德鲁·兰伯特：《风帆时代的海上战争》，郑振清、向静译，上海人民出版社2005年版，第213页。
③ E. B. 波特：《海上力量：世界海军史》，李杰译，解放军出版社1992年版，第223页。
④ 肖滨、王劲嵛：《缺乏政治变革的图强为何难以成功——以晚清海军建设（1875—1895年）为例》，《探索与争鸣》2015年第5期，第83页。
⑤ 茅海建：《天朝的崩溃：鸦片战争再研究》，生活·读书·新知三联书店1995年版，第313页。

定。三则清朝船炮发展政策形成官船挤压商船的一种恶性模式，使得商船、渔船的形态大小受到局限，这间接影响到掠夺船只的海盗，使海盗无法拥有大型船只（当然，个别与之抗衡的海盗船无须遵守这些规定，因此其技术和性能甚或凌驾于师船之上），因循苟且之下，战船制造的发展即受到约束。

（二）清朝海防战略的深层次失误，致使造船技术停滞不前

明清海防战略可概括为：以陆地为中心、重陆轻海，防内而不是防外；防御性的，并且高度地方性的；对入侵的西洋人是以守为战、以逸待劳，诱敌深入、聚而歼之。这种消极的海防战略带有以中央帝国自居、满足于自然经济的生存空间、不愿积极向外拓展的特点。

清代海防方针是"重防其出"，防敌于大陆，制敌于海岛，这是缘于清廷认定海上敌对势力（反清武装与海盗）出自国内，认为沿海地区的商人和渔民都是滋生动乱的分子，必须限制"内盗"出海，断其接济，防患于未然。①

战船修造重视速度，不重视船只大小以及武器配备的改良；沿海防卫系统虽由预警转向防卫，但缺少一套水师人才培养计划，无法妥善提升战力；不是以速度及武器配备作为修造准则，而是以压制官船以外的船只为规则。

至18世纪以来，当时欧洲诸国忙于诸多战争，无暇东顾，这造成了清朝东部沿海局势相对稳定的状况，清廷通过入关后的百年积淀，政治、经济、文化、军事等诸多方面的繁荣，最终强化了"天朝大国"的自大意识，对西方殖民强国东侵的可能性一直持漠视态度，清廷对之主要采用"防夷"与"驭夷"两种策略。

鸦片战争御侮的失败，使官方认识到军事装备的重要性，修正了"以禁为防"的传统海防思想，改变了"专守于陆"的作战战略。开始重视水师建设，提出了"近岸防御"的海防思想。②

但此海防战略与对策的变化，其实并无大的提升，仅是在当时不得已的因循而已。譬如，战时陆上处处堵防、节节被动的失利使统治者认识到海战的重要性，因此以制造船炮为善后要务。但各省基本上恢复了旧式战船，使原本萌发的"师夷"倾向戛然而止。防务的重点落脚于修建炮台工事、加强陆路纵深防御，主要是沿着"陆防"思路展开的。从"海战"到"陆防"思路的切换，是导致善后防务建设与近代化失之交臂的重要原因。③

（三）中国自古的军事氛围抑制船炮武器的发展

中西战船都是一定社会生产方式的产物，始于西方的大航海时代，促进了一些殖民强国船炮技术的飞速发展。对于中国，在15世纪以前，中华文明在多个科技领域都领先

---

① 王宏斌：《清代前期海防：思想与制度》，社会科学文献出版社2002年版，第172页。
② 郑坤芳、王玉冲：《嘉道时期海防思想的演进》，《江苏师范大学学报（哲学社会科学版）》2015年第4期，第81页。
③ 鲍海勇、王静然：《从"海战"到"陆防"：鸦片战争后清政府善后防务的路径选择与近代化的迟滞》，《明清海防研究》（第13辑），广东人民出版社2021年版，第109页。

于欧洲,而15世纪以后的它却渐渐落后于欧洲。这个被誉为"李约瑟难题"的疑问也适用于中国航海史。众所周知,古代中国在造船方面有许多发明创造:水密隔舱、中心舵、撑条式斜行四角帆、航海罗盘、牵星板和针路簿(更路簿)等都领先于世界他国数百年以上;600多年前郑和下西洋的壮举则标志着中国造船和航海技术处于世界的巅峰。丰富的经验和深厚的传统在一定条件下是优势,值得标榜,但因未顺应航海时代的世界大发展潮流,国家上下群体因长期缺乏变革动力而转化成前进的阻力。导致此状的根源乃是一直固守农业文明的明清王朝无法创生自己的海洋话语与海洋文明,由此而生成的中国文化、政治结构和自身渐进积累机制,可能带来安于传统而拙于革新的历史惰性。

古往今来,武器优劣仅是外在的东西,实际上,人是一切生产力水平的主体体现者,在社会发展中起着基础性和关键性的作用,武器的落后归根结底是由低素质的人造成的,此从属于它所处的社会环境。

自宋代以来,"重文轻武"观念逐渐弥漫于官方上下。至清人入关后,在顺、康、雍、乾四朝,满人的勇武之风使社会上一度呈现出"尚武"的风气。①

譬如,1636—1800年,清朝几个皇帝强化军事,开疆拓土,将军事胜利以及与之相连的"武"引入文化生活的主流。军事主题在文献、艺术、建筑等方面一再出现,这种利用文字和图像的现代做法令人惊讶,在当时大众的想象中,形成了武功与皇权密不可分的认识;清朝皇帝成功地将文化影响力当作一种政治工具,极强调"武",将它理解为"文"的补充而不是附庸。发生在盛清皇帝统治时期的文化军事化,为现代军事化的民族国家发展提供了肥沃土壤。拥有军事实力及与之相伴生的"尚武"精神是盛清的规定性特征。②

然而,随着乾嘉太平盛世的到来,"尚武"风气却日渐淡薄,随后,整个社会开始弥漫着一种夜郎自大、停滞腐化的风气。③

至18世纪末期,固守封建专制的晚清仍然是一个以内陆——农业——儒学为主导的社会。在西方资本主义强劲发展的对比之下,清朝封建制度和技术发展已显得苍白和脆弱。等级和秩序是其统治的保障,围绕其间的儒学又是伦理的精髓,而科学技术因远离慢节奏运转的农业社会的需要,所以长期不受重视。科举文章制度造就的大批"所用非所养,所养非所用"的人才,是封建社会需要的单一的统治或管理人才,也是传统农业社会的特征。此种情况对于维持封建统治已经显得无力,对抗西方列强更显技穷。④

在清朝统治下的广大民众特别是下层民众,长期被束缚在土地上,他们的眼界是狭窄的,思想是封建的。即便是在当时最有知识、深悉"夷夏"大义的儒生官吏中,虽不乏一些忧国之士,但绝大多数是正心修身、不问世事的。譬如,"耆英"号是道咸时期相当于最高等级的清军师船,"中国人虽然已经看到过成百上千的欧洲船只,但却从来没有意识到它们的优越性,或是想要来模仿它们。他们那种难以克服的偏见和对洋货的极端蔑视是取得进步的障碍。此偏见是如此根深蒂固,以至于假如人们在建造一艘平底帆船

---

① 刘一兵:《清末尚武思潮述论》,《历史档案》2003年第4期,第68页。
② 卫周安:《清代战争文化》,董建中等译,中国人民大学出版社2020年版,第3页。
③ 刘一兵:《清末尚武思潮述论》,《历史档案》2003年第4期,第68页。
④ 杨杭军:《走向近代化:清嘉道咸时期中国社会走向》,中州古籍出版社2001年版,第389页。

时偏离了旧规矩的话,皇帝就会下诏对它收取额外的关税,仿佛它是一艘外国船似的"。①

(四)国家经济与财力的困窘制约大船等军工的发展

清代船炮业所需的庞大开支同国家财政困顿之间的相互掣肘,是船炮等军事工业发展的不利条件之一。八旗和绿营兵制长期实行的是兵农分立、军事与生产脱离的制度,导致军费筹措渠道单一,靠国家赋税养活。而国家财政收入的主要来源是屯田和税收。自然经济占据主导地位,这种经济体制的落后性无力为军事技术革新提供强有力的物质支撑。

譬如,清朝一艘近海缉私快船造价为白银432两,而一艘战船造价高达白银4300两。福建泉州造船厂制造的最大的"集"字号战船,仅能获得5804.61两白银经费支持;拆造一艘最大战船,仅能获得3017.6两白银;大修一次战船,仅能获得2310.67两白银经费支持;小修一艘战船,仅能获得1653.26两白银经费支持。②

而同期的西方列强,不惜重金打造大船重炮,中西海军力量差距泾渭分明。例如,侵华英军后期旗舰"皋华丽"号三级在线军舰于1842年1月抵达中国,它是该战争始末英国4艘在线军舰中载重最大、体量最长与造价最昂贵的一艘战舰。它由皇家海军在印度孟买船厂建造,柚木材质。其造价80428万英镑,载72炮,容量为1809吨,上层炮甲板长54.06米(龙骨长44.22米),船宽14.95米,舱深6.45米,吃水4~5米,底用铜包,载590人。③

在鸦片战争中,侵华的4艘英军战列舰装备的火炮在火炮门数、种类和重量上均保持一致。最重的前装滑膛加农炮为8英寸口径炮(也称56磅弹炮),炮长仅2.74米,炮重仅3302千克,膛径20厘米,装药4.54千克(包括火药、霰弹子等),空弹重48磅,火药重2.56磅。④

清代战船造价和维修费用太低,建造工序又过于烦琐,而若不烦琐又难以控制质量。腐朽的封建制度,又直接摧残着官方造船业。船匠又难以被调动起积极性,加之监管不严,偷工减料的现象难以避免,从而导致战船质量低劣。"耆英"号也难免受影响,其建造质量自然不能达到理想标准。

(五)晚清薄弱的工业基础使得大船重炮等核心军事技术变革困难

船炮技术是科学、技术与工业制造高度结合的产物,其发展历程反映了中西工业力量的变迁。16世纪,中西工业生产的"大分流"已经发生,在16—18世纪末,这还只是平缓的暗流,但其蓄积的潜力足以在19世纪初造成中西泾渭分明的差异。明清船炮业的

---

① 沈弘编译:《遗失在西方的中国史:〈伦敦新闻画报〉记录的晚清(1842—1873)》,高丹译,北京时代华文书局2014年版,第66页。
② 彭泽益编:《中国近代手工业史资料1840—1949》(卷1),中华书局1962年版,第149页。
③ Rif Winfield. *British Warships in the Age of Sail 1817 – 1863: Design, Construction, Careers and Fates*. Barnsley: Seaforth publishing, 2014, p.77.
④ 英国陆军部:《英国国家档案馆藏鸦片战争史稿(1840—1842)》,黄若泽、庄驰原、吴慧敏译,黄宏志审校,上海书店出版社2022年版,第278页。

长期落后既是机床工业落后的体现,也成为机床工业发展迟缓的症结所在。近代机床是19世纪洋务运动期间由洋务企业引入的,但是历史的惯性和先天的薄弱,决定了近代中国船炮业即使引进和仿制了一些西洋船炮,但在技术传承与深化上仍是困难的。①

明清两朝处在封建生产关系中,全国小手工业生产方式很难转型升级为大规模的工场生产方式。尤其到了晚清,官吏、儒生、工匠等阶层,无论他们的思想观念和知识背景,还是具体行动与实际能力,都尚不能承担西洋船炮等核心军事技术转移的重任,因此,普遍存在的制作粗劣和技术难以提升的问题,自然也就不可避免。②

在鸦片战争前后,中国的船炮技术已全方位地落后于西方国家,从船炮的设计、材料、工艺、性能、战术等各个环节来看更是如此,因此,太苛求肃清官兵上下的腐败问题是不得要领的。而且中国没有近代实验科学的支撑,仅仅依靠所谓的经验积累,也不可能在鸦片战争之后的短时间内赶上西方国家,这都是不以人的意志为转移的。

法国人对中国船炮技术发展太慢的原因做了概括:"马力变成了蒸汽——人类征服的最有成效的东西。能同这相比的只有火的控制、农业的诞生,或中国没有能很好利用的印刷、火药、指南针等发明。没有蒸汽,便没有机器的广泛应用,而只能像中国那样出现一些聪明的但孤立的发明,而且得不到推广。"③

明清船炮兵器"未发展成为标准化的规范或者条例",应是自明末以至晚清军队战术及训练水平落后的一个关键原因;何况,不同军器之间的发展难以呈现矛和盾拉锯战的良性互动,最终阻碍彼此的更新换代。

譬如,"走到'耆英'号战船跟前,就会对其简陋的状态产生深刻的印象。船体制造非常粗糙,侧面木板没有经过平整,基本上保持了木材的原生状态。造船者没有采用任何人工的方法在船壳上造成曲线形的效果。木材上自然的曲线得到了巧妙的利用,但却没有进行加工。清人在解释这种情况时声称,'不必要的精雕细刻是荒谬的:根本就没有必要把船壳的木板弄得十分光滑,因为船舱是用来装货物和压舱物的。由于这原本是一艘兵船,所以船壳两侧和甲板上的木头主要是用来抵挡枪炮的,没有必要对它们进行精细的加工'。"④ 此说明了清朝缺乏科技和工业革命的洗礼,无力对船炮等大型器具进行精细加工,其申辩是没有说服力的。

综上,近代"民族—国家"模式建构是保卫国家主权、建立强大海军和发展船炮等核心技术的前提和政治保障。而一直固守农业发展的衰世晚清,向海意识淡漠,军事技术发展缓慢,各种船炮技术保质保量发展的条件并不具备,已难以承担海军建设与改良核心船炮技术发展之重任。譬如,在鸦片战争结束以后,一艘中国广东水师自造的"耆英"号战船的东帆西扬,无疑充当了一个很好的案例。它造成于1846年,于1855年被卖

---

① 彭南生、严鹏:《技术演化与中西"大分流"重工业角度的重新审视》,《中国经济史研究》2012年第3期,第95页。
② 赵春晨:《论鸦片战争期间以岭南为中心的"借取"西洋武器浪潮》,《历史教学》2003年第3期,第89页。
③ 佩雷菲特:《停滞的帝国——两个世界的撞击》,王国卿、毛凤支、谷炘等译,生活·读书·新知三联书店2007年版,第14页。
④ 沈弘编译:《遗失在西方的中国史:〈伦敦新闻画报〉记录的晚清(1842—1873)》,高丹译,北京时代华文书局2014年版,第66页。

掉并解体,有舷侧炮孔成为其重要特征。它由柚木或松木制成,载20门重炮,平均航速3.5节,排水量694~711吨,上层炮甲板长为50.3米,龙骨长小于36.6米,吃水线39.6米,船宽7.8米,舱深3.65~4.9米,吃水3.5米,甲板厚0.5米。舷高9米,艉高13.5米。前桅高22.86米,后桅高15.24米。帆面积约1020平方米,重约9吨,全部用人力升起。下部甲板被分割为15个水密舱。但是,它与同期侵华英国风帆战船和明轮船相比,已落后于时代。何况,"耆英"号成为特例而无法普及的原因,应是受到了诸多社会和技术条件的制约。至于英美国家部分民众对其参观流连忘返,绘画不绝于后,仅可看作欧美民众欣赏异域船政文化而已。正视落后,追求卓越,事物发展才能生生不息。

惠州海防文化遗产的历史脉络与现状调研*

一、研究背景和研究意义

明清惠州海防的发展为惠州留下了大量海防文化遗产。目前,惠州沿海仍保留有大星山炮台、沙埔烽火台旧址、田坑烽火台旧址、平海明代所城旧址、盐洲东炮台旧址等海防设施文物。其中,平海明代所城位于惠东县稔平半岛南端,其所城旧址保存较好。大星山炮台遗址位于惠东县大澳村,在遗址上可以看到清代建设的炮台。

《粤港澳大湾区发展规划纲要》提出了构筑休闲湾区的目标。休闲湾区的一个重要内容是推动形成连通港澳的滨海旅游发展轴线。对于惠州而言,发展滨海旅游产业的核心在于回归本土文化。对惠州沿海海防设施文物的研究可以梳理出其内在的历史逻辑性,将这些海防遗址串珠成链,并探索它们与作为南粤古驿道之一的潮惠古驿道的联系,从而打造出一条富有地域特色的海防文化旅游线路,使惠州以休闲湾区为切入点,深度融入粤港澳大湾区建设。

因此,本课题从附属于广东东路的惠州海防研究独立出来,收集整理了能够客观反映惠州海防发展与演变的文献资料和实物资料,并探明关于惠州海防资料的存留情况,从文化方面为惠州如何从"湾区机遇"中寻找自身定位,并以何种方式参与大湾区建设提供新的立足点和发展方向。

二、相关研究现状分析

(一) 国外研究

"海防"一词,出自明代郑若曾在《筹海图编》一书中提出的:"防海之制谓之海防,则必宜防之于海。"民国时期已有学者对海防问题进行研究。在论文方面,何格恩(HE Geen)的《明代倭寇侵扰沿海各地年表》(《岭南学报》,1933 年第 2 卷第 4 期)从史料整理工作入手,为海防中的倭寇问题研究奠定了坚实的基础。刘泊骥的《明代广东的倭患》(《更生评论》,1938 年第 3 卷第 2 期)则首次从抵御倭寇入侵的视角切入对广东海防问题的研究。在专著方面,李晋华的《三百年前倭祸考》(上海国民外交委员会,

---

* 作者简介:陈政禹,历史学博士,国家社科基金重大项目"中国东南海海洋史研究"【19ZDA189】地方卷《潮州卷》负责人;惠州文化旅游广电体育局文保科副科长。

1933），详细介绍了明代初期的倭患，该书还对明朝中期以后的沿海海防进行了系统的论述。陈懋恒的《明代倭寇考略》（哈佛燕京学社，1934）一书对倭寇侵扰中国沿海地区的路线做了细致的分析，同时对明代沿海的海防卫所驻地进行了考证，其中有涉及广东沿海卫戍的内容。

21世纪初期，学者对于明清海防问题的关注持续升温，其研究的深度与广度均有很大提升。杨金森、范中义合著的《中国海防史》（海洋出版社，2005）一书对中国历史上的海防发展脉络进行了纵向的梳理。其中涉及有沿海形势、内外政策、体系构建、具体战役、海防思想等内容，是研究明代海防格局的通论性著作。这一时期，以广东海防为代表的区域性海防史研究也取得了丰硕的成果，如《广东海防史》一书（中山大学出版社，2010）从区域史研究的角度，对广东自秦汉至今的海防建设进行了全面、系统的阐述。

随着区域海防史研究发展的深入，在关于广东海防研究方面出现了两个趋势。

一是小地域的海防问题成为学者们关注的中心，学者们将明清广东海防划分为东、中、西三个区域，在这三个区域的框架下，对明清广东海防问题进行细化研究。其具有代表性的有河南理工大学鲁延召的论文《明清时期广东海防"分路"问题探讨》（《中国历史地理论丛》，2013年第2期）对明清时期广东海防"分路"问题的探讨，将广东东、中、西三路的海防格局概括为：以惠州和潮州为代表的海防东路，以高、雷、廉三州为代表的海防西路和以广州为中心的海防中路，并指出这种海防格局形成于元末。陶道强论文《清代前期广东海防研究》（暨南大学硕士论文，2003）则认为，清代前期广东的海防继承了先前的东、中、西三路格局。在海防东路的研究方面：黄挺的论文《明代前期潮州的海防建置与地方控制》（《广东社会科学》，2007年第3期）对明代前期，作为海防东路重镇潮州的海防建置与地方控制进行了探讨；杨乐的论文《明代广东东路海防地理研究》（暨南大学硕士论文，2017）将潮州的南澳岛作为明代广东东路海防体系的中心。在海防西路的研究方面：陈忠烈（澳门大学，2008）以明代广东的肇、高、雷三府为重点，探讨了明代粤西海防的源起、布局以及发展形势。在海防中路的研究方面：李庆新的论文《明代屯门地区海防与贸易》（《广东社会科学》，2007年第6期）以位于广东中路的屯门地区为考察对象，考证了当地海防的变迁以及贸易的起落，同时指出，明代广东中路所要面临的海上威胁主要来自葡萄牙人；鲁延召的论文《明清时期广东中路海防地理研究》（暨南大学博士论文，2010）以明清广州府境所辖海域为研究对象，从海防装备、海岛、关城、江防等各个角度系统地分析了明代广东中路的海防问题。海防分路的划分推动了区域性海防研究的细化，但在对广东海防格局的研究中，忽视了惠州自明清以来作为广东海防东路中心的这一史实。据《筹海图编》卷三记载："岭南滨海诸郡，左为惠、潮，右为高、雷、廉……""左为惠、潮"说明从明代起，惠州就为广东海防的东翼重镇，其海防重要性不亚于同属海防东路的潮州。

二是对海防文化遗产的开发利用开始成为研究热点。由广东省文物局编写的《广东明清海防遗存调查与研究》（上海古籍出版社，2014）对广东省所保留的明清时期的海防遗存进行了摸底和价值评估，并对其保护和利用方向进行了探索。海防所城是海防文化遗产的重要内容，许晓静（中山大学硕士论文，2014）从文化遗产的全新视角对粤东潮州的大埕所城进行了详细的调查,并将其与深圳大鹏所城进行了对比,为大埕所城的保护与发展提出相关建议。段希莹的论文《明代海防卫所型古村落保护与开发模式研究——以深圳大鹏村为例》(长安大学硕士论文,2011)通过现场调研和文献研究的方法,对深圳大鹏所进行了细致的考证,并从中总结出了适合海防卫所型古村落的保护与开发模式。2019年1月,由大鹏新区文体局牵头发布的《明清海防遗产(粤港澳片区)申遗预研究调研报告》在对潮州、汕头、揭阳、深圳、东莞、珠海、香港、澳门等地的30余处海防文化遗产进行调研的基础上,提出以大鹏所城引领的珠江口海防体系为中心,联合深圳南头古城、赤湾左炮台在内的香港、澳门、珠海、东莞、江门等多处古城、古炮台遗址,共同申报世界文化遗产的方案。该报告从申遗的层面探索了对粤港澳大湾区内海防文化遗产的创新活化利用,但忽视了惠州在海防史中的地位和作用,没有将作为明清海防重要文化遗产之一的惠州平海所城纳入申遗体系之中。

(二)国外研究

日本学者对明清海防也多有关注。日本学者川越泰博的《明代海防体制的运营构造》(《史学杂志》,1972年第81编第6号)和《倭寇、被虏人与明代的海防军》(《中国边疆史地研究》,1998年第3期)论述了明代海防体制的形成及运转,从经济角度切入,对明代海防问题进行了研究。松浦章的《清代帆船东亚航运和中国海商海盗研究》(上海辞书出版社,2009)从海船和海盗方面探查了清代中国沿海的海防。一些西方学者的论著也对明清海防有所涉及,如英国学者博克舍(C. R. Boxer)的《十六世纪中国南部行纪》(中华书局,1990年)中收录了广东战船图。美国学者安乐博(Robert J. Antony)的《中国海盗的黄金时代:1520—1810》(《东南学术》,2002年第1期)对广东海盗集团的活动进行了详细的论述。

虽然关于海防文化方面的中外研究成果颇丰,但仍存在一些问题与不足:(1)从研究区域上看,目前关于广东海防研究的成果主要集中于中路,而对明清广东东路海防格局的探讨较弱,并且在广东东路海防的有限研究中,多以潮州来代表广东海防东路,忽视了惠州在明清海防史上的地位和作用。学界的这种忽视也导致了以平海古城为代表的惠州海防文化遗产知名度不高。《明清海防遗产(粤港澳片区)申遗预研究调研报告》没有将惠州作为申报城市之一就说明了这一问题。(2)在海防文化遗产的保护利用方面,学界较少注意到海防文化遗产的保护需要结合其历史脉络。目前探索的重心多放在深圳大鹏所和潮州的大埕所这两个孤立的点上,而广东明清海防遗址之间具有发生、发展的历史逻辑性,惠州的平海所城就是整个海防故事脉络中绕不开的一环。因此,在对广东海防遗产的开发和申遗中,应立足于广东海防历史的发展脉络,通过历史主线将各个海防遗产串联起来。2019年2月1日,习近平总书记在北京看望慰问基层干部群众时强调:"一个城市的历史遗迹、文化古迹、人文底蕴,是城市生命的一部分。文化底蕴毁掉了,城市建得再新再好,也是缺乏生命力的。"① 可见,发展和保护具有区域特色的海防文化遗

---

① 《向广大干部群众致以美好的新春祝福祝 各族人民幸福安康祝伟大祖国繁荣吉祥——习近平春节前夕在北京看望慰问基层干部群众》,《人民日报》2019年2月2日第1版。

产将继续成为研究的热点。故本选题试结合学界前辈们的研究成果,在充分整理惠州海防历史发展脉络的基础上,明确惠州在广东海防史中的地位和作用,让惠州海防文化遗产可以借助湾区机遇,实现"自身所长"和"湾区所向"的有机统一,从而为把惠州打造成为"珠江东岸新增长极、粤港澳大湾区高质量发展重要地区和更加幸福国内一流城市"提供文化支撑。

三、明清惠州海防的地理形势

虽然严格意义上讲,海防的兴起始于明代,但从宋代起,惠州①就是海贼聚集的海防要地。据《宋会要辑稿》载:"泉、福州多有海贼啸聚,……福州山门、潮州沙尾、惠州聚落、广州大溪山、高州硇州,皆是停贼之所。"②元末,刘鹗提出了广东海防区域划分为"东、中、西"三路的思想。"总广东一省,列郡为十,今分为三路:东则惠、潮,中则岭南,西则高、雷,此三者皆要冲也。"③可见,元代惠州就被视为广东沿海东部的海防要冲。明代嘉靖年间的《筹海图编》对广东三路海防的划分最为权威,即"岭南滨海诸郡,左为惠、潮,右为高、雷、廉,而广州中处"④。清代文献也接受了这种观点。据清初《粤东海图说》记载:"潮、惠为东路,高、廉、雷为西路,广州省会处中。"⑤可见,在历代对广东海防格局的划分中,都将惠州视为海防东路的重镇。

在明清广东三路海防中,惠州所处的广东东路⑥地位最为重要。《筹海图编》有记:"广东三路,虽并称险陋,今日倭奴冲突莫甚于东路,亦莫便于东路,而中路次之,西路高、雷、廉又次之。"⑦可见,海防东路的倭患最为严重。东路之所以重要,是因为一旦东路不守,倭寇便可长驱直入广东沿海,"其势必越于中路之屯门、鸡栖、佛堂门、冷水角、老万山、虎头门等澳"⑧。直到清初,广东的海防格局仍是"粤东营汛,海防尤重"⑨。广东海防以东路为重,而惠州则是重中之重。明朝人曾指出:"东路惠、潮一带,自柘林澳出海则东至倭奴国,故尤为滨海要害。"⑩而惠州由于地理位置重要,所以"海寇之防视惠州为更难"⑪。

历史上惠州作为海防中枢有以下两个原因。一是因为惠州自古便是海道要枢,据光

---

① 这里的惠州指的是明清的惠州府,下辖归善、博罗、长宁、永安、海丰、陆丰、龙川、河源、和平及连平州。
② 徐松辑:《宋会要辑稿》,中华书局1957年影印本,第6978-6979页。
③ 刘鹗:《惟实集》卷1《直陈江西、广东事宜疏》,文渊阁四库全书本,第2页。
④ 郑若曾撰:《筹海图编》卷3《广东事宜》,中华书局2007年版,第245页。
⑤ 俞正燮:《清初海疆图说·粤东海图说》,《台湾历史文献丛刊》,(南头)台湾省文献委员会印行,1986年,第19页。
⑥ 广东东路不是一个行政区划的概念,而是指明代广东的海防分区。东路的范围与今天的潮州市、汕头市、梅州市、揭阳市、河源市、汕尾市,以及惠州市的行政区域大体相当。
⑦ 郑若曾撰:《筹海图编》卷3《广东事宜》,中华书局2007年版,第245页。
⑧ 郑若曾撰:《筹海图编》卷3《广东事宜》,中华书局2007年版,第245页。
⑨ 卢坤、邓廷桢主编:《广东海防汇览》卷2《舆地1》道光十八年刊本,河北人民出版社2009年版。
⑩ 严从简:《殊域周咨录》卷3《东夷·日本国》,中华书局1993年版,第133页。
⑪ 顾炎武:《肇域志·广东卷一》,续修四库全书,第594册,上海古籍出版社2004年版,第8页。

绪年版《惠州府志》记载:"惠州府东接长汀,北连赣岭,控潮海之襟要。"① 同时,惠州河海相通,"惠诸水之入海也",其境内的东江"经虎头门入于海"。这使得惠州境内水道纵横交错,不仅有着海盗可以藏身的优良港湾,而且航运便利。倭寇进入广东沿海便可直达惠州,"捷胜、平海、甲子门皆瞬息生变"②。《筹海图编》中有《日本岛夷入寇之图》,并在该图中特别加入了文字说明:"从此入潮惠。"③ 可见,惠州是倭寇入侵广东的第一站。二是便利的海运位置带来了丰厚的海外贸易,这自然被海寇所觊觎。惠州地处中国正南方,是北方船只南下东南亚和南亚各国进行朝贡贸易的必经之所。明代的《顺风相关》提到明代到东南亚贸易的商船需要"用坤申针,十五更,船平大星尖"④。"大星尖"即今广东惠东县小星山岛对面突出的海角。可见,广东与南亚贸易的商船要经过惠州。而清代惠州的几个港口中都停泊有大量的商船,星汛(今惠东县港口)"商船云集",莲花澳(今大亚湾澳头)和巽寮港(今天惠东县平山)则"海船可以寄椗"⑤。英国人库劳福特曾于19世纪前期来东南亚一带游历考察,其游记中有关于惠州与南洋贸易的重要资料:(中国)与印度支那保持交通的港口,广东省有5处,即广州、潮州、南澳、惠州、徐闻。⑥ 惠州海域聚集往来的商船自然吸引了大量海寇来惠州海域劫掠。同时,优越的海洋位置使得惠州沿海的居民有着向海而生的历史传统,明清两代很多惠州沿海居民造船加入走私活动,亦商亦盗。如清代御史严烺奏称:"广东惠潮两府奸民违例制造大船,以取鱼为名,远出外洋接济盗匪水米火药。"⑦ 这些参与海洋走私的居民也构成了海盗的重要来源。

四、明清惠州海防的地位和作用

惠州在明清海防史上留有浓墨重彩的印记,这体现在惠州不仅是抗击倭寇和海盗的主战场,更是解决东沙岛主权归属问题的关键。

(一)明清惠州是抵御海寇的前沿重地

明代广东沿海倭患严重。"广东十府列城五十余所,皆控海道以备倭夷。"⑧ 惠州不仅是整个广东最早受倭寇侵扰的地区,据《筹海图编》载:"洪武二年,倭寇惠、潮诸州。"⑨ 而且入侵惠州的倭寇多由海盗引路,共同为祸,如当时的海盗吴平、曾一本就勾

---

① 刘溎年、张联桂修,邓抡斌、陈新铨等纂:《惠州府志》卷2《舆地》,清光绪七年刊本,中国国家图书馆1881年版,第180页。
② 郑若曾:《筹海图编》卷3《广东事宜》,中华书局2007年版,第245页。
③ 郑若曾:《筹海图编》卷2《日本岛夷入寇之图》,中华书局2007年版,第211页。
④ 向达校注:《两种海道针经》,中华书局1961年版,第53页。
⑤ 桂文灿:《广东图说》,成文出版社1967年版,第212页。
⑥ John Crawfurd, Jourrral of an embassy to the Courts of Siam and Cochin China, London, Oxford university 1967, PP. 511 – 512.
⑦ 梁廷枏:《粤海关志》卷17《禁令一》,广东人民出版社2014年版,第224页。
⑧ 《德庆州志》卷8《创设上》,明嘉靖刻本,第212页。
⑨ 郑若曾:《筹海图编》卷3《广东倭变记》,中华书局2007年版,第241页。

结倭寇。这使得惠州的倭患最为严重，所受危害也最大。如据万历《广东通志》记载：（嘉靖四十三年）"秋八月，海贼吴平犯惠、潮，诏闽、广会师讨之。吴平纠残倭流劫惠州、海丰，转入潮州境。"① 又据《明实录》记载：隆庆三年（1569）三月己巳朔，戊辰，"海贼曾一本勾引倭寇犯广东，破碣石甲子诸所，官军御之无效"②。可见，在海贼的带领下，倭寇在惠州地区来去从容，无恶不作。

明代惠州海患情况通过表1可见一斑。

表1 明代惠州海患一览表

日　期	地　点	资料出处	性质
洪武二年（1369）	惠州府、潮州府	顺治《潮州府志》卷7	倭寇
洪武十三年（1380）八月	惠州府、海丰县	《明太祖实录》卷113	倭寇
景泰三年（1452）四月	惠州府海丰县	嘉靖《广东通志》卷6	海盗
嘉靖二年（1523）	惠州府、潮州府	嘉靖《广东通志》卷6	海盗
嘉靖五年（1526）	惠、潮	顺治《潮州府志》卷7	海盗
嘉靖三十三年（1554）七月	广东沿海	《明世宗实录》卷412	倭寇
嘉靖三十七年（1558）	潮州府、惠州府等地	顺治《潮州府志》卷7	倭寇
嘉靖三十九年（1560）八月	惠州府海丰县	光绪《惠州府志》卷17	倭寇
嘉靖四十二年（1563）正月	潮州府、惠州府	《明世宗实录》卷517	倭寇
嘉靖四十三年（1564）六月	惠州府海丰县	《明世宗实录》卷534	倭寇
嘉靖四十三年（1564）八月	惠州府海丰县	顺治《潮州府治》卷7	倭寇
隆庆元年（1567）	惠州府碣石卫	康熙《惠州府志》卷5	海盗
隆庆二年（1568）	惠州府甲子所	顺治《潮州府志》卷7	倭寇
隆庆二年（1568）	惠州府海丰县	康熙《惠州府志》卷5	倭寇
隆庆三年（1569）正月	惠州府海丰县	万历《广东通志》卷70	倭寇
隆庆三年（1569）三月	惠州府碣石卫	《明史》卷19	海盗
隆庆三年（1569）三月	惠州府海丰县境	《明穆宗实录》卷28	倭寇
隆庆三年（1569）	惠州府钱冈	光绪《惠州府志》卷17	倭寇
隆庆四年（1570）四月	惠州府海丰县境碣石卫、平山等处	《明穆宗实录》卷31	倭寇
隆庆五年（1571）九月	惠州府海丰县境甲子门所	《天下郡国利病书》第7册	海盗
隆庆六年（1572）二月	惠州府海丰县境甲子门所	《明穆宗实录》卷66	海盗
万历五年（1577）	惠州府大鹏所	万历《粤大记》卷32	倭寇
万历二十六年（1598）四月	潮州府饶平县柘林、惠州府碣石卫	乾隆《潮州府志》卷41	倭寇
万历四十六年（1618）正月	惠州府甲子港	光绪《惠州府志》卷17	海盗
天启七年（1627）	惠州府甲子门	康熙《惠州府志》卷5	海盗

---

① 《广东通志》卷6《藩省志六》，明万历三十年刻本，第585页。
② 《穆宗实录》卷28，隆庆三年三月己巳朔，戊辰。

从表1可知，终明一朝，惠州都受到倭寇和海盗的频繁袭击。也正因为此，明代抗倭名将俞大猷南下剿倭，首战便在惠州，"惠州参将谢敕与伍端、温七战（海寇），……大猷使先驱，官军继之，围倭邹塘，一日夜克三巢，焚斩四百有奇，又大破之。海丰倭悉奔崎沙、甲子诸澳，夺舟入海"①。在惠州军民的英勇抗击下，倭寇在惠州难以立足。嘉靖四十三年（1564）六月，广东官军又大破倭寇于惠州海丰县。②

在明代海防的基础上，清代广东沿海海防进一步得到加强。此时防御的重点由倭寇变为了海盗，嘉庆时期曾任东莞县令的仲振履有这样的感慨："粤东之患不在外夷而在内盗。"③ 而此时的广东洋盗也"多在潮州、惠州二府"④。清代中期为祸惠州的海盗以郑一嫂为主："岭南濒海之地约分三路。惠、潮在路之东，……东、中两路则郑一嫂、郭婆带、梁宝三寇踞焉。"⑤

综上所述，无论是明代倭患还是清代海寇，惠州皆是广东海防的前沿中枢。康熙年间的两广总督杨琳认为惠州海防事关全粤大局，指出："惠、潮之洋盗绝，而全粤之海面宁。"⑥ 也正是由于明清时期惠州处于抗击倭寇和海盗的前沿，明廷不断提升惠州的海防级别。嘉靖年间，两广总督移驻惠、潮，统一指挥粤东地区的海防事宜，逐渐成为常例。嘉靖三十八年（1559），"巡抚南赣都御史范钦等，请责成两广军门移驻惠、潮，……从之。"⑦ 清代广东水师提督驻节惠州，"广东提督，驻惠州府，节制左翼、右翼、碣石、潮州、高州、琼州、南澳七镇，本标五营"⑧。可见明清惠州海防地位的重要。

（二）惠州在南海岛屿主权中发挥的作用

清末，海防危机加剧。光绪三十三年（1907），日本人西泽吉次在日本政府的默许下，纠合百余人乘"四国丸"号船侵占中国东沙岛，并将东沙岛改名为"西泽岛"。

由于东沙岛历来为惠州渔民海上捕鱼中转之所，日本的侵略行径激起了惠州士民的愤慨。惠州士绅梁家彦、陈培基等向政府痛陈利害。在惠州士民的压力下，两广总督张人骏派人向日本驻广州领事交涉："为照会事。现查惠州海面，有东沙一岛，向为闽粤各港渔船前往捕鱼时聚泊所在，系隶属广东之地。近有贵国商人在该处雇工采磷，擅向经营，系属不合，应请贵领事官谕令该商即行撤退，查明办理。"⑨

日方在回文中狡辩称："即□日本政府视布拉达斯（东沙岛）为无所属之岛屿，未曾认为帝国领土之一部。倘清国有该岛实属清国之确证，则日本政府必当承认其领土权，固无俟论矣。"⑩

---

① 陈鹤：《明纪》卷36《世宗纪九》，清同治十年江苏书局刻本，第710页。
② 《明世宗实录》卷535，嘉靖四十三年六月辛未朔，辛卯。
③ 《东莞县志》卷51《宦绩略》，民国十年铅印本，第1869页。
④ 鄂尔泰等：《雍正朱批谕旨》第2册《朱批杨琳奏折》，北京图书馆出版社2008年版，第10页。
⑤ 袁永纶：《靖海氛记》卷上，巴黎国家图书馆藏清代刻本，第4页。
⑥ 《广东通志》卷125《建置略一》，清道光二年刻本，第8545页。
⑦ 王士骐：《皇明驭倭录》卷7，明万历刻本，第131页。
⑧ 《清通典》卷38《职官》，清文渊阁四库全书本，第328页。
⑨ 陈天锡：《西沙岛东沙岛成案汇编·东沙岛成案汇编》，香港商务印书馆1928年版，第20页。
⑩ 陈天锡：《西沙岛东沙岛成案汇编·东沙岛成案汇编》，香港商务印书馆1928年版，第24页。

可见，能否找到证明东沙岛在历史上属于中国的依据成为能否收回东沙岛的关键。清人陈伦炯以成书于雍正八年（1730）的《海国闻见录》作为关键证据。《海国闻见录》中收录有《沿海全图》，其中有一幅图在惠州甲子港之西标有"东沙岛"的名称。① 在这幅图中，东沙岛位于惠州府所属海域，其东北为田尾表岛，西南为南碣岛。由于陈伦炯的父亲陈昂在康熙年间做过惠州府的碣石总兵，可见当时的东沙岛即被视为惠州海防区域内的岛屿。同时清末《天目斋笔记》记载："大东沙岛，在广东汕头正南，向属（惠州府）碣石镇。"② 在大量证据面前，日本不得不还回东沙岛。

东沙岛得以顺利收回，一方面得益于惠州历史上对这片海域所施加的海防影响，经营东沙岛一带渔业的渔商梁应元称："历来渔船，来往广东惠州属岛之东沙地方，捕鱼为业，已阅数百年。"③ 这使得清人很早便将这片海域视为惠州的一部分，并在文献中将其标为惠州府的属地。同时惠州士民多次发布公告，给两广总督施加压力，惠州士子们在《申报》上发表《惠州士民对于大东沙岛之热诚》："惠州代表布告大东沙岛情形，略云，大东沙岛，水陆物产最为繁富，诚为我国天南莫大的金穴。"④ （见图1）。可见清末惠州士民就有着强烈的海防意识和海权意识，也正是这份源于历史的积淀促成了东沙岛问题的成功解决。

图1 惠州士民在《申报》上呼吁收回东沙岛的文章

---

① 陈伦炯：《海国闻见录》，台湾学生书局1984年版，第185页。
② 广东地名委员会：《南海诸岛地名资料汇编》，广东省地图出版社1987年版，第477页。
③ 陈天锡：《西沙岛东沙岛成案汇编·东沙岛成案汇编》，香港商务印书馆1928年版，第22页。
④ 《惠州士民对于大东沙岛之热诚》，《申报》1909年4月8日第2张第3版。

五、惠州的海防设施与防务建置

在明代,《筹海图编》一书就明确提出了"御海洋、固海岸、严城守"相结合的海防体系。惠州海防在其设施和建置上就体现了这种思想。明清惠州在海上设置有水寨,安排有游兵往来巡哨,作为海防第一道防御线;在沿海设有烽堠、墩台协助预警;并在内陆设有卫所军兵及巡检司之弓兵,作为防御的基石。

(一) 卫所

卫所①是军事制度与地方行政管理制度在地理上结合的产物。明代惠州府辖有大量的海防卫所,分别是位于惠州府城内的惠州卫,位于归善县的平海守御千户所,位于海丰县的碣石卫、海丰守御千户所、甲子门守御千户所、捷胜守御千户所,位于龙川县的龙川守御千户所,位于河源县的河源守御千户所,以及位于长乐县的长乐守御千户所。

从惠州府的卫所设置上可以发现,惠州府有设置于内陆的惠州卫和设置于沿海的碣石卫,辖七个守御千户所。这种双卫所的设置体现了海陆协同的海防理念。而同时期的潮州只有潮州卫,辖5个守御千户所。(见表2)由此可见,明代在以惠州、潮州为代表的广东东路海防体系中,惠州处于主导地位。

表2 明代惠州和潮州所设卫所一览表

建立时间	卫所名称	位置	所属区域
洪武二年(1369)	潮州卫	府城内	潮州
洪武十五年(1382)	程乡所守御千户所	程乡县城内	
洪武二十年(1387)	蓬州守御千户所	蓬州都夏岭村	
洪武二十四年(1391)	海门守御千户所	潮阳县	
洪武二十七年(1394)	大城守御千户所	饶平	
洪武二十七年(1394)	靖海守御千户所	潮阳县八十里	
洪武二十三年(1390)	惠州卫	惠州府西南	惠州府
洪武二十年(1387)	龙川守御千户所	龙川县西	
洪武二十四年(1391)	长乐守御千户所	长乐县东	
洪武二十六年(1393)	碣石卫	海丰县	
洪武二十七年(1394)	甲子门守御千户所	海丰县东二百一十里	
洪武二十七年(1394)	捷胜守御千户所	海丰县南八十里	
洪武二十七年(1394)	海丰守御千户所	海丰县东	
洪武二十七年(1394)	平海守御千户所	惠州府东二百里归善县	
洪武二十八年(1395)	河源守御千户所	河源县东	

资料来源:《潮州府志》第2卷《赋役部》,清顺治刻本,第267-268页;李贤:《大明一统志》卷80《惠州府》,清文渊阁四库全书本,第2561页。

---

① 一般认为,明代海防体系的真正构筑,即沿海卫所的普遍设立始于洪武十六年(1383),当时朱元璋派信国公汤和巡视沿海防务。

（二）巡检司

巡检司是明朝设立的基层军事组织，如《大明会典》所言："凡天下要冲去处，设立巡检司。"① 可见在沿海、沿江的交通要道和险要之地，都会设有巡检司镇守。而设在海防要地的巡检司自然就多了海防的功能。巡检司中设有弓兵，"国初惩倭之诈，缘海备御几于万里。其大为卫，置军四千六百四十人；其次为所，置军一千一百余人；又次为巡检司，置弓兵百人，少亦不下数十人"。它们与卫所一起"大小相维，经纬相错"②。明代在惠州所设立的巡检司详见表3。

表3　明代在惠州设立的巡检司一览表

建立时间	巡检司名称	位　置	废止时间
洪武元年（1368）	归善县内外管巡检司	惠州府城东南一百三十里饭罗冈（今惠东县稔山镇范和村）	崇祯年间废弃
洪武五年（1372）	甲子门巡检司	海丰县东石帆都圭湖村、鲘埕村附近（今陆丰市甲子港）	顺治十四年（1657）被裁撤
洪武十三年（1380）	长沙港巡检司	海丰县南三十里，金锡都之长沙港（今汕尾市区马宫街道长沙村）	顺治十四年（1657）被裁撤
正统八年（1443）	归善县碧甲巡检司	府城东南一百八十里海滨（惠东县平海镇碧甲村）	嘉靖三十一年（1552）被废弃
不详	欣乐巡检司	归善县三十里	乾隆三十四年（1769）被裁撤

资料来源：郑若曾：《筹海图编》卷3《沿海巡检司》，中华书局2007年版，第237页。卢坤：《广东海防汇览》卷6《职司一》，河北人民出版社2009年版，第195页。中山市档案局（馆）、中国第一历史档案馆编：《香山明清档案辑录》，上海古籍出版社2006年版，第11页。

巡检司虽作为较小的军事单位，但具有灵活性和机动性强的特点。《筹海图编》一书在标出广东沿海各卫所位置的同时，也标出了巡检司的位置，可见在海防中，巡检司是卫所力量的重要补充。清代由于迁海和炮台的修筑，巡检司的海防功能有所弱化，所以大量的巡检司被裁撤。

（三）水寨

明代惠州海防体系的最前沿是水寨。两广总督吴桂芳在《请增设沿海水寨疏》中提出："近自倭患以来，浙有六水寨、闽有五水寨。……今广中素无水寨之兵，遇有警急，方才召募兵船，委官截捕。"③可见，作为海防重地的广州居然一个水寨也没有。这显然不利于广东的海防形势。因此，在越来越严峻的海防形势下，明廷很快批复在广东设立水寨的建议。嘉靖四十五年（1566），广东沿海设六水寨"扼塞要害，在东洋有柘林、碣石、南头，在西洋有白沙港、乌兔、白鸽门，六处皆立寨。增兵增船，统以将官，无事

---

① 申时行：《大明会典》卷139，明万历内府刻本，第1311页。
② 王圻：《续文献通考》卷234，明万历三十一年松江府刻本，第4244页。
③ 陈子龙、徐孚远、宋徵璧等：《明经世文编》卷342，中华书局1962年版，第3227页。

则会哨巡缉,有警则互相策应"①。(详见表4)

表4 广东沿海水寨一览表

水寨名	建立时间	巡哨信地	位置
拓林寨	嘉靖四十五年(1566)	自福建玄钟港起,至惠来神泉港止	潮州饶平县南大尖峰西(今拓林镇)
碣石寨	嘉靖四十五年(1566)	自神泉起,至巽寮村海面止	惠州碣石(今陆丰县东南碣石镇)
南头寨	嘉靖四十五年(1566)	自大鹏鹿角洲起,至广海三洲山止	广州南头(今深圳宝安区西南头)
白沙港寨	嘉靖四十五年(1566)	琼州府属周围地方海洋	琼州白沙港
乌兔寨	嘉靖四十五年(1566)	自海安所起,至钦州龙门港止	雷州海康所乌兔地方
白鸽门寨	嘉靖四十五年(1566)	自赤水港起,至雷州海安所至	雷州遂溪吴川之间白鸽门

资料来源:应槚等:《苍梧总督军门志》,全国图书馆文献缩微复制中心1991年,第95-96页。

对广东漫长的海岸线而言,六个水寨间有百十公里的防守间隙,这使得倭寇仍有极多的机会冲破水寨防线。因此,水寨间通过会哨来加强防御。《苍梧总督军门志》记载了广东沿海水寨间会哨的方法:"每月守把官率领兵船会于界上险要,取具该地方卫所、巡司结报。"② 以此作为会哨完成的证明。由上可知,明朝通过水寨来划分防守区域,并于其间设驾舟巡逻,在辖区交界处交换公文和信物,以防作弊。明代惠州的会哨区域以碣石寨为中心向两边延伸,碣石寨"兵船住扎甲子港。东至神泉,与拓林兵船会哨,取神泉巡司结报。……西至大星山,与南头兵船会哨,取大鹏所结报"③。可见,惠州海域的兵船需要定时与位于海防中路的南头寨和同属海防东路的拓林寨进行会哨。会哨使得海防从陆地有效地延伸到了海洋。因此,"会哨成为水兵的第一要务"④。

清代沿海的巡洋会哨有统巡、总巡、分巡之分,职责各有不同。总兵为统巡,亲身出洋督率将备巡哨,其职是监督官兵巡哨,而以副将、参将、游击为总巡,都司守备为分巡,负责具体的巡防任务。⑤ 清代惠州的会哨区域则是以平海营为中心,如两广总督杨琳指出:"自南澳而西,平海营而东分为东路,以碣石总兵、澄海水师副将轮为统巡,带领镇协、标员及海门、达濠、平海等营员为分巡。"⑥

综上所述,自明代嘉靖末期以来,惠州通过建立水寨,划分详尽的巡哨信地,将防御从近海岸扩展到海上,使"御海洋"的战略得到有效实施。

(四)炮台

清代炮台的修筑为惠州地区的海防注入新的力量。炮台在惠州的海防中发挥着重要的作用,正可谓"一台之强可当雄兵百万"⑦。

康熙五十七年(1718)初,两广总督杨琳奏请建造炮台并得到朝廷的批准:"粤东沿

---

① 申时行:《大明会典》卷131,明万历内府刻本,第1231页。
② 应槚等:《苍梧总督军门志》,全国图书馆文献缩微复制中心1991年版,第95页。
③ 应槚等:《苍梧总督军门志》,全国图书馆文献缩微复制中心1991年版,第96页。
④ 谢杰:《虔台倭纂》下卷《议倭》,书目文献出版社1991年版,第528页。
⑤ 刘锦藻:《清朝续文献通考》卷224,影印民国商务印书馆十通本,第3728页。
⑥ 《钦定八旗通志》卷195,《人物志》75,清文渊阁四库全书本,第2347页。
⑦ 陈子龙、徐孚远、宋徵璧:《明经世文编》卷489,中华书局1962年版,第4748页。

海地方,东连福建,西达交趾,南面一路汪洋,诸番罗列,素称险要。请于通省沿海泊船上岸之处,……修筑炮台城垣。从之。"① 朝廷接受了杨琳的建议,康熙末年,广东沿海开始在口岸泊船之处大量修筑新炮台、改造旧炮台。在这种情况下,惠州地区的炮台得以大量建设。据统计,清代在整个惠州府地区,共修筑炮台15座、炮位58位。(见表5)

表5　清代惠州府炮台一览表

所属区域	时间	炮台名称	所属营汛	所在位置	炮位
归善县		盘沿港炮台（东炮、西炮）	惠州协右营	在东南160里,东至小漠汛南海丰县界15里,西至平海营背塘15里,南临海北至黄埔10里	4+4
		吉头港炮台	平海营	在营西北33里,距平海所城30里	
	1740	大星山炮台	平海营	在营南20里,东南西三面距海	8
	1739	墩头港炮台	惠州协右营	营南110里,东至下涌汛40里,西至横冈汛35里,南临海,北至淡水汛30里	8
海丰县		石狮头炮台	碣石镇中营	白沙湖汛距营130里	6
	1717	遮浪炮台	碣石镇右营	在营东南30里轮防	8
		白沙湾炮台	碣石镇右营	在营25里	
		鲘门港炮台	碣石镇右营	在营西85里	
	1804	长沙炮台	碣石镇右营	在营西50里	
	1805	南山炮台	碣石镇右营	在营西北25里	4
	1800	麻疯寮炮台	碣石镇右营	轮防	
陆丰县	1718	西甘澳炮台	碣石镇左营	在营南15里,距甲子所10里	
	1805	苏公炮台	碣石镇左营	距本营10里,距甲子所城5里	8
	1717	浅澳炮台	碣石镇左营	在营南10里轮防	8
	1805	东宫炮台	碣石镇左营	距本营5里,距甲子所城3里	

资料来源:国家图书馆藏《清代兵事典籍档册汇览》第29册,卷32,学苑出版社2005年版,第282页。

(五) 兵员

关于卫所的兵数,据《明太祖实录》记载:"凡一卫统十千户,一千户统十百户,百户领总旗二,总旗领小旗五,小旗领军十,皆有实数。至是复位其制,大率以五千六百人为一卫,而千、百户,总、小旗所领之数则同。"② 可见,明代卫所的核定兵数为5600人。清政府在广东的海防兵力部署首推广州八旗驻防,但八旗在很大程度上只具有战略上的意义。承担具体海防责任的是绿营驻防部队,分为外海水师、内河水师和近海陆路部队。以营为单位,营下设汛,由千总、把总分别统领。

卫所的士兵因为逃亡和病故等原因,往往不到额定人数的一半或更少。在这种情况下,惠州的海防在很大程度上依靠民间力量。嘉靖四十三年(1564)八月,俞大猷从惠

---

① 《八旗通志》卷195《人物志》75,清文渊阁四库全书本,第2347页。
② 《明太祖实录》卷92,洪武七年八月丁酉。

州矿工中精选2000人编入抗倭队伍,① 成为惠州海防的重要力量。

在清代,为了有效地利用民间力量配合正规部队的战斗,清政府在广东沿海推行了"寓兵于民"的团练制度。如在雍正年间,碣石作为边海要地,"设立民壮五十名,专司督缉"②。咸丰年间,惠州海防通判许錞身亲率民团抵御海贼:"公率练勇民团疾驰,与贼逻,破之九州岛岛乡,进驻烟墩墟。"③ 可见,在明清两代惠州海防兵力的构成中,民间力量占有重要地位,这说明惠州民间海防意识的普遍增强。(见表6)

表6 清代惠州海防兵员数

惠州卫所地点	兵数(人)	惠州海防营分防汛地	兵数(人)
惠州卫	863	碣石镇标中营	948
河源守御千户所	221	碣石镇标左营	946
龙川守御千户所	280	碣石镇标右营	946
长乐守御千户所	187	平海营	931
碣石卫	1284	惠州协左营	695
甲子门守御千户所	287	惠州协右营	695
捷胜守御千户所	582		
海丰守御千户所	402		
平海守御千户所	447		

资料来源:应槚:《苍梧总督军门志》,全国图书馆文献缩微复制中心,1991年,第101-102页;《广东通志》卷174《经政略》,清道光二年,第11198-11225页。

综上所述,明代惠州在沿海建立卫所、设置巡检司、建筑墩台和烽堠,划分信地、巡哨海上。清代在明代的基础上配置了海防炮台。可见,明清惠州海防实为一个多层次、大纵深的防御,在海防中发挥着重要作用。

六、明清惠州海防文化遗产之考证

海防的发展为惠州留下了大量明清海防遗迹。2019年4月,笔者曾对惠州的海防遗存进行了初步的田野调查。在现存的海防遗址中,共有明代所城遗址一处,烽火台遗址三处,清代炮台遗址三处。(见表7)

表7 惠州现存海防遗址一览表

遗址所属区域	遗址名称	地点	遗址年代
惠东县	平海所城遗址	惠东县稔平半岛南端	洪武十八年(1385)

---

① 陈鹤:《明纪》卷36《世宗纪九》,清同治十年江苏书局校刻本,第710页。
② 郝玉麟:《广东通志》卷62《艺文志四》,雍正八年本,第874-875页。
③ 王先谦:《王先谦诗文集》,岳麓书社2008年版,第159页。

续表

遗址所属区域	遗址名称	地 点	遗址年代
大亚湾经济开发区	练姑山烽火台遗址	大亚湾经济技术开发区霞涌街道义联村沙排村小组	明
惠东县	田坑烽火台遗址	惠东县黄埠镇盐洲社区田坑村横石山北坡	明
惠东县	沙埔烽火台遗址	惠东县黄埠镇沙埔龙子村	明
惠东县	大星山炮台遗址	惠东县港口滨海旅游度假区大澳村	康熙五十六年（1717）
惠东县	盐洲东炮台遗址	惠东县黄埠镇三洲村委会盘沿自然村南面的企壁岭山麓	康熙五十六年（1717）
惠东县	盐洲西炮台遗址	惠东县黄埠镇西涌村委会	康熙五十六年（1717）

资料来源：惠州市博物馆第三次文物普查资料统计。

（一）所城和烽火台遗址

平海所城始建于明洪武十八年（1385），据平海当地的民间族谱杨姓祖传的手抄本《杨氏族谱》记载："杨勋公由湖北汉阳府汉阳县御香山移至广东惠州府归善县平海东门大街安居。""公世袭千户，候升建城将军，大明洪武十七年奉旨同花都司建设惠州府归善县平海城始开基。"杨勋是建城的主要组织实施者之一，他于洪武十七年来到平海，可以推测平海所城的修建时间应为洪武十八年。经过600年沧桑，平海古城至今仍较完整地保留着四座城门楼、部分城墙、完整的十字古街、大部分古民居，以及一批古寺庙、古文化遗址和大量的历史文物，具有浓厚的民族建筑特色，于1991年2月被广东省人民政府公布为"广东省历史文化名城"。

惠州也有大量的烽火台遗址，如练姑山烽火台遗址、沙埔烽火台遗址和田坑烽火台遗址等，主要起到预警作用。若有倭寇来犯，烟墩军即放烟传递信息，告知附近村民抗击倭寇。这些烽火台遗址可能为明代所遗留。据明代《武备志》记载，明代惠州府有烽堠二十八处，分别是："旧大鹏、水头、沙澳、沙江、野牛澳、凹背、长沙、虎白、芳茅、白沙湖、东坑、大麻、河田、古迳、石山、新设、平安、新迳、丽江、吉头、桑州、前标、后标、竟山、铅锡、安充、燕州、银平。"[1] 惠州的这三个烽火台遗址应在其中。

（二）炮台遗址

大星山炮台是平海诸炮台中保存最完好的一个炮台。炮台门侧置一块《鼎建大星炮台碑记》，落款为："领造官惠州府归善县欧鄂恭记……康熙伍拾柒年二月拾六日工成勒石。"[2] 根据碑文，这座炮台于康熙五十七年（1718）建成。2012年10月20日，大星山炮台被广东省人民政府公布为"省级文物保护单位"。盐洲东炮台遗址也称"盘沿港炮台"，据光绪《惠州府志》卷六载："大星山炮台、盘沿港炮台，以上俱康熙五十六年总

---

[1] 茅元仪：《武备志》卷213《占度载》，明天启刻本，第1504页。
[2] 原碑已失，现仅存拓片，存放在惠东县博物馆。

督杨琳创建。"除盐洲东炮台遗址外还有盐洲西炮台遗址,据《广东海防汇览》记载:"盘沿港西炮台,营制疆里同。"

根据惠州遗存的卫所、炮台、烽堠的位置来看,它们大部分保留了明清海防体系的特征。

(三)非物质文化遗产

在对惠州海防文化遗产的梳理中,除了关注炮台和所城等直接的海防遗产,还要关注这些遗迹周围居民的语言、民俗、服饰、宗教信仰等非物质文化遗产。卫所是一个独特的地理文化单元,以平海所城为例,历史上由于潮汕、客家、广府和中原军民在这里杂居,形成了一种介于北方方言、潮州方言和粤语之间的方言,称为"军声"。这在其他海防文化遗产中是很少见的。

七、惠州海防文化遗产的保护利用

通过田野调查,可以发现惠州现存的海防文化遗产具有明显特点。从空间维度上看,大部分明清海防文化遗产集中于稔平半岛,目前作为惠州"丰"字交通框架主轴的惠州1号公路将会延伸至稔平半岛,因此,未来区位优势较为明显,便于连片开发。从时间维度上来看,明清海防文化遗产跨越明、清两个朝代,时间序列较为完整。

从关于大湾区的规划文件来看,越来越把海防文化遗产作为一个整体,而惠州市目前的规划倾向于重点开发平海古城。(见表8)

表8 广东省及惠州市涉及海防文化的相关规划

时间	规划名称	相关内容
2013	《关于印发惠州市建设广东海洋经济综合试验区分工方案的通知》	加大对平海古城等历史名城、名镇、名村和惠东渔歌、平海军声、妈祖文化等非物质文化遗产代表性项目及其生态环境的整体性保护
2016	《惠州市建设国家级海洋生态文明示范区分工方案(2016—2020年)》	重点加强以平海古城、大星山炮台遗址为重点的文物保护单位的保护;建设平海岭南海防文化体验区
2016	惠州市海洋经济发展"十三五"规划	打造以"古城文化""海滨温泉"及"滨海休闲"等元素为一体的特色旅游线路,挖掘和重塑平海古城风貌
2018	惠州市全局旅游发展总体规划说明书	整治古城现存古迹,发掘海防文化等地方特色文化底蕴,开发特色旅游项目,策划国内首个海防文化实景演绎项目
2019	惠州市历史文化游路径规划	(略)
2019	《惠州市沿海经济带综合发展规划(2019—2035年)》(公示稿)	加大平海古城、范和、溪美等传统村落民居和历史文化名村名镇保护开发力度
2017	《广东省沿海经济带综合发展规划(2017—2030年)》	打造滨海旅游带
2018	《广东省南粤古驿道线路保护与利用总体规划》	以"古港、古庵、所城、卫城"为主要特色的潮惠古驿道文化线路

续表

时间	规划名称	相关内容
2019	广东省推进粤港澳大湾区建设三年行动计划（2018—2020年）	建设贯通潮州到湛江并连接港澳的滨海旅游公路
2019	《粤港澳大湾区文化遗产游径建设工作方案》	2021年年底前，建成海防史迹文化遗产游径、非物质文化遗产游径（美食、民俗）、历史文化街区游径等重点线路

由于历史上的惠州府包括今天潮州和深圳的一部分，因此，目前惠州所发现的海防文化遗产只能代表惠州海防历史文化的一部分。惠州的平海古城单独作为一个点体现不出其珍贵价值，要与海防东路、广东整体的抗倭历史，以及沿海海防文化带连接起来，才能对其价值进行更好的诠释。《明清海防遗产（粤港澳片区）申遗预研究调研报告》没有将惠州作为申报城市之一，大星山炮台申报"国保"单位失败，没有从整体脉络上考虑惠州的海防历史是原因之一。

百舸争流，协同者先。在粤港澳大湾区大背景下，湾区范围内城市间文化上的互联和互通进入了新境界。惠州海防文化遗产要充分利用这次湾区机遇，调整发展思路，从自身的单打独斗转变为打好"团队赛"，将自身融入区域一体化中进行协调发展，从而获得更多的发展资源和发展空间。

（一）提升海防文化内涵，重现历史文脉

目前惠州的海防文化遗产仅平海古城保存得比较完整，其他炮台、烽火台等遗址都损毁严重。因此除了平海古城外，其他海防历史文化遗址知名度都比较差，这和其历史地位并不相称。这也使得在惠州市旅游规划中，关于海防文化遗产的开发都以平海所城为中心。但从历史上看，平海古城只是厚重历史的一部分，惠州海防历史上所形成的"御海洋、固海岸、严城守"的防御体系，严密的巡洋制度，以及惠州人民抗击倭寇、维护海洋主权完整的斗争远非平海所城所能诠释展现的。由此，可以重点复原炮台遗址。如复原大星山炮台和盐洲东炮台，文献中关于其火炮配置和兵员都记录得十分详细。如据碑文记载，大星山炮台内有连环炮2座，内设营房22间，火药库1间，共有8个炮位，火力配备有2500斤炮2位、1000斤炮2位、600斤炮1位、500斤炮3位，由一名把总、600多名士兵驻防。乾隆《归善县志》也有"归善县盘沿港炮台生铁炮八位"的记载。依据历史文献对其进行还原，与保存较好的平海所城一起，再现明清惠州的海防体系。对于重要的历史事件，如清代惠州海防同知身先士卒、抗击海寇的故事，惠州士民对收回东沙岛所做的贡献，都可以通过建立陈列馆进行展示，从而提升惠州整体海防文化遗产的地位。

（二）从空间上对接，打造"海防接力游"

未来一个区域旅游业的发展将很大程度上取决于它所在区域的整体能级。惠州海防历史遗址单凭自身是难以支撑起旅游目的地的，要把握湾区机遇，利用目前所规划的文化遗产游径、古驿道、滨海景观公路对接休闲湾区建设。文化遗产游径、古驿道和滨海风景廊道可以激活沿线范围内的各个文物点。如美国波士顿的自由之路是国际知名的文

化遗产游径。这条由红砖铺成的街道，曲折延伸 3 千米多，将波士顿 16 处历史文化遗迹像珍珠项链般串联起来，沿途多为 17—18 世纪的房舍、教堂和独立战争遗址等景点，这些单个的点都难以凭借自身的力量集聚人气，但在游径的串联下，取得了"1 + 1 > 2"的效果。据《粤港澳大湾区文化遗产游径建设工作方案》介绍，于 2021 年年底前，建成海防史迹文化遗产游径、非物质文化遗产游径（美食、民俗）、历史文化街区游径等重点线路。《广东省南粤古驿道线路保护与利用总体规划》也提出，潮惠古驿道文化线路，海丰的碣石卫和惠州的大部分海防文化遗产都在这条线上。《粤港澳大湾区发展规划纲要》中提出：建设贯通潮州到湛江并连接港澳的滨海景观公路，推动形成连通港澳的滨海旅游发展轴线，这就将历史上与惠州海防联系紧密的深圳和潮州串联了起来，这在一定程度上打破了物理间隔，使湾区内的海防文化遗产融为一个整体。同时也要加快整个区域内游客的流动，游客在体验完珠江口抗击西方侵略者的海防历史，再来体验明清惠州抵抗倭寇的历史，欣赏完广府带文化下的大鹏所，再来欣赏客家文化带下的平海所，以及潮汕文化带下的大埕所。在大湾区内依据不同主题，进行"海防接力游"。

（三）从内容上对接大湾区，擦亮区域共同文化招牌

《粤港澳大湾区发展规划纲要》提出要共建人文湾区，共同塑造和丰富湾区人文精神内涵。而人文湾区建设的实质就是湾区内各个城市的特色文化从"各美其美"向"美美与共"发展。因此，惠州海防文化遗产开发利用的核心不是"形"的叠加，而要放在"神"的连接上，将自身积极融入海防历史文脉之中。惠州历史上作为广东海防东路的重心，是整个广东海防文化故事中绕不开的一环，但惠州单凭自身的海防遗址并不具备单独讲好一个海防故事的能力。因此，惠州要将海防文化遗址串联进广东海防历史文化主线中。通过一个整体的海防故事，让受众更有画面感，对惠州海防历史的感知更完整、更透彻。如广东沿海巡会哨主线，惠州的平海所与深圳的大鹏所和潮州的大埕所都是海防巡洋的会哨地点，可以通过巡洋会哨文化将其联系在一起。此外，惠州士民收回东沙岛的运动可以作为整个广东维护海洋主权完整的一个亮点。如广东抗倭历史主线，惠州是抵御倭寇入侵的第一站。这些海防历史可以使惠州通过与潮州和深圳进行联合办展，共同申遗，一起擦亮地域文化品牌。

八、结 论

惠州海防文化遗产不仅是"岭东雄郡"雄武气质的一个重要方面，更是惠州千年古城文化中的宝贵海洋基因。习近平总书记在 2019 年开年提出："一个城市的历史遗迹、文化古迹、人文底蕴，是城市生命的一部分。文化底蕴毁掉了，城市建得再新再好，也是缺乏生命力的。"因此，在惠州海防文化遗产的开发利用中，要依靠历史脉络顺势而为，而不是凭空打造。在粤港澳大湾区契机下，向历史要动能，向历史要品牌，使惠州海防文化遗产可以借助湾区机遇，实现"自身所长"和"湾区所向"的有机统一，从而为把惠州打造成为珠江东岸新增长极、粤港澳大湾区高质量发展重要地区和国内一流城市提供重要的文化支撑。

从收回东沙岛事件看清末惠州的海防壮举[*]

惠州的历史脉络中深深地镌刻着海的基因。苏轼寓惠期间，在描写惠州的诗词中将惠州称作"海上""海隅""海国"，如"吾谪居海上""海隅风土不甚恶""海国空自暖""海无飓风"等，这说明在宋人眼中，惠州是一座海港城市。明代的《惠大记》描写了惠州"海为大"的特征，①《惠州府志》则称惠州"负山面海，为大郡"。② 这两个明代文献都将"海"作为惠州的重要方面。从海路位置上来看，惠州也极为重要，有"控潮海之襟要"和"南瞰渤海之险"之说。如此重要的海路位置使惠州自明清以来就成为广东海防东路的中枢，不仅是对抗倭寇和海盗的前沿，更是维护海洋主权的重要保障，这一点在东沙岛事件中就表现了出来。

一、惠州东沙岛的基本概况

东沙岛位于北纬20°42′、东经116°43′，面积约1.8平方公里。③ 因其丰富的鸟粪磷矿和海产资源，被誉为"南海明珠"。惠州渔民在此捕鱼已有数百年历史，他们在岛上将捕得的鱼类用盐腌制好后运回大陆销售，每担可得银7两多，捕得的玳瑁将肉晒干后每担可得银40两。④ 在如此丰厚利润的驱使下，清代来此捕鱼的渔船一年达到数百艘。⑤ 因此，广东古语有谚"要发财，趁东沙"。

明清两代，东沙岛一带一直为惠州府的管辖区域。明代郑和航海图上称东沙岛为"石星石塘"，清朝的地理书籍则将其称为"南澳气"⑥。1866年，英国人蒲拉他士（Pratas）航行到南中国海，遇风停泊于此，其后，西方的航海图籍便称东沙岛为"蒲拉他士岛"。⑦

---

* 作者简介：陈政禹，历史学博士，国家社科基金重大项目"中国东南海海洋史研究"【19ZDA189】《潮州卷》负责人；惠州文化旅游广电体育局文保科副科长。
① 李玘修，刘梧纂：《惠州府志·惠大记序》，明嘉靖二十一年（1542）刻本，第18页。
② 李玘修，刘梧纂：《惠州府志》卷10，明嘉靖二十一年（1542）刻本，第129页。
③ 《中国海岛志》编纂委员会：《中国海岛志·广东卷》第1册，《广东东部沿岸》，海洋出版社2013年版，第654页。
④ 曾昭璇：《中国珊瑚礁地貌研究》，山东科学技术出版社1997年版，第73页。
⑤ 佚名：《大东沙岛》，《地学杂志》1910年第3期，第3–9页。
⑥ 陈伦炯撰，李长傅校注：《〈海国闻见录〉校注》，中州古籍出版社1985年版。
⑦ 韩振华主编：《我国南海诸岛史料汇编》，东方出版社1988年版，第167页。

二、惠州历史上对东沙岛的管辖权成为解决争端的关键

光绪三十三年（1907）七月，日本人西泽吉次在日本政府的默许下，率百余人擅自侵入东沙岛，"建筑密舍，竖立七十尺之长竿，高悬日旗"①，将中国渔民在岛上建造的大王庙和渔民坟冢尽皆拆毁，并把东沙岛改名为"西泽岛"。

由于东沙岛历来为惠州渔民海上捕鱼中转之所，日本的侵略行径很快就被惠州士民所察觉，他们呼吁时任两广总督的张人骏采取行动。1909年2月26日，张人骏派人向日本驻广州领事交涉："现查惠州海面，有东沙一岛，向为闽粤各港渔船前往捕鱼时聚泊所在，系隶属广东之地。近有贵国商人在该处雇工采磷，擅向经营，系属不合，应请贵领事官谕令该商即行撤退，查明办理。"② 日方回文狡辩称："倘清国有该岛实属清国之确证，则日本政府必当承认其领土权，固无俟论矣。"③ 可见，能否找到证明东沙岛历史上属于中国的依据成为收回东沙岛的关键。

中方在搜集证据的过程中，首先找到了广雅书局所刻的《中国江海险要图志》，该书标有东沙岛，但以"蒲拉他士岛"命名，书中记载："蒲拉他士岛，其东北尽处在纬线赤道北二十度四十二分三秒，经线由英算起，偏东一百十六度四十三分十四秒。""中国至此围渔，已有年所。"④ 由于该书翻译自英国官方出版的《中国海指南》（*China Sea Discovery*），加之"蒲拉他士岛"又为 Pratas 的音译，所以采信度不高。日方又以《中国江海险要图志》所记载的岛屿经度与日方实地所测的岛屿经度不同为名，混淆视听，使东沙岛的谈判陷入僵局。当时的局面对中国非常不利，因为国际上对大洋荒岛的通行准则是谁先发现使用归谁。这时东沙岛上没有中国居民，岛上原有的渔民所建的庙宇和坟墓又都被日本人拆毁，而日本人已经在此大规模开发了三年，不仅在岛上建有码头和楼宇，甚至还修有一条铁路，⑤ 形成了实际占有。中国要证明自己对东沙岛的主权，需要拿出中国古籍中对该岛的明确记载。因此外务部电告张人骏："多搜证据，方好与人交涉，且日人意在案据，仅执神庙旧址及渔船停泊各说，不足以资应付。"⑥

在这种情况下，清人陈伦炯成书于雍正八年（1730）的《海国闻见录》成为关键证据。《海国闻见录》中收录有《沿海全图》，其中有一幅图在惠州府甲子港之西标有"东沙岛"的名称，在图中，东沙岛位于惠州府所属海域，其东北为田尾表岛，西南为南碣岛。由于陈伦炯的父亲陈昂在康熙年间做过惠州府的碣石总兵，熟悉惠州海防状况，《海国闻见录》又是累积陈氏父子二人阅历所完成的，因此，当时的东沙岛是被视为惠州海防区域内的岛屿。同时清末《天目斋笔记》也记载："大东沙岛，在广东汕头正南，向属

---

① 陈天锡：《西沙岛东沙岛成案汇编·东沙岛成案汇编》，商务印书馆1928年版，第4页。
② 陈天锡：《西沙岛东沙岛成案汇编·东沙岛成案汇编》，商务印书馆1928年版，第20页。
③ 陈天锡：《西沙岛东沙岛成案汇编·东沙岛成案汇编》，商务印书馆1928年版，第24页。
④ 英国海军海图官局编，陈寿彭译：《中国江海险要图志》卷10，茅海建主编：《清代兵事典籍档册汇览》第95册，学苑出版社2005年版，第110－111页。
⑤ 《广东东沙岛问题记实》，《东方杂志》1909年第4期，第64页。
⑥ 王彦威、王亮辑编，李育民点校：《清季外交史料》第8册，湖南师范大学出版社2015年版，第3942页。

(惠州府）碣石镇。"① 1909 年的《外交报》上绘有《广东惠州府属大东沙岛距离图》，明确将东沙岛标为惠州府的属地，以回应日方的"东沙岛无主说"。在大量证据面前，日本不得不归还东沙岛。可见，证明东沙岛历史上就属于惠州成为解决争端的关键。

三、惠州士民在收复东沙岛中所起的作用

东沙岛得以顺利收回，一方面得益于惠州历史上在东沙岛海域所进行的海洋活动。东沙岛北距惠州甲子约二百英里，东北距潮州汕头百四英里，② 位于明清惠州府碣石卫的海防区域范围。历史上不断有惠州渔民前往东沙岛捕鱼，并在岛上建有大王庙和兄弟所。经营东沙岛一带渔业的香港"兴利"号渔民梁应元称："历来渔船，来往广东惠州属岛之东沙地方，捕鱼为业，已阅数百年。"③

另一方面得益于惠州士民的海防意识与爱国情怀。1909 年 3 月，广东惠州府归善县秀才李兆书上书给北京的摄政王载沣："痛陈东沙岛被占有五害，并历举该地为中国领土有四证。请摄政王饬外部照会日使，刻日开议，以全疆土。"惠州士绅周孔博，联合绅商学各界，在府学学宫内集议，呼吁联合各界，给朝廷施压，以收回东沙岛，这次集议到者千余人。惠州士民还派代表到广东省自治会，与省内各位士绅共同商议。④ 除了惠州的知识分子外，惠州渔师罗仁初等，也利用自身对东沙岛海域的丰富经验，积极协助政府对东沙岛进行勘查。⑤ 可见，惠州士民是收回东沙岛运动的积极倡议者和参与者。

惠州士子还在《申报》发表《惠州士民对于大东沙岛之热诚》⑥，在文中，惠州士民首先指出东沙岛资源的重要性，"大东沙岛，水陆物产最为繁富，诚为我国天南莫大的金穴"，这说明清末惠州人已对外洋岛屿有了详细的认知。惠州士民还注意到了东沙岛的海防意义，指出"日人将占此以阻我海军会汛开战之方便"，这种海防战略眼光在当时的年代已非常难得。惠州士民的东沙岛维权不仅体现在口号上，还付诸行动中，他们自发整理了六条证据供政府参考：

（一）沿海渔户在该岛所建庙址，为该岛显属我国确据；（二）日本人前后布置该岛惨逐渔户实情；（三）英美两国公认该岛为我国领土之电告；（四）西人地图证明该岛属我之确据；（五）本省大吏叠次派员查勘始末；（六）分载省港各报，诸君检阅便可了了。

最后，惠州士民呼吁政府"为地方计，为个人计，为子孙计，固当力筹一最善办法，坚持到底"。

在社会各界的共同努力下，日本最终同意归还东沙岛。1909 年 10 月 11 日，宣统元

---

① 《天目斋笔记》，《教育杂志》1910 年第 4 期。
② 《日人私占广东大东沙岛案之交涉》，《华商联合报》1909 年第 2 期，第 57 – 58 页。
③ 陈天锡：《西沙岛东沙岛成案汇编·东沙岛成案汇编》，商务印书馆 1928 年版，第 22 页。
④ 《广东东沙岛问题记实》，《东方杂志》1909 年第 5 期，第 134 – 136 页。
⑤ 《察勘东沙岛之内容》，《申报》1910 年 4 月 13 日，第 13353 期。
⑥ 《惠州士民对于大东沙岛之热诚》，《申报》1909 年 4 月 8 日第 11 版。

年八月二十六日,中日双方达成协议:

一、中国收买在东沙岛西泽物业之价,定为广东毫银十六万元;

二、所有西泽交回渔船、庙宇、税项等款,定为广东毫银三万元;

三、中国收买物业定价,西泽将该物业及现存挖出鸟粪,照从前勘验清单逐一点交中国委员之后,于半月内在广东交付日本领事。①

从协议中可知,日本承认东沙岛为中国领土,并对毁坏的渔民庙宇、坟冢和渔船等进行赔偿。1909 年 11 月 19 日,清方代表广东候补知府蔡康在东沙岛点收物产,举行接受典礼,由广海兵舰鸣炮 21 响,以申庆贺。② 中日关于东沙岛主权问题的交涉,至此结束。

四、结 论

在东沙岛事件的成功解决中,惠州可谓功不可没。首先,惠州悠久的涉海经历留下了东沙岛属惠州的印记,正是这种印记成为解决东沙岛主权归属的关键。其次,历史上惠州处于海道要冲,频繁海患带来的动荡不安,使海权意识深扎根于惠州这一方风土。光绪十六年(1890)惠州府生员岁考经古题目中设有海防这一科目,其考题为《书筹海图编经略考后》,这足以说明海洋权益在士子心中的重要地位。历史传承下来的海权意识涵养了惠州人心系天下的爱国热情,他们奔走呼吁,搜集证据,为东沙岛的成功收复作出了重要的贡献。这种对海洋的远见卓识和对国家的担当情怀是惠州作为岭东名郡重要的文化基因,也是未来将惠州打造成为珠江东岸新增长极、粤港澳大湾区高质量发展重要地区和国内一流城市的精神力量。

---

① 王彦威、王亮辑编,李育民点校:《清季外交史料》第 8 册,湖南师范大学出版社 2015 年版,第 4162 页。
② 陈天锡:《西沙岛东沙岛成案汇编·东沙岛成案汇编》,商务印书馆 1928 年版,第 71 页。

福州马尾区亭江炮台考察*

清代顺治十四年（1657）始建的福州闽江口"亭江炮台"，位于今福建省福州市马尾区亭江镇亭头南般村闽江沿岸，与闽江对岸长乐区的象屿炮台形成南北炮台，扼守闽江口（图1、图2）。

福州市马尾区亭江镇南般村位于闽安与亭江镇的江岸口边约2公里处。上连闽安镇，下接东街村、长柄村，南面对着的是洪塘村，与西边村相望，面临宽阔的闽江，与长乐区的洋屿村、象屿村隔江相望。

亭江炮台为明末清初福州入海口戍边的军事重镇，1840年鸦片战争的惨痛教训，让清政府意识到扼守福州进出江海口的特殊重要性，于光绪六年（1880）、光绪十二年（1886）两次复修。利用亭江自然礁石岩的有利地理环境，凿石拓洞，构建成一套隐蔽性强、视野开阔、主炮台与弹药库、营房暗道通达的亭江炮台营地，令人叹为观止（图3~图6）。

图1 左：位于石山顶的主炮台；右：前沿炮台阵地（刘芝凤拍摄）

图2 闽安、亭江炮台与洋屿、象屿对峙的闽江出海口（刘芝凤拍摄）

---

* 考察时间：2022年1月2日；考察地点：福州市马尾区亭江炮台遗址；考察内容：中国东南沿海海防：亭江炮台历史；调研人员：刘芝凤、屈峰、张林莹、张楚婷；执笔：刘芝凤。

考察亭江炮台可见，亭江炮台由江边岩石山巅主炮台、山边突出部前沿炮台、临江岸边排阵炮台群，及山后弹药库组成。相关资料显示：主炮台在高约 20 米的石山顶临江下沿，深 1.85 米，内径 18.3 米，墙厚 3.3 米，三合土结构，呈半圆形。半圆护墙共长 36 米，前后深 10 米，左右宽 16 米，高 1.88 米。护墙后端左右开口宽 25.1 米。

前沿炮台在主炮台所在前山的上部三分之一处，地坑式阵地，占地 20 平方米。弹药库在主炮台后的山坳里，呈长方形，长 7.2 米，宽 6.6 米，高 3.1 米。

图3 1. 前沿炮台与营地暗道；2. 进炮台的人工凿坑道；
3. 通往营房前地坑道；4. 营房内暗道门

图4 左：亭江炮台遗址；右：岩石山下五座炮台

据福州闽侯县闽安古镇闽安巡检司衙门遗址展览馆介绍亭江炮台修筑历史为：

宋天圣七年（1029），朝廷在长乐郡地闽安镇设巡检司，作为监镇衙门，置使臣一员，负责巡察沿海各县政事、缉私、巡捕海匪及设关课税等事务。而后历朝沿袭布置，宋嘉祐三年（1058），蔡襄奏请朝廷，教习官兵水势，修造船只，缉捕海寇。此时，闽安巡检司已有巡海兵员 60 人。宋绍圣二年（1095）后，巡检司移往琅琦（琅岐）。迄至元代闽安复置巡检司。明代闽安巡检司官兵世代驻守，水师多数官兵熟悉海上军旅生活，富有海战和航行经验。

古长乐非今长乐地名概念。古时，从福州仓山区的烟台山，沿闽江流水走向，绵延到最东面的连江壶江岛，统为"长乐"郡治。据《长乐新闻网》报道："闽江口自明代以来，便均是防御的重点。沿江村庄为了抵御倭寇入侵，开始大规模兴建军事堡垒，炮台是其中一部分。清初，朝廷大规模修建炮台，如长门炮台、北岸炮台、南岸炮台等均建于这个时期。当时的福建沿海还留有不少城池式的堡垒，经历了第一、第二次鸦片战争后，大部分都已陷落。故自1866年福建船政创办后，闽江下游两岸防御体系近现代改造步伐加快，即以炮台式要塞体系替代城池式防御体系。闽江下游从福州仓山至连江壶江岛的烟台山沿河两岸近百公里，共建有40余座炮台，其纵深部署程度在全国江防中居第一。"① 光绪年间，萨承钰在其《南北洋炮台图说》中记载："闽江沿线的明清海防炮台群，自东而西，依次有壶江炮台、黄霞寨炮台、长门山炮台、金牌炮台、闽安炮台、南岸炮台、南般炮台、田螺湾炮台、圆山水寨炮台、琴江炮台、罗星炮台和马限山炮台等12座，实际长度约35.2公里。"这说明明清时期，东海闽江下游至入海口一带，是镇守福州的要塞通道。

亭江炮台在光绪年间萨承钰《南北洋炮台图说》笔下为："北岸坐西向东，群山拥后，南属闽安镇，北由亭头可达连江，地隶闽安右营，与南岸对峙，有龙蟠虎踞之势。"②

《清史稿》记载："顺治十五年（1658）筑（闽安）城，置战船、南北岸炮台。"道光三十年（1850）秋冬，林则徐"数乘扁舟至虎门、闽安诸海口阅视形势"，主张陈设重兵于闽安镇至五虎门一带，并着手组织人力物力对闽江口内的一些炮台进行重修，其中就有北岸炮台。《闽县乡土志》对北岸、南岸、田螺湾炮台的记载是："岸上建炮台，本林文忠造，台前树竹为障，我有窥敌，敌不能窥我，真天险也。"光绪六年（1880）对炮台进行重修。光绪十年（1884）中法马江海战爆发，法国远东舰队在马尾港突袭福建水师，退出时从上游方向沿途摧毁闽江两岸炮台。七月初五下午，法舰集中炮击南岸、北岸炮台，并派陆战队登岸包抄，毁坏炮台，夺去大炮数尊。光绪十一年（1885），署理船政大臣裴荫森奏请并主持重修闽安门两岸山上暗炮台，凿洞安炮，光绪十二年（1886）炮台建成。抗日战争时期，炮台又遭日军破坏，1996年，亭江镇政府对炮台进行重修，从遗址中挖出三门土炮，后暂寄在马尾的中法马江海战纪念馆。③ 山下的炮台设有五个定向炮位，六个墙墩遗址，墙墩用三合土筑成，底部为不规则圆形，呈弹坑状。左右两个墙墩之间中轴线距离约9米，中间墙距2.3米，前后纵深6米，两墙墩间用硬木嵌入，似梁柱功能。炮位顶盖为厚约1米的泥石，内距地面约2米。五门120毫米克房伯后膛炮或80～120磅弹阿姆斯特朗炮的炮轴安装于两墙墩中间硬木上，以此承受火炮发射时产生的后坐力。火炮处于两墙墩之间，约有60度射界，可以对江面中、近距离的目标进行射击。五门火炮阵地呈一字形，阵地左右宽约50米，前后纵深约12.1米。修复后的亭江炮台遗址见图5，炮台营房及隐藏在岩石下的炮位见图6。

---

① 路漫：《闽江炮台：马江海战的硝烟记忆》，长乐新闻网：https://clnews.com.cn/html/15/2017-07-12/141502106437.shtml。
② 萨承钰：《南北洋炮台图说》，一砚斋藏本影印。
③ 参考亭江炮台遗址馆解说词。在炮台解说词中，亭江炮台建于1657年，《清史稿》中记载为1658年。

图5 修复后的亭江炮台遗址（刘芝凤拍摄）

图6 亭江炮台营房及隐藏在岩石下的炮位（刘芝凤拍摄）

亭江炮台弹药库在主炮台面海背山的关山腰山坳处，呈长方形，炮台与弹药库、炮台与炮台之间的坑道通联，地道内设有休息室。

亭江炮台主炮位直径6米，有深0.2米、宽0.45米的圆形凹槽，供主炮主轴架旋转定位用（图7）。主炮底座安装在直径2.5米、深1.5米的底孔上，上孔口有二道梯形口，其高度分别为0.18米和0.21米，火炮发射时的巨大后坐力依靠底座和炮座架承受。210毫米（也称"二十一生"）克虏伯后膛钢炮炮轴转盘安装在主炮位底座上，主炮可以攻击中、远距离的江面目标。

图 7　亭江炮台主炮（刘芝凤拍摄）

注：始建于清顺治十五年（1658）的炮位，图为修复后的现状。

前沿炮台为两座相连的暗炮台，位于主炮台前方临江山坡上，山体掘出炮坪，以枕木三合土做屋面。两座暗炮台各配 4 门火炮，用于定向攻击近距离江面和岸边目标，掩护主炮台安全。

红夷大炮长约 3.5 米，最宽处直径 60 厘米，炮口呈喇叭状，炮身铭文"道光二十一年仲冬奉总督闽浙部堂颜铸……铁炮重六千觔……"清楚记载了铁炮的铸造时间、重量、铸造人员、督造官员、监造官员、铸炮匠首等信息。

铁炮铸造于鸦片战争期间，闽浙总督颜伯焘在任内铸造了一大批红夷铁炮，包括亭江炮台出土的这两尊，另在泉厦等地铸造的三千斤、两千斤不等的各种规格的铁炮，其制式基本一致，铭文也大同小异，以亭江炮台这两尊为最，它们于 2013 年由马尾区政府对炮台工程修缮时在前沿炮台位置发掘出土。

山巅炮台为明炮台，是亭江炮台的主炮台，设一个炮位，三合土夯筑，呈半圆护墙式，共长 36 米，前后深 10 米，左右宽 16 米，高 1.88 米。炮位上安装 210 毫米克房伯后膛钢炮。炮口朝闽江江面，射界方位角度约 120 度，可以攻击中、远距离的江面目标。

山巅营房位于山巅炮台的后下方，设三间营房和一间弹药库。营房与弹药库均为三合土墙体，上以两排垂直相交枕木及三合土层为屋面，系山巅炮坪的延伸。营房设前廊，弹药库不设前廊。营房内有暗道。

亭江炮台文化遗址，于 2013 年国务院公布为"第七批全国重点文物保护单位"。

林则徐海防思想及实践的意义*

林则徐作为近代中国"开眼看世界"的代表性人物,他的海防思想直接促进了近代中国海防思潮的兴起,他也领导了具体的海防实践,在海防建设中发挥了重要作用。

1840 年,第一次鸦片战争爆发,显示出中西海上势力的对峙,海防事务成为晚清朝野的热议问题。"自道光中海禁大开,形势一变,海防益重。"(《清史稿》,兵志六,卷一三五)第一次鸦片战争后出现的"开眼看世界"思潮,在某种意义上是以海防为中心展开的。①

林则徐的军事思想随形势而变化。早期基于清水师力量薄弱,无力与英军在海上抗衡,他主张"弃大洋、守内河,以守为战,以逸待劳,诱敌登岸,聚而歼之",提出不在远洋与敌接仗,明确在加强防御的同时,随机应变,伺机反击,注重在近海、内河歼灭敌人。这个海防总体战略得到道光帝的肯定。

随着鸦片战争的发展,林则徐敏锐地意识到清军"专于陆守"的弊端,认为必须尽快建设一支能够与西方海上强敌抗衡的"船炮水军",力主"船炮乃不可不造",由此激发了近代中国海防思潮的兴起。

其思想突出之点在于:

第一,"开眼看世界","以夷制夷"。

林则徐为"悉夷、师夷、制夷"而组织编译了《澳门新闻纸》《澳门月报》,在当时制定抗英策略和对沙俄野心的预见中都发挥了重要的作用,而且对近代的思想界起了重要的启蒙作用。林则徐在对外情有初步了解后,认为西方有很多长处值得中国学习借鉴,首先必须切实地了解西方。他的思想见识远远超出同时代人。他注意"采访夷情",派人四处探访"夷人"情报,除"特搜小组"外,还约请一些"通译"人才,还找来一些洋商、教士、外国医生、买办、引水员、归国华侨、教会学生、外船的中国厨师等协助翻译,按采访、翻译、编纂等做了分工。他甚至还学习了一些英语和葡萄牙语词汇。林则徐主持,把译成中文的《澳门月报》编辑为《论中国》《论茶叶》《论禁烟》《论用兵》《论各国夷情》等五辑。

林则徐组织摘译当年伦敦出版的英国人指责鸦片走私的《对华鸦片贸易罪过论》以及外国人评论中国与外国的不同国情的论述,编成《华事夷言》,以作不同民风、民俗的比较。

林则徐主张"师夷长技",学习西方先进科学技术,仿造船炮。他指出:"剿夷而不谋船炮水军,是自取其败也。"

---

* 林坚:《中国人民大学学报》编审、中国人民大学国家发展与战略研究院研究员。
① 戚其章:《中国近代社会思潮史》,山东教育出版社 1994 年版,第 91-92 页。

为了解世界各国的历史和现状，林则徐组织翻译了1836年在伦敦出版的英国人慕瑞所著《世界地理大全》，命名为《四洲志》。这是中国人打开了解世界的一扇窗户，睁眼看到全球30多个国家的自然地理、社会历史与政治状况，是触及近代世界的第一部较为系统的译著。康有为评论说："暨道光二十年林文忠始译洋报，为讲求外国情形之始。"（《戊戌变法》Ⅳ，载《中国近代史资料丛刊》）魏源在《四洲志》基础上，广泛搜集资料，编撰《海国图志》，这是一部比较系统地介绍世界概况和当时放眼看世界的一部代表作。

林则徐的许多"制夷"之策，都是他在大量的观察和实践的基础上提出来的，大致包括三个方面：第一，以夷书制夷，即通过文书、法律处理相关事务。第二，以夷器制夷。林则徐曾总结道："剿夷有八字要言：'器良、技熟、胆壮、心齐'是也。"通过澳葡当局购置西洋炮，在珠江口修建、加固了一批炮台，在虎门"添建增修"了一批炮台。林则徐不仅呼吁"官造大炮"，而且主张"商铸大炮"，大力改进舰队的装备，筹集资金仿照外国舰船自造战船。第三，以夷技制夷。林则徐提出将英军水战长技转为我技。他有一个雄心勃勃的建造大型舰队的计划，但后来由于道光帝的免职令下来而化为泡影。

第二，主张制炮造船，创建外洋水军。

林则徐与广东水师提督关天培等密切合作，共同积极筹建海防。关天培著《筹海初集》，主张增修炮台、训练水师、铸造大炮，全面论述了广州的防务，规划了虎门三重防线。

林则徐在查处鸦片的过程中，意识到奸商及其政府中的支持者不会善罢甘休，存在发生战争的可能性。他曾奏请道光帝拨款购买西洋的船炮布设海防，但是道光帝未予批准。林则徐一面查禁鸦片，另一面抓紧备战。

林则徐提出必须尽快建设一支能够与西方海上强敌抗衡的"船炮水军"。1840年4月，林则徐以"协办夷务"之名，向靖逆将军奕山提出："外海战船，宜分别筹办也。查洋面水战，系英夷长技，如夷船逃出虎门外，自非单薄之船所能追剿，应另制坚厚战船，以资战胜。"① 林则徐主张"师敌长技，以夷制夷""制炮必求极利，造船必求极坚"。②

林则徐把"海战"提到战略地位进行研究，被认为是倡立海军的先驱。

林则徐在浙江军营中，还同余姚县令汪仲洋、嘉兴县丞龚振麟"论及战船"。1842年，林则徐在洛阳《致苏廷玉书》中，呼吁建设一支"有大船百只，中小船半之，大小炮千位，水军五千，舵工水手一千"③ 的新水军，以保卫中国的南北洋。

第三，坚信"民心可用""民力可恃"。

1839年4月，林则徐到广州不久，便亲临虎门海口勘察，提出具体设防计划，支持关天培整顿水师，积极发动水上渔民和陆上群众共同抗敌。

1839年8月31日，林则徐发布《谕沿海人民团练自卫告示》，号召沿海人民武装抗击外国侵略者。在得知英国军队异动后，布置加紧改装早前购置的"剑桥"号，又从旗昌洋行购入参加过九龙之战的"甘米力治"号，广泛收集战船资料，仿制英舰及小型欧式双桅纵帆船等，并会同关天培，亲自校阅水师；同时重用英国人惧怕的渔民、"疍户"，

---

① 杨国桢编：《林则徐书简》，福建人民出版社1985年版，第173页。
② 中山大学历史系、中国近代现代史教研组、研究室编：《林则徐集·奏稿》，中册，中华书局1965年版，第885页。
③ 杨国桢编：《林则徐书简》，福建人民出版社1985年版，第186页。

沿海人民纷纷应征。

1839年10月，英国借口保护通商，正式决定向中国出兵。英军连续向中国水军挑衅。林则徐积极进行战争准备，并加紧在澳门地区布防，加以防范。

林则徐逐渐确定了依靠民力抵抗侵略的思想。他说："察看内地民情，皆动公愤，倘该夷不知改悔，惟利是图，非但水陆官兵，军威壮盛，即号召民间丁壮，已足制其命而有余。"① 强调"众志可以成城，未有不先安民而能却敌者"②。他坚信"民心可用""民力可恃"，动员民众，激发他们抵抗侵略的热情和斗志；招募水勇，充实水师实力；实行军民结合，灵活运用各种战术，奇正并用，领导民众杀敌。

可见，"重民"意识是林则徐海防思想的重要组成部分。

第四，促使国家防卫方向逐渐从西北陆疆转向东南海疆。

中国自古以来西北陆疆一直是国家防务的重点。鸦片战争爆发后，对西北陆疆形势的关注转移到对东南海疆，这一转变与林则徐率先组织人员翻译《四洲志》《华事夷言》《各国律例》等西文书籍、关注东南海疆形势有密切关系。林则徐还拟订了造舰队、募水军的计划，认为"即使逆夷逃归海外，此事亦不可不亟为筹划，以为海疆久远之谋"③。魏源在总结鸦片战争失败的经验教训时，呼吁"内守既固，乃御外攻"，注重发展海上力量，"使中国水师可以驶楼船于海外，可以战洋夷于海中"④。

林则徐眼光敏锐，从"重陆轻海"的传统海防观的束缚下挣脱出来，开始从积极防御的思想和近代化国防观念出发而设计建立陆海防兼备的立体防御体系。

林则徐对魏源、左宗棠都有很大影响。左宗棠对林则徐、魏源"师夷长技"思想的传承主要就是"当图仿制轮船，庶为海疆长久之计"⑤。在左宗棠的极力推动下，福建马尾船政局于同治六年底（1867年初）开办，成为晚清第一个新式造船厂。这可以说是近代海防思潮兴起后的结晶成果。

林则徐提出"师敌长技，以夷制夷""制炮必求极利，造船必求极坚"，筹划建立外洋水军，可谓开一代风气，导致海防运动在中国的兴起。林则徐创建近代海军的建议尽管受到冷落，但有一些有识之士起而应之，形成了一次以造船热潮为特点的海防运动。

由林则徐、魏源等掀起以"师夷长技"为中心议题的第一波海防思潮，深刻影响了洋务运动时期以"造炮制船"为中心议题的第二波海防思潮，并且直接促进了中国近代海军的筹创。⑥

建设一支强大的海军以"制夷"，可以说是林则徐一生未了的夙愿。但是，林则徐关于海防的构想，为后来中国近代海军的建立和建设铺垫了基石。甚至可以说，林则徐是在世界近代化潮流的推动下，于中国历史上提出建设近代化海军的第一人。

---

① 林则徐全集编辑委员会编：《林则徐全集》，第5册，海峡文艺出版社2002年版，第117页。
② 林则徐全集编辑委员会编：《林则徐全集》，第8册，海峡文艺出版社2002年版，第225页。
③ 李阳培：《读林则徐〈答戴䌹孙书〉手迹》，《文物》1979年第2期，第25—30页。
④ 魏源：《海国图志二》，岳麓书社2021年版，第40页。
⑤ 左宗棠：《左文襄公全集左文襄公书牍》卷6，文海出版社1978年版，第30页。
⑥ 黄顺力：《林则徐与近代中国海防思潮的兴起》，引自《林则徐与民族复兴——纪念林则徐诞辰二百三十周年学术研讨会论文选编》，海峡文艺出版社2016年版。

专题二

中国东南沿海戍边及人口迁徙史研究

潮州饶平县海防及海洋人口迁徙调查[*]

潮州饶平县是今潮州市唯一的沿海县。从海上迁徙入潮汕的人口和潮州海防，均以柘林码头为主要进出口岸。大埕海防是"粤东第一哨"，但大埕沿海均为沙滩，且浅海向海洋纵深 200~300 米，不仅大船进不了港，就连舢板船也进不了港，因此自古只能竹排上岸，故在大埕无码头。渔民多是浅海捕鱼。平底的竹排船靠岸时要 6~7 人抬上岸；民国后期至 20 世纪 80 年代，有渔民使用机轮舢板船，靠岸也需要十余人抬上岸。而柘林码头有内海码头和外海深水港口，是海洋运输、海洋商贸、海盗、外敌入侵、国家海防的重要港口。因此，柘林港不仅是历史上的海防要塞，更是古代海运发达的名港，从隋唐至今，均为海运发达港口和海防重镇。

一、古籍文献中的饶平（潮州）海防史略

据光绪《潮阳志》记载，潮州府，洪武二年（1369）为府，领海阳、潮阳、揭阳、程乡、饶平、惠来、镇平、大埔、平远、普宁、澄海，共十一县。饶平为成化十二年（1476）十月析广东海阳县地置，原海阳县之三河、黄冈二巡检司，三河、黄冈二驿，三河递运所，大城仓河泊所在其地者俱以隶之；惠来县为嘉靖三年（1524）十月割潮阳、海丰二县地置；镇平县，崇祯六年（1633）以平远县石窟巡检司地置，割程乡县地益之；大埔县，嘉靖五年（1526）以饶平县大埔村置；平远县为嘉靖四十一年（1562）以程乡县豪居都之林子营置，析福建之武平、上杭，江西之安远，惠州府之兴宁四县地益之；普宁县，嘉靖四十二年（1563）正月以潮阳县洢水都置，析洋乌、黄坑二都地益之，万历十年（1582）移治黄坑，以洋乌、洢水二都还潮阳县；澄海县，嘉靖四十二年（1563）以海阳县之辟望巡检司改，析揭阳、饶平二县之一部属之。[①]

"海防：泊所，赤礁在其南，竹根屿、马尾屿及放鸡山俱在东北，为海防次要。海门城，在潮阳城东南二十里，为全县门户，有南北炮台，以龙潭鼻为曜山，为商渔船只停泊处。港内西通练江，达和平桥，亦通隆津溪，绕县城而北达后溪。城临大海，驻□将为琼南、广惠、闽浙、江苏商船往来之要口，为海防最要。"[②]

《皇朝经世文新编》载："柘林大城所。居南澳上游，有鸡母澳、后澳、虎屿、狮屿、红螺、鸡冠、西澳诸山，及横山、青山、盐漏、上里诸炮台，与闽之铜山、悬钟接界。

---

[*] 调查时间：2023 年 3 月 1 日。调查地点：潮州市饶平县柘林镇。调查对象：大埕、柘林镇委、镇政府、东埕村、柘北村委及村民。参加调研人员：刘芝凤、张庆香、陈智鹏（大埕镇委）。执笔：刘芝凤。

[①] 上海书店出版社等编：《中国地方志集成·广东府县志辑》，上海书店出版社 2013 年版。

[②] 《皇朝经世文新编》，光绪二十八年（1902），上海书局石印，第 832-838 页。

明人防海，知设水寨于柘林，而不知南澳之不可弃，迁其民而墟其地，遂使倭党、红彝，盘踞猖獗。吴平、林凤、林道乾、许朝光、曾一本，先后盗兵，边氓涂炭。万历年间，始设副总兵守之。国家镇以元戎，游魂永靖。盖（南澳为）闽、广上下要冲，阨塞险阻，外洋番舶必经之途，内洋盗贼必争之地，去留明效，固彰彰若此也。南澳四面大洋，周回三百里，分隆、深、云、青四澳。云、青属闽，诏安治之。隆、深属粤，饶平治之。"①

《饶平县志》："嘉靖四十五年，改东路为柘林寨。东路之兵，时聚时散，海寇伺其往来，以为肆掠，民无宁岁。提督侍郎吴桂芳奏，募民兵一千七百一十六员名，领战船大小四十五只，以指挥一员将之。建衙于天妃宫之东南而移其官于西北，屹然一巨镇焉。其地对峙南澳闽广之要，至黄冈，至大城相为犄角，声援相通，饶邑之门户也。"②

"明洪武二十七年，置大埕守御所、千户所于宣化都。先是，元伐日本，中朝南人留其地者数万计。其人惯习水道，相引游掠海滨，自登、莱至东粤，咸被其毒。至是，命安陆侯吴杰于沿海训练士卒，置城守御，大埕所其一焉。设正千户二员、副三员、百户十员、镇抚一员、吏目一员、旗军一千二百二十五员名、军器五千四百五十七件。"③

综上，历史文献表述的潮州饶平地界上各个历史时期的海防情况，说明潮州沿海在历史上一直是国防要塞和海防重点区域。

饶平县所城镇明代大埕所遗址碑上有碑刻文字，因年久风化，基本上已看不清原文。在政府树立的解说牌上写有："大城所城（大埕所城），古称大城守御千户所，位于饶平县东南沿海所城镇小金山南侧。明洪武年间，为抵御倭寇、防范海盗、安定海疆，朝廷因于全国沿海设置卫所。大城所设于洪武二十七年（1394），由百户侯顾实创筑。面积约2600市亩，建成面积430.67市亩，城坦高2.7丈，周长643丈，厚1.6丈，外有护城河环绕。东西南北设石拱门，城门皆建城楼，四角建敌台，内有三街六巷，中心街呈'十'字形。为千户所，史料记载'设正千李氏宗户2员，副千户3员，百户10员，镇抚1员，旗军1225员'，是明清闽粤海防军事重地。"说明大城卫所设立于明洪武年间，"百户"建制。自建所以来，饶平不论朝代更替，一直是海防要塞。

饶平现有居民约7000人，大多为明清时期驻城官兵眷属后裔，也有闽南近城移民，有杨、陈、刘、林、张、许诸氏。大城所号称"粤东第一城"，迄今已有630年历史，风貌古色古香，富有特色，是广东境内保存较为完整的古城堡，具有较高的历史、艺术和科研价值，现为"广东省文物保护单位"。

明朝政治人物陈天资（生卒年不详）在《东里志》记载："天后宫，一在大城东门内，一在柘林守备营后，一在深澳，宋时诸番舶建。时加修理。晏总兵修建于海岸，皆祀天后圣母之神。凡航海者，必谨事之。"至迟在宋代，深澳不仅是扼制闽粤两路的一个重要港口，亦是影响闽粤海道安全的军事战略要地。《申尚书省乞措置搜捕海盗》称：一方面，海盗在漳州劫走了陈使头的过番船货，又俘虏了水手、纲首91人，然后返回老巢深澳；另一方面，海盗在潮州海阳县南部沿海的东界、新埭、柘林等地行劫，掳去潮州

---

① 《皇朝经世文新编》，光绪二十八年（1902），上海书局石印，第842－870页。
② 饶平县地方志编纂委员会办公室编，刘抃修，侯世禄纂：《饶平县志（上册）》卷5，广东人民出版社1994年版。
③ 周硕勋、纂修：《潮州府志（乾隆）》，清光绪刻本，第921－956页。

盐船纲船2只。"及承漳州公文，大意一同州司。证得贼船见泊深澳，正属广东界分，正南北咽喉之地……本州（泉州知州真德秀自称）不敢以闽广异路为限，即欲与漳、潮二郡协力讨捕。"①

明中期之后，倭寇活动更加猖獗肆意，与当地海盗直接犯境，"万历戊戌四月，闽中剧盗，勾结倭夷，大艘十余，入犯柘林、碍石，触触相望"②。

真德秀的《西山文集》卷十五收录的《申尚书省乞措置搜捕海盗》一文中，多次提到"深澳"，又在《元一统志》载当时的潮州三大盐场之最大者小江盐场，包含诸多盐栅："在小江场，在海阳县苏湾保，所辖龙眼砂栅、南澳东西二栅、大埕栅、大港栅、二面埕栅、柘林栅、官富栅、白砂路石头栅、黄冈前栅，又领揭阳县莲唐等处七栅。"③

与柘林北堤对望的岛屿是现划为汕头市的南澳岛，为国家划分东海与南海分界标点。旧时统在潮州府海防管辖之内。

南澳和柘林作为对外港口及海防，有国史、府县史以来，便是民间口岸及海防要地。明初，因海洋商贸昌盛、走私严重、海盗倭寇猖狂，为强化管理，明朝在国境沿海设立卫所，全国海防军事化统一管理。据吴榕青研究，至迟在南宋时期，南澳的深澳和隆澳已经作为闽粤间重要的私贸港口而得到充分的利用。④

南澳地处台湾海峡南口、韩江口外，被称为"闽粤咽喉""潮汕屏障"，处于古今东南沿海航运的主要节点上。南澳距高雄市162海里。南澳主岛面积106.85千米。南澳岛外形如鲸鱼卧波，东西宽南北窄，东西半岛由花岗岩低山丘陵组成，分别以果老山和高嶂崟（大尖山）为主体，两者由后宅平原连接起来，岛的四周山坡急陡，直插海岸，海岸带水深浪急，海蚀作用强烈。海岸曲折，多岬角港湾。岛上后宅、云澳和深澳三地有宽仅为1.5~2千米的海积平地。南澳岛与海山岛隔海相望，在南澳与海山、柘林之间的海域散布着十几个小岛屿。

二、潮州饶平沿海人口迁徙调研

由上述历史文献所载，饶平沿海地区的海防自古以来就是国家海防的要地。海防需要军队戍防，因此，潮州沿海的人口多为各个历史朝代因海防戍边或朝廷平叛迁徙而至的兵营后人，随着换防、朝代更替等政治、环境因素，落地为民后，再二次或多次移民而成。

如大埕镇的东埕村，据村党支部副书记唐焕镇介绍，全村共有370多户、1680余人，常住人口800余人。全村一个姓——唐，据传为国姓。据两位85岁的村民自理家谱，到他父亲那代在东埕村已居住了24代。他今年85岁，是第25代，他有儿子和孙子，到孙子这一代是第27代。如果按文化人类学与民俗学的规范计算，20年为一代，那么这户唐家在此地已居住了540多年；如果按25岁一代传承，则居住了675年之久。这位85岁的

---

① 王云五主编，真德秀撰：《西山先生真文忠公文集》，商务印书馆1937年版。
② 黄迎涛：《南澳港与海上丝绸之路》，广东经济出版社2019年版，第20-90页。
③ 转引自李坚诚：《潮州港与海上丝绸之路》，广东经济出版社2018年版，第24-32页。
④ 吴榕青：《宋元潮州对外贸易港口及海交史发微》，《海交史研究》2023年第4期，第12-22页。

老人是这一房的老四,他父亲是老大。平均下来,东埚村的唐姓至少在东埚村已居住了600年。祖辈至此应为明代初期。据老人说,听祖辈说他们的唐姓是国姓,他们远祖的祖籍是山西,后跟随唐朝时期的大臣陈政、陈元光征战到漳州府,元末明初迁徙到埚东落户至今。因没看到族谱,故无法最后确定其族源迁徙史。但是,从一村一姓看,他们的祖先到大埚时已不是戍边的将士,而是因为谋生迁徙至此地。村中民宅整齐排列如军营,南北街道分明,在该村寻找某个地方,村民以东、南、西、北方位指路,与居住在南方的人普遍以前、后、左、右为方位指向明显不同,具有典型的中原文化特性。由此推论,大埚现有的居民,可能多是唐代陈元光时代(657—711)随军平叛戍边到福建漳州,陈元光向朝廷呈请建成漳州府后,落户漳州云霄县,至元末明初,他们从海上迁徙到柘林上岸,再到大埚开疆辟土建立家业。大埚因沿海浅海范围较广,虽然不能用大船捕捞,渔获不多,但远离战争,自给自足、丰衣足食的小康生活安全且自由,故自明代初期迁徙至此的祖先,将国姓视为祖姓(也许在漳州云霄县因国号朝代更替,先祖就将国姓改为祖姓,口传心授传承祖训),一个家族发展至今成为一个一千多人的氏族社会。

据饶平县柘林镇镇政府工作人员介绍,柘林镇依山傍海,全镇陆域面积12.3平方千米,海域面积50平方千米,海岸线长23.5千米。下辖柘北、内里、下岱、西澳4个行政村和柘中、海洋、渔农3个居委会社区,总人口约16400人,常住人口约1万人,共40多个姓。

柘林镇的柘北村,又分4个自然村,分别为上汤村、下汤村、后井村和新街村。据柘北村汤健清副书记和汤儒毫老人数姓,其他村民补充,总结出柘北行政村传承至今的百年老住户姓氏的情况是:上汤村、下汤村多为汤姓,刘姓等仅为几户姓氏;后井村、新街村为杂姓村,主要姓氏有吴、陈、李、蔡、练、洪、徐、庄、许、张、罗、赖、傅、苏、柳、杜(已无)、史(已无)、林、谢、杨、郑、蚁、麦、郭、詹、刘、王、颜、翁、曾、黄等姓氏,其中杜、史两姓已迁出或改归他姓。

从汤氏新编族谱看,汤氏族源追索至商汤。汤姓的发祥地在河北中山,易水河流域。族谱中记载:

易水涌金波,派沿南浦绕东界;
中山喷紫气,瑞连西粤耀北漳。

我开漳始祖汤智公,在唐高宗年间,随陈政、陈元光父子奉旨挥师平南,威惠并举,平定后设立漳州府,于是定居于闽,唐宋累封为"开漳辅国将军"。其蕃衍之广,子孙豪贤之多,在闽粤各自住地,建立祧祠,弘扬祖德,敬奉祖宗。拟归纳撰联于下:

天授契裔,商登王极,都居毫、耿、奄、殷,睿智驭羌氏,百代衣冠昭祖德;

系本中山,唐辅帝师,蕃衍豫、闽、台、粤,豪贤光梓里,千秋俎豆报宗功。

吾"绥成堂"始祖,峛屿第四世浩德公,生于元朝至正廿六年丙午(1366)。明朝初纪,同其兄浩仁祖从福建云霄峛屿分衍来柘里定居,距今已有六百多年,蕃衍人口二千多人。据不完全统计,旅(定)居于香港、台湾、东南亚等地有近百户,数百人之多。近年来,就读得学位之后,在国外、国内各大城市创业、就业者也众。①

从柘北村村名及姓氏的人数看,汤姓为本村的大姓,是迁徙至柘林的最早居民之一。据汤氏族谱载,汤氏先祖于唐代跟随陈政、陈元光赴闽南至潮汕沿海一带平叛后,定居开漳之地——福建的漳州府(具体大致在今云霄县)列屿,元末明初,开疆来到潮汕的柘林码头,后定居此地繁衍至今。

福建漳州市云霄县列屿镇与广东潮州市饶平县大埕、柘林仅一山之隔,云霄海域下游至南海即与饶平大埕、柘林相连。福建云霄海上水道连着广东饶平的海域,从柘林汤氏族谱到大埕唐氏传承迁徙史可看出,元末明初从福建漳州云霄迁徙到广东潮汕的人远不止一户、几户。柘林是古码头港口,有学者研究论证,潮汕人的先祖多是闽南人,是有根据的。课题组从潮州饶平县沿海的几个乡镇人口迁徙历史看,都是从闽南迁徙过来的。这一点从民居建筑风格和方言可以论证。同在饶平沿海,柘林又是饶平沿海迁徙的进出口码头,大埕人极有可能是从柘林上岸后,二次迁徙到大埕和其他地方定居繁衍,形成渔业族群。

通过口述史调查,不论是大埕还是柘林,沿海渔村均以捕捞和耕农为主要生产方式。农忙时抢种抢收,农闲时捕捞。

在柘林,因有深海这一自然条件,这里的渔民职业化,主要职业分三类:第一类是捕捞业,为全镇主要职业。第二类为火炉制造的传统手工艺,这类职业占总人口10%左右。因潮汕地区人口多为闽南迁入,故闽南传统的功夫茶随着人口迁徙而在异地传承,家家户户、人人均有品功夫茶的习惯,品功夫茶则离不开小火炉,生产因需要而产生,于是在柘林便形成了制作小火炉的行业手工艺户。制炉手工艺人主要生活在上汤村,有500多人、80余户。第三类是在陆地上没有田土的疍民,又称"连家人"。这类人在船上生老病死,以船为家。中华人民共和国成立后,人民政府为解决疍民的生活困难,从20世纪60年代开始,坚持不懈地在陆地上建房,动员疍民上岸居住、读书、生产。20世纪90年代,除个别老人因家族人员增多,气候变热,又回到船上居住之外,疍民的后人基本全部定居在陆地,下海做浅海捕鱼或养殖业。回到船上生活和捕鱼的人多是"真人秀",他们利用旅游开发做渔业买卖。

在柘林,因有得天独厚的深海港口资源,旧时就有大船远洋捕捞。在人民公社时期,还成立了渔一公司(渔一大队)和渔二公司(以疍民为主),从事专业渔业捕捞生产和运输。

目前,饶平县沿海渔村,常住人口均不足户籍人口的50%,且多是老年人带着孙辈守着祖业,下海从事浅水作业的基本上是老年男子。

---

① 张庆香摘录于柘林镇柘北村汤氏新编族谱。由74岁渔民汤儒毫老人提供。

潮州饶平县大埕沿海人口迁徙调查*

潮州人是汉民族中具有十分独特的文化面貌的一个分支。有着共同文化特征的潮州人,有两种来源:一是本地的土著居民,二是来自北方的中州移民。在漫长的历史发展进程中,这些原属不同种族、不同血缘的人群,在粤东这一背山面海的地理环境里碰撞、交流、融合,逐步形成了自己独特的经济生活方式、独特的文化认同意识、独特的风俗习惯,并使用着一种共同的汉语方言——潮州话。这些共有的文化特征,使得他们有别于周边的其他民系——广府人、客家人和福建人。他们自称、别人也称他们为"潮州人"。

潮汕地区的人类活动历史久远,中山大学历史学系曾骐教授将粤东大地的史前历史简要概括为象山人(早期)、陈桥人(中期)、后山人(晚期)和浮滨人(末期)。汕头南澳象山考古发现距今8000年以上的古人类活动遗址。距今6000—5500年,在本地区发掘和发现的古人类活动遗址更多,这些遗址因为有大量的贝壳堆积被称为"贝丘遗址",以陈桥文化遗址最有代表性。陈桥遗址的文化特征,与广泛分布在台湾海峡两岸以至广东沿海的很多贝丘遗址相同。距今约3390—2870年,在粤东的榕江、韩江与闽南的九龙江、晋江四个流域存在一种面貌独特的土著文化,被考古学家称作"浮滨文化"。(1974年7月,在饶平北部浮滨公社桥头大队塔仔金山首次发现并发掘。1993年命名为"浮滨文化"。)

历史上,从西晋末年开始,中国北方陷入了一片混沌。北方的汉民们为了躲避战乱,开始集体南迁,从此深远地影响了中华大地的文化分布和人口结构。当时到达潮州的汉民们的确有很多是直接进入广东的。根据汕头大学医学院李晓昀等的研究成果,河南太行山人主要由北方汉族主要单倍群构成,广府和客家人则以南方原住民族主要单倍群为主,潮州人表现为北方汉族主要单倍群稍高于南方原住民族主要单倍群。基于单倍群频率的主成分分析显示,河南太行山人和潮州人聚在一起,客家和广府人则与南方原住民族群体聚在一起。在三大民系中,只有潮州人的中原汉族血统更纯正,与河南太行山人群的关系最近。①

到了宋朝,潮汕地区的汉人移民人数遽增,这些移民主要来自福建。(1)宋朝初年,翁氏迁至大埕镇,创上东村,随后田、洪、郑、麦、张等姓也迁此落户。(2)宋朝末年,

---

* 调查时间:2023年2月28日—3月1日。调研地点:广东省潮州市饶平县大埕镇东埕村。采访对象:唐焕镇,58岁,高中毕业,东埕村党支部副书记;唐老四,85岁,东埕村村民,原本村渔民;唐再品,84岁,东埕村村民,原本村渔民。采访内容:东埕古建筑、东埕传统文化。调查人员:车小娴、陈智鹏、许文雄。写作整理:许文雄。

① 李晓昀、苏敏、黄海花等:《潮州人与广府、客家人母系遗传背景差异的分析》,《西安交通大学学报(医学版)》2010年第6期,第20-24页。

福建省龙溪人陈睦从诏安县迁此定居，为上东村陈氏始祖。宋末元初，陈严恪从福建莆田迁此安家。明初又有陈质庵从诏安县左林铺迁此置业。明洪武五年（1372），赖慎言从福建平河迁居上东村。明洪武十四年（1381），惠州通判郑励也迁此创业。明成化十一年（1475）林氏从福建迁入，继而吴、何、庄、周等姓氏也先后迁入本村。

元朝末年，黄元康第三子黄祺潭迁至大埔镇，创程南村；明朝初年，陈嵩岗从福建莆田迁此安家置业；明洪武二十七年（1394），周梅岗从福建龙溪迁此定居；饶平县上饶镇七南周村人周隆寿后裔也迁此定居；此外，徐、范、谢、黄、岳、林、郑、关、傅等姓族人也先后在程南村开枝散叶。

出于巩固其政权的需要，明政府施行锁海政策。滨海的疍民大多定居下来，成为耕读传家的农民，逐渐被汉化。同时，福建泉、漳、汀三州又有大量移民迁入潮汕地区。明朝时期，黄添成从福建东山县迁大埔镇置业，创上黄村；陈耕从福建省诏安县迁大埔镇，开基置业，创田美村；陈氏梅祖、成祖、轩祖分别从福建云霄县的陈氏3房、福建泉州府大井脚陈氏2房，迁至大埔镇，创红花村。岳氏从江苏省宜兴唐门迁至大埔镇，创溪美村。

大埔镇地处闽粤交界，偏僻的地理位置和各个朝代源源不断的移民，使该地区成了一个文化的"聚宝盆"。因为迁居至大埔的移民乐于以正统中华文化传承者"海滨邹鲁"心态自居，对自身文化充满自信，因此，在竭尽全力保护祖先的文化、维护自身文化的尊严之余，他们还尽可能对土著与海洋文明予以吸纳，经过千百年的融合发酵，最后形成兼具中原、闽南、海洋特征的文化。

惠州平海明清海防及千户所古城人口迁徙调查*

一、惠州市惠东县平海古城概况

惠州市惠东县平海古城，位于惠州市惠东县平海镇东海村，现为"惠东县省级文物保护单位"，粤东旅游景区，距惠东县城53公里，地处惠东县最南端，面临南海，东靠红海湾，西倚大亚湾，历来是海防重镇和惠州南部海运进出口的咽喉。

元末明初，东南沿海盗寇猖獗。明洪武年间，平海建造城池，抵御外侵，并在现今古城之地构建海防千户所以镇守边海。清康熙至嘉庆年间，在平海城前沿相继筑有大星山炮台、盘沿港炮台、墩头港炮台、东缯头炮台和吉头炮台，筑成了壁垒森严的海防线。其中的大星山炮台，据《鼎建大型炮台碑记》载：炮台设"东西连环炮台两座，地口周围共八十九丈三尺，城门一，东向。营房二十二间，火药局一间，二千五百斤炮二位，一千斤炮两位，六百斤炮一位，五百斤炮三位，安兵六十名，把总一员驻防"①。

据平海古城西门前碑记介绍：平海古城建于明洪武十八年（1385），城周五百二十丈，高一丈八尺，雉堞八百七十一，城门四座，分别为东门、西门、南门、北门。始建于明洪武年间，是花都司"创一城以抚民……"的第一批建筑之一。东门，占地约450平方米，城墙高5.5米，城门为卷顶拱门，门宽2.5米、高4.2米、深13.7米，城门正前方3.8米外砌一面弧形墙至门左侧与城墙相接，在右侧再置一小门而形成瓮城，意为钟城之钟耳。城墙上置有敌楼，敌楼五开间15.2米、深11.6米、高4.6米。南门，占地约380平方米，城墙高5.6米，城门为卷顶拱门，门宽3.5米、高2.5米、深10.6米。城墙上有敌楼，五开间16.5米、单栋深10.4米、高4.5米。西门，占地约600平方米，城墙高4.5米，卷顶拱门，门宽2.5米、高2.4米、深14米。城墙上置敌楼，敌楼为五开间16.8米、单栋深10.6米、高4.2米。北门，占地约260平方米，城墙高4.7米，城门为卷顶拱门，门宽3.6米、高3.8米、深12.5米。城墙上建有敌楼，敌楼五开间15米、深12米、高4.65米。②现今的城楼上分别供奉着一位神明。清康熙六十年（1721）和新中国成立后都重修过；另一观点认为清雍正七年（1729）重修。这两种观点还有待考究。

---

* 调查时间：2023年3月7日。调查地点：惠州惠东县平海古城。调查对象：古城周阿婆，79岁，古城原居民；镇文化站蔡景站站长，57岁，出生在古城；蔡站长岳母，78岁，古城原居民；古城柳老人，77岁，男，原居民。调研内容：平海明清时期海防及古城人口迁徙历史。参加采访人：刘芝凤、陈政禹、刘慧聪、邹湘文、朱奕凡、张庆香。执笔：刘芝凤。

① 惠东县文化广电新闻出版局、惠东县博物馆：《惠东县历史文化资源》，中国文史出版社2006年版，第56页。
② 惠东县文化广电新闻出版局、惠东县博物馆：《惠东县历史文化资源》，中国文史出版社2006年版，第14页。

蔡站长的观点为：在"四清"和"文革"时期，古城因年久失修自然损坏和遭受人为的一定破坏。改革开放初期，村民自发进行了一定的修缮。古城墙的正脊、垂脊、栏杆等处，以灰塑、砖雕、壁画、陶瓷镶嵌等工艺装饰，灰瓦屋面，绿琉璃瓦剪边，门楼内侧两边设石步级，造型简朴、稳重。20世纪80年代，因当地村民缺乏修缮意识，其中南门和北门城楼外墙修缮用的材料用的是现代瓷砖，令人遗憾（图1）。

图1 惠东县平海古城西门及城楼上庙宇供奉的神灵　（刘芝凤拍摄）

平海镇文化站站长蔡景是一位地方学者，他非常热爱故乡文化，据其介绍：平海古城的东门是商街，南门是城门奠基所在（图2），当地人尊为"生门"，直通海边，是平海人出城下海、海洋商贸、客走进城的重要通道。丧事只能从西门过。

南门外就是海边。现在因半个世纪前填海造田和自然积沙，海岸已向外延后约1公里。当下的南门外是一片居住区。

图2　1. 东门；2. 正南门（生门）；3. 古墙壁红砖；
　　　4. 南门原石板走廊上的奠基石　（刘芝凤拍摄）

平海建城所设的千户所，后改为平海、碧甲二巡检司，平海巡检司署设在平海城。后相继设立平海营参将署、平海营中军守备署，时置平海仓，为直隶归善县屯粮机构。古城还保存四局遗址，即火药局、冲口局、军账局和沙尾局，突出了平海特殊的地理位置，让平海成为海边防军事重镇和惠州东南部地区重要的海运进出口岸。

二、平海古城习俗

自建立平海所城之后，社会渐趋稳定，农业、商业、手工业得到逐步发展。卫所军士三分守城、七分屯田，客观上也促进了平海社会经济发展。各行各业的兴旺，贸易的发展，使平海逐渐成为沿海经济较为繁荣的商埠。广东省内外的商人纷纷到平海来进行贸易。平海城池外围逐步形成了上海街、东莞街、潮州街、海丰街、金带街、草街、鱼街、米街、灯笼街、打铁街等贸易行市。东、南、西、北四座城楼上设置的敌楼，尊有神明：东楼供奉的是"晏公爷"；南楼供奉"关帝"，西楼供奉"华光大帝""九子娘娘"，北楼供奉"玄天大帝"。四庙即阿妈（妈祖）庙、张飞庙、玄坛爷和包公庙。除此之外，还尊有观音菩萨、文昌帝君、财神爷、冯仙姑、将军爷（杨戬）、洪圣王和三山国王等。平海每个村都尊有"福德爷"土地神。许愿还愿的寺庙，至今香火旺盛。由于神多、庙多，平海的节日多、戏台多。在庆祝神诞时，要请戏班演出，也正因为如此，在平海，祭祀文化便成了当地民间文化的一大特色。据古城原居民79岁的周燕春老人介绍，她们小时候多用方形钱纸香火供奉神灵，改革开放后，家家有钱了，便将箔纸折成金元宝，虔诚地拿到各个城楼上去供奉神灵。也有77岁的老人陈来彩说，她十来岁就看到大人用箔纸折金元宝供奉。不论是前者还是后者的说法，城楼上供奉神灵的历史是悠久的。但应该是由城兴市后产生的民俗文化信仰。

三、平海古城移民潮

平海古城内至今尚保存有许多清代的建筑及祖祠，如徐氏祠堂、曾氏祠堂、杨氏祠堂、潘氏祠堂等。不同姓氏的迁徙时间不同。

据《历史文化名城平海》载：平海建城后，在历史上曾发生过"两次人口大迁徙"[①]。

据学者研究，南宋末年，曾有外地人迁入平海，但为数极少。元朝末年之前，平海是一个非常荒凉、人烟稀少、海盗出没之地，史称"南蛮绝地"。明朝伊始，政府重视沿海边疆国土的保卫，在东海、南海沿海有码头的地方设置军事卫所。平海成为明朝在南海的一个重要军事卫所。戍边军人的驻扎，形成平海第一次以建制形式人口迁入潮，人口突然大增。移民是军户，上千人的吃喝需求催生了服务业的形成，并维持了人口的稳定。随着朝代更替，一个新建的守御千户所城，吸纳了全国各地的官兵，组成了若干家庭，因实行军队世袭制，迁入的姓氏在平海世代相传。后随着军户落地为民，古城城市

---

① 张伟海、薛昌青：《历史文化名城平海》，广东人民出版社2005年版，第45页。

建制逐步确立与完善，附近沿海许多谋生的人入城为民，形成多个方言群。形成"军声"这一特殊的古城方言。其中最具特色的是平海"军声"。陆续入城为民的人，随着岁月更替，也有了本姓氏祖祠。

如《历史文化名城平海》载，嘉靖《惠州府志》卷十《兵防志》记载："洪武二十七年（1394），备倭都指挥使花茂始奏立碣石卫于海丰……又于归善县海滨立平出海守御千户所。"

《重修开城都阃府花公墓志》载："……公升授大明洪武都府之职，建造平海城池，开五屯而养兵，创一城以抚民，靖海上烽烟，卫边疆社稷。"说明之前原有的住民只住一城，而新来的兵丁则有五屯，反映出平海人口发生了较大变化。

重修开城都阃府花公墓志

尝闻修墓刊碑，何足称奇，其所奇者，隔朝相感耳！忆公升授于大明洪武都阃府之职，建造平海城池，开五屯而养兵，创一城以抚民，靖海上烽烟，卫边疆社稷，凛凛风棱，金章并列。巍巍功业，竹帛皆书，无何忠贞，难留传芳名于千载。日星隐曜，葬白骨于后山。历验莅任所官，虽一年一祭例有成规，而碑没墓塌并未修整。迨皇清雍正十年，改所设司，廷莅兹土，城内官署皆公建造，奉命委祭十有余年。公今往矣，而德尚存，何能不望荒墓而兴悲！公虽葬也，而功则著，未尝不瞻孤坟以流涕！公之与廷，朝尚隔乎清明。廷之与公，途实异于文武，廷为司主，苦守冰操，公在地下，尽知肝胆，墓欲修而力不能，碑欲竖而独难为。延自乾隆五年，奉旨引见钦赐卓异，钦赐朝衣回任候升。今也，回平之日正是候升之期，见公墓塌，实是深念，看公碑没，极是思切。想公开创于三百六十年以前之营官，墓塌而碑没，心伤已非一日。今廷守土于三百六十年以后之司主，修墓而刊碑，立念极其真诚，若不兴修，能无愧乎！最苦清风两袖，窃喜绅衿同心，题助襄成，方见过后之思，培植前哲，亦是报德之举。刊石竖碑，面朝挂榜前山，修墓整坟，坐靠三台后岭，辅弼夹于左右，印星浮于水口。公墓此地，永荫平海，将来平海满城文武簇起，科甲蝉联，何尝非公之精英庇荫乎！

图3　《重修开城都阃府花公墓志》碑
翻拍于平海镇文化馆提供的信息资料　（刘芝凤拍摄）

据蔡站长介绍，最早来到平海的姓氏家族，有花、杨、汤、吕、原五姓。这些人都是来建造平海城池的前锋。

花姓，花都司，奉皇命来督造平海城池的将军，原为元朝贵族之后，他祖居何处已无从考证。据故老相传：花都司建造平海城池时，带来三个女儿。后来三个女儿一嫁杨氏，一嫁翁氏，一嫁董氏。而花都司在建城完工之后就回朝廷复命，从此再也没有踏足平海城池。因此，平海就没有花氏。现平海镇佛岭村后山有"杨花氏祖婆墓"。①

吕姓从福建迁入。《吕氏族谱》记载："先祖吕应兴公，源于福建莆田。随花都司受皇命与汤、原、吕三位命官驻镇平海，督建该城池……此是洞上村吕姓来历的伊始。"

原姓与杨姓迁自古荆州。《原氏族谱》载："祖先原籍湖广湘羊府……师保祖登年十九同花都司到平海，立城始后居住大水坑。"《吕氏族谱》载，随花都司来建造平海城池的除了吕氏、原氏之外，还有汤氏。

《汤氏族谱》已于"文化大革命"时期被毁。据考证，现居住在平海镇麦元村的汤氏，其先祖在明朝洪武中期至永乐初年因升迁迁入，就是随花都司来建造平海城池的汤姓始祖，娶了花都司其中一位女儿。据《惠州府志》卷十《兵防志》记载：副千户，翁熙，浙江丽水人。始祖添归附有功，洪武元年（1368）调拨守御处州，二年升百户。翁海升宝庆卫中所百户。翁江改本卫后所百户。升衡州卫左所副千户，调碣石卫平海守御千户所副千户。今熙袭。平海城池建成后，从全国各地调进了1000多名官兵。

嘉靖《惠州府志》卷十《兵防志》记载了明代以军户的形式迁入平海所城姓氏的大体源流。其中，籍贯为古荆州（湖北省）的三人：杨天民、丁堂、周维翰；江苏省二人：徐俊、王楠；浙江省二人：杨丛、翁熙；河北省一人：王诏；安徽省一人：潘珍；福建省一人：林云；广东省一人：曾良誉。他们的迁出地是福建、四川、江苏、湖南、安徽、河北的一些卫所，以及同属广东省的广州右卫、广州后卫。迁入平海所城的时间，大致集中于洪武年间至天顺年间（1368—1464）。他们官职为世袭制，大都在平海所城居住了很长时间，最少的也有六七十年，也正是如今平海不同姓氏的始祖。

据古城多姓族谱记载，姓氏多为清朝迁徙入城。可依据的理论是，古城多个姓氏族谱、楹联、家史、家训和古城流传至今的多种方言。平海军话的形成是明初卫所军制的产物。由于军人及其家属来自全国各地，各自有各自乡音，在日常交谈中形成了一种交流的通话，后被人们称为"平海军话（军声）"。平海军话是由普通话、学佬话、客家话、粤语四种语系形成的。"军声"是混合型的汉语方言，当地人所谓的"会讲平海军话，能写天下文""会讲平海话，走遍通天下"。蔡站长介绍时说，古城共3.9万左右的人口，讲军声方言的多达1万多人口，其他人讲的语言有：学佬话、客家话、占米话、粤语和普通话。通过分析，得出古城的最早原居民应该是戍边的军人后裔；再是客家、从闽南迁徙到潮汕再迁徙到此地的闽南人后裔，以及当地广东省内迁徙到此定居的后人。六百多年沧海桑田，平海古城至今仍较完整地保留着四座城门楼、部分城墙、完整的十字古街、部分古民居建筑中的镂雕，以及一批古寺庙、古文化遗址等历史文物。② 如图4、图5所示。

---

① 张伟海、薛昌青：《历史文化名城平海》，广东人民出版社2005年版，第47－48页。
② 文化站蔡景站长的观点为：平海之名有两层含义，第一层含义是，明代以前，古城南边的地面与海平面呈同一水平；第二层含义有"风平则海安"之意。

图 4　左起：东澳村人居住的东澳湾　80 岁的疍家老渔民张北添
马锡珍教授现场采访晚上渔获归来的老渔民　　（刘芝凤摄）

图 5　平海古城中先人迁徙到此建的神龛及建筑　（刘芝凤摄）

图 6　清朝时期的平海疆域图
翻拍于平海镇文化馆提供的资料　（刘芝凤摄）

珠海东澳岛海防及渔村人口迁徙情况调查*

一、东澳岛东澳渔村简况

东澳岛，位于广东省珠海市香洲区东南部，为珠海市万山区管辖，位于万山群岛中部，距香洲30公里，面积约4.663平方公里。由于岛东侧的东澳湾楔入中部约1500米，形成一块大凹部，故称东澳岛（图1）。

图1　东澳岛入岛海口　（刘芝凤拍摄）

东澳岛植被非常茂盛，森林覆盖率达80%。该岛分南、北两部分。沿岸多为危崖岸。山坡上巨石林立，环岛近岸90米内多礁石。据课题组在村委会调查，该岛上居住三代以上的居民尚有340多人，分客家人和疍家人。村民公认，客家人比疍家人要早些时间迁徙到东澳岛定居，主要职业是务农。岛屿上有充足的淡水资源，开有良田。疍家人主要是从广州番禺迁徙过来的，主要职业为捕捞业。在1965年之前，疍家人的生老病死、婚丧嫁娶、起居生活、捕捞，世代都在船上。人民公社时期，政府在陆地上建造石头房（海边抗风），老人和读书的孩子上岸住进陆地房，年轻人和中年人仍然住在船上捕捞，渔获后回岸上居住，平时下海捕捞。也有渔民是香港的疍民，居无定所，东澳渔获多就迁徙东澳。有一些人家至今仍然有亲人在香港。

---

* 调查时间：2023年3月10日。调查地点：珠海市香洲区万山镇东澳村。调查对象：张北添，80岁，原为疍家渔民；梁阿婆，80岁，张北添爱人，原为疍家渔民；严杜群，59岁，东澳村妇女主任，爱人姓梁，61岁，原疍家渔民，与梁阿婆为堂姐弟；张师傅，75岁，客家人，东澳村村民，6岁时移居在另一个岛，9岁跟养父在东澳岛定居务农，后由大队安排以捕捞为生；陈文权，26岁，研究生毕业，驻村挂职实习。调研人员：刘芝凤、马锡珍。执笔：刘芝凤。

二、东澳岛海疆海防历史调查

据文献资料载,东澳岛在明清时期是万山群岛中最繁华的一座海岛。岛上有3000多名军民,岛的东部留有明末守岛军民抵御外侮而构筑的古铳城(图2)。清朝时,常驻兵50人。该城位于东澳岛澳口的山脊上,三面临海,一面靠山,气势雄伟,是虎门外面抵御外国侵略者和强盗的一道防线。由于战乱频频,人口内迁,岛上人口逐渐减少。目前,岛上还有明末守岛军民抵御外侮而构筑的铳城、烽火台等,还有日军侵华时日军飞机场旧址以及一些废弃的军事坑道等。

图2　东澳岛古铳城　(刘芝凤拍摄)

东澳岛铳城位于东澳岛澳口的山脊上。据《香山县志》载,此铳城建于清雍正七年(1729),驻兵50人。三面临海,一面靠山。石城墙,墙高2.5米,上厚1.5米。其平面布局呈长方形,长48米,宽20.5米,城门设于东南面,炮台设在西北角,在铳城东北约40米处建有立锥形的烽火台一座。铳城内还有两座炮台。离铳城东南约20米处,临悬崖处有一高2米、呈圆锥形的烽火台,里面有火膛、烟道,是传递信号用的。清朝海盗张保仔曾统领"五色帮",召集人马最多时达到4万人,还有4艘大船,他们打着"反清灭洋""劫富济贫"的旗号,称雄于南海海上,亦商亦匪。嘉庆元年(1796),曾占据大屿山为据点,出入于珠江口,在东澳岛刻下"万海平波""上帝行宫"等字样。嘉庆二十年(1815)之后,张保仔部被清军重点征剿,被迫撤离东澳岛。东澳岛上还有建于1898年的海关遗址,1987年被公布为"珠海市文物保护单位"。

三、东澳村、人口迁徙及传统渔业调查

东澳村渔民和农民主要集中居住在东澳湾,人民公社成立前,居住在东澳的客家人以曾氏、张氏、何氏、林氏为大姓,曾姓为多,主要以务农为主。疍民现自称"渔民",以梁氏、石氏、张氏、郑氏为大姓,以渔业为主。2023年3月10日晚8点多,80岁的原疍家老渔民张北添老人钓鱼回岛,在老码头上接受采访。据老人介绍,他们家的祖上是

从番禺迁徙过来的,世代在船上生活。他和妻子梁氏1943年同年出生,都是疍家人。1961年结婚时还住在船上,生儿育女也都在船上。他们张家是1929年迁徙到东澳的。他曾在20世纪60年代中后期任东澳大队大队长,有着50余年的党龄。

59岁的村委委员、妇女主任严植群介绍,她是从阳江嫁到东澳岛的,爱人61岁,与张老人的妻子梁阿婆是堂姐弟。他爱人梁家原是在香港—珠江口一带捕捞,在他曾祖父那辈人,兄弟三人在东澳捕捞时渔获比香港海边多,于是就迁徙到东澳。人民公社前,她家爷爷的兄弟迁回了香港,她家爷爷是老二,带着4个儿子留在东澳繁衍下来。

东澳岛海产丰富,光鱼类就有200多种,常见的就有70多种。其中,将军帽、狗爪螺、石九公被称为"东澳三宝",美味无比。

在东澳海上捕鱼要看季节,在捕鱼旺季,除了大量的鲈鱼,还有石九公鱼。石九公鱼虽然小,但味道鲜美,东澳人最喜欢吃。

采访时,又有渔民钓鱼后回岛。他们早上6点多出海,晚上7~8点才回来,张北添老人钓了十多斤鲈鱼;一位姓石的渔民钓了二十几斤。

四、采访实录

采访人:刘芝凤　马锡珍(记录)

被采访人:(1)东澳村村委会妇联主任严植群;
　　　　　(2)原万山公社东澳大队第一任生产队长张北添

(1)与村妇联主任严植群的访谈。

刘:东澳村有多少户人家?

严:有60多户人家,340多人,大多分家不分户。客家人是这里的原始居民,我们村长[①]就是客家人,客家人过去以务农为主。

刘:村子里有多少姓氏?

严:主要姓氏有梁、石、张、郑、曾,还有姓林的和姓何的。林姓、何姓过去以务农为主,是客家人。1962年大队给疍家人修房子,石头房,老人和孩子都上岸了,孩子上学,中青年人都出海打渔。上岸的疍家人有60多户,他们不愿意称呼自己"疍家",称呼自己是"渔民"。这里的疍家人,有双重身份,是港澳居民,还是这里的村民,又是渔民。前几年收多重户口,一些人说找不到了,没有上交。

(2)与原东澳村生产队长张北添的访谈。

马:您到这里多少年了?

张:1929年从番禺过来的,爷爷带着四个儿子过来的。

马:您祖上就是捕鱼的吗?

张:我们家祖祖辈辈都是捕鱼的,我6岁开始捕鱼,我们是在船上长大的。

马:您什么时候上岸的?

张:1965年以前我们一直都在船上,后来万山人民公社(成立),我担任东澳大队队

---

① 指村委会主任。

长，是第一任大队长。队里有 20 多条船，有几条船潜水抓螺，有十几条船钓鱼，有十几条船是放网的，还有水稻种植和地里的农活，以前评工分，带头人工分高一些。

马：您是在船上结的婚吗？

张：我 19 岁结婚的，在船上结婚的。

马：结婚时采用"水上婚嫁"的仪式吗？新郎新娘有对歌吧？

张：没有。婚姻是家里人给找到的，托媒人找的。我们这里结婚时没有对歌。

马：您太辛苦了，80 多岁了还能出海打渔。

（晚上 7 点，张北添老人打渔归来，卖了鱼，再收拾船上物品。回家 8 点。）

张：习惯了，天天这样的，只要天气好，不起大风就出海。在近海钓鱼，最远 4 海里，以前出 10 海里以外，有过 3 天不睡觉的时候。钓鱼的人早上 6 点出发，晚上 7 点多回来，捕鱼的人早上 5 点就出发了，回来得更晚一些。捕鱼回来以后，先要把捕回来的鲜活的鱼，卖给收鱼的人，然后冷却发动机，收拾整理打渔用品，回家就晚上 8 点多了。

马：我们刚才在您家里，看到老伴坐在您家楼台上，望着大海等着您打渔归来。相濡以沫 60 多年，她在大海很远处就看见您回来了。

张：以前她和我一起出海，现在有病了。糖尿病脚肿、腿肿走路困难了。有病之后就自己在家了。

第二天早上 6 点，张北添老人又来到浮箱码头准备出海。解锚、启动发动机、整理钓鱼用具，动作干净利索。张队长戴一副细边眼镜，高挑的个头，温文尔雅。在早些年的岁月里，他多年担任生产队长，带着渔民风里来雨里去出海打渔，岸上布置耕种、管理、收割的农活，练就了海洋打渔人洒脱、干练、坚忍不拔的个性和经得起风浪的本领。

珠海桂山岛海防及人口迁徙调查[*]

一、珠海桂山岛、桂海村简况

桂山岛陆地面积近 18 平方公里，原名为"垃圾尾岛"，1954 年，为纪念"桂山号"军舰牺牲的人民解放军英雄，以烈士的鲜血与生命为该岛命名为"桂山岛"。桂山岛地处珠江口与港、珠、澳之间的"金三角"位置，东距香洲、澳门 15 海里，北距香港仅 3 海里，是各国船只通往珠江口的海上交通要道，港珠澳大桥横贯桂山海域，被誉为"'一国两制'的交汇点"，具有极其重要的战略地位。

桂山岛属桂山镇管辖，近年来，桂山镇连续获得国家级卫生镇、广东省文明镇、广东省人居环境整治示范镇等荣誉。桂山镇下辖桂山村、桂海村两个传统渔村。桂海村始建于 20 世纪 50 年代。1955 年渔村农业初级合作社成立，政府为水上人家盖了石头房子，在桂山岛周边以船为房的水上人家开始上岸，成立渔民互助组，这些几代人都在水上出生、成长的渔民，定居岸上并参加社会主义建设，逐渐形成了桂海村村落。

走进桂海村，映入眼帘的是一幅秀美的海岛乡村画面。平坦整洁的村道，依山而建的房屋鳞次栉比，整个村庄都是统一风格的蓝白色的房屋外立面，凸显了海岛渔村的独特风貌。采访中，桂海村村民老蓝幸福地告诉我们：他家的住房是三层楼的房子，政府实施桂海村乡村振兴，改善村居环境，提升桂海村美丽风貌，帮助他家改造了房屋。

桂山岛周边海域位于珠江入海口咸淡水交汇处，渔业资源丰富。以前这里的人都是以船为生的水上人家，几代人都在水上出生成长，捕鱼是他们的主要谋生手段。桂海村有 300 多户人家，1000 多人都是渔民，都是 20 世纪 50 年代在桂海村定居的。主要大姓有王、蓝、陈、吴。王姓是最早在桂海村定居的，蓝姓定居在桂海村也比较早。

二、渔业转型——网箱养鱼

桂山岛所在的万山渔场是全国六大渔场之一。20 世纪 80 年代初，珠江口各渔场水产资源减少，桂海村党支部书记冼十五带头实验网箱养鱼，大获成功，成为广东省率先推

---

[*] 采访调查时间：2023 年 3 月 10 日。采访人：刘芝凤、马锡珍。被采访人姓名：未透露名字，只告知姓蓝。本调查称其为老蓝。老蓝 72 岁，老蓝妻 71 岁，两人均为初中文化程度。采访地点：桂海村老蓝家商铺。调研地点：桂山舰烈士陵园。执笔：马锡珍。

广网箱养鱼新模式的基地。其经验一经在全国推广，全国各地前来学习网箱养鱼经验的人络绎不绝，网箱养鱼成为桂山岛一道独特的风景线。

近年来，桂山岛积极推动抗风浪深水大网箱海上测试平台，投产国内第一艘万吨级半潜桁架"德海智能化养殖渔场"取得良好成效。德海智能化渔场成为桂山岛又一张闪亮的"名片"。

三、桂山岛海防海疆调研

1950年，全国已基本解放，盘踞在珠江口万山群岛的国民党残敌重集兵力，企图负隅顽抗。5月初，根据中央军委和中南军区关于解放万山群岛的指示，中国人民解放军第44军131师、广东军区江防部队和部分炮兵部队制定了采用近战、夜战、逐岛攻击、依岛攻岛的打法，定下了"力求早打、快打"的作战决心。为实现统一指挥，由陆军、海军组成联合指挥部。这是我军第一次多兵种协同作战。5月25日凌晨，由392团副团长郭庆隆和江防部队海防队副队长林文虎，分别率领登陆舰"桂山号"和炮艇"先锋号""奋斗号""解放号""前进号""劳动号"等军舰，分两路奔袭垃圾尾岛国民党海军舰艇基地，掩护输送船队运送步兵在垃圾尾岛的青洲、三角岛登陆。5月25日凌晨两点，万山群岛战役正式打响，人民解放军向守岛敌人发起进攻。"桂山号"率先到达垃圾尾岛面与敌军展开交火，经过一昼夜的激战，中弹着火的"桂山号"在垃圾尾岛吊藤湾抢滩登陆，率先抢占阵地后与国民党陆战团展开生死搏斗，终因敌我力量悬殊，"桂山号"登陆舰上的大部分官兵壮烈牺牲。200多条生命定格在青葱岁月，他们用鲜血和生命为后续部队的最后胜利开辟了道路。

在随后的战役中，解放军势如破竹，至8月4日共历时72天，万山群岛战役取得全面胜利。垃圾尾岛战役实现了人民海军自组建以来第一次以小艇打大舰，创造了以小胜大、以少胜多的战果，打破了国民党企图依托港澳固守万山群岛、封锁华南出海口的美梦。万山群岛战役的胜利，对于巩固华南海防，保障海上渔业生产和交通运输安全具有重要意义。战况上报中央以后，中央首长通电嘉奖，毛主席赞扬说："这是人民海军首次英勇战例，应予表扬。"

为纪念"桂山"舰英雄烈士的光辉事迹，1954年，珠海政府将垃圾尾岛改名为"桂山岛"。同年，在吊藤湾刻下"桂山号英雄登陆点"摩崖石刻，建立"桂山舰烈士纪念碑"。1963年，修建"桂山舰烈士纪念碑"，1980年修建了"桂山舰烈士陵园"（陵园建在桂山村半山处），墓碑由时任广东省委常委、副省长林锵云题写（图1）。1986年，该登陆点被列为"珠海市文物保护单位"。2010年，批准为"广东省第六批文物保护单位"，同年被授予"广东省红色旅游示范基地""市爱国主义教育基地"。2018年，定为"广东省红色革命遗址项目"和"珠海市党员党史党性教育基地"（图2、图3）。

图 1 桂山舰烈士陵园"桂山舰登陆点遗址"碑刻
桂山舰烈士陵园摩崖石刻《涛声万古》(马锡珍拍摄)

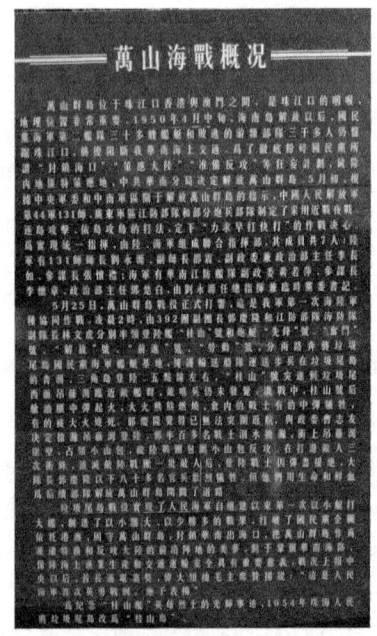

图 2 屹立在桂山舰烈士陵园进门口的《万山海战概况》,详细介绍了桂山岛海战(马锡珍拍摄)

图 3 桂山舰烈士陵园碑刻《万山海战遗址》(马锡珍拍摄)

桂山岛是伶仃洋海上的一颗明珠,船过伶仃洋,人们总会深深地怀念一个人和一首诗——文天祥和他的诗作《过零丁洋》。南宋祥兴元年(1278)十二月二十日,文天祥在激战中被元军俘虏。元军为瓦解宋军士气、招降宋将,押解文天祥前往崖山观战,这是文天祥第一次进入伶仃洋。时值岭南冬季,伶仃洋海面波涛如怒,愁云惨淡。文天祥想到自己有心无力挽救南宋复国无望的命运,含泪挥就了千古绝唱《过零丁洋》:"辛苦遭逢起一经,干戈寥落四周星。山河破碎风飘絮,身世漂浮雨打萍。惶恐滩头说惶恐,零丁洋里叹零丁。人生自古谁无死，留取丹心照汗青。"文天祥宁为玉碎，浴火涅槃！为纪念文天祥，1987年，珠海市在桂山岛滨海大道高处铸造了文天祥塑像（图4）；2005年，新增碑林和摩崖石刻；2007年，将文天祥生平事迹的大型壁画扩建成"文天祥主题广场"；2009年，"文天祥主题广场"被评为"珠海市爱国主义教育基地"。

图4　矗立在担杆镇（外伶仃洋岛）的文天祥塑像

四、采访实录

采访人：刘芝凤、马锡珍

受访人：老蓝、老蓝妻子

刘：桂海村现在有多少人？多少户啊？

老蓝：我们村子有1000多人，300户不到。很多人都到外地打工去了，现在村子里只剩300多人了，大多是读书的小孩子和60岁以上的老年人。

刘：留下的人在做什么？还在打渔吗？

老蓝：还在捕鱼，每天都在捕鱼。

刘：村子里有多少个姓啊？您姓蓝，还有姓什么的？

老蓝：有王姓、陈姓、吴姓、蓝姓。陈姓的人最多，是大姓。

刘：在这个村子里最早落户的是哪个姓？

老蓝：最早在桂海村落户的是王姓，以前王姓的人最多。再就是蓝姓在这里落户。蓝姓现在有10户。

刘：你们家有族谱吗？您爷爷、爸爸也都是这里人吗？

老蓝：我们家几代人都在这里的船上，爷爷的爷爷、爸爸都生活在船上，我是第五代人了。我的祖先大概是从东港过来的。以前，因为老人家也不和我们说这个，所以家里以前的事情，我知道得不多。

马：您现在还打渔吗？

老蓝妻子：现在他的脚坏了，长了结石，很痛，所以不能出海打渔了。以前我和他一起出海打渔。

马：以前在哪里打渔？出远海吗？

老蓝妻子：以前打渔到10海里以外去，一去好几天。

马：有多少年不去打渔了？现在干些什么呢？

老蓝妻子：2014年以后就不去打渔了，已经10年不打渔了。现在开了小卖部，晾鱼干自己卖，还卖些小食品。

马：晒的是什么鱼？买来的吗？

老蓝妻子：现在打来的都是白鲳鱼，打渔要看季节。买来鱼，自己剖洗干净，切花刀，再晒干。

马：卖鱼干一年能挣多少钱啊？

老蓝妻子：一年能有2万多元的收入。

马：您有几个孩子？

老蓝妻子：一个儿子、一个女儿，他们都到外面打工去了。

通过实地考察和访谈，感觉当下的桂海村已落寞。走进村里，见到几户人家只有老人在，巢空人走，不再繁荣。渔民长年下海捕鱼，风里来雨里去，老了以后大多留下风湿关节病痛。但愿这些渔村能在今后文化产业开发中寻找到重振兴旺的道路。

福建漳州姓氏播迁调查研究*

历史上福建沿海地区的人口，大量迁徙进入漳州开基创业繁衍发展是在唐宋时期至明清时期，主要以军屯、戍边为主，在朝代变更之际落地为民。福建省内各地区之间的移民也较频繁，主要是在战争或荒灾之年由中原转福建，再向地旷人稀的山区和较偏远的沿海地带转移。

据《福鼎县地名录》（1984年版）资料，福鼎县（今福鼎市）的沙埕、前岐、店下、白琳、点头、管阳、贯岭、南溪和桐城等13个乡中，都属闽南方言岛，共有人口13万；霞浦的水门、牙城、下浒等乡与三沙镇也有100多个自然村约近4万人是讲闽南话，其中三沙镇居民是由闽南迁来的，多以打渔为生；宁德市飞鸾乡的碗窑村、礁头村共有3000多人，讲的也是闽南话，早在乾隆年间，他们的祖先就已定居于此。据光绪《光泽县乡土志·氏族志》称，毛氏"明自铅山迁来，已历十二代"，明季由漳、泉、汀、赣迁居北乡者，有"蔡、伊、吕、戴、林"。与此同时，漳州府各县之间各姓氏相互迁徙也十分频繁，据民国《云霄县志》卷六记载，当时云霄县80多个姓氏中，就有18个姓是在明清由今漳浦、平和各县移入的。①

另一方面，自唐初、北宋开始，漳州也陆续有人求学、为官、经商、打工或因天灾人祸、逃荒避赋、逃避战乱等各种原因向外迁徙。迁徙的地域甚广，有广东、海南、浙东、江西、台湾和海外。移民的迁徙多数是在战乱中分散进行的，但也有以军队和有组织的移民形式进行迁徙的，这种形式主要在清代，如清前期近百年的"湖广填四川"的大规模移民运动。这次移民波及闽省，大批闽人涌入四川，以汀州府属最多，次为漳州府属各县与其龙岩州，再次是永春州与建宁、莆田、永安各县。据《中国移民史》一书的记载估算，在乾隆四十一年（1776）时入川的闽人当有20万。②

历史上，漳州姓氏比较大规模地向外播迁有三次：一是向台湾迁徙；二是向内地其他省份迁徙；三是向海外迁徙。总的来看有五个方向，以下详细论述。

一、明清时漳州姓氏入迁浙南

浙江是入闽姓氏的一个主要迁出之地，明清时有许多漳州姓氏入迁浙南。《中国移民

---

* 作者简介：涂志伟，福建漳州市政协原学习文史委主任，闽南文化研究地方学者，国家社科基金重大项目"中国东南海海洋史研究"【19ZDA189】地方卷《漳州卷》课题组成员。本文发表于林殿阁主编：《漳州姓氏》（上、下册），中国文史出版社2007年版，第2197－2210页。此次出版略有改动。
① 徐炳文修，郑丰稔纂：《云霄县志》卷6《氏族》，台北成文出版社1965年版，第151－200页。
② 林汀水：《福建人口迁徙论考》，《中国社会经济史研究》2003年第2期，第7－20页。

史》云：据清人孙衣言《瓯海遗闻》卷31收集宋代以来温州籍人士文集中有关自己祖先迁徙的资料①，相当一部分人自福建迁入，迁入时间最早在唐末五代，历宋元明清各朝代都有。继宋之后，明清又有大批闽人移居于浙省，地域已由浙南扩至金衢及浙西山地，移民来源不是原先的闽东，而是汀州和闽南。据浙江省游氏宗亲理事会理事游寿澄的《浙江省游氏宗谱序》称："今浙江南部玉环、瑞安、平阳、苍南四县市的游氏先祖是在明朝万历、崇祯年间自福建漳州府龙溪县逃难而来的。"据《中国移民史》第六卷所引资料②，如浙南之云和、青田、丽水、松阳、宣平、龙泉、遂昌、景宁、缙云，温州府属之泰顺及金衢的汤溪、江山、西安、龙游与浙西的淳安等，大多应是来自汀州的客家人，而常山、开化两地则主要是邵武、建宁二府与闽南的泉州、兴化和永春州的移民。迁徙到苍南、平阳一带的闽南人先祖，主要来自龙海、漳浦、安溪、惠安、同安等地，他们有的是因为避战乱，有的是逃荒，有的是讨海到浙南后就定居于此。浙江苍南、平阳、洞头等地的闽南人后裔把闽南话说成"福建话"，称先人为"福建祖"。

根据2005年漳州市政协组织的全市姓氏调查发现，长泰县于明万历年间向浙江温州地区迁徙的姓氏有章、方、黄、杨、戴、卢等姓，传衍至今。明万历年间，温州平阳县知县以优惠待遇向闽南一带招募劳工，长泰县有一批人应募迁入平阳定居。据苍南《章氏族谱》记载：明万历三十八年（1610），长泰县溪尾社章立煌携眷迁居平阳县二十六都藻溪燕坑，其侄章仕惜迁居藻溪外龙门。其后裔繁衍成族，传衍到附近的中呑、魁桥、照园山、丁呑、灵江、浦边、白湾、牛母礁、马站等地。据1990年统计，其后裔在繁枝乡有2423人，藻溪乡有1715人。章立煌后裔分衍苍南、泰顺、乐清、玉环、瑞安、温州、宁波等市、县。章士添于明万历年间由长泰迁居南港浦边。另据《平志·氏族·文征外编》宋朝章延仲墓志铭载：章氏，其先闽漳州人，五代之乱徙温之平阳。卢荣溥及三个弟弟卢金溥、卢玉溥、卢华溥携子侄于明万历年间从龙溪县北门坡尾迁往浙江平阳北港水头镇蒲潭坪一带，后又移居瑞安县。南靖县金山卢姓于万历年间移居浙江平阳。卢附开于明末清初由龙溪县迁居浙江平阳卢家屿（今苍南矾山）。

据苍南《方氏族谱》载，唐初，随陈政、陈元光父子从河南戍闽开漳的府兵队正方子重驻守在今龙海文山，成为方姓在漳之开基祖，其十一世孙方进益于唐大中十四年（860）迁居宁德霞浦县方厝城。方进益长子方翊周于后晋天福七年（942）再迁至浙江苍南县（昆阳塘关）肇基，为方氏塘头派始祖。次子方翔周迁至浙江金华、义乌等地。明万历年间，居住在长泰县欧马堀墩的方姓族人方昭信、方昭养、方昭明、方昭贵、方尔鉴等迁居浙江温州平阳县，居二十八都南山社，以及苍南县藻溪镇盛陶、浦亭乡、犁湾、灵溪镇等地，传衍蒲门城、丰山羔、坪庄、后屿头、坑门岭、北港、河家坪、古楼、山西以及永嘉、湖州等地，其后裔至今有4000多人。

军队组织性质的移民如漳州有部分卫所的军士与其家属移居浙地。《明史·兵志三》云："后三年（洪武二十年），命江夏侯周德兴抽福建福、兴、漳、泉四府三丁之一，为

---

① 葛剑雄主编，吴松弟著：《中国移民史》第4卷，福建人民出版社1997年版，第209页。
② 葛剑雄主编，曹树基著：《中国移民史》第6卷，福建人民出版社1997年版，第284-287页。

（浙江）沿海戍兵，得万五千人，移置卫所于要害处，筑城十六。"又载："闽浙苦倭，指挥方谦请籍民丁多者为军。寻以为患乡里，诏浙、闽互徙。"① 这些闽籍士兵被迁浙江镇守，也成移民。

数百年来，从漳州迁居浙江温州地区的各姓先民传承着闽南风俗，使用闽南方言，浓浓的故乡情一直萦绕在心头。改革开放以来，温州地区的方姓、章姓、黄姓、蔡姓宗亲纷纷来漳州各地寻根认祖。据浙江省方言研究会傅国通等人的调查，浙江南部沿海各地说闽南话的约近百万，主要分布在温岭市的石塘镇，玉环县的坎门街道，洞头区北岙街道、东屏镇半屏岛，瑞安县的北麂岛，东部沿海的西湾、墨城乡，中部的梅源、梅溪等24乡和苍南县的大部分地区，以及舟山群岛个别渔民的定居点，还有迁往江苏宜兴县定居的徙民，他们大多在明清之际由漳泉沿海一带入迁，主要是渔民。

二、自唐初北宋开始漳州姓氏向潮汕地区的迁徙

由于漳州、潮州地缘和文化上的密切关系，较早的一批迁徙潮汕的中原汉人就是唐朝初年由陈政、陈元光父子先后率领的军队。他们进入漳（州）潮（州）平乱后留下来两批将卒。他们不是经由福建转来，而是直接从中原来到潮汕地区，这一支移民主干称为"河佬"人。唐代由闽入潮的姓氏目前已知的至少有4个。从宋代开始，特别是南宋末抗元时，闽南漳泉人以及兴化人成批地移居潮汕。他们有的是从中原途经几个省份，到达福建的莆田、漳州、泉州，定居一段时间后，转入潮汕地区。明初，朱元璋下令将农民从人多地少的"窄乡"迁往人少地广的"宽乡"，并在全国几个重要移民集结地或必经之地"设局驻员"，从事移民管理。莆田就是其中的一个，经莆田转漳州迁居广东潮州的移民不在少数，史称"洪武移民"或"永乐移民"。《舆地纪胜》卷116引范氏《旧闻拾遗》："闽人奋空拳过岭者，往往致富。"② 很快就造成闽南人遍布潮汕，反客为主的现象。故民间有"潮州福建祖"的说法，南宋祝穆《方舆胜览》载："虽境土有闽广之异，而风俗无潮漳之分。"③ 从而使潮汕成为闽南方言的地区，又把这支移民主干叫作"福佬"人。明万历年间，广东博罗县也有来自闽漳之移民，但不是主干。现在从许多姓氏族谱中已充分证明，大多数潮汕人确实是从福建迁徙来的。据张明钦《潮阳诸姓入潮概述》：宋元两代福建迁徙潮汕的家族有62个，潮阳市246个姓氏中各姓入潮开基人有370人，其中有185个直接来自福建，尤其是来自闽南，而广东省内邻县入潮开基有141人，其先祖也大都来自福建。据谢重光《宋代闽南文化在潮汕地区的移植和传播》④ 对有关史料考证复核：南宋期间任潮州知州可知籍贯者91人，其中福建人60人。任潮州州县官吏的多来自莆田、漳州、泉州，知州之外州郡僚佐和县级官员也多是闽人。潮阳整个宋代共历22任县令，其中就有11位福建籍人。明代历80任县令，有22位是闽籍人。普宁明代共

---

① 张廷玉等撰：《明史》卷91《兵志三》，中华书局1974年版，第2243、2249页。
② 王象之编，《舆地纪胜》卷116，文选楼影宋钞本，道光二十九（1849）。
③ 祝穆撰：《钦定四库全书：史部》，《方舆胜览》卷36《潮州》，第5页。
④ 谢重光：《宋代闽南文化在潮汕地区的移植和传播》，韩山师范学院学报，2003年4期，第7-15页。

历 25 位县令，有 7 位是闽籍人。饶平明代县令有 49 位，闽籍人 16 位。澄海明代县令 28 位，闽籍人 7 位。海阳县令 54 位，闽籍人 19 位。从以上数字中可以看出，潮州在明代以前，朝廷派来此地任地方官的，闽籍人士占了很大比例。在潮汕地区，还有另一个民系：客家人。据专家考证，客家人大量进入粤东地区，当在宋代以后，比潮汕人迟了一大步，而且入潮路线多由江西、福建西南部山区向粤东散布。至今粤东地区各县市，几乎都存在"福佬"、客家人杂处并相互通婚的现象，只有大埔县是"纯客"县、澄海是"纯福"县（现已改为区），即所谓"大埔无福、澄海无客"。

此外，泉、兴、漳人入迁雷州半岛与海南岛，移居广州、韶州与宝安大奚山各地。《宋会要辑稿》刑法二之一二一谓：大奚山（今香港大濠岛）自宋淳熙间始，"多有兴化、漳、泉等州逋逃之人，聚集其上"，从事造船与走私食盐。漳州人严启盛是澳门开港者，早在葡萄牙人到澳门之前。明英宗正统年间（1436—1449），漳州人严启盛就带领一帮漳州人在广东沿海贸易，天顺二年（1458）来到香山澳与东南亚商船进行贸易。此后漳州人一直在香山澳一带贸易，澳门妈祖阁是他们最早创建的。葡萄牙人来到澳门后，漳州商人又与他们建立贸易关系。万历年间，博罗县也有来自闽漳的移民。

三、自宋元开始的漳州姓氏明清大规模向台湾移民

闽南与台湾一水之隔，中央王朝在三国、隋代对台湾都有所经营。《台湾通史》载：澎湖地近福建，海道所经，朝发夕至，漳泉沿海之黎民早已往来，耕渔并耦。隋大业六年（610）二月，隋炀帝命武贲将陈棱、朝请大夫张镇周率万余人，从义安郡（曾置郡治于绥安，时辖云霄地西南万川等 5 县）沿海启航抵流求，漳州沿海部分民众被征随行。宋元时期，闽南人开始移居台湾，成为闽南文化在台湾传播的使者。宋代即有比较可靠的记载，如宋代楼钥的《汪大猷行状》和周必大的《汪大猷神道碑》，记载当时泉州一带的老百姓已经到了平湖（今澎湖）。还有族谱记载，福建目前已发现的有文字记载的最早迁居台湾的是北宋末南宋初的德化县龙井的苏氏族人。据地方史料记载，早在南宋祥兴二年（1279），就有两批漳州人去台湾。一批是参加护卫南宋末代小皇帝南逃的将士，他们在广东被元军击溃后，一部分人突围，逃往澎湖、台湾避难；另一批是同年四月元军进攻东山时，沿海百姓为避难而举家渡海到澎湖、台湾安居。

明代，朱元璋迁界，实行锁国政策。将澎湖居民迁回福建。但是，仍有很多沿海的居民苦于徭役、赋税，逃到那边去。漳州迁台姓氏目前已知最早见诸古谱文字记载的有三种说法：一是长泰人杨廷济。据清嘉庆年间编修的《陶塘洋杨氏家谱》记载：杨廷济的先祖杨统，于唐初随陈元光入漳，杨统的十五世孙杨仕休，是长泰陶塘洋杨姓始祖，杨仕休长子杨令闻，因任官职迁往甘肃、四川，于宋天圣元年（1023）又迁回漳州，定居长泰人和里陶塘洋，即今陈巷镇雪美村，为陶塘洋杨姓一世祖。十九世孙杨廷济，名宜，据世系推算约于明永乐年间（1403—1424）迁往台湾。二是据《南靖双峰丘氏谱》记载：明成化二年（1466）南靖县书洋双峰丘氏家族的八世孙丘国旺、丘国时、丘国平三兄弟迁居台湾淡水。自此双峰丘氏第十世至十五世都有后裔迁往台湾。三是据《青阳范阳卢氏族谱》记载，明成化年间（1465—1487）长泰青阳三世卢志盛渡海入台，垦荒

创业，后裔迁台南，经300多年来的传衍已成望族。清嘉庆年间（1796—1820），卢姓后裔遵祖训回长泰寻祖。

隆庆元年（1567），福建巡抚涂泽民上书，"请开市舶，易私贩而为公贩，议只通东西二洋，不得往日本倭国"①。奏请在漳州月港开放海禁，准许中国商民出海贸易。穆宗准奏，允许海外商贾"准贩东西二洋"货物，这是明代海外贸易史上的又一重大变革。从此，开启了海上贸易的大门。据南靖和溪《徐氏元惠派家谱》记载：南靖和溪徐氏第八世徐宗鲁、徐宗显兄弟于明隆庆六年（1572）迁台。云霄高塘郑氏二世祖郑仕鲁为谋生而东渡海峡，迁至台湾南部"围仔内"（今高雄市境内）开基。据悉，郑仕鲁之裔孙在台已繁衍人丁万众，历传20余代。明万历三十二年（1604），漳浦眉田张自然渡台，是漳浦张姓渡台最早者。眉田张姓渡台人数最多，400年来后裔分布台湾各地，其中有移居日本并加入日本国籍的张士余（日本名河野司余）牢记祖父遗嘱，于1988年从日本到眉田水尾社寻根认祖，找到祖祠、祖墓。清代康熙到乾隆、嘉庆年间，眉田张姓先后有张涌昌、张妈厚、张天赐、张基，传裔台中。明万历三十八年（1610），东山宅山朱氏第八世朱信妲带领一批村民到台湾台南垦荒；第九世朱益民继而到台湾做生意定居于台。明末清初，随郑成功收复并开发台湾的有第十世，镇左协水师提督朱尧部下前营守备朱振、前营参事朱文兴，前营朱义，还有前锋朱龙、朱连发、朱可益等人，他们后来定居于台湾北部基隆和竹南等地。明万历年间，云霄曲溪新田开基祖吴应绰四子吴登高，到台北粪箕湖开基，并将开基地叫作"新田四村"，后其三兄吴登标也赴台。

明清时期，大量的闽南人迁徙台湾，具有时间长、规模大、自发性、径直性等明显特点，为闽南文化在台湾的传播奠定了基础。历史上，闽南漳州人迁徙台湾有过几次高潮。

第一次移居台湾的大潮是明天启至崇祯年间（1621—1644）。明万历年以来，漳州人移居台湾的主要有两批人：一是沿海青壮年劳力只身赴台，以捕鱼经商农耕趁机到台谋生，成为当地居民，但定居者数量不多，明万历以后定居者数量骤增。二是商人走私贸易，台湾成为商人走私贸易的基地。郑芝龙经营台湾时期，招募闽南漳州百姓前往台湾。明天启四年（1624），旅居日本的海澄人颜思齐，带领闽南乡亲，其中有海澄人陈忠纪、南靖人李俊臣、南安人郑芝龙等，驾13只船在台湾笨港（今名北港）登陆，扎下根基后，筹划长期开发方略，而后招募漳州、泉州等地的青壮年3000多名，到台湾从事捕鱼、农垦及海上贸易。这是漳州最早的大规模迁徙开拓台湾，颜思齐被称为"开台王"。次年，颜思齐病逝，众推郑芝龙为首。明天启年间（1621—1627），谢姓有一批人跟随郑成功之父郑芝龙到台湾加入拓荒行列，为最早入台谢姓移民。后跟郑成功入台的有谢贤、谢岩，两个人均于1664年前到台湾，从此闽南谢姓迁徙入台的络绎不绝。经查考，闽南谢姓迁台者，主要是清康熙年间有4批，乾隆年间，尤其是1736—1760年，有6批，人数约以百计。明天启年间，云霄云阳方氏族众若干人，移居台湾观音里，即今高雄县仁武乡境内的赤山仔庄，协力在此处"招佃垦耕"，繁衍生息，后裔分布于宜兰、桃园等

---

① 陈子龙、徐孚远、宋徵璧等：《明经世文编》卷400《疏通海禁疏》，中华书局1962年版，第4332-4333页。

地。据闻此系的方氏族人今已衍成万余人口。云霄西林张姓支系第十四世菜埔村人张伴仔、泮坑村人张三于明天启至崇祯年间移徙台湾。据林嘉书对漳州谱牒资料统计，明天启年间，南靖县迁至台湾的就有125人。

明崇祯六年（1633），郑芝龙归顺明廷，当上了明朝的官吏。福建巡抚熊文灿与郑芝龙合议，"乃招饥民数万人，人给银三两，三人给牛一头，用海舶载至台湾，令其芟舍，开垦荒土为田"①，时值闽南饥荒，"漳泉之人，赴之如归市"②，数以万计，形成闽南人有组织地向台湾移居的热潮。这时渡台的漳州人主要是龙溪、海澄、漳浦等沿海县份。明崇祯初年，方氏云阳第十四世孙、马铺大坪溪村人方养，字承烈，武职将官，在抗击清军入侵中原时阵亡，其妻蔡氏带着方承烈的画像，携次子方笃，字徵骏，四子方夯，字徵骥，渡海赴台湾，后来迁居金门衍成一族。长子方益，字徵麟，三子方焰，字徵凤俱留居云霄，其后人也保留着乃祖承烈的另一幅画像，希望有朝一日，两幅画像能作为两岸本支族人相会聚首的凭证，以期共同告慰先灵。明末，龙溪人郭怀一入垦台南，是台湾民众组织义军驱逐荷兰侵略者的组织者之一。清顺治十年（1653）龙溪人郭由抱入垦台南麻石斗。

第二次移居台湾的热潮是清顺治十八年至雍正年间（清顺治十八年即南明永历十五年，1661—1735）。明末郑芝龙之子郑成功以闽南地区为中心，屯兵厦门，开展反清复明活动，兵源以闽南人为主。1661年4月，郑成功率部数万乘船200余艘进台，1662年1月，驱逐荷兰侵略者收复台湾，并在台湾建立政权，实行"寓兵于农"的政策，鼓励屯垦开荒。其中有大批漳籍的郑军将士就地屯垦，并接大陆家眷定居台湾，闽南漳州百姓随郑氏入台者不计其数，仅龙海市角美白礁村就有300名青年随军入台。龙海浮宫邱厝邱姓鸿德部分裔孙分乘十三只大船随郑成功赴台定居。依世系表推算，大约明末清初，同安县积善里白崐阳保白礁乡上巷祠堂边（今龙海市角美镇白礁村）王氏第十三世孙王文医随郑成功渡台，成为开台基祖，王姓成为高雄县望族。传衍至十世王科，世居在高雄县路竹乡一甲，生有六子，珠庆、顺天、金平、正雄、胜源、胜舟。台湾王氏曾多次到龙海市白水镇、厦门同安、漳州芗城区石亭等地寻找证实祖籍，均无功而返。2004年，王金平的胞妹王梅到白礁村，证实白礁村为台湾王氏的祖籍地。2005年11月28日，王金平的胞兄、昱庆实业股份有限公司总裁王珠庆带着儿子王峻邦、王峻良到祖籍地龙海市白礁村王氏宗祠"世飨堂"寻根祭祖。白礁王姓后裔分布在台北、台中、台南、高雄等地的康榔林、新园、陷后、窑仔甲、山仑、獭爪、营前、旧廊、营后、石仔濑、前窝、大应公、三甲第十三村、安定区港口里，有5万余人。明清交替之际，漳州的迁台人口约占清代迁台人口的八分之一，大多属郑成功时期迁台的。南明永历十八年（清康熙三年，1664）漳州府龙溪县杨巷摘（亦写成杨茗摘）率众进入台湾。清康熙末年（约1721）蓝鼎元讨朱一贵时所写的《请宽杨姓株连书》中说："沟尾庄杨姓数百人，聚居已久，室家妇子，相安耕凿。"③郑成功收复台湾后，把中华文化体系和政治制度移植到台湾，使得

---

① 黄宗羲撰：《赐姓始末》，周宪文、杨亮功、吴幅员编纂：《台湾文献史料丛刊》第25种，台湾大通书局1958年版，第6页。

② 魏源撰：《圣武记》卷8《海寇民变兵变》，中华书局1984年版，第340页。

③ 蓝鼎元撰、蒋炳钊、王钿点校：《鹿洲全集·东征集》，厦门大学出版社1995年版，第569页。

闽南文化在台湾日益传播。由于清政府对台湾进行严密封锁，在沿海地区三次实行"迁界"和"海禁"，迫使沿海民众断了生计，流离失所，郑氏政权"招沿海居民之不愿内迁者数十万人东渡以实台湾"（沈云《台湾郑氏始末》卷4），许多人只好铤而走险，偷渡到台湾去谋求生路。据史学家估计，当时有20余万闽南人迁往台湾。[①]

清康熙二十二年（1683），福建水师提督施琅，奉清政府之命收复台湾，清政府设立台湾府，将其划入福建省进行管理，移民进入新的阶段。特点是从定期往返于闽台间候鸟式的往来到单身入台定居。当时清廷的政策，移民不可以携带家眷。平台将军施琅是晋江人，其将士大多是闽南人，随着台湾的平定，他们中有人陆续携带家属定居台湾，许多贫苦百姓也随他们入台。此后的200年间，闽南人大量移居台湾，进一步促进了闽南文化在台湾的融入。连兴位于清康熙二十一年（1682），从龙溪马崎迁居台湾台南宁南坊马兵营。康熙四十二年（1703），平和大溪壶嗣乌石人吴凤随父到台湾宜兰，后被尊为"阿里山神"。长泰县方成里亭下社人朱一贵（1689—1721）于康熙五十二年（1713）移居台湾罗汉门，康熙六十年（1721），朱一贵等人组织领导台湾农民起义，攻占台湾一府三县，后遭清廷镇压，朱一贵被捕就义后，被民众奉为台南"小城隍"进行祭拜。清康熙至乾隆年间，南靖县书洋镇田中村吕厝龙潭楼吕良簠派下十一世吕廷玉迁台湾桃园等地。1989—2004年，在台的书洋籍吕氏宗亲由吕廷玉迁台的六代孙、台湾著名律师吕传信，五次组团带领台湾吕氏宗亲回祖籍地书洋会亲。对于清初朝廷严禁闽人入台的种种政策法规，一些地方官员纷纷上书表示反对。雍正末年，曾任台湾知府的沈起元力主福建民众大量迁居台湾，既可解闽省人多地少之虞，又可化台湾人少地多之忧，他认为闽人入台是大势所趋，无法阻挡。沈起元"开台"的慷慨陈词得到一些官员的支持，禁令有所松弛。

第三次移居台湾的热潮是清乾隆、嘉庆至光绪年间（1736—1894）。清政府先后开放了福建泉州、福州等地港口与台湾对口通航。特别是由于地缘、血缘密切关系等原因，闽南人前往台湾持续不断，几乎遍布全岛。在实施"海禁"期间，又有数万漳州青壮年，先后以偷渡和合法途径迁往台湾。后来清廷废除"海禁"，开放对台贸易，海峡两岸经济来往频繁，移民特点是从单身入台定居发展到举家合迁入台，从允许带家眷渡台到设定官渡，官渡和私渡相接合。这时大批早期单身去台的漳州人，纷纷回乡携带妻室儿女到台湾安家落户。这时漳州的南靖、平和等山区县份渡台人口大量增加。漳浦石榴山城村人吴沙带着妻子儿子于清乾隆三十八年（1773）渡海到台湾开发宜兰。同年，平和坂仔林爽文随父母举家迁往台湾彰化。林本源家族创始人林平侯于1781年随父到台湾，定居台北。清乾隆三十五年（1770），漳州汤崇海派系十五世孙汤德顺带领族人从云霄峛屿湖垵村渡台，在台中开基。云霄汤姓后裔主要分布在台北、台中、台南、高雄、南投、云林等地的有1.3万余人。2007年5月，云霄峛屿汤姓二十世裔孙汤景华带台中市太平区、雾峰区的台湾汤姓宗亲到云霄峛屿汤氏祖庙拜祖。并带来了其堂兄汤曜明书写的牌匾。清嘉庆年间，漳浦赤湖西谢分衍吉春社（后雄）的房派第十五世谢增福，又名谢应，迁台开基彰化县二八水（今二水乡），将父亲谢敏达及母亲的遗骨携到台湾。第十九世谢在

---

① 林仁川、黄福才：《闽台文化交融史》，福建教育出版社1997年版。

棋生子谢东闵、敏初。谢东闵曾出任台湾地区副领导人。诏安二都人（地点有多说）陈乌于清中叶迁台，传衍台南县官田乡惠安宫，其六世孙曾多次派人到诏安寻祖。

清政府统一台湾后，为了政治上的需要，从大陆闽粤沿海调派班兵戍守台澎，实行"以内地水师营分兵丁轮班戍守"的班兵制度推沿200年有余。铜山至少有4万余名官兵分别先后赴戍台澎，仅澎湖一处就有1.6万余人，清廷准许班兵"年逾四十无子者"搬眷随军，又许兵丁就地娶亲，余文仪《台湾府志》所录《恤赏则例》并规定"兵丁娶妻及子女婚嫁各赏银三两"。① 许多退役班兵遂因家口在澎而定居于澎。澎湖成了清代铜山移民台湾的主要流向之一。据余光弘的调查报告："在清中叶后左营中人数居第二的铜山兵也引入不少人移居妈宫。"日本殖民统治初期，澎湖妈宫市区自称"铜山人"的居民有140户770人，占人口25.51%，为大陆沿海各地移民澎湖之最多。这期间移居台湾的漳州民众达数十万人，是漳州向台湾移民的最高峰时期，仅宜兰一处就有"漳州四万五百余丁"。连横《台湾通史》记载，至清嘉庆十六年（1811），台湾汉族人口已超过200万，其中以泉漳人为最。

迁台人员大致以台南地区为中心，分别向北、向南流动，主要分布于台湾西海岸的平原地区及东部的宜兰平原地带。一路由台南向北发展，康熙二十二年（1683）统一台湾后，人口渐次往北向诸罗、南向凤山一带流动。由于台南以北地区土地肥沃，居民稀疏，可容纳较多劳动力，所以闽人移台人口流向以北向为主。另一路由中部鹿港登陆，开发彰化平原。他们又移向斗六门（即今云林）以北。康熙四十九年（1709）"流移开垦之众，又渐达半线、大肚溪以北矣"，进入台中。康熙末年，福建移民已北上至彰化、新竹、北投一带，又转而南下进入屏东平原。雍正时代，以漳州移民为主，由彰化沿八卦台地南拓至南投草屯至雾峰一带。台湾西海岸平原已被闽、广移民开发殆尽，便由沿海向内山发展，至乾隆时转向较为贫瘠或交通不便之地。桃园的开发以诏安漳浦、龙溪、南靖为主。嘉庆元年（1796）北上的福建移民进入了东部宜兰平原。嘉庆、道光年间，台湾东部从宜兰到恒春已建立了众多由福建、广东籍移民组成的居民点，福建移民在台湾岛内的迁徙已基本完成。据刘子民掌握的资料统计，台南平原包括彰化平原、云嘉平原和台南高雄等市、县濒海地区，漳州人占该地区人口40%多。台中盆地，漳州人占该地区人口75%多。台北盆地，分布在许多地方的移民占该地区人口的60%以上。宜南平原，漳州人占该地区人口90%多。

清光绪前，大陆移民赴台的主要方式是偷渡，政府是封锁、半封锁的。光绪元年（1875），台湾钦差大臣沈葆桢极力建言开放人民渡台入山之禁，准许福建人民自由入台。光绪初年，清政府正式开禁，"所有从前不准内地民人渡台各例禁，着悉与开除。其贩买铁、竹两项，并着一律弛禁，以广招徕"。且开始由官方主持移民。清政府在厦门等地设招垦局，正式招募福建人民赴台开垦，还采取十分优惠的政策，规定提供开垦者的口粮、土地、耕牛、种子、农具等必备物资，三年之后才开始征收赋税。因而吸引了大批福建汉民前往耕种。光绪十二年（1886）台湾建省后，清政府在台湾设立招垦总局，全台分

---

① 余文仪纂：《续修台湾府志》卷9《武备》，周宪文、杨亮功、吴幅员编纂：《台湾文献史料丛刊》第121种，台湾大通书局1962年版，第387页。

南、北、东三路招垦。但此时福建民众转而大量流向南洋谋生，入台人数急剧下降。清领属台湾229年间，漳州向台湾移民50多万人。

第四次移居台湾的热潮是日本殖民统治时期至民国末年（1895—1949）。1895—1945年，台湾处于日本的殖民统治之下，但是，闽台两地的民间交往仍然不断。入台人数逐年减少，但台湾民众返回大陆居住的数量有所增加，一大批台湾人民拒绝加入日本国籍，内渡漳州祖家居住。如许地山的父亲许南英，他不做日本顺民，回大陆后寄籍于漳州，并举家迁到漳州定居。1945年8月抗日战争胜利，台湾光复，闽南人再次兴起移居台湾的热潮。据不完全统计，1946—1949年，在短短的4年时间里，就有177万大陆人移居台湾，福建有10多万军政公务人员随国民党去了台湾，其中大部分是闽南人，仅从漳州去台人员就有13946人，他们在漳州的亲属有2600多户14万多人。中华人民共和国成立前夕，国民党军队撤离大陆时，从漳州带走大批壮丁，仅东山被抓壮丁就达3766人。同时，有近千名在国民党党政军警界任职的漳州人及其家属也随之退至台湾。

1949年中华人民共和国成立后，台湾与祖国大陆长期处于分离状态，然而，海峡两岸民间交往仍绵延不断。改革开放以来，随着海峡两岸关系的不断发展，民间交往日趋频繁。漳州籍台湾同胞思乡念祖，思根报本的心情更为迫切，特别是许多东山老兵纷纷回蝶岛寻亲、定居。1980年，去台人员何天茂、林涂春从台湾回到东山定居。台胞回到故土，或祭祖扫墓，寻根谒祖，探亲访友，不忘根源；或经贸往来，投资建厂，发展实业，促进发展；或捐款捐物，兴办公益，发展福利，报效故乡。同时，许多漳州籍人士的大陆配偶赴台定居，或赴台寻亲，形成了新一波的热潮，从而推动了漳台文化新的交流与融合。

开基台湾的漳州姓氏。据《闽台移民系谱与民系文化研究》调查统计，台湾文献已经公布的祖籍漳州的姓氏族谱超过3000部。①从漳州市政协海峡文史资料馆所收藏的载有漳州开台祖原始资料的400多部民间族谱看，明清期间，漳州各县向台湾移民的至少有98姓，有6895人迁台。据谱牒资料记载，20世纪90年代时发现有98姓，即陈、林、黄、张、李、王、吴、蔡、刘、杨、许、郑、谢、郭、赖、曾、洪、邱、周、叶、廖、徐、庄、苏、江、何、萧、罗、吕、高、朱、詹、胡、简、沈、施、柯、卢、余、翁、潘、魏、游、颜、梁、赵、方、孙、钟、戴、连、邓、曹、温、傅、蓝、姜、冯、涂、卓、石、汤、马、巫、董、田、欧、康、邹、尤、薛、严、程、童、韩、倪、阮、柳、纪、向、伍、管、阙、左、辛、范、官、陆、蒲、俞、谌、陈林、陈蔡、姜林、柯蔡、王游、张简、张廖。2006年姓氏普查中又发现有欧阳、唐、凌、汪、蒋、姚6姓。漳州向台湾移民已知姓氏共104姓，人口最多的姓氏依次是：陈、林、黄、张、李、吴、刘、赖、庄、萧、沈、简、魏等。祖籍漳州的台湾姓氏家族漳州市有2027个，其中南靖有53姓546个家族，诏安有36姓353个家族，平和有31姓313个家族，漳浦有35姓323个家族，龙海有42姓275个家族，漳州有37姓171个家族，长泰有15姓34个家族。迁台人数在100人以上的家族有28个，如南靖梧宅赖姓480多人，林姓200多人，梅、林、魏姓三房族谱记载的历代入台开基祖共309人，简姓143人，自十世至十四世都有人迁台。

---

① 林嘉书：《闽台移民系谱与民系文化研究》，黄山出版社2006年版，第254页。

奎洋庄姓 255 人，和溪乐土黄姓 304 人，书洋下版寮李姓 230 人。据南靖各派《萧氏族谱》记载，萧姓历代入台开基祖共 275 人，平和壶嗣吴姓 179 人，云霄何地何姓 397 人，漳浦佛昙大坑陈姓 231 人。向台湾移民人口最多的县份是南靖、平和、诏安、漳浦、龙海，基本涉及漳州各个主要姓氏聚居村社和每一代的大多数青年。在台湾 2300 多万人口中，历史上从闽南祖地迁徙台湾的移民占绝大多数，其后裔约为台湾总人口的 80%。

四、自唐末开始的漳州姓氏到南洋谋生

由于漳州各族姓的不断传衍发展，造成"人稠地狭，仰粟于外"的局面。因此，这些由北方迁徙而来的族姓又开始向外播迁，除了播迁大陆如广东潮汕、浙江温州、福建闽东一带，富有开拓拼搏精神的漳州各族姓多选择向海外播迁。闽人侨居海外，始于唐宋，至明更多。唐僖宗时，黄巢起义军于唐乾符五年（878）攻入福州。义军途经泉州转广东时，黄巢曾率部驻扎在九龙江畔，当时有不少漳州农民投奔到黄巢起义军里。后来，黄巢率部撤往广东，一部分将士下海谋生，其中有不少漳州籍的士兵也随同前往南洋。社会的动荡，造成民心不安，许多破产的漳州农民也纷纷乘船，随着信风，漂往菲律宾、印尼等地，并在那里扎根，繁衍子孙。《明史·外国四》"吕宋"条说："吕宋居南海中，去漳州甚近。……先是，闽人以其地近且饶富，商贩者至数万人，往往久居不返，至长子孙。"①《明经世文编》载："漳人以彼为市，父兄久住，子弟往返，见留吕宋者，盖不下数千人。"② 元朝统治时，漳属人民的起义较为频繁，但每次起义失败后，大部分人都乘帆船逃往南洋，并在那里定居。后来，随郑和出使的马欢在《瀛涯胜览》中也谈道："旧港，即古名三佛齐国是也……属爪哇国所辖……国人多广东、漳、泉人逃居此地"，"杜板番名赌班，地名也。此处约千余家，……其间多有中国广东及漳州人流居此地。"郑和七次下西洋（1405—1433）所带的随从大部分为漳、泉、潮一带的人民。明永乐至成化年间，陆续有漳州人移居南洋，其中有的是随郑和下西洋而羁留国外的。如龙海市角美镇鸿渐村许氏族人即于成化年间定居吕宋。尔后，鸿渐村到南洋的人越来越多，至 1491 年，该村十户就有八九户到南洋谋生，许玉环于清文宗咸丰十一年（1861）迁居吕宋丹辘，遂成许环哥望族。其四世孙女科拉松·许环哥·阿基诺于 1986 年当选律宾女总统，通过《鸿渐美许门族谱》寻到祖根，确认其曾祖许环哥即许玉环，遂于 1988 年 4 月 14 日到祖居地鸿渐村谒祖，并发表热情洋溢的讲话："我是菲律宾的总统，又是鸿渐村的女儿，回到这里，就是回到娘家。"明成化七年（1471），龙溪县海商丘弘敏等私下通商，航行到马六甲，后常有航船到南洋各地。明嘉靖年间（1522—1566）吕宋的中国商贩达数万人，其中福建漳州海商占"十之八"。郑思显，字我慎，于明嘉靖年间从龙海市榜山镇文苑社移居西洋万丹；其子郑启基（1572—1617），又名芳杨，字弘明，被推为马来西亚古代马六甲国的首任"呷必丹"（部落方国国王）。据漳浦县赤湖镇陈姓族谱记载：

---

① 张廷玉等撰：《明史》卷 323《外国四》，中华书局 1974 年版，第 8370 页。
② 陈子龙、徐孚远、宋徵璧等：《明经世文编》卷 400《疏通海禁疏》，中华书局 1962 年版，第 4332 页。

"明嘉靖年间出生的第十三代人陈教往咖喇巴（今雅加达）谋生，没有回来。"华安县丰山镇银塘村《赵氏族谱》记载：明嘉靖十二年（1533），赵氏第十三世孙赵宗启出洋咖喇巴。日本也是月港商船经常抵达的国家，由于倭患，明政府严禁民间与日本通商，但是私商"率多潜往"。至嘉靖末年，国人赴日者已达二三万人，其中大多为漳属人。明隆庆元年（1567），朝廷批准福建巡抚涂泽民关于开放海禁的奏请，这为漳州人民出国经商和谋生进一步提供了机会，漳州人大量移居东南亚。这是清代以前，漳州移居海外的第一次高潮。

第二次高潮是在鸦片战争以后，大批破产农民和失业手工业者被迫出国当"契约华工"，到东南亚或美洲当苦力。从鸦片战争至19世纪末，漳州一带出国的人数约20万。据华安县丰山镇银塘村《赵氏族谱》记载，自明万历至清嘉庆年间（主要集中于1576—1796），赵氏族人自十四世至十九世出洋定居巴城25人，柬埔寨5人，暹逻1人。沙建镇岱山村《郭氏族谱》记载：康熙年间郭氏十五世开始有人出洋，至十七世，往巴城4人，暹逻6人。① 黄岸派黄桂于宋嘉定六年（1213）从漳州府治之北十里许永香（今芗城区北斗）迁龙溪霞苑贤舍社，即海澄莲花八斗，今龙海市海澄镇黎明村。黄桂支系十九世祖于清末迁新加坡，二十五世黄金辉出任新加坡总统。17—19世纪，漳泉地区移居菲律宾的最多，据格雷戈里奥·F. 赛义德在《菲律宾共和国——历史、政府与文明》第10章统计，1603年，菲律宾的华侨已有3万人，1747年增至4万人，至1886年便增至6.7万人，1896年达到10万人。②

第三次移民高潮是在民国时期。由于军阀混战，日本帝国主义入侵，大批漳州人相继逃往国外。据不完全统计，这期间旅居国外的漳籍人士有70多万。

五、清代漳州姓氏向河南的军事移驻屯垦

明末清初，在抗拒清军时，一些跟随郑成功收复台湾的闽南将领，因郑氏集团的内部矛盾而率兵归附清军。清廷则把他们移驻河南、山东、山西、江南、浙江诸省开垦荒地，据《清实录》所载："康熙六年丁未八月初七己卯令河南、山东、山西、江南、浙江见驻投诚官兵开垦荒地。自康熙七年始，每名给五十亩，预支本年俸饷，以为牛种，次年停给，三年后照例起科。"③ 这些官兵在当地落籍成家开基。黄廷，字华明，龙海市角美镇锦宅村人，是郑成功帐下"善战、持重，百战不败"的提督。④ 康熙三年（1664）黄廷在漳州带5000闽南子弟兵归顺清廷，赐封慕义伯。康熙七年（1668）黄廷奉旨带1907名（另说3000名）闽台籍将士，从福建移驻河南省南阳府屯垦。据载："丁未（康熙六年）部议分拨海上投诚兵移驻外省。先拨慕义伯黄廷驻河南邓州，随召承恩伯周全斌入京。遵义侯郑鸣骏病故，其子缵成袭侯。慕恩伯郑缵绪病故，其子修典袭伯。皆召

---

① 江玉平主编：《漳州与台湾族谱对接指南》，厦门大学出版社2011年版，第184页。
② 格雷戈里奥·F. 赛义德：《菲律宾共和国——历史、政府与文明》，商务印书馆1979年版。
③ 《清实录》第4册，《圣祖仁皇帝实录》卷23，康熙六年七月至八月，中华书局1985年版，第313页。
④ 刘献廷：《广阳杂记选》，周宪文、杨亮功、吴幅员编纂：《台湾文献史料丛刊》第219种，台湾大通书局印行、人民日报出版社影印2009年版。

入京归旗。其标下兵及别镇兵各给行粮，分驻于浙江、江南、江西、湖广、河南、山东、山西、四川诸省，屯垦荒田，给其牛种，免其六年租税。将领或督垦，或拨在督抚提镇等衙门效劳。文官赴部候补。"①他们分屯邓州、唐河等七个州（县），寓兵于农，以备调征。漳州诏安人涂显（1631—1690），字孝臣，聚族以御海寇，于康熙三年（1664）领兵归顺福建总督李率泰，被封为都督佥事，驻师长乐。后随黄廷带240名涂、田、李、许、阮、朱、吴、郑、欧阳9姓闽籍将士分驻河南省唐河县东南二十里侯旗屯，世称闽营，在这里布置前、中、后三个闽兵营，夯土筑寨，屯垦定居，另建大成寨。涂显成为唐河县涂姓开基始祖。涂显后裔传衍至今16世，蔚成唐河望族，分布在河南省唐河县60余村300多户，传衍南阳、方城等地。

由黄廷带领驻河南邓州的漳泉兴化的闽台籍官兵落籍聚居在邓州张村镇和文渠乡的"五里四十八村"，繁衍子孙后代，故也有"闽营"之称，至今许多当地百姓还都自称为"营里人"，据说其中有许多具有台湾高山族血统的村民。据清同治六年（1867）修的《邓州台湾土番垦屯陈氏家乘》载，此谱为陈锦祺"谨据（慕义）伯府珍存闽营宿将传册"和"墓碣碑表"所修。谱载："溯吾邓州垦屯冠军里上营陈氏族，发脉大海彼岸台湾孤岛，源于阿里山土番猎首族矣"；"始祖公讳依那思罗，台湾诸罗县阿里山土番猫地干社猎户籍"。陈氏家族发展繁衍至今13世，42户200余口人。除陈氏家谱外，周、林、蔡、黄、张、许等七姓家谱均有其他姓氏先祖的记载，"携吾台湾土番周、林、蔡、黄、陈、张、许等于冠军故城东南隅安营扎寨"。至20世纪90年代，自报为高山族的周、林、蔡、黄、陈、张、许等七姓有1902人（其中220人已确认改为高山族）。自康熙七年（1668）黄廷奉旨带闽台籍将士从福建移屯河南南阳屯垦的三百多年来，虽然经历了"闽营化"（闽南化）、"邓州化"（河南化）乃至"大陆化"（汉化）的过程，大多数人已经中原化，但有的还保留着闽南的生活习俗，人们称下营村是"台湾村"。清代随黄廷将军分屯落籍的闽南籍官兵，主要分布在现南阳市的唐河县、方城县、镇平县、内乡县、新野县、邓州市（原为邓县）等六县（市）。闽南籍官兵姓氏有涂、周、林、蔡、黄、陈、张、许、蒋、郑、翁、杨、洪、吴、高、潘、梁、刘姓等18姓。

漳浦葛后下店人蔡禄，投入郑成功抗清队伍后，于顺治十八年（1661）在铜山降清，康熙六年（1667），蔡禄升任河北镇总兵官，率旧部4000余人驻守黄河北岸的怀庆县（今河南沁阳），所带的闽南漳浦籍将士有蔡、田、江、康、聂、汤、孙等七姓，落籍今河南济源市。今孙姓有220余人，田姓有400余人，汤姓有100余人，江姓有40余人，康姓有200余人，聂姓有40余人。

以上这些由于历史、政治、经济、文化变化的各种因素，构成了一幅幅各具特色的反映姓氏迁徙发展变化轨迹的漳州姓氏地图。从中可以十分清晰地看到一条贯穿始终的脉络，上下五千年来，从炎黄传衍于中原，于两晋唐宋元播迁到福建闽南，于明清从闽南漳州迁徙到台湾，移居到海外，无不充分说明了我们的根在中原，源自华夏，漳台一家，血脉相连。我们都是炎黄子孙，中华民族必然生生不息，延绵不断。

---

① 彭孙贻：《靖海志》，周宪文、杨亮功、吴幅员编纂：《台湾文献史料丛刊》第35种，台湾大通书局印行、人民日报出版社影印2009年版。

专题三

中国东南沿海非军事人口播迁文化史研究

东南亚华人纪录片的移民叙事研究*

一、研究设想的提出与建立

东南亚是一个世界地理概念，包括中南半岛和马来半岛，由 11 个国家组成，由于东南亚地区地处亚洲与大洋洲、太平洋与印度洋的十字路口，所以东南亚地区不仅在我国地缘政治中占据重要地位，而且在世界地理版图中也发挥着重要作用。

东南亚华人与世界其他国家的华人相比，因其保留了较多中华民族的宗族观念、风俗习惯、文化信仰、语言文字等，成为世界华人研究的重要"窗口"。

"南洋"是我国明清时期对东南亚部分地区的称呼，自明清以来，我国福建、广东等地沿海的人口因躲避战乱、海外谋生、殖民地开发招工等原因向东南亚地区进行的迁徙，史称"下南洋"。"下南洋"是我国人口迁徙历史上与"闯关东""走西口"并称的移民潮，在我国的移民史上占据重要地位。"二战"后学界普遍称呼东南亚的华人为东南亚"华族"，这是世界各国移民族群中颇具代表性的族群，对研究他国"移民"具有重要研究价值。

历史上东南亚华人在当地国家发展华人的文化、教育等领域，特别在经济方面取得了瞩目的成就，然而在 21 世纪以前因为在政治参与方面的弱势，屡遭排挤、打压甚至屠杀清洗。21 世纪以来，东南亚华人逐渐意识到政治参与对华族立足的重要性，积极在当地国家的参政议政，并且在文化方面努力为华族发声，在电视剧、电影、纪录片等文化产业领域生产了系列作品，然而学界对东南亚华人的影像叙事领域存在研究空白。

研究东南亚华人的移民叙事，可以从人类学的角度对东南亚华人的族群认同进行审视，可以从文艺学的角度对东南亚华族在当地的话语构建进行剖析，可以从叙事学的角度对东南亚华人影像的叙事进行分析，可以从传播学的角度对影像在东南亚华人群体中的传播效果进行研究，东南亚华人影像的研究具有可行性。

历史上，我国明、清、民国时期移民沿着"海上丝绸之路"到南洋讨生活，如今东南亚是我国推行"一带一路"倡议面向的重点区域。对东南亚华族影像叙事的研究有助于解读"一带一路"沿线东南亚国家华人影像传播景观和华人文化实践现状，为国家政策制定提供理论依据。通过分析构建海外华人族群认同的影像叙事框架，有助于提升海外华人凝聚力，为"一带一路"提供基础动力。

---

* 作者简介：周秀杰，博士，原刘芝凤教授闽台文化资源研究团队成员，厦门理工大学影视与传播学院讲师。

如前所述，东南亚华人移民是世界移民的一个重要组成部分，如今东南亚华人在电影、纪录片等方面的个人风格和专业技巧日趋成熟，其移民叙事的手法也在不断升华。分析移民身份的导演在影像上的叙事，可以发现其身处多元文化的异国对于自身文化身份和族群身份的重新审视与自我定位。对于世界移民叙事来说，东南亚华人导演构建了一种颇具个性和规模的移民叙事话语，可以看作全球多元文化中移民文化当中具有研究价值的个案。

对于东南亚华人影像叙事的研究，可从人类学、历史学、文艺学、传播学等多个学科角度对该问题进行分析，通过梳理相关问题的学术史，可知目前学界对于该问题的研究存在滞后性——虽然各学科对相关问题有所涉及，但对研究对象的专门系统性研究不够，各学科融合研究存在欠缺。

二、学术史梳理及研究动态

（一）国外研究现状

对于后殖民主义的讨论始于20世纪米歇尔·福柯、赛义德等欧美知识分子，他们挑战了黑格尔、康德等构建的宏大叙事，对知识、话语、权力等问题进行重新审视。

人类学中族群研究是研究世界移民的重要角度，其中"族群认同"是族群研究的重要议题。国外对大众传播与族群认同构建的辩证研究，代表作有本尼迪·安德森的《想象的共同体》，安德森论证了大众媒介与族群认同的密切关系，认为"民族被想象为一个共同体"[①]。

东南亚区域的研究主要有：新西兰学者尼古拉斯·塔林撰写的著作《剑桥东南亚史》，该书全面展示了从原始社会到19世纪初的东南亚历史。美国学者本尼迪·安德森的著作有《比较的幽灵：民族主义、东南亚与世界》等，但这些有关东南亚的研究对于东南亚华人的关注不够。

关于移民叙事，主要集中于美国，有美国学者瓦伊勒·S.哈桑（Wail S. Hassan）的《移民叙事：阿拉伯裔英美文学中的东方主义与文化翻译》，该书是首部关于英、美、阿拉伯移民整体文学传统的研究著作。美国著名汉学家孔飞力在《他者中的华人：中国近现代移民史》一书中把海外华人放在世界移民的叙事场中进行审视，从广阔的时空跨度上对东南亚等地的华人问题进行了深刻探讨。

东南亚华文传播的研究者主要集中于欧美国家以及东南亚的新加坡、马来西亚等国家。这些学者侧重从区域研究角度去研究华文报刊，对视觉、听觉传播领域的广播、电视、电影、纪录片等研究相对较少。

国外对东南亚的研究主要关注于东南亚的人文、历史、政治等方面，对东南亚华人的研究不全面，对东南亚华人的影像研究亟待发展。

---

① 本尼迪克特·安德森：《想象的共同体：民族主义的起源与散布（增订版）》，吴叡人译，上海人民出版社2016年版。

（二）国内研究现状

我国对东南亚的研究，主要为厦门大学、暨南大学等高校的学者，但是还未有学者针对东南亚华人影像叙事进行深入研究。

移民叙事的研究，我国相关学者虽然有所涉及，但主要集中于文学、电影等领域。程国君的《全球化与新移民叙事：美华文学与北美新移民文学研究》主要是对美国华人移民文学作品的研究。杨慧的《"他者"的崛起与失落——谈全球化时代德国多元文化语境中土耳其移民电影叙事的意义》一文从人类学、文艺学的角度对德国的土耳其独立电影"移民叙事"进行研究，对其从移民叙事的角度研究东南亚国家的华人影像具有借鉴意义。[①]

对于海外独立纪录片的研究，主要有王福来的系列论文，但是他的著作主要是从跨文化传播的视角审视海外独立纪录片，观点多为人文观点，涉及的海外纪录片为日本、北美等地的独立纪录片，缺乏对东南亚华人纪录片的专门研究，研究方法也较为单一。

关于东南亚华人影像的研究，我国有少数学者开始关注，有吴杰伟的《从华侨华人参与东南亚电影产业的历程看自身社会角色的变迁》[②]、梁明柳的《东南亚电影中的土生华人文化现象解读》[③]等，但这些文章多为对东南亚华侨华人电影的梳理与概括，缺乏深入研究与探讨。

基于研究史，针对已有研究不足，笔者的研究对象为东南亚华人影像叙事，即涉及东南亚华侨华人相关题材的电视剧、电影、纪录片等，制作方和出品方来自中国、东南亚国家，以及其他国家或地区等，主要针对华侨华人在当地国家的移民叙事来进行研究，由于纪录片是华人原生态生产生活呈现的表达方式之一，故本文主要研究东南亚华人的纪录片。

三、东南亚华人纪录片的移民叙事研究

（一）东南亚华人纪录片概述

1. 华人参与背景的纪录片占多数

从全球范围来看，有关东南亚华人的纪录片主要出品于中国大陆、东南亚国家等地，在欧美国家中也有少数纪录片涉及。从投资方和出品方来看，大多具有东南亚华人背景。

（1）独立纪录片。

"二战"后，东南亚国家纷纷摆脱西方殖民者的统治，民族主义在东南亚各国盛行。东南亚本土电视剧、电影、纪录片等随着国家独立获得了很大发展。东南亚华族作为东

---

① 杨慧：《"他者"的崛起与失落——谈全球化时代德国多元文化语境中土耳其移民电影叙事的意义》，《当代电影》2010年第5期，第130－134页。

② 吴杰伟：《从华侨华人参与东南亚电影产业的历程看自身社会角色的变迁》，《暨南学报（哲学社会科学版）》2014年第36卷第7期，第1－8页。

③ 梁明柳：《东南亚电影中的土生华人文化现象解读》，《电影文学》2013年第11期，第8－9页。

南亚国家的组成部分，曾经参与东南亚本土的影像创作，发挥了一定的作用。21 世纪以来，随着东南亚华人在政治、文化等领域的参与度的提升和传播族群文化意识的增强，东南亚华人逐渐担任独立制片人，独立筹资、创作、发行有关东南亚华人题材的纪录片。

东南亚华人独立纪录片有新加坡邓宝翠的《我们唱着的歌》，缅甸赵德胤的《挖玉石的人》《翡翠之城》，马来西亚苏忠源的《昨天》等。这些纪录片多体现了强烈的导演个人风格，流露出强烈的乡土意识、民族情怀，内容表达了对华人身份的追寻与反思，他者身份在异国的生存与抗争，对东南亚国家成长经历的追溯与思念。

（2）电视台制作的纪录片。

中央电视台国际频道《远方的家》的"一带一路"特别节目《东南亚的华人情》、旅游卫视的《东南亚四大唐人街》、北京电视台的《大迁徙》等节目，涉及东南亚华人。由于东南亚华人在世界华人当中占据重要地位，"下南洋"在我国人口迁徙中占据重要地位，因此许多纪录片系列节目都涉及东南亚华人等相关题材。然而，因为我国的这些纪录片多为电视台制作，缺乏相关的制作经费与制作周期，多为系列节目中的一集，呈现的内容多为二手资料，缺乏对东南亚实地拍摄的材料和专门的研究，所以不作为笔者的主要研究对象。

新加坡优频道的《不一样的南洋华人》由新加坡华人演员王沺裁主持，该系列纪录片分为六集，记录了主持人走访马来西亚、泰国、缅甸、菲律宾等地华人社群聚居的地区的见闻与思考，通过史料分析、人物访谈、实地走访等方式对东南亚华人的语言、民俗、信仰、艺术、教育、历史等景观进行了较为细致的呈现，因此具有一定的研究价值。

（3）华商投资的纪录片。

中央电视台播出的十二集纪录片《下南洋》就是由华商投资的一部纪录片，即由马来西亚长青集团创始人张晓卿投资 2000 多万。投资人不仅为该纪录片投入金钱，还投入人力、物力，体现了华商对于东南亚华人的身份认同和对历史追溯的使命感。

在国内，南洋研究并非显学。纪录片《下南洋》的创作总监麦天枢在接受媒体采访时表示，一方面，南洋研究的基本资料都在西方，而西方却鲜少以华人为研究角度；另一方面，国内对南洋的研究基本都处于国际政治研究的框架下，一直没有成熟的历史叙事。正因如此，纪录片《下南洋》的制作方在寻找相关权威专家时费了很大力气。①

2. 题材广泛且有所侧重

东南亚华人纪录片所涉及的题材广泛，有新加坡新传媒集团的美食纪录片《寻味地图：昔日福建街及厦门街》；有黄巧力导演为欢庆 2007 年马来西亚独立 50 周年而特别摄制的大型华人文化系列纪录片《扎根》。纪录片《扎根》记录了华人在本土扎根，并与本土多元文化交融、承传、流变和发扬的历史过程，分为交融篇、传承篇、发扬篇总共十三集，对华人在当地的历史、风俗、信仰、民间艺术有了全方位的展示。然而，由于该片是马来西亚 Astro AEC 电视台为庆祝马来西亚国庆的特别节目，所以较少涉及马来西亚华人的苦难历史。

东南亚华人历史上不可回避的话题便是东南亚华人的血泪史——关于东南亚华人艰

---

① 李兮言：《纪录片〈下南洋〉：文化认同不等于身份混淆》，《时代周报》2013 年 12 月 21 日第 6 版。

难讨生活、被屠杀清洗的历史。然而，由于话题的敏感性，许多纪录片都选择回避了这段历史。例如，中央电视台的纪录片《下南洋》中在《血泪南洋》一集中，只涉及20世纪之前殖民者对东南亚华人屠杀的历史，而没有涉及"二战"后东南亚华人被屠杀的历史。

香港凤凰卫视拍摄的纪录片《在海水的另一头——南洋华人生存实录》较为详细地记录了"二战"以来东南亚的马来西亚、新加坡、印尼等国家对华人的政策变迁，提及了1998年印尼"屠华"事件。《我来自新村——马来西亚华人的生存故事》讲述了1950年以来马来西亚英国殖民地时期为了防止华人与马来西亚共产党的接触，驱赶华人到新村定居，马来西亚华人开始了长达13年新村的艰苦生活的历史。

3. 方言语言具地域特色

东南亚的华人以福建人、广东人为主，东南亚华人使用的方言有闽南语、粤语、客家话、福州话等，其中以闽南语、粤语等最为流行。语言是文化的载体，而各地方言更是承载了当地的民俗、信仰、艺术等地域文化，例如，东南亚华人社群盛行至今的闽南地区特有的送王船、拜天公、布袋戏等都是用闽南语呈现的。地方语言是华族文化的重要部分，起到沟通交流、联络情感、共享民族文化与民族记忆的作用。在东南亚华人的影像叙事中，不乏当地华人运用汉语方言接受采访交流，以及用汉语方言呈现艺术形式，如《我们唱着的歌》提到了《麻雀衔竹枝》，因几句粤语、闽南语而遭到禁播的历史；新加坡自1979年就开展"讲华语运动"，防止因为华族多方言造成的交流不畅。

尽管如此，在东南亚各国华人社群仍然保持着说方言的习惯，华人纪录片的解说语和采访语均采用方言呈现的特点。例如，厦门电视台的闽南语纪录片《南洋家书》，香港翡翠台的粤语纪录片《华人移民史——下南洋》等，方言纪录片唤起海内外华人共同的情感记忆，构成了东南亚华语言文化方面真实的写照，成为东南亚华人影像叙事重要的特点之一。

4. 涉及政治敏感话题

东南亚华人在东南亚殖民地时期曾经和当地民众并肩战斗，然而"二战"过后，各国国情风云多变，这些人当中的马来西亚共产党、印度尼西亚共产党在政治上遭到驱逐甚至屠杀，新加坡左翼人士至今仍然是新加坡的敏感话题。

新加坡的纪录片《星国恋》记录了20世纪60年代因为政治原因离开新加坡的人，由于涉及共产党、左翼人士等敏感话题，至今仍然被新加坡列为"任何分级都不允许"的影片。

涉及马来西亚共产党的影片也被马来西亚列为"敏感影片"。例如，由五位新加坡影人拍摄的《再见马来西亚》（*I love Malaya*）记录了马来西亚共产党领导人陈平；由廖克发执导的纪录片《不即不离》，探寻其素未谋面因参加马来西亚共产党而牺牲的祖父；独立电影人阿米尔·莫哈末（Amir Muhammad）曾拍摄过两部关于马来西亚共产党的纪录片，一部叫作《最后的共产党男人》（*Lelaki Komunis Terakhir*，2006）涉及马来西亚共产党领导人陈平，另一部则是《村民们好吗》（*Apa Khabar Orang Kampung*，2007）涉及马来西亚共产党在泰国的游击史，这些关于马来西亚共产党的纪录片至今仍被马来西亚内政部视为"禁片"。

美籍英导演欧本海默拍摄的电影《我是杀人魔王》曾入围第86届奥斯卡金像奖。该纪录片花了六年的时间拍摄制作，记录了1965年印尼发生的一场政治屠杀，由于该片涉及的话题较为敏感，所以该纪录片的主创人员多采用匿名。

(二) 东南亚华人纪录片现状剖析

1. 华人影像叙事的接受程度高

2018年5月，刘华等人发表于期刊《语言文字应用》上的《面向东南亚华语语言规划的语言态度调查研究》[①]，通过对东南亚5国12地区华人社群开展问卷调查发现：东南亚华人普遍倾向于使用语音和图像作为载体的华文媒体，如广播、电影、电视；而以文字为载体的媒体使用则明显受语言水平的影响。

刘华等人认为，以语言和影像为载体的电影、电视节目更受东南亚华人的欢迎，马来西亚和新加坡华人"总是""经常"收看的比例均超过半数，其余国家"是""经常"或"有时"收看华语电影和电视节目的比例也基本超过半数。以文字为主要载体的华语报刊、书籍在东南亚华人中的使用情况明显与华人的华语水平相关。马来西亚和新加坡华人"总是""经常"阅读华语报刊、书籍的比例超过60%，但菲律宾、印度尼西亚和老挝"很少"或"从不"阅读华语报刊、书籍的比例超过了50%。

正是由于影像已经成为东南亚华人获取信息的主要媒介，所以东南亚华人倾向于通过影像这种媒介进行叙事，以期通过本土内容生产的作品在华人社群中获得更广泛的传播。

2. 想象共同体的缔造与撕裂

本尼迪克特·安德森在《想象的共同体：民族主义的起源与散布》一书[②]中认为，民族是一个想象出来的政治意义上的共同体，即它不是许多客观社会现实的集合，而是一种被想象的创造物。他认为，想象能够激发起自我牺牲之爱，爱国的行动是用语言而非血缘构想出来的。

在东南亚华人地区开办华校、讲华语是华人社群的传统，华人社群对中华民族语言和文化的重视体现了当地人对于身份的认同。

从抗战时期东南亚华侨华人为中国人民伟大的反抗日本帝国主义侵略战争而慷慨捐款，到如今东南亚华族对于族群认知的转变和认同的转化，东南亚华人在影像记录中不可避免地表达了这种历史记忆在情感中的体验，尤其在华人独立纪录片当中表现得最为明显。

3. "精神无家园"的失落与找寻

东南亚自古以来便是世界交通的要道，受多国文化、风俗的影响深远，例如，有"千岛之国"之称的印度尼西亚有300多个民族及742种语言及方言，[③]身处多重文化之中的华族在影像叙事中体现出一种矛盾与焦灼。

---

① 刘华、黎景光、王慧：《面向东南亚华语语言规划的语言态度调查研究》，《语言文字应用》2018年第2期，第11-19页。

② 本尼迪克特·安德森：《想象的共同体：民族主义的起源与散布（增订版）》，吴叡人译，上海人民出版社2016年版。

③ 温北炎：《试析印尼华族与当地民族的关系》，《世界民族》2003年第3期，第44-50页。

深入这些移民作品的叙事即会发现，文化多样化带给东南亚华人更为复杂深刻的情感体验。这些纪录片既有华人在文化传承过程中遭受打压的艰难与抗争，又有对东南亚文明既吸取又抵触的两难。在情感与理性之间、现实与理想之间充满了对自身身份的困惑以及对族群未来的担忧。东南亚华人移民体验到一种由复杂的政策导向与现实所迫而导致的对自身身份的疑惑，乃至面临精神家园丧失的焦灼。

邓宝翠拍摄的《我们唱着的歌》便是找寻"精神家园"中一部颇具代表性的纪录片。这部纪录片通过梳理新加坡"新谣"运动的始末，流露出新加坡华人对华校撤并的无奈与坚持，新加坡华人对华语传播与传承的抗争与发展，通过唱华语歌这一形式，去找寻新加坡华人的精神寄托。

4. 他者叙事的矛盾与选择

有研究者指出，全球化进程的直接结果之一是"各民族之间的物理距离正在缩短"①。然而，在世界移民的叙事场当中，对于移民身份的华人来说，当地国家的族群是他者；对于在地国居民来说，华人是他者。信息传播的不对称容易导致他者叙事中形象塑造的变形，在互为他者的叙事当中，身为移民的东南亚华人既愿意接纳所在国的政策、文化、生活习俗所带来的改变，又想体现和表达自身族群的特色与文化符号。

在过去的半个世纪里，东南亚华族移民群体和东南亚主流社会的关系是后殖民时代中他者叙事存在的充分条件。在移民国家和地区，毋庸置疑，地理位置无限接近的异乡人和本国人都会不同程度地身处这些矛盾场中。

5. 风云诡谲的政治环境

东南亚国家政治环境具有复杂性，整体都经历了殖民地时期和"二战"后的国家解放，然而由于各国国情和发展情况不同，对东南亚华人的政策也不尽相同。

从印度尼西亚苏加诺政府到苏哈托政府对印尼共产党态度的大逆转就可以看出，东南亚华人的命运不可避免地卷入了当地国家的政治斗争、政权交叠、权力斡旋，甚至冷战时期东西方阵营的对抗之中。

21世纪之前，在印度尼西亚、马来西亚、菲律宾等国屡次发生排华事件，许多国家也对东南亚华人采取"同化"政策，东南亚华人身处风云诡谲的政治环境中，一方面，他们具有强烈的"记录"意识，希望记录其悲惨的过往和不公正的待遇；另一方面，又由于当地政府的不支持乃至禁令，许多影像不允许在本国播出。

这些东南亚华人影像制作与传播过程中遇到的"瓶颈"与困惑，成为东南亚华人纪录片，特别是独立纪录片在全球独立纪录片制作环境场中体现的个性，也是共性。

四、总结与延伸

东南亚华人纪录片一直是学界研究的空白，然而该研究在当今文化环境和政治环境中却具有必要性和重要意义。

---

① 哈佛燕京学社：《建构世界共同体——全球化与共同善》，方俊人、姜玲译，江苏教育出版社2006年版。

笔者试图从研究设想的提出与确立、对东南亚华人纪录片的梳理与剖析，从人类学、历史学和文艺学的角度对这一问题进行审视。

然而对于东南亚华人纪录片传播效果的研究还需实地调研和深度访谈，这是笔者接下来要深入和着眼的研究点。此外，笔者认为，东南亚华人纪录片的相关研究还可以从以下论题切入。

1. 东南亚华人电视剧、电影等的影像叙事

第二次世界大战之后到 20 世纪 80 年代，电影作为主要的娱乐形式在东南亚地区得到快速发展，华侨华人社会也积极参与东南亚地区的电影创作和传播，创作了一定数量的电视剧、电影作品，其中不乏杰出导演和他们执导的优秀作品。

影视作品作为一种了解移民的想象共同体的媒介，是我们了解东南亚华人族群的一个重要手段。

2. 闽南语的东南亚传播与中华文化传播

福建省泉州市是"海上丝绸之路"的起点，"下南洋"移民潮中重要的一支就是福建人。如今福建人是东南亚族群中重要的组成部分，其中，闽南语在东南亚华人社区中有着广泛的运用。语言是文化的载体，东南亚华人对汉语方言的认同感与对文化的认同感紧密相连。但从现实来看，海外闽南语媒体发展受限，如何继续发挥其承载传扬中华文化的重要功能，仍然是东南亚华文媒体当前面临的最大挑战之一，亟待开展学术研究。

明清广西北部湾地区外来移民的来源、途径及影响*

自古以来,广西北部湾地区的发展滞后于中原地区,"风声、文物不能齿于上国"①,历代移民的到来无疑是改变当地社会面貌的重要因素。特别是明清两代,外来移民陆续进入广西北部湾地区,对当地社会的发展产生了重大影响。由于政治、经济、军事形势发展的不同,这两个时期移民的来源、构成和数量上都有差异性。但总的来说,移民的到来,对于促进该地区的开发、经济文化的发展及民俗风情的变化,为社会的整体进步提供了有利条件;同时,逐步缩小了与内地经济文化发展的差距,对加强该地区与中原的联系,开发边疆、建设边疆、保卫边疆和促进各民族的融合发展起到了积极的作用。研究这一问题,对于加强广西北部湾地区各民族的融合、共同建设好"海上丝绸之路"的南向通道具有重要作用。

一、明清广西北部湾外来移民的来源

早在秦汉时期,随着秦朝南开五岭,特别是汉武帝征服南越国后,以广西沿海港口为出海口的"海上丝绸之路"的开辟,一批批中原汉人来到广西沿海。现存文献中却鲜有这方面的记载。现有研究表明,隋唐时期统治广西沿海直到雷州半岛一带的钦州宁氏家族是由中原迁徙到此并逐渐成为岭南望族的。② 在宋人周去非的《岭外代答》中也有钦民有五种:一曰土人,二曰北人,占籍钦州地;三曰俚人,四曰射耕人,射地而耕,子孙尽闽音;五曰蜑人的记载。③ 外来移民大规模进入广西北部湾地区是在明清时期,而且其规模和数量都超过了以往任何一个时期,其来源主要有下述三类。

(一)仕宦任职

明代实行异地任官,洪武年间曾"定南北更调之制,南人官北,北人官南",后虽不再限制,但"自学官外,不得官本省"④。清代职官制度基本沿袭明代,各地衙门机构中的主要流官仍为不同省籍官员异地担任。通过对从梁武帝普通四年(523)开始到民国元

---

* 作者简介:吴小玲,北部湾大学教授,国家社科基金重大项目"中国东南海洋史研究"【19ZDA189】地方卷广西卷负责人。
① 林希元:《钦州志》卷1,《山川》,上海古籍书店1961年据宁波天一阁藏明嘉靖刻本影印,第51页。
② 杨豪:《岭南宁氏家族源流新证》,《考古》1989年第3期,第269页。
③ 周去非著,杨武泉校注:《岭外代答校注》卷3《兵丁门》,中华书局1999年版,第144页。
④ 张廷玉:《明史》卷71《选举三》,中华书局1974年点校本,第1716页。

年（1912）历代钦州州官可考者176人的考证情况，发现明清在钦州任州官的有140人，均属流官①。其他机构中的杂职官员数量更多，流官的比例也有相当分量。这些流官一般数年一换，流动性较大，他们中的一部分入籍本地，成为特殊移民，在传播中原先进文化、促进当地社会进步方面发挥着其他移民群体不可替代的作用。如据钦州青塘镇利氏《明学公开基概况》称，利明学，祖籍河南，明末从广东高要调到灵山任职，任职满后，安居陆屋圩东郊胜塘村（即今广西灵山县陆屋镇东胜街），共生八子二女。至1990年，其后裔分布于钦州市钦北区大寺镇、平吉镇、青塘镇，钦南区大番坡镇，灵山陆屋镇、太平镇，浦北白石水等地，人数众多，以"陇西"为寺堂号。据说，目前全世界利氏有近两万人，其中一万多人分布在广西钦州及灵山。另据灵山旧州《张氏族谱》载：张良圣，明朝万历年间（1573—1620）从广东嘉应县（今梅县）调至灵山七里任营讯官，见旧州水土肥沃，适于居住生活，解任时便回嘉应州与胞兄张良贤挈眷到灵山旧州的塘寮、樟木、六华、张高、古修、民主、西屯、上并、横塘、大岭、石桥等村定居，还有一部分居住在相邻的平吉、陆屋、那隆、三隆等村，以"清河""金鉴"为寺堂号。又据合浦《秦氏家谱传流记》载："秦氏之姓为天水郡者……吾宗之先四川成都府华阳县人，由秦安民公仕宋，为昌化郡宜伦县、廉州、合浦尹，卒于官。二代子九官，落籍合浦，授吴州文学……其后裔复迁合浦。"

（二）军士留戍

明初定制："其取兵，有从征，有归附，有谪发。从征者，诸将所部兵，既定其地，因以留戍。归附，则胜国及僭伪诸降卒。谪发，以罪迁隶为兵者。其军皆世籍。"②"从征"指的是明朝洪武年间明兵平定各地，留下相应军士镇守。为了加强对边疆的统治，明代遍设卫所，"东自辽左，北抵宣、大，西至甘肃，南尽滇、蜀，极于交阯，中原则大河南北，在在兴屯矣"③，洪武二十六年（1393）定天下都司卫所，共计设置17个都司，3个行都司和1个留守司，下辖内外卫所约329个，守卫千户所65个。为抵御倭寇，明朝在沿海建立了卫所54个、千户所127个、巡检司230个、烽堠墩1338座。明代实行军籍制，卫所军士及子孙均入军户，世代为兵，不得更动；而且"军士应起解者皆佥妻（带家眷）"④，"如原籍未有妻室，听就彼婚娶，有妻在籍者……着令原籍亲属送去完聚，亦取回照"⑤。妻小跟随丈夫到戍守地点，不得随意迁徙或逃亡，久之就变成落籍当地的常住人口。

明洪武年间，曾在廉州设守御千户所，后升为廉州卫，下辖6个千户所。其中左、右、中3个千户所设于廉州府城内，永安守御千户所设于县东的海岸乡（今山口镇永安村），此外还有钦州守御千户所和灵山守御千户所，均可能有军人及家属留下。明永乐、

---

① 黄学成：《钦州州官可考者》，见政协钦州市委员会文史资料委员会编：《钦州文史资料第六辑》，钦州市印刷厂1999年版，第222-249页。
② 张廷玉：《明史》卷90《兵二》，中华书局1974年点校本，第2193页。
③ 张廷玉：《明史》卷77《食货一》，中华书局1974年点校本，第1884页。
④ 张廷玉：《明史》卷92《兵四》，中华书局1974年点校本，第2258页。
⑤ 《大明会典》卷155《兵部三十八·军政二·起解》，《续修四库全书》791册，第611-612页。

宣德间，为了镇压少数民族起义、交趾的反叛及平定倭寇，明朝又调兵数十万前来广西。这些军队有的在战后撤回原驻卫所，有的则长期留戍当地，成为当地卫所军士的重要补充来源。据明嘉靖《钦州志·兵防》记载："钦州守备，自宣德元年交趾黎利反叛，始命广东都指挥程玚领军于钦城南北，立四营以守，后因之。"并设立千户所、营、堡等军事机构及其据点，"钦州千户所辖十、百户所，额设旗军一千三百八十二名"，另设有防城营、白皮营、方家营、上扶隆营、陆眼营、烟通营、坑营等[1]，均可能有军人落籍当地。

在实行卫所制度的同时，明朝实行军民屯田、耕战结合制度。军民屯田一般由地方官吏组织。明洪武年初，钦州设立屯田64顷，以钦州千户所百户二员领军出野屯种。到明宣德年间（1426—1435）罢屯田并分给农户耕种。明嘉靖十五年（1536），知州林希元到任后，"见荒田数多，差官丈量，得荒田一百顷八十亩，招人承种，莫有应者"，于是"乃议复屯田"，并在《奏复屯田疏》中将屯田的理由和办法禀奏朝廷。林希元屯田的方法有三，一是招"军余""客户"（外来之民），二是将负责守库追捕巡捕的"民快"拨出一部分于州治附近屯种，三是令上、下班出海巡哨的军人下班时种一分田[2]。被征调、招募或迁徙到钦州屯田的官兵、客户，久者兵化为农，融入当地民族之中。至今在广西沿海的钦州、合浦、北海、防城等地仍有不少地名以屯、营来命名，如黄屋屯、北营、营盘、滩营等，钦州市辖区内的太平、旧州、板城、新棠、长滩、大直、贵台、大寺、黄屋屯、那蒙等乡镇内的许多村名都冠之类以"屯"字，应与当时的屯田或营防有关。

清初实行绿营兵制，把明代的卫所军户"俱改为民"。各地驻扎有绿营兵，设镇、协、营驻防，有事调遣，事毕返回；另在一些要地设汛塘关哨隘卡，以千总、把总领兵驻守。如清初在合浦设协，后升为镇并改称营。海防则先后由乾体营、龙门协右营管辖。廉州协长官为副将，下设左右二营，官兵额为2000名。廉州镇长官为总兵，下辖中、左、右、乾体、钦州5营，长官为游击，兵额共3061人。廉州营长官为游击，分防合浦、灵山两县，辖官兵1008人，道光元年（1821）有官兵809人。北海镇（光绪十四年设），长官为总兵，下辖广东电白至防城各地水陆官兵11营，县境内有左右二营，左营长官为游击，辖官兵514人，右营长官为都司，辖官兵415人。康熙八年（1669）为增设沿海防卫，改廉州镇下辖的乾体陆营为水师。长官为游击，官兵共1518名。康熙二十三年（1684）裁乾体营，并入龙门协。龙门协下设水师右营，长官为守备，驻防永安城，管辖戍守合浦县沿海官兵341人。[3] 清初的钦州营原额官兵1000人，马200匹，战守兵各半。后增拨抚标兵60人，内有千总1员；康熙八年（1669）共有官兵1262人，其中驻防城官兵660人，除分拨各处塘汛墩台外，州城官兵258员；派守防城官兵401员，除分拨各塘汛墩台外，防城官兵215员。康熙十六年（1677）复设游击1员，守备1员，千总3员，把总6员，共计官11人，步战兵312人，守兵688人。康熙二十三年（1684）设龙门协参将，后为定营制，设游击1人，守备1人，千总2人，把总4人，步战兵221人，守兵

---

① 林希元：《钦州志》卷6《兵防》，天一阁藏明代方志选刊，钦州市地方志编纂委员会办公室2009年根据上海古籍书店1961年12月影印宁波天一阁藏明嘉靖刻本影印，第317、338-339页。

② 林希元：《钦州志》卷2《食货》，天一阁藏明代方志选刊，钦州市地方志编纂委员会办公室2009年根据上海古籍书店1961年12月影印宁波天一阁藏明嘉靖刻本影印，第124页。

③ 合浦县志编纂委员会编：《合浦县志》，广西人民出版社1994年版，第152页。

515 人。雍正七年（1729），增设外委千总、把总 4 人协办汛务。至嘉庆二十三年（1818），实有官兵 742 人。① 这些兵员有一部分为从广西各地征调的士兵，还有相当一部分（包括军官将领）是从内地调来的。"从康熙二十三年（1684）起，清置龙门协领，设龙门水师，驻岛士兵大都来自福建，他们被裁减后，大多落籍龙门，以打渔为生。"② 今龙门岛姓氏复杂，当地居民有用官话（即钦州正）交流的传统，这可能是驻岛居民为水师士兵后代的一个遗证。

清代进入广西的军事移民虽仍在继续，但兵士来源多元化，数量也比前代有所减少，在整个移民群体中的比重不断下降，其作用已不能与明朝相比。此外，明末清初，南明永历政权数十万军队转战合浦到钦州沿海抗清长达十几年，抗清斗争失败后，散落的士兵也成为广西沿海外来移民的一部分，他们大多为浙江人、福建人。

（三）谪迁流放

明朝，广西沿海仍为朝廷贬谪官吏和罪犯充军的地区之一。谪迁，主要限于仕宦；流放，又称"充军"，包括所有不同阶层之人。充军者"明初唯边方屯种，后定制，分极边、烟瘴、边远、边卫、沿海、附近"③。广东规定：官吏军民"罪当立功僚哨者，例发广西沿边"④。明代从外省谪发充军至广西沿海的人不多，如顺天府潞县（今北京市通州区）人岳正（1418—1472），正统十三年（1448）进士第三（探花），因得罪权贵，被贬谪任钦州同知（后改流放肃州）。董廷钦，福建闽县琅岐乡（今福州马尾区琅岐镇上岐村）人，明万历七年（1579）举人，授江西省金溪（今抚州市）教谕，后升任南京国子博士，因得罪勋臣，调为钦州知州，任期政绩卓著。他们有的数年后即被召回或调迁，有的则老死贬所，子孙落籍，成为当地百姓。

清代，仍把广西沿海等地作为贬谪流放之地。雍正四年（1726），凡"偷挖人参之犯，若系满洲蒙古，则发往江宁、荆州等处，有满洲兵驻防之省城当差。若系汉军汉人，则发往广东、广西、云、贵烟瘴地方当差"；雍正十年（1732），"近闻发往广东人犯，例在崖州、陵水等处。此地水土最为恶毒，易染病疾，每多伤损……若当此等人犯，改发沿海一带卫所，入伍充军……"⑤；乾隆元年（1736）规定："民人有犯如强盗免死，窝盗以上之犯发云南、贵州、四川、广东、广西极边烟瘴地方……"⑥；等等。乾隆二十年（1755），清政府还把"广东廉州属之钦州"定为"烟瘴要缺"⑦。因此，清代被贬谪到广西沿海的应有一定人数，只是史籍上的记载没有完善。

（四）民间的自发流移

明中后期以后，随着卫所制度的废弛和政局的动荡不安，进入广西沿海的军事留戍、

---

① 钦州市地方志编纂委员会办公室编：《钦州市志》，广西人民出版社 2000 年版，第 824 页。
② 钦州市地方志编纂委员会办公室编：《钦州市志》，广西人民出版社 2000 年版，第 59 页。
③ 张廷玉：《明史》卷 93《刑法志一》，中华书局 1974 年点校本，第 2282 页。
④ 陈子龙、徐孚远、宋徵璧等：《明经世文编》卷 46《善后十事疏》，中华书局 1962 年版，第 360 页。
⑤ 《世宗宪皇帝圣训》卷 24，雍正十年八月，《钦定四库全书》，第 246 页。
⑥ 刘锦藻：《清朝续文献通考》，商务印书馆 1936 年影印本，第 9955 页。
⑦ 《清实录》第 15 册，《高宗纯皇帝实录》卷 498，乾隆二十年十月上，中华书局 1986 年影印本，第 270 页。

谪迁流放类移民减少，民间自发移民增多。

明代，广西沿海地广人稀，草木遍野、野兽横行。明嘉靖十五年（1536）任钦州知州的林希元这样描述："臣始入州境，陆行三日，始抵州城，见平原旷野，一目望洋，高可种黍，下可种稻，皆为荒坡，成田者十仅有一二，所种之田只水稻一种，黍稷麻麦俱无。"① 移民从广东、福建沿江而上或沿着海岸线来，进入廉州及钦州一带，开垦荒地，种植稻黍，建立村落，定居下来。现从合浦、钦州的一些族谱中可以找到先祖从外地迁居当地拓荒耕种、定居繁衍的记载。如1996年编的《李氏族谱》载：（灵山）旧州那浪塘、竹山、上峒三村的李姓人，原居广东程乡县龙牙村，明末"由潮来灵，因见山明水秀土沃田美，遂开基于上峒、那浪塘、竹山等村"。《合浦玑屯王氏族谱》记载：王氏老祖约于宋代中期从山西太原迁徙至福建上流县，明代后期再从福建迁至广东省廉州府，定居于今廉州玑屯街及草鞋村一带。钦州《陈氏族谱》记："其祖留居江西之族系于北宋末年为避战乱又大举南迁，明朝中叶，何九公迁粤西，先到廉州小住数年，又从廉州西迁钦州……"《彭氏族谱》载："彭氏之族于明正德年间由福建迁居广东廉州、钦州、合浦，至万历年间（1573—1620），彭益自廉州迁陆川文里。广西合浦县公馆镇陂塍村公所百分之九十五为彭姓，人口上万。"《朱氏族谱》载：合浦县香山朱姓氏族来自江西，其中一支从博白迁徙到"大旗"和"陀角"，后到合浦。合浦山口镇石氏宗祠所藏《石氏族谱》中记："福建同安石氏在广西已知各广分支……合浦献义公支三十七郎之四世孙（名讳失考）于元末明初乱世之际由惠州避走南雄珠玑巷，五世孙献义公则于明洪武年间又由南雄与周、莫姓二人义结金兰，沿北江而下至广州，再临海西行，直至今广西合浦县山口镇山角村定居。此支分布于合浦、北海、钦州、防城、灵山、浦北等县市，达13000之众。"北海公馆《廖氏族谱》记：其太始原籍江西，后分居福建、广东、广西等地，其孙在清咸丰年间从福建迁居广东恩平，后经商到公馆街上立业。"钦州三娘湾村方圆不到两公里，有47个姓氏1600多人口，上百户人家，村里人称其祖辈多来自海南、湛江、遂溪等地。《合浦县志》载：合浦的主要姓氏陈、韩、周、马、曾、徐、李、潘、关、张、罗、沈、王等大姓均是明以后从河南、山东、甘肃、河北、浙江、山西、江西等地经广东、福建迁来的。②

明末清初，通过各级机构的设置、军事戍守、募民垦荒、谪迁流放，以及经济开发、经商流寓等方式，外地移民尤其是经济型移民大量进入广西沿海。如明天启年间（1621—1627），"永淳饥民来钦"最盛③。清初镇压抗清斗争，颁布"迁海令"，福建人、广东人大量流入广西东南部，甚至廉州（合浦）人也因"迁海令"而逃至钦州防城。同时到来的还有四川人、湖北人和湖南人。

清代，以垦种原因进入广西沿海的移民主要出现在雍正年以后。雍正时官府劝民招垦，有大量广东农民移入广西沿海。乾隆五年（1740），谕令十八行省开垦"山头地角"

---

① 林希元：《钦州志》卷2《食货》，天一阁藏明代方志选刊，钦州市地方志编纂委员会办公室2009年根据上海古籍书店1961年12月影印宁波天一阁藏明嘉靖刻本影印，第125页。
② 合浦县志编纂委员会编：《合浦县志》，广西人民出版社1994年版，第337页。
③ 钦州市地方志编纂委员会办公室：《钦县县志·民族志》，钦州市地方志编纂委员会办公室2010年重印，第221页。

的零星土地"免其升科"。① 乾隆十一年（1746）闰三月初五日，皇帝谕令高、雷、廉三府荒地，实与平埔沃壤不同，着将此项可垦荒地，令该地民人垦种，一概免其升科，并令地方官给予印照，永为世业，以杜纷争强占之弊。"② 同一时期，自发迁徙到广西沿海的还有商业移民。据《北海杂录》载："北海一埠，店铺不下千间，而大中商号约四五十家，以广府人尤占多数，本埠生意则以同治年间为最旺。""敬义堂，乃广府商人于同治元年设为会议之所……"，"高州会馆，乃高州商帮敛资建造，以为会议之所"，"钦州商务，多于廉州而少于北海，其进出口货，亦借北海为门户……商家亦以广府帮为大，设有广府会馆，专理商家事务"③。据钦州"广州会馆"碑记，清乾隆年间已有广府人来钦经商，至光绪十六年（1890）集资重修会馆时已达83家。④ 民国时的《防城县志初稿》记载："所谓客人是指专操广州语者而言……此种客民则专以商为业。"⑤ 农业开发吸引了粤东居民经北部湾海上航路而来，移民的到来刺激了当地经济的发展，推动了商业贸易。

在民族构成上，明清两代进入广西沿海的移民主要是汉族，以广东移民最多，其次为福建人。大多数移民不避艰险，深入尚待开垦的山地荒原，从事农业、林业、渔业等。还有一部分人以帮人做工为谋生手段，另有一小部分人则在乡圩小镇从事小商贩活动。

疍民大致在明朝初年起即从广东的江门、新会以及雷州的江河一带陆续自发迁徙至广西沿海。清乾隆以后，由于渔业发展，广东珠江口各水乡、沿海各县和雷州等地疍民迁至北海的人数渐增。现居北海的疍家人大都是广东江门、新会、雷州一带疍家人的后代。

从清朝康熙至嘉庆的150多年，客家人陆续从广东、福建、江西、湖南等省迁徙广西沿海。咸丰、同治年间，主要集中于1851—1874年，广东肇庆府的开平、恩平、阳春、鹤山等地发生了一场延续十余年的"土客械斗"，广东巡抚派兵弹压，强将2万客家人迁往高、雷、廉、琼安置，客家人"则多分由粤省中部东部，徙于高、雷、钦、廉等地……"⑥ 民国时的《钦县县志·民族志》也载："光绪初，有恩平开平人，互相械斗，政府出照令其大量来钦，如黄戴古张徐各姓，称为客籍。"⑦ 与此同时，粤北、粤东地区也发生了宗族间的械斗，嘉应州的李、邓、江、黄、戴及刘氏诸族人被迫向合浦的涠洲岛转移。相关史料也记载：因咸丰末年粤东嘉应州发生大规模的宗族械斗，当地客家戴、李、邓、江、黄等族人由戴梓桂及其妻何氏率领，辗转至涠洲岛落户。广东巡抚蒋益澧也于同治初年送粤西械斗失败之数千客家人迁至北海市涠洲及其附近的斜阳诸岛等。⑧

京族，原住越南吉婆，后迁越南涂山，迁来广西沿海地区有近五百年历史。清光绪

---

① 王庆云：《石渠余记》卷1，光绪精刊本，第12页。
② 《清实录》第12册，《高宗纯皇帝实录》卷262，乾隆十一年闰三月上，中华书局1986年影印本，第400页。
③ 梁鸿勋：《北海杂录》，香港中华印务总局光绪乙巳年（1905）石印本，第20页。
④ 钦州市地方志编纂委员会办公室编：《钦州市志·民族人口志》，广西人民出版社2000年版，第197页。
⑤ 广东省地方史志办公室：《广东历代方志集成·廉州府部（十二）》，岭南美术出版社2009年影印本，第264页。
⑥ 罗香林：《客家源流考》，中国华侨出版公司1989年版，第34页。
⑦ 陈公佩、陈德周：《钦县县志》卷3《民族志》，民国三十六年石印本，钦州市地方志编纂委员会办公室影印，第7页。
⑧ 王先谦：《同治朝东华续录》第2册，台北文海出版社2006年影印本，第846页。

元年（1875），在京族人订立的《乡约》中有"承先祖父洪顺三年①贯在涂山，漂流到此……立居乡邑，壹社贰村，各有亭祠"的记载。16世纪后，京族陆续从越南涂山等地迁来，最先居住在巫山岛和江平镇附近的寨头村，后来逐渐向澫尾岛、山心岛、潭吉等地发展。清政府曾在江平地区设立"江平巡检司"，清末划属防城县管辖。

综上所述，广西北部湾地区的外来移民，明代以军事移民为主，清代以经济移民为主。具体来源主要有仕宦任职、军事镇戍、谪迁流放，以及民间的自发流动等。在民族构成上，以汉族为主，但明代主要是来自中原的汉族，有一些是疍民，京族在此时从越南迁入；清代主要是来自福建、广东的汉族，其中有部分是客家人。

二、明清时期移民大量进入北部湾地区的原因

（一）优越的区位及便利的交通

便利的水路交通是广东、福建及京族进入广西北部湾地区的前提。广西北部湾地区南濒北部湾，西南与越南交界，有大陆海岸线1628.5公里，岛屿岸线604公里，沿海岸有不少优良的天然港口，适宜停泊各种船只。自古以来，这里就是广西和中国西南地区通向东南亚和非洲、欧洲最便捷的出海通道。通过南流江，广西沿海可与连通广东、广西的主要干流西江相连。在海上，从广州出发沿海西行可抵廉州、钦州，并可到达中南半岛和南洋各地。

（二）明清政府鼓励垦荒等，促使广东、福建等省人口向广西沿海流动

广西北部湾地区土地以丘陵台地为主，沿海一带土质瘦瘠而带酸性，又无水利灌溉。清初，这里仍有大量未开垦的荒地。据两广总督策楞奏称，他于乾隆十年（1745）和十二年（1747）分别查出高、雷、廉三府荒地达七万五千余亩和二万四千余亩，"此等地亩大抵山冈跷瘠者居多，开垦原非易易"②。据《明实录》载，明正德年间，广东布政使罗荣曾上奏请求："高、肇、雷、廉所属州县地多抛弃，流民、土瑶易为啸集，请募民开垦，劝课农桑。"③清初实行海禁政策，防止抗清力量屯集海上，钦州和廉州沿海人烟更为稀少。清朝康熙、雍正时屡下诏鼓励百姓垦荒。清雍正五年（1727），广东巡抚杨文乾上奏："粤东惠潮两府今春麦苗茂盛，皆高数尺，将来丰收可以预卜。惟是潮州各属地方人多田少，又兼上年被水，各县冬间米价稍昂，贫民有往高雷廉等府就耕谋食者。"④移民已纷纷到廉州府开荒。为了鼓励垦殖，乾隆十一年（1746）对于广东所属高、雷、廉三府及琼州等地土地贫瘠地区，特许"令该地民人垦种，一概免其升科，并令地方官给

---

① 洪顺是越南的年号，洪顺三年即公元1511年。
② 《清实录》12册，《高宗纯皇帝实录》卷262，乾隆十一年闰三月上，中华书局1986年影印本，第400页。
③ 《明实录》12册，《明武宗实录》卷101，闰三月上，台湾"中央研究院"历史语言研究所校勘本，上海书店1982年影印本，第2101页。
④ 张书才主编：《雍正朝汉文朱批奏折汇编09》，江苏古籍出版社1989年版，第248页。

予印照,永为世业"①。《廉州府志》(乾隆版)的"农桑"部分,列出陂塘、筑坝、水车等农事;叙述了积粪、耘田、再犁、布种等十一则农务;还有关于养蚕、植桑之法和水车图式等。乾隆十八年(1753),廉州知府周硕勋在《垦荒檄》中说:"廉郡不乏沃壤,凡逼近水次之处,俱堪垦作稻田。先因民间不谙引灌,致坐失地利,所在荒芜,经本府教以陂塘筑坝,制造水车,遍谕农民,转相则效矣。"②肯定了廉州官府在推动百姓接受并采用先进农业生产技术中的作用。嘉庆时,"粤人惯耕水田,旱田不谙种植。高雷廉琼等处平坡山麓及沿海一带平壤,宜菽宜麦,皆可有秋,只缘居民不晓土膏地脉之宜,一切农具又不适用,以致地有余利。令山东河南二省选善种旱田者二十人送粤教耕布种"③。朝廷下令从山东、河南两省选调农业技术人才支援高、雷、廉地区,说明除了广东、福建的普通经济型移民之外,还有一批山东、河南的技术型移民来到广西沿海。

三、明清移民对广西北部湾地区社会发展的作用

明清时外地移民的大量进入,对广西北部湾地区的社会发展产生了深刻影响。

(一)使广西北部湾地区的人口数量、民族构成及其地理分布格局都发生了重大变化

自秦汉以来,就有中原移民陆续进入广西北部湾地区,但直到明初,进入该地区的外来移民数量仍很有限。明嘉靖年的钦州知州林希元道:"盖中州之地,至是而尽;天地之气,至是而敛;山川之势,于是乎穷。故草木繁庶,斩而旋茂;人民弗育,夭札相踵;户口消磨,文物弗振,厥有由然。"当时,"钦,壤地一千三百里,编户仅溢四千"④。嘉靖年间,明朝从安南手中收回四峒地区,"至天启末八十余年间,感召到各地人民迁来日众,不独天启元年永淳饥民流钦已也,询诸某某戚友迁移家世,多曰某某祖自某某省及某某府州县,来到钦州,迁来久者为土著,迁未久者曰客民"⑤。廉州府,天顺六年(1462)时,有"户八千一百二十七,口四万六千五百二十一";嘉靖元年(1522)时,"户八千八百零四,口六万三千六百四十四";万历十年(1582)时,"户八千五百三十一,口五万二千八百四十一"⑥;"新增盛世滋生丁口,至道光八年(1828)共八万五千五百二十丁口"⑦。

---

① 《清实录》12册,《高宗纯皇帝实录》卷262,乾隆十一年闰三月上,中华书局1986年影印本,第400页。
② 广东省地方史志办公室:《广东历代方志集成·廉州府部(二)》,卷9《农桑·垦荒附》,岭南美术出版社2009年版,第120页。
③ 《钦定大清会典则例》卷35《户部·田赋(二)》,《钦定四库全书》本,第58页。
④ 林希元:《钦州志》卷1《山川》,天一阁藏明代方志选刊,钦州市地方志编纂委员会办公室2009年影印,第51页。
⑤ 陈德周:《钦县县志》第1册《民族志》卷3,民国三十六年石印本,钦州市地方志编纂委员会办公室影印,第6页。
⑥ 《〔崇祯〕廉州府志·〔雍正〕灵山县志》,日本藏中国罕见地方志丛刊,书目文献出版社1992年版,第57-58页。
⑦ 张堉春、陈治昌:《广东历代方志集成·廉州府部(三)》卷10《经政一》,岭南美术出版社2009年版,第207页。

随着中央政权统治的深入，进入广西北部湾地区的移民数量逐步增多，入居钦州的汉族与当地土著杂居，相互通婚，融合同化，汉族人口超过当地的土著。明崇祯年间（1628—1644），钦州庠学为防止有人冒籍入学，知州杨为祯要求提学曾化龙对入学者"详分土附"，进行登记，结果是"土著七分，寄籍三分"，即"土著"与"客民"大致为七三比例，但"乾嘉以后，外籍迁钦，五倍土著"①。移民不但进入城镇及交通要道，而且还进入了偏僻地区，壮、汉杂居局面不断扩大。在地理分布上，沿江交通方便的地方成为接纳移民最多、最集中之地。汉族大量迁入及部分土著融入汉族之中，外籍人口超过了当地原住民族。明末王士性所著《广志绎》对此有记载："廉州中国穷处，其俗有四民：一曰客户，居城郭，解汉音，业商贾；二曰东人，杂处乡村，解闽语，业耕种；三曰俚人，深居远村，不解汉语，惟耕垦为活；四曰疍户，舟居穴处，仅同水族，亦解汉音，以采海为生。郡少耕稼，所资珠玑，以亥日聚市，黎、疍、壮稚以荷叶包饭而往，谓之'趁墟'。"②客户即"客家人"；东人是指福建人及广东潮州人。俚人之"俚"与"黎"意思相同。有人认为，黎人是指"僮、俍、瑶及山子、高栏"等族的总称，其中山子"无版籍定居，散处合浦、钦州诸大谷间，男妇鬃黑徒跣，砍山种畲，视地利尽则徙去"③。疍户"以舟楫为家，捕鱼为业"④。到清末，俍、瑶、山子"现已与汉人同化，不复能辨之矣"⑤。

由于众多民族和居民群体的交错杂居，广西北部湾地区形成了复杂的语言成分：有广府白话（粤语）、客家话（涯话、新民话）、廉州话、壮族土语（钦州正音）、新立话（村话、小董话）、那思话、汉佬话、黎屋福建话、灵山话、平话，还有山瑶话、水蛇语、安南语等。在风俗习惯上，"十里不同风，百里不同俗"。移民文化与土著文化相结合，构成广西北部湾文化的特色。直至近代，当地汉族中仍带有较明显的壮族习俗，如喜食槟榔、好歌、多妻、人死捡骨葬（二次葬）、饮食喜腌炒、男逸女劳、多禁忌等。这既是大量壮族融合于汉族后对某些原有习俗的保留，也是汉、壮两族在文化习俗方面相互影响、相互吸收的结果。

（二）促进广西沿海地区的开发和经济文化的发展

随着人口的增加，原来人烟稀少的广西滨海地区得到开发。清初，广东高、雷、廉三府未开垦土地最多，"粤民踊跃争愿垦荒"⑥。至道光初年，不仅野无闲田，且向大海索

---

① 陈德周：《钦县县志》第1册《民族志》卷3，钦州市地方志编纂委员会办公室影印民国三十六年石印本，第7页。
② 王士性著，吕景琳点校：《广志绎》卷4《江南诸省》，历代史料笔记丛刊：元明史料笔记，中华书局1981年版，第105页。
③ 《〔崇祯〕廉州府志·〔雍正〕灵山县志》，日本藏中国罕见地方志丛刊，书目文献出版社1992年版，第57—58页。
④ 阮元主修、陈昌齐等纂：《广东通志》卷330《列传六三》，道光二年本，上海古籍出版社1990年影印本，第38页。
⑤ 广东省地方史志办公室：《广东历代方志集成·廉州府部（三）》卷4《舆地四》，岭南美术出版社2009年版，第84页。
⑥ 郝玉麟：《广东通志》卷7，雍正八年本，商务印书馆1934年影印本，第45页。

地,"合浦西南皆滨大海,地斥卤,多咸潮。筑基围数十丈至百余丈,候春水发,随潮入田布种。近年下潮亭苏泅青创始收获后犁田,禁咸水不入,春即布种,名曰干朴。春雨半犁,种即透出,根深耐旱。道光三、四两年,夏不雨,秋亦收获,西海人效之,获利较前倍多"①。钦州"从前州南濒海,潮长汪洋,高岸旷土尚力靳未辟,惶计及还海滨?今升平日久,生齿日繁,负米来氓渐集者众,生谷之地无不尽垦,自乾隆中以至于今,海潮所到之处……相其土宜,可以塞潮种植者,经营图度,覆土筑堤以障潮汐,留水门以通消纳,名曰围田,收利甚广"②。土地得到开发,耕田面积在不断增加。廉州府,洪武二十四年(1391),有"官民田地塘共六千三百二十七顷七十五亩三分五厘二毫",嘉靖十一年(1532)时,有官民田地塘"六千五百八十二顷二十三亩六分二厘九毫",至万历十年(1582)时,有官民田地塘"七千五百三十九顷四十八亩七分三厘九毫有奇"③。钦州,洪武二十四年(1391)有"官民田地七百四十顷九亩八厘一毫",万历十年(1582)"清丈田地一千六十五顷一亩一分"④。

随着耕地面积的扩大,当地开始改进水利及灌溉设施,采用牛耕及各类铁制农具,流行施肥育秧,栽种玉米、红薯、马铃薯、烟叶、花生等经济作物。钦州、廉州沿海的台地得到开发,粗放的农业耕作方式不断得到改善。原来"田有自然之水始耕……而费水车运者曰旱田,充为荒地","但播种后不粪不耘,不事桔槔,旱涝一听于天"⑤。廉州府原来弃地多,当地懂得利用水利的人少,嘉靖年间(1522—1566),知府张岳"广为陂池,教民稼穑,当时田畴之利,开于公者十常八九"⑥。但至清初,因"兵兴以来,地多荒芜,民多逃亡",人民仍"未谙引灌之法",只种植旱作物,未垦成水田。到乾隆年间(1736—1795),知府周硕勋雇工匠建造水车给百姓作示范,督臣班第又制造水车分发到合浦县试演;同时招募江南一带熟习农业的人士到廉州府城附近开成水田五十亩以为倡率,乡民于是得知水田营治之方法,重视耕种水田。⑦ 仅"乾隆十九年(1754)秋、冬二季,合浦县各乡民共承垦水田三千六百四十余亩,奉行有效,钦灵二州县亦查出近水荒地共七百余亩,均堪垦作水田"⑧。以后廉州府修筑陂塘、堰坝渐多,水田也渐增多。"迄嘉庆至今种田之法更为精密,凡海匡以及坡地皆可插秧,即岭蛹淡田多以灰粪培植,故

---

① 广东省地方史志办公室:《广东历代方志集成·廉州府部(三)》卷11《经政二》,岭南美术出版社2009年版,第235-236页。
② 广东省地方史志办公室:《广东历代方志集成·廉州府部(三)》卷3《舆地三》,岭南美术出版社2009年版,第76页。
③ 张国经纂修:《廉州府志》卷4《田赋》,崇祯十年刻本,书目文献出版社1992年影印,第59-60页。
④ 董绍美、吴邦瑗纂:雍正《钦州志》卷4《户役志》,钦州市地方志编纂委员会办公室据"爱如生中国方志库"2009年翻印,第181-183页。
⑤ 林希元:《钦州志》卷2《食货》,天一阁藏明代方志选刊,钦州市地方志编纂委员会办公室2009年翻印,第125页。
⑥ 郭棐、王学曾、袁昌祚:《广东通志》卷53《郡县志四十》,日本内阁文库藏明万历三十年刻本,第31页。
⑦ 广东省地方史志办公室:《广东历代方志集成·廉州府部(三)》卷23《艺文一》,岭南美术出版社2009年版,第555页。
⑧ 广东省地方史志办公室:《广东历代方志集成·廉州府部(三)》卷23《艺文一》,岭南美术出版社2009年版,第555页。

其收成视常有加。"① 在钦州一带,"前此不粪不耘,今则先冬犁田以晒雪,当春进粪以插秧易耨,……此前旱涝听天,今则附山者凿沟筑坝,在原者凿井开池,近水者制车造桔或引或揭或激,因地制宜,不惟瘠土变为沃(土)"②。由于水利的利用,以及施肥和精耕的实施,水稻等粮食作物的生产不断得到发展,从而也促进了圩市的发展。康熙十二年(1673),合浦仅有5个圩市,到乾隆二十年(1755)则增为18个。

圩市的繁荣,吸引了大量来自福建、广东和西南地区的商人前来钦州和廉州等地贸易。自清朝乾隆年起,钦州街道上店铺纷纷设立。"钦自清同光间到民初,广府各属客,来钦经商者众"③,占鳌街有盐庄"永生祥"和"戴安记",三马路的"裕益兴"据说生意最盛时竟拥盐百万。至光绪十六年(1890)时,来钦经商的广府人已达83家。在廉州,出现如《广东省志·廉州纪事》所述"唐宋以来,夙称繁富,前永明期间,甲科尤盛"的情景,"各国夷商无不航海梯山源源而来"④。1876年,北海被辟为通商口岸,各国轮船停泊于港,各国领事馆纷纷建立,北海逐步成为广东当时经济最发达的城市之一。

(三)促进了广西北部湾地区民俗风情的变化

进入广西北部湾地区的移民中有一批官吏、文人、军士、工匠、商人及其后代,他们利用拥有的地位和优势,大力推行汉文化,促使当地风气的改变。特别是通过汉族与少数民族的交往,互通婚姻,汉族的一些习俗渐被当地民族模仿和吸收,主要表现在以下四个方面。

(1)社会风气的改变。广西北部湾地区远离中土、地处边陲,与中原地区相比开发较晚。风俗人情、民族状况比较复杂。但由于地接外洋,容易接受域外文化的影响。《明实录》载:"钦州四峒僻居西境,接壤十万大山,习染夷风,汉法难施。"⑤《广东通志》载:"钦州城内外,军民杂居,衣冠礼貌不与中原。"⑥乾隆《廉州府志》载:"廉俗浑噩敦古""土瘠民贫""民性愚而生计拙",农事则"播种后不粪不耘,不事桔槔,旱涝一听于天","最喜赛神",有疾病者则"延巫跳鬼",有"十医不如一巫"之谚语。而其"山海妇女,裸膝跣足,各佩山刀","胼手胝足,尽力南亩","趁墟挑担贸易"⑦,支撑门户,胜过男子。到清道光年间,"今承平日久,生齿日繁,负耒来氓,渐集者众,生谷之地,无不尽垦",钦廉地区的"瘠土变为沃土,而沧海且变为桑田"。旧俗所讲之"淳

---

① 广东省地方史志办公室:《广东历代方志集成·廉州府部(三)》卷11《经政二》,岭南美术出版社2009年版,第235页。
② 朱椿年、杜以宽、叶轮:《钦州志》卷1《舆地志》,清道光十四年(1834)刻本,钦州市地方志编纂委员会办公室2011年影印,第114页。
③ 陈德周总纂:《钦县县志》卷16,中华民国三十一年(1942)石印本,钦州市地方志编纂委员会办公室2010年翻印,第901页。
④ 广东省地方史志办公室:《广东历代方志集成·廉州府部(二)》卷20《艺文上》,岭南美术出版社2009年版,第397页。
⑤ 《明实录·神宗实录》卷472,万历卅八年六月庚子,台湾"中央研究院"历史语言研究所校勘本,上海书店1982年影印,第8910页。
⑥ 郭棐、王学曾、袁昌祚:《广东通志》卷53《郡县志四十》,日本内阁文库藏明万历三十年刻本,第11页。
⑦ 广东省地方史志办公室:《广东历代方志集成·廉州府部(三)》卷4《舆地四》,岭南美术出版社2009年版,第37-38页。

古乡里之老垂白不至公庭者见人戴缨帽,疑为差役即走避让,读书家向无藏书惟读章时文数部而已,今则五经十三经纲鉴及诸子各书尽备焉",民知谦让,士知礼让。服饰由尚朴发展到"洋泥羽缎,或且以为鞍鞯;女子衿袖,饰以锦绣",风气渐开,"俗之由朴而华者如此"。①

(2) 不乐耕植习俗得到较大改变。广西北部湾地区气候条件适宜,土地肥沃,但农耕至明清时期才有较大发展。主要原因是当地居民因历史上注重采珠业及海捕业而不注重农耕,即"廉民不乐耕植,其天性云",万历《广东通志》记载,高、雷、廉地区"山岗硗瘠者居多"②,无泉源可供灌溉。"合浦郡土地硗确,无有田农,百姓唯以采珠为业,商贾去来,以珠贸米。"③ 在合浦,自古以来形成了一个不事农耕、飘泊海上、以采珠为生的"珠民"群体。随着采珠技术的进步以及统治者的无尽索求,明代中晚期后,珠贝自然资源呈现衰减,珠民为摆脱生存危机,被迫由以采珠为主业转向以渔盐农耕为主业。明嘉靖十四年至十七年(1535—1538),张岳由广东盐课提举迁廉州知府,"督民垦弃地,教以桔槔运水"。④ "公莅其地,广为陂池,教民稼穑。当时田畴之利,开于公者十常八九"⑤。在劝说珠民复耕种田的同时,引导珠民打井筑陂,兴建沟渠,还教珠民改用吊桶汲水,车戽浇田,扩大灌溉面积,促进农业生产的发展,逐步改变了当地不乐耕植的习俗。

(3) 农耕经济全面发展。清同治年后,客家人大量迁入,带来了先进的农耕技术和工具,以及多种农产品的种子,农耕经济在广西沿海得到全面推广。乾隆《廉州府志》列出了谷属30种、豆属6种、菜属34种、果属39种,经济作物甘蔗、苎麻、芝麻、茶叶的种植不断增加。⑥ 清中后期,朝廷鼓励发展农耕,多次颁令推动新品种的种植。道光初年,木薯种植传入廉州府,并向广西桂平、贵县、宾州等地传播。光绪二十四年(1898) 三月,户部与工部联合提出"有令各省自辟利源以赡国用"一折,要求全国各地根据土壤及气候条件"广种蚕桑、葡萄、棉花、甘蔗、竹、樟、橡、烟"⑦,并肯定了广西、广东及廉州府对以上几种作物的引种成果。广西北部湾地区的几大农特产如甘蔗、蚕桑、烟都在此时得到发展,单一的产业结构从此得到改变。

(4) 多元文化元素开始形成。在移民文化的影响下,广西北部湾文化以骆越文化为基础,接受并融汇了中原文化、楚文化、巴蜀文化的影响,以及基督教文化、佛教文化、近代西方文化等文化因素,同时保留了自己的独特性,这反映在民俗、饮食、艺术、建

---

① 广东省地方史志办公室:《广东历代方志集成·廉州府部(三)》卷4《舆地四》,岭南美术出版社2009年版,第77-78页。
② 郭棐、王学曾、袁昌祚:《广东通志》卷53《郡县志四十》,日本内阁文库藏明万历三十年刻本,第13页。
③ 广东省地方史志办公室:《广东历代方志集成·廉州府部(三)》卷4《舆地四》,岭南美术出版社2009年版,第75页。
④ 张廷玉:《明史》卷200《列传》,中华书局1974年点校本,第5295页。
⑤ 张国经修,盛熙祚纂:崇祯《廉州府志》卷4《田赋》,日本藏中国罕见地方志丛刊,书目文献出版社据日本内阁文库藏明崇祯十年刻本1992年影印本,第136页。
⑥ 广东省地方史志办公室:《广东历代方志集成·廉州府部(二)》卷9《农桑·垦荒附》,岭南美术出版社2009年版,第316-317页。
⑦ 甘韩辑,杨凤藻校:《皇朝经世文新编续集》卷7上《农政(上)》,沈云龙主编:《近代中国史料丛刊》第79辑,台北文海出版公司据光绪二十八年石印本于1979年影印,第555页。

筑、宗教等方面，出现了具有鲜明地域特色和各种地方文化的共存共生现象。如在广西北部湾民间宗教文化中，既保留了中原汉文化崇佛道、重儒术、信鬼神的习俗，又融合了本地的宗教文化元素，他们既有自己的本土神灵，又有外来神灵，体现了多神崇拜的特点，崇拜海神、龙神、雷神、飓风神、天妃、伏波神和孟尝神等。其中，伏波神崇拜与伏波将军南征活动有关，孟尝神的崇拜与"珠还合浦"的故事有关。在广西海洋文化中，还有广府文化、客家文化、福佬文化、壮族文化、京族文化等文化的内容特征，在区域内部又表现出鲜明的区域差异，具有浓厚的民族特性。

总之，明清时期外来移民进入广西北部湾地区，与当地人民交往密切，使广西北部湾地区的民族构成、民族关系、民族地理分布格局都发生了重大变化，促进了当地的开发、经济文化的发展及民俗风情的变化，为社会的整体发展提供了有利条件。这逐步缩小了广西北部湾地区与内地经济文化发展的差距，对加强广西北部湾地区与中原的联系，开发边疆、建设边疆、保卫边疆和促进各民族的融合发展起到了积极的作用。当然，由于大量移民进入，也不可避免地带来了中原文化中的不少封建糟粕，对当地社会产生了消极作用，加剧甚至激化了一些地区的阶级矛盾和民族矛盾，但这些毕竟不是该地区经济社会发展中的主流方面，我们应当客观看待。

近代以来海内外钦廉社团的特点及作用探析*

廉州今指合浦县廉州镇,元朝至元十七年(1280)的廉州包含今合浦、浦北、北海三地,明清时期的廉州府则管辖今合浦、浦北、北海、钦州、灵山、防城。钦州即今钦州市,明清时,其范围含今钦州、灵山、防城。清光绪三十一年(1905),设廉钦道。清末民初,廉钦道改称"钦廉军政府",辖合浦、钦州、灵山、防城四县,民间俗称"钦廉四属","钦廉"为简称,其范围与今广西北部湾沿海的三个地级市——北海市、钦州市、防城港市(除上思县外)基本相同。钦廉地区地处中国大陆的最南端,与越南接壤,背靠中国大陆,北面环山、南面环海,依靠江河与内陆相通。自古以来,钦廉地区的对内交往相对不便,但对外交往相对便利,形成对内闭塞,对外开放的局面。自汉武帝设合浦郡后,这里便是汉代"海上丝绸之路"的始发港,是中原通过岭南与东南亚、南亚各国进行经济贸易、文化交流的窗口。在两千年的"海上丝绸之路"历史上,钦廉人为"海上丝绸之路"的繁荣和发展作出了积极的贡献。近代以来,钦廉人的足迹遍布全世界各地,在海外以东南亚地区尤其是越南居多。他们往往结团成社,互助互济。对于钦廉海外社团活动的研究,目前学术界的研究鲜有涉及,黄镛琨《广西海外社团的历史和现状》①、赵和曼《广西籍海外社团研究》②对广西海外社团作了研究,其他文章在研究钦廉籍海外华人及粤商的海外贸易时有所涉及,但基本上没有专题提及钦廉社团,本文试对此进行探讨。

一、海内外钦廉社团建立的情况

(一)钦廉籍人士在国内各地建立的留京或留省学会

"廉钦会馆"作为最早出现的钦廉社团,于清道光十五年(1835)在北京成立。该会馆位于北京宣武门外的粉房琉璃街69号,与福建晋江会馆南馆、四川龙锦会馆、山东汶水会馆、广东新会会馆、广东廉州会馆、安徽怀宁会馆、江西萍乡会馆、河南会馆、山西汾水会馆、福建延平会馆、江西万载会馆、天津会馆、湖南会馆、广东阳江会馆、江苏会馆等位于同一街巷,是目前在京存留不多的会馆之一。据北京档案馆所辑的《北京会馆档案史料》述:"本馆为道光十五年(1835),由廉钦同乡购置,以作廉钦举子赴京

---

* 作者简介:吴小玲,北部湾大学教授,国家社科基金重大项目"中国东南海海洋史研究"【19ZDA189】广西卷负责人。
① 黄镛琨:《广西海外社团的历史和现状》,《八桂侨史》1987年第2期,10-14页。
② 赵和曼:《广西籍海外社团研究》,《八桂侨史》1996年第2期,6-10页。

会考之试馆。当时房屋老旧，后作部分翻新。旧时门牌为路西三十一号，占地258亩，有房58间。掌馆人苏乾初、杨登睦。"① 当年，抗法名将冯子材入京时曾居于此会馆。据相关记载，1864年7月，太平天国天京陷落，清廷大封"功臣"，冯子材因功被赏穿黄马褂、封骑都尉世职。同年8月，冯子材进京述职，一直到1865年秋，他被派往两广督办军务，都寄住在此会馆。

钦廉留省学会（即钦廉会馆，位于广州市越秀区沿江中路239号，现黄埔军校同学会旧址），始建于何时，有待考证。但在1922年合浦留省学会（1931年改称广州合浦学会至今）成立前，原广东钦廉四属（钦县、合浦、灵山、防城四县）的同乡初到省城多在钦廉会馆落脚，它曾作为广东省内五大本土会馆之一，成为钦廉籍学子到省赶考的容身之所。据说在清末民初，钦廉会馆的建设得到抗法名将刘永福的支持，刘永福所部的士兵大多为黑旗军将士，且大多是钦廉人，他们的家眷到穗，都往往得到钦廉会馆的帮助。20世纪三四十年代，钦廉人陈铭枢、陈济棠、香翰屏、林翼中等治粤，钦廉会馆地位显赫，吸引大批钦廉籍商人出资赞助会馆，会馆出资帮助钦廉籍学生读书、同乡渡过难关。由于广州是华南地区的商业大都会，钦廉会馆主要是商业性会馆。由于钦廉等地秀才要到广州参加乡试，钦廉会馆又兼具有试馆性质。据1926年出版的《全国都会商端口旅行指南》载，钦廉会馆是当时各省设在广州的25所会馆之一。② 1924年，黄埔军校驻省办事处、黄埔军校同学会、中国青年军人联合会先后进驻该馆。

广州合浦学会原名"合浦留省学会"，1922年10月2日，由伍瑞锴、岑祺祥等合浦籍中山大学学生在省城广州文德路发起成立。1931年，由陈铭枢、香翰屏、林翼中、陈济棠、蒋光鼐、蔡廷锴等著名爱国将领募捐为广州合浦学会购买房产。根据合浦县档案馆永久保存的《广州合浦学会征信录》（1930年5月印制）记载，当时由陈铭枢、香翰屏、林翼中、陈玉昆、廖愈簪、沈载英、王崇周、苏陈亮、廖国器、王广轩、陈玉衡、李绍钦、张国元、黄维玉、刘树南、吴佩瑜、伍瑞锴、罗光颖、沈载和、林国佩、范德星、张枚新、黄质文、王定华24人发起募捐，计有373人捐款，共捐大银32656.04元，为广州合浦学会购置新坐落在广州小北路门牌161号、163号、165号（新编门牌87号、89号、91号）的一座两间并连的三个门面的三层洋楼。广州合浦学会曾作为广东省、广州市的中共地下联络点、南路钦廉活动策源地，对新民主主义革命的胜利作出了历史贡献。改革开放以来，广州合浦学会成为服务在穗原合浦籍人士工作和学习的群众性学术团体，广东省、广州市与合浦地区交流合作的平台，培养优秀人才、支援家乡建设、推动社会进步、促进祖国统一的纽带。

广州钦县学会、广州防城学会、钦廉旅韶同乡会等，其性质与广东合浦学会等类似以同乡联谊、互助等为主要目的的学会基本相同。由于抗战时广东省府曾迁往韶关，在广州的钦廉同乡们便随同政府迁徙到韶关并将相关组织改为"钦廉旅韶同乡会"。

---

① 北京市档案馆：《北京会馆档案史料》，北京出版社1997年。
② 据1926年出版的《全国都会商端口旅行指南》载，广州有会馆25所，广东本省有肇庆、八邑（潮属八邑）、嘉属（嘉应州）、惠州、钦廉，外省有奉直山陕江西、江苏、福建、四川、云贵、云南、广西、湖北、湖南、安徽、杭嘉湖、浙绍、宁波、金陵、漳州、渭州（疑指莆田）、新安。

(二) 海外钦廉社团

海外钦廉社团,最早是钦廉人与广肇、雷州、琼州、潮州、福建等地的客家人在清咸丰十年(1860)组建的"越南堤岸七府公所",其次是清光绪九年(1883)由北海下南洋的广东廉州府、高州府和广西博白县人的"新加坡广西暨廉州高州会馆"。民国时期有"海防钦廉琼崖会馆",1935年成立的"新加坡广东会馆"(钦廉人参与了发起)。

越南堤岸七府公所于1860年成立,地址在越南堤岸。七府即七邦:广肇、潮州、福建、福州、琼州、客家和海南邦。海南邦包括琼州以外的海南岛地区、广东雷州以及今广西的钦州、北海、合浦等地。各邦轮流公推人选,负责评定货价和排难解纷。各邦设本邦的会馆,代表本邦同乡向当地政府交涉有关事务,开展体育活动,联络乡情,为慈善机构和社会公益事业募捐,排解同乡之间的纠纷等。有些县的同乡成立本县的同乡会,每年举行春秋二祭,联乡谊,叙亲情。

新加坡广西暨廉州高州会馆,其前身是1883年成立的"新加坡三和会馆"。1883年,旅居新加坡的广西博白人庞敦武、高州人揭志松、廉州人许爱廷、张祺福、廖式合等人共同发起筹组该会馆,地址在新加坡惹兰勿刹409号2楼。其中,庞敦武担任会馆总理(1959年,正、副总理改称:正、副会民)。由于初期会员来自高州之石城(今廉江)、水东(今电白)、梅绿(今吴川)、廉州府之合浦、广西之博白等5县,故称"五合公司"。此后以高州一府、廉州一府以及广西一省为基础,广招会员,将"五合公司"改名为"三和公司",其含义是:三属同仁和衷共济,和睦团结,以达和气生财。1891年6月8日,该公司根据当时的社团法令正式注册,又改名为"三和会馆"。1970年,又在"三和会馆"名称之前冠以"高廉桂"三字。由于合浦(故称廉州)早已划入广西,为了符合地理版图和实际情况,该会馆于1993年改名为"新加坡广西暨高州会馆"。到1985年,三和会馆的会员有2000多人,广西籍会员占81%。会徽是三环相扣呈"品"字形的图案,三环内分别是"桂""高""廉"三个字,代表广西、高州和廉州(合浦),两边是对联。其宗旨是:联络乡情,增强团结,开展互助合作。

海防钦廉琼崖会馆,由广西钦廉同乡会与琼崖(海南)同乡会于1920年前后联合组建,地址在越南海防市中华街。主要负责人,最初是广西合浦或钦州人,20世纪30年代是合浦籍的"豆腐四"。会员最多时超过1000人,多数是广西钦州、合浦(含今北海和浦北)、灵山和防城等地人。该会馆宗旨是:联络乡谊,互助团结,帮助初到越南海防一带的同乡解决就业以及少数人的暂时生活困难。贫病会员可向会馆申请救济金,不幸逝世的可葬在叻啡山会馆坟场。逢清明节,会馆均组织会员前往坟场扫墓,祭奠先人。经费来源于所属同乡的捐款,以及会馆10间铺屋产业的出租收入。到1953年,由于种种原因,该会馆被迫解散。[①]

新加坡广东会馆,是新加坡华人的地缘社团。1935年10月,粤籍绅商出席曾经宸的东宾园宴会时,李伟南、杨缵文、林文田、曾纪宸、陈开国、符致建、李德初、魏森泰等各方言群侨领,共同倡议建立广东会馆,以联系粤籍社团和人士的感情,为粤人谋福

---

① 广西壮族自治区地方志编纂委员会办公室:《广西侨务志》,广西人民出版社1994年版,第20页。

利，为社会服务，为国家效力。在大家同意下开始筹备，1937年9月25日获准注册成立，首任会长李伟南。成立时，正值中国抗日战争开始，于是集中力量从事抗日救亡和对粤省水灾的筹赈救灾工作。1942年新加坡沦陷，会务停顿。1946年复办，致力团结属下四种方言群社团和人士，为粤籍人士谋福利；积极参与新加坡人民争取民族独立斗争，并投入经济恢复和建设中去，为新加坡的经济腾飞做出应有贡献。至1981年，拥有团体会员73个，离号会员87个，个人会员约1500个。

越南合浦同乡会成立于1935年，会址设在当时的中越边境广东防城县东兴镇（今广西东兴市）永金街。发起负责人是陈兰章和宁宗甫。最盛时，会员有1000多名，他们多是越南芒街、下居等地的陶瓷工、织布工以及店员等劳动者。同乡凡交两元西纸或东洋券即为会员。初到越南或在越南失业的同乡，一般都由会所介绍到越南各地做工，该会还免费接待并出证明给经过东兴回合浦的同乡，使之路过关卡免受刁难或勒索。经费来源于富有华侨捐赠和会费收入。在镇郊购有坟场，旅居越南的合浦籍华侨多运灵柩落葬此坟场，无钱埋葬的由该会出资办理。该会约于1945年停止活动。

20世纪六七十年代后成立的有越南侬族相济会（1969），旅港合浦、钦县、灵山、防城同乡会（1964），越南同奈省隆庆市钦廉同乡会。

20世纪80年代以后成立的有美国旧金山越南华裔联谊会、美国三藩市越南华侨互助联谊会、美国二埠印支华裔联谊会、美国三藩市钦廉同乡会、澳大利亚雪梨（悉尼）钦廉同乡会、澳大利亚维多利亚州钦廉同乡会、美国钦廉同乡会、美国钦廉灵防同乡会、美国屋仑钦廉同乡会、美国三藩市姑苏群岛联谊会等。

美国越南华裔互助联谊会于1984年成立，地址在美国加州屋仑市。该会的宗旨是：联络印支华人感情、服务大众，会员多是广西人，1990年连任会长寜桂林是广西合浦籍人。会员每人每年交会费12美元，所需经费主要靠顾问和名誉会长资助，每年召开1~2次聚餐式的会员大会。该会有1个会所，雇请1人料理会务，为新移民办理住房和寻找工作，填写各种表格及申请福利金等，也为其他侨胞的生老病死、解决家庭纠纷等服务。该会与家乡广西经常互访，关系密切。

澳大利亚钦廉同乡会由原钦县、合浦、灵山、防城四县的澳大利亚老乡组成，于1992年9月13日成立。地址在悉尼的卡布拉马塔市（Cabramatta，这是华人汇集的地方）。

二、海内外钦廉社团组织的特点

第一，海内外钦廉社团的建立经历了三个阶段，与钦廉人经济和政治实力的变化有关系。

第一个阶段是19世纪30年代至20世纪20年代，钦廉籍人在国内各地建立的留京或留省学会，在海外建立的公所、会馆等，如北京钦廉会馆、钦廉留省学会、广州合浦学会、广州防城学会、越南堤岸七府公所（1860）、新加坡广西暨廉州高州会馆（1883年）等。这一时期，各会馆的活动内容传统性强，比较单一，以地缘性组织的形式出现，这些同乡社团不但为同乡谋福利，而且还关心祖国的兴亡，集中表现在辛亥革命中，钦廉籍华侨华人社团为革命捐了不少钱财。海外会馆大多数附建于相邻地区的会馆中，反映了海外钦廉人经济实力的不强以及与高雷等地的渊源关系。

第二阶段是20世纪20年代后到50年代成立的会馆、同乡会等团体,大多为海外会馆,如新加坡广东会馆(1935)、海防钦廉琼崖会馆(1920)、越南合浦同乡会(1935)等。这些团体虽然仍以地缘性组织的形式出现,但其活动范围不断扩大,而且有了较为明确的宗旨,活动内容逐步丰富,有了相对稳定的经费来源。会馆和同乡会不但起到联乡谊、聚乡情,为同胞解决实际困难的作用,而且以为社会、为国家效力为主要目标,政治目标较为明确。新加坡广东会馆以联系粤籍社团和人士的感情、为粤人谋福利、为社会服务、为国家效力为目标,甚至有较为明确的爱国的政治目标,即集中力量从事抗日救亡和对粤省水灾的筹赈救灾工作。会馆还有相对稳定的经费来源,如海防钦廉琼崖会馆的经费来源于所属同乡的捐款,以及会馆10间铺屋产业的出租收入。① 越南合浦同乡会经费来源于富有华侨捐赠和会费收入。

第三个阶段是20世纪六七十年代以来出现的社团组织,主要是钦廉人在东南亚以外地区建立的同乡会,共有十多个,绝大多数分布在美洲国家,少数在亚洲。特别是20世纪80年代以来在美国成立的一系列华裔及华侨社团,如旧金山越南华裔联谊会、美国三藩市越南华侨互助联谊会、美国二埠印支华裔联谊会、美国三藩市钦廉同乡会、澳洲雪梨钦廉同乡会、澳洲维省钦廉同乡会、美国钦廉同乡会、美国钦廉灵防同乡会、美国屋仑钦廉同乡会、美国三藩市姑苏群岛联谊会等,与当时国际形势的变化有着密切的联系。首先是1978年越南大规模排华,一批越南华侨辗转经过第三国到达美国等地,或者再回到广东、广西、福建等地安置后又通过亲缘关系陆续移民到美国等地。其次是随着中国改革开放的不断深入,一批中国人走出国门、走向海外,新移民大量增加,20世纪八九十年代成为海外华侨华人社团成立的高峰期。再次是中国大力落实侨务政策,在国内外产生了良好影响,为华人社团进一步发展创造了有利条件。

第二,钦廉社团是钦廉人向外拓展的产物,其活动地域范围从相对落后国家向发达国家发展,构成显现多样性,甚至推动建立了世界性钦廉社团联合组织。

钦廉地处中国的南部边陲,一直处于中国的边海防前线,历来是边远偏僻、人烟稀少之地。明清时期实行海禁,更使这里变成人少地多之地。由于广东、福建一带地少人多,加上朝廷招募粤东、闽西的客家人来此开荒,清光绪二年(1876),《中英烟台条约》签订,北海开埠后,钦廉地区成为"下南洋"的开放前沿,吸引了大批广州府、高州府商人前来开发。钦廉地区成为移民的集中之地,逐步形成血缘亲近、地缘密迩、语缘同系,文化归属感强、族群认同度高的钦廉团体。同时也因为其地理位置,成为移民的再次移出地。一批祖籍广东、福建的广府人和客家人在移居地钦廉留居一段时间后,往往选择再次迁徙,钦廉人开始遍布中国的京城及各省省会,同时,他们也把自己重乡邻的习俗带到各地,组成了会馆、同乡会等,共济共助,共同在异乡发展。随着钦廉人移居地区的扩大,海外钦廉社团的地域范围从相对落后的越南等印支地区扩展到新马泰等发展中国家,再扩大到北美、西欧和澳洲的发达国家,其构成显现多样性。20世纪70年代以前,钦廉籍华侨华人在海外的居留地以越南居多,从70年代中期至80年代初,印支地

---

① 广西地方志编纂办公室:《广西侨务志》,广西人民出版社1994年版,第20页。

区华人大量流向欧美澳洲,其中不少是钦廉人士,如在20世纪70年代末,由于越南当局排华,仅钦州、防城籍华侨、华人流落到美国洛杉矶的就有6000多人①。经过近10年的艰苦奋斗,他们中的不少人在居住国站稳了脚跟,事业有成,组织社团的愿望迫切。而且对所在地区的代表性、会员单位构成的多样性等方面产生了影响,以新侨为主体的同学会、以经贸为主体的华商会、以科技为主体的华侨华人协会也纷纷成立。

成立于2006年的世界钦廉同乡会是联系最广泛的钦廉海外社团组织。自2006年9月以来,世界钦廉恳亲大会每两年举办一届,已相继在澳大利亚费菲市、美国洛杉矶市、中国香港、越南同奈省隆庆市和中国防城港市等地举办,成为影响越来越大的国际华人盛会之一,也是海内外钦廉人恳亲联谊、经济合作、文化交流的主要载体②。世界钦廉恳亲大会协办委员会牵头组建"世界钦廉总会",团结海内外钦廉社团和乡贤为大会进行筹备、管理工作,以及开展恳亲联谊、文化教育、招商引资、公益慈善等活动,推动世界钦廉恳亲大会可持续发展。世界钦廉同乡会在团结全球钦廉人、服务北部湾地区经济社会发展中发挥着举足轻重的作用。它也是广西华侨华人社会的重要力量,③反映了钦廉籍海外华人从居住地、居住国的小团结走上了世界性的大团结。

第三,钦廉社团在传承传统文化方面有其独特之处。

(1)崇信观音,建观音庙。明末清初,最早移居越南的钦廉人是明朝抗清力量的余部,他们移居与中国一河之隔的越南海宁地区,或者是越南南部的堤岸地区。在法国统治越南时期,他们虽然被登记为"艾族、侬人、侬族"等,但始终强烈地认同"中国人、广东人和钦廉人",所操白话、艾话与钦廉乡音无异,所行风俗习惯与钦廉乡亲无异,其所居之处,即中华文化得到传承和发扬之处。如,他们把广东人笃信观音的传统带到了居住地,在家庭里供奉观音,承载精神信仰。当生活相对稳定下来后,他们往往会筹资建观音庙,以供人们敬香拜祭。据说,以前在越南,凡是有观音庙的地方,都有钦廉人。现越南胡志明市内最大的一座观音庙就是钦廉华侨筹资建设的,每年当地华人都会在这里举办多场慈善活动,救贫扶困。维多利亚州的钦廉同乡会成立后,也筹资建了观音庙。

(2)筹资建华文学校及捐资助学。移居东南亚各地的钦廉人在居住国最初多以干苦力为生,他们饱受没有文化的痛苦,认为要提高自身的社会经济地位,首先要提高教育文化水平,因此他们对兴办教育、使自己的子女掌握科学文化知识非常重视,并将这种重视通过社团予以实施。为此,新加坡三和会馆在成立之初就于1946年创办了三和学校,先后由会员李秀添、吴惠贞、黄兆祺三人担任义务校长,全校教师8名,学生200人分为六个班,一直办至1956年,才改为政府津贴的学校。进入20世纪60年代后,由于新加坡、马来西亚、泰国等地的国民学校分别以英语、马来语、泰语为主,华文教育受限制,许多当地华人(以钦廉籍华人居多)为了使自己的子女懂得华文,坚持办华文学校,但这些学校由于得不到政府的津贴,办学经费有困难,会馆除了发动乡亲捐款,还采取了

---

① 陈平润:《分布在世界各地的广西籍华侨华人》,《八桂侨史》1991年第1期,第40-42页。
② 朱新华:《防城港:侨商聚港城 携手话发展》,《防城港日报》2017年10月23日。
③ 王璇:《与广西血脉相连 桂籍华侨华人社团服务家乡发展》,《南宁日报》2009年5月26日。

各种办法筹集资金资助学校。三和会馆在1954年还给南洋大学捐款1000元，每年资助粤闽桂籍合办的启文学校。

（3）钦廉地区的风俗习惯得到较好地保留和传承。钦廉是古骆越之地、中原汉族南迁之地，明清以来，广府人和客家人大量迁来。钦廉特有的多元文化元素开始形成，它以骆越文化为基础，接受并融汇了中原文化、楚文化、巴蜀文化及基督教文化、佛教文化、近代西方文化等文化因素，同时保留了自己的独特性。移居世界各地的钦廉人保留有原住地的风俗文化：大年三十杀鸡宰鸭炸扣肉，用"三牲"或"五牲"祭祖，同时做糖糕、包粽子；初一、十五食斋，喜投标、乐捐，还有"斩大番""烧番塔"等活动。钦廉人无论居于何处，不忘根本，乐于行善积德。

三、海内外钦廉社团的作用

第一，钦廉社团是钦廉人结团成社、互助互济的组织，具有一定的经济功能。

各地钦廉会馆和同乡会基本上都带有一定的经济功能：一是联乡谊，共叙乡情。随着移居各地的钦廉人的增多，在一些商人的作用下，散布在当地的同乡得以组织起来，共同建立了会馆，平时有了聚集联谊、共叙乡情的场所。如越南堤岸七府公所的各邦组织开展体育活动，联络乡情，为慈善机构和社会公益事业募捐，化解同乡之间的纠纷等。广州钦廉会馆、合浦会馆主要起到商业性会馆的作用。二是施行善举。通过会馆或同乡组织，不但"病则医药，故则殓埋"，解决同乡们初到他乡的驻足歇宿问题，而且还为一批贫困子弟的上学提供了帮助。广州钦廉会馆成为钦廉籍学子到省赶考的容身之所。当年刘永福的黑旗军将士在移防广东后，他们的家眷到穗，往往都得到过钦廉会馆的帮助。20世纪三四十年代，在钦廉人陈铭枢、陈济棠、香翰屏、林翼中治粤期间，大批钦廉籍商人出资赞助会馆，会馆出资帮助学生读书、同乡渡过难关。三是起到文化传承的作用。会馆及同乡会具有一定中介组织的功能，能够沟通分布在各行各业的同乡之间的关系、传承乡土文化，创造土客交融的途径。广州钦廉会馆接待钦廉到广州参加乡试的秀才，兼具试馆性质。

第二，钦廉社团在为本籍同乡向所在国和当地政府争取合法权益、谋求福利方面起到积极作用。

钦廉籍人身处异国他乡，无论是生存还是发展事业都不容易。这些社团组织为钦廉人在海外的发展解决了不少难题。他们不仅为本籍同乡向所在国和当地政府争取合法权益，而且还常举办各种公益慈善事业，为同乡谋求福利。越南堤岸七府公所成立后，各邦设本邦的会馆，代表本邦同乡向当地政府交涉有关事务，开展体育活动，联络乡情，为慈善机构和社会公益事业募捐，排解同乡之间的纠纷等。海防钦廉琼崖会馆帮助初到越南海防一带的同乡解决就业以及少数人暂时的生活困难。贫病会员可向会馆申请救济金，不幸逝世的人可安葬在吻啡山会馆坟场。逢清明节，会馆均组织会员前往坟场扫墓，祭奠先人。越南合浦同乡会为初到越南或在越南失业的同乡介绍做工，免费接待并出证明给经过东兴回合浦的同乡，使之路过关卡免受刁难或勒索。在镇郊购有坟场，旅居越南的合浦籍华侨多运灵柩落葬于此坟场，无钱埋葬的由该会出资办理。新加坡三和会馆在1979年设会员子女勤学奖励金,每年在馆庆的宴会上对学习成绩优良的会员子女发放奖励金。从1980年起,每年对60岁以上的老人颁以敬老度岁金。1983年5月5日,举行建馆100周年大庆,当地国会议员和东南亚其他国家的广西同乡代表参加盛会。[①]

第三,钦廉社团积极为住在国的发展及祖(籍)国和家乡的建设做出贡献。

海外钦廉社团积极服务于居住国的经济社会发展,如新加坡的三和会馆响应政府号召,积极投入推广华语、敬老守时和讲礼貌的运动。新加坡广东会馆致力团结属下四种方言群社团和人士,为粤籍人士谋福利;积极参与新加坡人民争取民族独立斗争,并投入经济恢复和建设中去,为新加坡的经济腾飞做贡献。钦廉社团的领导人多为工商业者,具有一定的经济实力。他们率领各社团为谋求同乡的福利,又为促进所在国和居住地经济的发展做出贡献。据不完全统计,目前钦廉籍归侨侨眷和海外侨胞以及港澳台胞超过200万人,分布在越南、新加坡、美国、加拿大、澳大利亚、法国、英国、德国、瑞典、丹麦、比利时等国家以及中国的台湾、香港、澳门地区。他们勤劳勇敢,艰苦卓绝,积极为住在国的发展及祖(籍)国和家乡的建设做贡献。

分布在各地的钦廉同乡会以各种形式为家乡的建设做贡献。台北"钦廉灵防同乡会返乡访问团"近三十年来多次回到广西参访及探亲。访问团不但重点考察了广西的经济社会发展状况,参观了经济开发区、边境口岸、港口、企业、学校等,详细了解招商项目,收集各种资料,而且回到居住地后宣传广西,发动亲友来广西考察投资。[②] 美国钦廉灵防同乡会商务考察团多次回国在钦州市、北海市、防城港市各地参观考察,积极为家乡建设献计献策。澳洲钦廉灵防同乡会捐建防城华侨福利院;开展"光明之行"活动,为患白内障眼疾侨胞治疗,为患近视的中小学侨生验光配发眼镜;对防城港市贫困归难侨特别是对归侨贫困生的学业,多次给予资助。[③]

第四,新时期以来钦廉社团为促进居住地与祖国的经济文化交流牵线搭桥。

新时期以来,随着对外交往的扩大,海内外钦廉社团的组成已发生了很大变化,社团聚集了一批在政治上有影响、社会上有地位、经济上有实力、专业上有造诣的钦廉人,他们热爱祖籍地,关心家乡的发展。近年来,在钦廉海内外社团组织推动下,各地钦廉人及海外华商纷纷回乡考察项目,投资发展事业。钦廉灵防同乡会多次组团回国在广西沿海地区考察,关注和支持家乡事业发展,充分发挥联系广泛的优势,推介海外工商界的朋友到广西沿海投资创业,为广西沿海地区的开放开发、招商引资牵线搭桥。香港钦廉四属同乡联谊总会在支持贫困地区的教育文化事业,弘扬爱国、爱港、爱家乡精神,建设和谐社会,共谋同乡福利,继承中华传统,弘扬钦廉文化,参与家乡建设,两岸经贸交流与合作等方面发挥了积极的作用。与广西沿海各地在经贸、文化、教育、科技等各个领域建立了密切的合作关系,在每届中国—东盟博览会上,都有钦廉社团组织的华商参加。

---

① 广西地方志编纂办公室:《广西侨务志》,广西人民出版社1994年版,第20页。
② 杨强:《台湾"钦廉灵防同乡会返乡访问团"在桂参访探亲》,中国新闻网2004-04-18。
③ 许向进:《澳洲钦廉灵防同乡会向广西防城港捐资助学》,中国新闻网2012-03-22。

钦廉籍华侨华人与"海上丝绸之路"

"海上丝绸之路"泛指中国通过海上交往与世界各国和地区开展商业贸易和文化交流的线路。"海上丝绸之路"的形成和发展,离不开海外贸易及移民的活动,尤其是华侨华人的经济活动。"钦廉地区"也称"钦廉四属",是指清朝时期廉州府的四个属县,即合浦县、钦县、灵山县和防城县,范围与今广西北部湾沿海的三个地级市——北海市、钦州市、防城港市(除上思县外)基本相同。钦廉人一般指原籍为钦廉地区的人,即原籍为广西沿海三市的人。钦廉沿海是汉代"海上丝绸之路"的始发地之一,在两千年的"海上丝绸之路"史上,钦廉华侨华人为"海上丝绸之路"的繁荣和发展做出了积极的贡献。对于广西沿海华侨华人及其对外贸易活动的研究,目前学术界的研究多关注于汉代以来的合浦港与"海上丝绸之路"的关系,或海外华人及粤商的海外贸易,而少有研究具体论及钦廉籍华侨华人与海外贸易。本文试对此进行探讨。

一、钦廉籍华侨华人概况

钦廉地区是广西的主要侨乡之一,有着上千年的海外移民历史,有50万华侨华人散布于世界六大洲、121个国家和地区,移民足迹以及移民网络遍布全球各地,还有归侨和侨眷30多万人。华侨华人在今广西沿海三市的分布情况:据1991年的统计数字,北海籍华侨、华人共有2.8万多人,其中市区9892人,合浦县18239人,分布在越南、马来西亚、新加坡、印度尼西亚、美国、加拿大、英国、法国、德国、瑞士、瑞典、丹麦、意大利、阿尔及利亚、荷兰、新西兰、澳大利亚、古巴、日本、菲律宾、老挝、缅甸等47个国家和地区,还有侨眷31528人(其中市区9285人,合浦县22243人),归难侨16637人[①];钦州市拥有海外华侨华人2万人左右(1991年数据,钦州籍即现钦南区和钦北区的海外华侨、华人有1.28万人,分布在越南、美国、加拿大、英国、马来西亚、新加坡、澳大利亚等30多个国家和地区,另有归侨8891人,侨眷有12614人;[②] 灵山县有海外华侨、华人5800多人,分布在世界28个国家和地区,归侨4752人、侨眷5100人,[③] 浦北有华侨华人1201人);防城港市有华侨华人33万人(据1991年统计,防城县籍华侨、华人约有27万人,分布在世界上30多个国家和地区;归侨、侨眷有约10万人,其中归侨

---

* 作者简介:吴小玲,北部湾大学教授,国家社科基金重大项目"中国东南海海洋史研究"【19ZDA189】广西卷负责人。

① 广西地方志编纂办公室:《广西侨务志》,广西人民出版社1994年版,第51页。
② 广西地方志编纂办公室:《广西侨务志》,广西人民出版社1994年版,第53页。
③ 灵山县志编纂委员会:《灵山县志》,广西人民出版社2000年版,第158页。

2.3万多人，侨眷7.25万人）。1991年以来，随着对外开放进程的深入，出国留学、探亲等人数的增加，钦廉籍华侨华人的数量有了一定的增长，据相关部门的不完全统计，总人数估计已超过50万。他们主要分布在越南、美国、加拿大、英国、马来西亚、新加坡、澳大利亚等30多个国家和地区，尤其以在越南的人数居多，其次是美国。1978年前后，由于大批钦廉籍的印支难民辗转欧美各国，钦廉籍华侨、华人在欧洲、美洲以及澳大利亚的人数不断增长。由于文化水平低并缺乏资金，在鸦片战争以前，钦廉籍华侨华人大都从事以垦荒种植或打渔为生为主的农渔业体力劳动，以从事开垦种植的农民和矿山开采的矿工居多，随着经济状况及文化水平的提高，他们逐步涉足工商业和其他自由职业，如小商小贩、店员、碗厂工人，或开杂货店、饮食店或餐馆，或在房地产、金银首饰、电器、进出口贸易等领域，一些人在教育界、科技界和文化界任职，甚至出现一些资产较雄厚的财团和企业家。

二、钦廉籍华侨华人的形成和发展

广西钦廉沿海有出洋的便利通道。广西沿海（钦廉地区）地处祖国南疆，面临浩瀚的北部湾，与东南亚各国既有陆路相通，又有海域相连。从合浦和钦州等地出海，沿着海岸线到中南半岛，可再转东南亚和南亚各国，还可沿着海岸线到广州等地，经港澳转至南洋及美洲。陆路上，从防城到东兴的中越陆路边境线长达230公里，可通过北仑河及各隘口小道，进入越南境内。据《越绝书》载，早在先秦时期，生活在这里的越人便有在海上航行的传统，他们"水行而山处，以舟为车，以楫为马，往若飘风，去则难从"，很可能就有移居东南亚的现象出现。历史上，钦廉人移居海外的原因主要有以下九方面。

（一）为了躲避政治迫害而移居国外

同治六年（1867），广西农民起义领袖刘永福为躲避清军镇压，率领400多名农民起义军入越。辛亥革命前夕，孙中山在中越边境多次发动武装起义，起义失败后，有上万钦廉群众流亡越南。如1902—1905年，广西天地会起义首领王和顺率部3000人从十万大山转到越南侨居西贡。[①] 1907年钦廉防城起义失败后，参加起义的部分革命军和合浦等地的革命志士转入越南；同年，镇南关起义失败后，有几百人退入越南燕子山。同年，云南河口起义失败后，参加起义的钦廉人进入越南境内，被法国殖民当局解除武装，驱逐到新加坡。1927年大革命失败后，一些同情、支持过革命的北海渔民逃到越南北方沿海的姑苏、吉婆、青仑等岛定居。越南北方解放后，华侨渔民的人数已占岛上居民人数的80%以上。[②] 为了躲避国民党政府的征粮征税等，1942—1943年，防城县有2000多名瑶民迁到越南下溪和芒街等地。1947年6月，国民党对在中越边境活动的革命武装进行围剿，防城县的部分群众迁入越南定居。[③]

[①] 广东省哲学社会科学研究所历史研究院、中国科学院近代史研究所中华民国史组、中山大学历史系编：《孙中山年谱》，中华书局1980年版，第78页。
[②] 赵和曼：《广西籍华侨华人资料选编》，广西人民出版社1990年版，第19页。
[③] 广西地方志编纂办公室：《广西侨务志》，广西人民出版社1994年版，第53页。

(二) 为谋生而移居海外

早在西汉时期,合浦港就是我国"海上丝绸之路"最早的港口之一,合浦商人将珍珠杂缯等货物运往南亚和东南亚各国出售,有的商人在他国留居,即史书上载的"不者数年来还"①。伴随着中国造船与航海技术的发展,特别是宋朝政府大力发展海上贸易,钦廉商人出海经商有了更多的便利。元朝在廉州设有市舶司,管理海外贸易,合浦钦州等地有相当一部分人定居国外经商。明朝郑和下西洋后,"闽广之民,造舟涉海,趋之若鹜,或竟有买田娶妇,留而不归者"②,不少富商大贾转道钦廉沿海到越南经商,带动钦廉百姓前往安南。清康熙七年(1668),清政府撤销"迁海令","又复沿海居民旧业",廉州府许可商人从事近海贸易,一批廉州商贩到安南海防从事小本贸易,逐渐定居下来。乾隆二十一年(1756),为解决广西沿海粮荒,朝廷鼓励商人到安南贩米回合浦等地出售,不少商民留居安南。1876年,北海被辟为通商口岸后,不少钦廉商人到越南海防和河内等地定居经商。光绪十六年至二十五年(1890—1899年),北海开辟直达海防、新加坡和苏门答腊等6条海上航线后,大批商人乘船前往越南、暹罗、马来亚和印度尼西亚等国进行贸易,并逐步定居下来。③

依靠地理上的便利,边民"穿过陆地边界"可达越南,"定居于芒街及先安之间毗连中国的冲积平原和丘陵地带,他们散布在该地区的小村庄中,依靠精心灌溉的农田和打渔为生"④;或从事手工业生产。"钦州属之东兴街、思勒峒二处,逼近安南,民夷杂沓,私贩甚多"⑤,内地人通常由思勒出入安南江坪,往来贸易,错居杂处。⑥ 1743年,广东总督策楞等奏报,与钦州东兴等地相接的"番境之砲碰、暮彩,多内地之民在彼开铺煎盐,每日行旅如织"⑦。1900年前后,东兴人董福伦在越南芒街创办了"普利"碗厂,并到合浦小江(今为浦北)招募了陶瓷师傅,随后陆续到达芒街的陶瓷工人达350人,开办碗厂达15间。⑧ 1948—1952年,由东兴迁居越南经营产业等的有300多户、1000多人。⑨

(三) 遭越南统治者掳掠出国

宋朝初年,越南立国后,封建统治者不断侵犯中国边境,掳掠钦廉等地的人口到越南。据不完全统计,宋元明三朝,越南侵犯广西掳掠(包括人口)的次数,仅史书上就

---

① 班固撰,颜师古注:《汉书·地理志》,中华书局1978年版,1670页。
② 徐继畬:《瀛環志略》卷2《南洋群岛》,上海书店出版社2001年版,第54页。
③ 广西地方志编纂办公室:《广西侨务志》,广西人民出版社1994年版,第4页。
④ 赵和曼主编:《广西籍华侨华人资料选编》,广西人民出版社1990年版,第45页。
⑤ 《清实录》第10册《高宗纯皇帝实录》卷150,中华书局1985年版,第856页。
⑥ 《两广总督杨应琚奏为钦州沿边请改设防汛事(乾隆二十年八月初十日)》,国家清史编纂工作资源库,档号03-0462-028。
⑦ 中国社会科学院历史研究所《古代中越关系史资料选编》编辑组:《古代中越关系史资料选编》,中国社会科学出版社1982年版,第648页。
⑧ 彭智有:《钦州市华侨华人史略》,广西钦州市政协文史资料委员会编:《钦州文史(第六辑)》,1999年版,第131页。
⑨ 广西地方志编纂办公室:《广西侨务志》,广西人民出版社1994年版,第52页。

记载有10余次,如北宋至道元年(995)春,交趾黎朝派战舰百余艘入侵钦州如洪镇(今黄屋屯镇),掳掠居民出境。大中祥符七年(1014)十二月,交趾王李公蕴借追罪犯为名,出兵侵扰钦州如洪寨(镇),掳掠居民。景祐三年(1036)和四年(1037),交趾李氏王朝派兵侵犯钦州和邕州所属的思陵州、西平州、石西州(今宁明、凭祥一带),烧毁房屋,掠去官吏及其眷属200多人。熙宁八年至九年(1075—1076),越南大举入侵钦、廉(合浦)、邕(南宁)三州,杀害10万余人,掳掠七八万人到越南为奴。① 熙宁十年(1077)三月,交趾李氏王朝大举侵犯邕州、钦州、廉州,劫去大批居民,经宋朝廷多次交涉后,李氏王朝送回221人。南宋绍兴二十九年(1159),安南海寇在廉州港口及附近拦劫商船,掠夺人口。淳祐元年(1241),安南陈朝出兵钦、廉等州掳掠人畜。元至正九年(1349),海寇自安南乘帆船侵犯合浦,抢掠财物和人口。明永乐九年(1411),安南王朝侵犯钦州,"袭击边防诸寨","濒海居民,颇遭劫掳"。嘉靖二十六年(1547)春,安南侵犯钦州,掳掠居民。万历三十五年(1607)十二月,安南侵略者700多人由龙门港登陆,围攻钦州,抢劫掳掠居民。②

(四)征战后留居国外

钦廉地区地处中国海防前线,自古以来,钦廉人民不但自觉地投入反抗外来侵略的斗争,而且支援邻国抗击侵略者,其间有不少参战人员因各种原因留在异国。如北宋太平兴国五年(980)秋,交趾郡大将黎桓篡权,宋太宗命大军由邕、廉两道水陆并进讨伐黎桓,战后有一些钦廉籍士兵和民夫失散后定居交趾。熙宁八年(1075),交趾李朝派10万大军水陆并进,占领钦州、廉州和邕州,宋朝军队发动反攻,一直打到交趾富良江边,在宋军撤退时有不少钦廉籍将士被扣留在交趾。清光绪十年(1884),中法战争爆发,刘永福率领的黑旗军被清政府收编,其队伍人数最多时达2万多人,大多是从钦州、防城、龙州、靖西、宁明、上思、博白等地招募的士兵。光绪十一年(1885)中法战争结束,刘永福只带领3000多人奉诏回国,其余数千名钦廉籍将士及其家属留居越南。③ 1941年太平洋战争爆发后,日军相继占领东南亚国家,有部分钦廉籍华侨华人逃到印度,战后少数人在印度定居,据台湾相关机构统计,1989年时有500人左右,大多数是广西防城、钦州和西江流域一带的人。

(五)在政权更迭之际出国

宋末元初,一批不愿服从元朝统治的宋朝官吏及平民流亡安南。据《大越史记全书》记载,元至元十一年(1274),元征伐南宋,宋朝遗臣乘船30艘从钦廉沿海浮海到安南萝葛原,后被安置在安南京城街嫱坊,随船的有不少钦廉人。清顺治年间,南明永历政权在合浦境内活动了一段时间,康熙元年(1662),桂王朱由榔(永历帝)被清兵所追,率随从1000多人逃往缅甸,桂王被清兵捕诱杀害,其随从大都在缅甸或转到南洋定居,

---

① 《大越史记全书(本纪卷三)》,西南师范大学出版社2015年版。
② 广西地方志编纂办公室:《广西侨务志》,广西人民出版社1994年版,第7页。
③ 广西地方志编纂办公室:《广西侨务志》,广西人民出版社1994年版,第8页。

其中有一些是钦廉人。康熙十八年（1679）正月，明朝镇守钦州龙门水陆等处的总兵杨彦迪、副将黄进，镇守高廉雷（廉系今广西合浦一带）总兵陈胜才、副将陈安平等，因"义不事清"率部下3000多人，战船50多艘，从广西沿海等地流亡到下柬埔寨（今越南南方）定居。① 1949年广西解放前夕，国民党桂系白崇禧余部从钦州沿海逃脱，钦廉地区的部分地主和工商业者相继移居其他国家。

（六）为躲避战乱和征兵而出境

从宋朝至元朝，广西沿海大批居民为逃避战乱，乘船到安南和今印度尼西亚定居。明洪武二十四年（1391）至永乐十年（1412），钦廉沿海百姓为避战乱，有8000多人逃居安南。清咸丰元年至同治三年（1851—1864），太平天国运动时期，钦廉约有20万人逃往南洋或越南等地。② 1939—1940年，日军从钦廉沿海入侵广西期间，合浦、钦州有3万~4万青年人出国，北海有400多人移居越南海防和康海等地，还有防城、钦州、陆川、博白、上思和北海等地的400多人从宁明爱店去越南。从钦州三娘湾村出发乘帆船一昼夜可驶抵越南，1949年之前常有"渡船"载着"水客""猪仔"或避难的人到越南去，在20世纪三四十年代，在越南西贡、海防、宫门（今越南胡志明市宫门镇）、婆湾（越南海防吉婆岛）、下居（越南广宁省河桎县下居街）、锦普（越南广宁省锦普港）一带的三娘湾人最多时达300人。③ 为了免除兵役和躲避征兵，1949年广西解放前夕，仅防城县就有数千人迁居越南，合浦沿海有一批青年被国民党逃军带到香港，后转去美国和巴西等地定居。④ 20世纪70年代末，由于越南当局排华，仅钦州、防城籍华侨、华人流落到美国洛杉矶的就有6000多人。⑤

（七）迁徙出境

广西边境的一部分群众及壮（岱、侬）、瑶、苗等一些少数民族人口为了摆脱封建压迫、剥削，加上一些民族具有游耕习俗，从北宋起陆续迁徙到国外。如"宣德二年冬十二月，弃交趾布政司，钦州澌凛峒长黄金广等以四峒叛附安南……金广等以澌凛、罗浮、古森、葛原等四峒一十九村二百七十户叛附安南，黎民封经略使，经略同知佥事等官，仍世守其土，以属万宁州。"⑥ "（明）正统五年（1440）十月甲申……广东钦州（今广西境内）民黄宽等，自宣德初诱胁居民二百九十余户并田土投献安南。"⑦ 越南政府指示处置侨居广安省海宁地区的清国钦州流民："良者许留雇度，不良逐回原贯。"⑧ 清朝时期，仅防城迁入越南的壮族群众就有2万多人。防城县峒中乡，从1922年到1949年共有180

---

① 广西地方志编纂办公室：《广西侨务志》，广西人民出版社1994年版，第9页。
② 广西地方志编纂办公室：《广西侨务志》，广西人民出版社1994年版，第10页。
③ 彭智：《钦州市华侨华人史略》，广西钦州市政协文史资料委员会编：《钦州文史（第六辑）》，1999年版，第128页。
④ 广西地方志编纂办公室：《广西侨务志》，广西人民出版社1994年版，第10页。
⑤ 陈平润：《分布在世界各地的广西籍华侨华人》，《八桂侨史》1991年第1期。
⑥ 广东省地方史志办公室：《广东历代方志集成·廉州府部》卷5《事纪》，岭南美术出版社2009年版。
⑦ 《明实录·明英宗睿皇帝实录》卷72，台北"中研院"历史语言研究所1962年版，第1331页。
⑧ 张登桂等：《大南实录·正编第四纪》卷50，东京庆应义塾大学语学研究所影印本，1961年版，第4页。

多户、1000多名壮族群众到越南定居。①

明朝，防城的山由（山瑶）族（瑶族的支系），从中越边境山区迁到安南沿海的黄竹、高山、下居和先安，散居在海宁省的潭河、芒街、横浦、冒溪和东潮等地。"民国二十六年（1937），在派阳山（今广西防城境内）走了一批（瑶）人去越南，大约有800多人；1939年，也有一部分（瑶族）青年跑到越南；1941—1942年，在东山……十条村（广西防城）的（瑶）人几乎都走完，大约有2000人左右，在越南下居、芒街都有我们（瑶族）的人住。"② 1948年春，从防城迁入越南先安、八姐和平辽等地的瑶民有1200多人。1949年，防城板八乡细坑大队有50多户瑶民迁入越南。《钦州志（民国）》记载，钦州那雾岭上有瑶族，但中华人民共和国成立后已不见踪迹，估计已往中越边境迁徙。

（八）帝国主义掠卖猪仔的牺牲品

鸦片战争后，通过一系列不平等条约，西方殖民者在中国招募华工合法化。光绪二年（1876），北海成为契约华工的出国口岸。光绪五年（1879），从北海乘船去香港后转运到新加坡的契约华工共有500多人；光绪十五年（1889），有数批华工从北海被运往今印度尼西亚的日里种植园；光绪十六年（1890）七月，从北海乘德籍轮船咸洛时号的1300名华工，被运往今印度尼西亚的苏门答腊；1896—1897年，法国政府从东兴招募了3003名广西籍契约华工，分四批运往非洲马达加斯加去修公路。③"光绪十七年（1891），从北海出口华工千余人，光绪二十六年（1900），1361名华工由北海前往新加坡，光绪二十九年（1903），德国轮船载华工2380人由北海赴印尼"④，"1901年，最后一批802名契约华工和173名北部湾人一道抵达留尼汪……"⑤ 据不完全统计，从光绪十一年（1885）至民国十四年（1925），经北海海关注册出境的华工和妇女儿童不下10万人，大多来自合浦、钦州、灵山、博白、北流、玉林和容县等地，⑥ 他们分别到达新加坡、文岛（印尼）、马来西亚等地，甚至到达非洲。

（九）团聚、继承产业出国

中华人民共和国成立后，在出国人员中，因家人团聚或继承产业等原因出国定居的占绝大多数。1978年，被越南当局驱赶到钦州廉州等地安置的约10万印支难侨中，1980—1989年，通过联合国难民署的渠道，被安置到第三国与亲人团聚或继承财产的近2000人。他们主要到美国、加拿大、法国、澳大利亚、德国和丹麦等国。1990年，出国与亲人团聚的有280人；1991年出国团聚的有135人。⑦

---

① 防城县志编委会编：《防城县志》，广西民族出版社1993年版，第559页。
② 赵和曼主编：《广西籍华侨华人资料选编》，广西人民出版社1990年版，第25页。
③ 《非洲华侨史料选辑》，新华出版社1986年版，第207页。
④ 合浦县志编纂委员会：《合浦县志》，广西人民出版社1994年版，第7页。
⑤ 赵和曼：《广西籍华侨华人资料选编》，广西人民出版社1990年版，第175页。
⑥ 北海市地方志编纂办公室编：《北海市志》，广西人民出版社2001年版，第1350页。
⑦ 广西地方志编纂办公室：《广西侨务志》，广西人民出版社1994年版，第13页。

三、钦廉籍华侨华人对"海上丝绸之路"的拓展或延续做出的贡献

钦廉籍海外移民的路线基本上是沿着汉代"海上丝绸之路"的线路继续。在移民海外的过程中,他们经历了争生存、拓植、发展等不同的发展阶段,促进了侨居地的经济繁荣和社会发展。分布在世界各地的钦廉华侨社团是促进中外经济合作、文化交流的主要载体,华侨华人是"海上丝绸之路"贸易带的开拓者和建设者。他们的辛勤劳动不但促进了中西文化在广西沿海的交流与融合,而且对"海上丝绸之路"的拓展和延续做出了很大贡献。

(一)促进了以钦廉沿海为起点的"海上丝绸之路"的繁荣发展

广西沿海的海外移民无论是经海上还是从陆地边境出境,最初均主要搭载商船或沿着商道到达南洋东南亚各地,这些地区都是古代"海上丝绸之路"的经过地。在汉代以合浦港为起点的"海上丝绸之路"开辟的基础上,大批移民特别是商人"浮海交趾,往来南海",使从钦廉沿海出海到东南亚和南亚地区的海外交通线得到不断完善。唐代,商船从合浦港出发,过大观港,到钦州乌雷,沿中南半岛沿海到达东南亚各国,然后越过印度洋抵达波斯湾。宋代,廉州的商船可直达占城、暹罗、真腊、爪哇、满刺加、渤泥、天方西洋等国。唐朝贞观年间,开辟了由钦州通往襄州、直抵交趾的陆上通道,在唐咸通八年(867)三月,高骈奏请开凿水道天威径(潭蓬运河)①,从此经钦州海面出安南的船只无须绕过白龙尾,可直接穿过天威径达交趾,具备了水陆出交趾的优势。宋代,钦州通交趾,不但陆路可通襄州直达,海路可渡海到达,而且"异时安南舟楫多至廉,后为溺舟,乃更来钦。……交人之来,率用小舟,既出港,循岸而行,不半里,即入钦港。正使至廉,必越钦港。乱流之际,风涛多恶,交人必至钦也,自其境永安州朝发暮到……"②,由钦州渡海通安南成为最便捷和安全的通道。钦州有中国西南地区的三大博易场之一,中外贸易交往活跃。明朝永乐年间,有大批商人从廉州沿海抵东南亚进行贸易,有少数人经陆路从钦州、防城到安南谋生。明嘉靖年间,廉州到安南海道的航程是:由北海"冠头岭发舟,北风利二三日可抵安南海东府(海防)"③,若沿海岸行,则十日可到。

从清末到民国时期,随着契约华工的激增及华商的发展,广西沿海海外移民的范围进一步延伸至美洲、澳洲和非洲。但南洋各地仍是钦廉籍移民最集中的区域,北部湾对外贸易航线成为移民出洋的主要线路。清光绪二年(1876),中英签订《烟台条约》,北海被正式辟为对外通商口岸。英、法、德、日等国轮船公司纷纷涌入北海,从北海开辟了通往香港、海防、新加坡、威泗水、仰光、大阪、台北、基隆、海参崴等地的海上航线。如清光绪十一年(1885)以后,北海与越南海防之间来往的船只每年仅从事贸易的

---

① 刘昫:《旧唐书》卷19,中华书局1975年版,第683页。
② 周去非著,杨武泉校注:《岭外代答校注》卷1《边帅门》,中华书局1999年版,第53页。
③ 张堉春,陈治昌:《广东历代方志集成·廉州府部三》卷14《安南海道》,岭南美术出版社2009影印清道光十三年(1833)刻本,第207页。

船只就有数百艘。随着北部湾对外航线的延伸,清光绪十五年(1889),北海口岸开始出现外轮专载华工出洋,华工主要乘船到达德国、法国在东南亚和南亚的殖民地如印度尼西亚的苏门答腊、新加坡、文岛、邦加等地的矿山及种植园。据《合浦县志》(民国版)记载,清末民初,北海汽船航行有两条线路,一是往东经琼州海峡至香港;一是往西抵(越南)海防。而帆船则在海上四通八达,畅行无阻。如从北海到越南的吉婆岛只有250海里,渔船一天便可到达。清末民初,钦州沿海已有红单船往来于南洋、海南和广州之间。

(二)促进当地经济和社会发展,为"海上丝绸之路"沿线的发展奠定基础

移居东南亚及南洋各地的钦廉籍华侨华人经历了争生存、谋拓植和求发展这三个阶段。他们带去先进的农业和手工业技术,与当地人民一道披荆斩棘,开垦山岭,开发矿藏,兴办工业,从事商贸和科技文教事业,有力地促进了当地的经济发展和社会进步,为"海上丝绸之路"沿线的发展奠定了基础。

从明末起,进入越南沿海的钦廉移民,主要聚居于会安、顺化、堤岸等地。为了求得生存和发展,他们开垦荒地、兴修水利、建设城市、开发矿藏。如康熙十八年(1679),明钦州龙门总兵杨彦迪率3000多人浮海抵越南,定居在越南南部的嘉定、定祥、边和一带,开发了美荻(定祥),为湄公河三角洲日后成为越南的"谷仓"打下了基础。乾隆年间,钦州防城的杨连胜等23户人家100多人移居芒街一带,开垦耕种,同治年间,他们退入越南北部山区开发田地,发展农业。① 同治八年(1869),刘永福所率领的黑旗军在转战越南保胜的过程中,烧砖制瓦,砍竹伐木,建房300多间,招抚流民,开辟山林,耕田畜牧,在从保胜到河内的荒山野岭中开辟了大片耕地。② 从宋至清末民国,移居中越边境越南广宁省的芒街、广河、先安、锦普一带及沿海岛屿的钦廉人,开垦出大片良田,修建水闸、村庄,今越南广河县马斯乡的吕六田、凌溪乡的陈晚田、竹排山的唐九田和之摩闸、广田南乡的权德闸、马嘶乡的芸芝闸、大来乡的灵山闸(即灵山县迁徙去的人所开辟)、棠花乡的老刘闸、何屋闸、曾二基闸、何山基闸、苏二基闸、刘法基闸等村庄就是以开垦者命名的。③ 清光绪十四年(1888),越南的煤、铝、锌等矿产被法国殖民的东京煤矿所垄断,所招矿工多从广西招募,鸿广煤矿有不少来自广西钦州、防城的矿工。④ 在越南下松、潭河、先安和横甫等地的纺织、造纸、犁头和榨油厂等,不少是防城、钦州和北海籍华侨兴建的。在海防市水泥、发电、胶鞋和机器等厂,以及南定市纺织厂的工人中,有不少是钦州、防城籍工人。越南芒街碗厂原来的工人绝大多数来自广西的博白、合浦的高德、浦北的小江,以及钦州、防城等地。⑤

马来西亚许多地方在18世纪以前还是荒芜之地,钦廉籍华侨到此地开垦橡胶园或在

---

① 《越南广宁的华侨农民》,《八桂侨史》1987年第1期。
② 广西壮族自治区地方志编纂委员会编:《广西侨务志》,广西人民出版社1994年版,第51页。
③ 《越南广宁的华侨农民》,《八桂侨史》1987年第1期。
④ 广西壮族自治区地方志编纂委员会编:《广西侨务志》,广西人民出版社1994年版,第55页。
⑤ 《越南广宁的华侨农民》,《八桂侨史》1987年第1期。

矿山开矿，现在马来西亚各地有不少广西籍华侨华人成为橡胶园主，如合浦籍的蔡殿荣就有几个橡胶园，专门从事橡胶生产。①

1819年前，新加坡还只是一个拥有几百人的渔村。从1879年起，英国每年从广西等地运去大批苦力开发这个岛屿。据史载，1887年，张合兴砖厂有70%的工人是广西合浦人。一百多年来，钦廉籍华侨华人为新加坡的繁荣和发展做出了巨大的贡献。矗立于新加坡莱伟士博物院门前的无名华人铜像上的碑文写道："华人素以坚忍耐劳著称，新加坡、槟榔屿、马六甲暨马来全属，今日之繁荣得之华人能力者，颇非浅鲜。"②

（三）钦廉移民是"海上丝绸之路"贸易带的建设者和维护者

随着海外移民的增多，在东南亚各地商埠逐步涌现了一些华人侨居区，如越南的广南地区和占城、新加坡、马六甲、暹罗、印尼、文莱等地。由于移民往往无法割断与祖居地传统文化的联系，同时对祖国物产有着一定的依赖性，钦廉籍海外移民散居网络与北部湾地区的海外贸易圈便密切联系起来，为北部湾对外贸易的发展奠定了广泛的社会基础，"明清时最重要的华商型移民的主要特征，就是把中国国内的商业、手工业和矿业等技术实践传统向海外居住地引伸，并保持这种经营与祖乡的联系且世代承传"③。在越南芒街，来自合浦的高德、小江、钦州、防城等地的陶瓷工人把从家乡带来的陶瓷色料、瓷泥、机械零配件用于生产，不断提高产品质量与增加花色品种，使陶瓷制品畅销越南各地甚至法国、古巴等国。④海外移民的拓展之处，一般也是广西北部湾地区对外贸易通道所延伸之处。"在一定意义上，海外移民潮是被海洋经济特别是私人海洋贸易牵动的，这就使得海外移民区域和传统亚洲经济圈重叠在一起，海外移民社区一般也是中国海商的落脚点和中转站"⑤。近代持续的海外移民，使北部湾对外贸易获得进一步发展的动力，并使"海上丝绸之路"获得新的因素支持而有效地维持下来。

在21世纪"海上丝绸之路"建设中，钦廉籍华侨华人的身影也频频出现。如马来西亚关丹与广西钦州工业园、泰中罗勇工业园、中新苏州工业园等项目为代表的园区，都由侨胞直接参与建设，成为"一带一路"设施联通的示范项目。

（四）强化了"海上丝绸之路"的文化内涵

1. 钦廉籍华侨华人与中国文化的海外影响

钦廉地区是"海上丝绸之路"的起点之一，也是著名的"南珠之乡"，中国丝织品、珠宝早已从这里远销世界各地。明清时的东南亚，从王室到平民均已普及了中国服饰。⑥

瓷器的输出是钦廉地区通过海外移民传播中国文明的一个重要方面。钦廉地区的瓷

---

① 广西壮族自治区地方志编纂委员会编：《广西侨务志》，广西人民出版社1994年版，第54页。
② 广西壮族自治区地方志编纂委员会编：《广西侨务志》，广西人民出版社1994年版，第55页。
③ 杨国桢、郑甫弘、孙谦：《明清中国沿海社会与海外移民》，高等教育出版社1997年版。
④ 向大有、赵和曼：《广西侨乡侨史文集（2）》，中国华侨出版社，1993年版，第276-277页。
⑤ 杨国桢、郑甫弘、孙谦：《明清中国沿海社会与海外移民》，高等教育出版社1997年版，第58页。
⑥ 杨国桢、郑甫弘、孙谦：《明清中国沿海社会与海外移民》，高等教育出版社1997年版，第64页。

器输出历史悠久,明嘉靖《钦州志》载:"嘉靖以前,钦州、廉州已有相当规模制陶器作坊,生产出来的陶器,大都向东南亚出口。"近代,瓷器仍是钦廉地区对外输出的大宗产品,华侨华人把中国的制瓷技术带到移居国。如越南芒街陶瓷业的兴起和发展得益于来自合浦高德、小江以及钦州、防城等地的上千名陶瓷工人。① "移民不仅携带了各种生产技术并在居住地流播移植,同时也带来了使用这些技术生成品的方法和社会风俗。"② 陶瓷文化的传播,对海外移居地的社会生活产生了重大的影响,如东南亚地区普遍使用了中国的陶瓷餐具,改进了饮食卫生,同时也有人以拥有中国古瓷器的多少作为衡量财富的标准。③

钦廉籍海外移民带去了先进的生产技术和经验,为东南亚社会所接受和运用,客观上传播了中国文明的影响。如遍布中国明末移民的越南、柬埔寨的嘉定、定祥、边和等地,成为世界著名的稻谷之仓。④ 越南广宁省地处越南东北部,北与中国东兴、滩散、那良、洞中等接壤……二三百年前还是人烟稀少的一片荒凉之地……华侨用辛勤的双手开辟荒地,有的村庄就是以当时的开辟人来命名的。⑤ 生产技术的传播更直接、深入地促进钦廉人海外移居地社会经济的内在变迁,从而促进了移居地经济环境乃至社会、文化生活环境的变迁与提升。这正如越南社会主义共和国元首胡志明主席在1956年《致华侨同胞书》中所说的:"华越民族同文同种……华侨在越南营商,兴家立业,历史悠久……"⑥

在传播生产技术和经验的同时,钦廉海外移民传播了中国文化的影响。在越南海宁省广西籍侨胞的聚居地普遍办有华文学校,许多学校的校长、教师都是广西籍华侨华人,而且大多是钦州、防城、东兴籍人。越南的许多城镇寺庙有中国汉字书写的楹联,中国儒家的忠、孝、仁、义之道对人们观念的影响在越南各地也得到传播,越南的北部、中部,甚至南部地区的社会、家庭、居住、饮食、服饰、工艺,及婚嫁、岁时、丧葬、信仰、礼仪、娱乐等方面的习俗都与北部湾民间有相似之处。⑦ 在美国,北加州广西同乡会、加州首府广西同乡会,以及北加州南湾区华侨相助会,分别创办了"中山华文学校",吸收华人子女学习中文,弘扬中华文化。⑧ 同样,19世纪末20世纪初,在新加坡、印度尼西亚、马来西亚等国华侨中不约而同地开展了振兴(或复兴)儒教的运动,儒家文化的价值观念得到积极的推崇并为更多的人所知道。在东南亚国家的民间风俗习惯中,也不同程度地存在钦廉地区民间生活的影子。

2. 钦廉籍华侨华人与中西文化在广西沿海的交流和融合

中国传统文化秉承着"落叶归根"的思想,海外游子的回归意愿更为强烈。据记载,1906年从北海港进入的归国华工有200人左右。20世纪20年代末30年代初,资本主义

---

① 向大有,赵和曼:《广西侨务侨史文集(2)》,中国华侨出版社,1993年版,第276-277页。
② 杨国桢,郑甫弘,孙谦:《明清中国沿海社会与海外移民》,高等教育出版社1997年版,第64页。
③ 郑甫弘:《明末清初东南亚华人移民与生产技术的传播》,南洋问题研究1992年第2期,第67-68页。
④ 陈显泗:《柬埔寨两千年史》,中州古籍出版社1990年版,第542页。
⑤ 赵和曼:《广西籍华侨华人资料选编》,广西人民出版社1990年版,第60页。
⑥ 防城县地方志编纂办公室:《防城县志》,广西民族出版社1993年版,第561页。
⑦ 王光荣:《北部湾中越民族文化交融溯根探源》,潘琦主编:《广西环北部湾文化研究》,广西人民出版社2002年第469-475页。
⑧ 广西壮族自治区地方志编纂委员会:《广西侨务志》,广西人民出版社1994年版,第21页。

经济危机爆发,大批华侨失业返回家乡投资生产,①而以其他形式归国的海外移民数量难以统计。随着海外移民回归意识的增强,沿海社会向外开拓意识也日益提升。同时,海外移民带回了中西合璧的文化,在文化传播中充当了中介和桥梁的角色。

随着海外移民的回归,西方语言和生活习惯的影响逐步渗入钦廉民间,形成中西文化融合的现象。当今钦廉一带民间语言中仍可找出不少受到西方语言影响的词汇或句子,如钦廉民间语言中把"踢球"说成"踢 ball"等;由于人们通常称东南亚各国为"番国",东南亚华侨也被称为"番客",推而广之,后来,凡外来的东西,在钦廉民间都带"番"字,如番仔、番仔楼(洋楼)、番薯(红薯)等。

海外华侨带回的经验、性格、气质和财富,也潜移默化着与之接触的群体及社会风尚。在钦廉沿海,与小农经济相联系的传统观念和传统家庭也受到一定的冲击,为民主思想的传播奠定了基础。孙中山先生曾说"华侨是革命之母",钦廉籍华侨是中国资产阶级民主革命的积极参加者。1907—1908 年,孙中山在华南沿边沿海发动的几次武装起义,得到了中越边境华侨的大力支持,王和顺、黄明堂、唐浦珠等一批钦廉籍革命志士在其中起到重要作用。1908 年 3 月,钦廉上思起义的主要力量,是以越南华侨二百人为主的短枪队。②

华侨还通过回国投资,直接移入西方的先进技术和文化。如清末,华侨兴建了北海高德蒸汽锯木厂;合浦的第一个汽车公司"廉北普益汽车股份有限公司"是由归侨黄作兴投资兴办的;20 世纪 30 年代,越南归侨赵丽泉于在北海购地建屋,开设旅馆、从事房地产、兴建北海珠光电力公司及"娱乐戏院"等;华侨还投资兴建合浦一中(今北海中学)等③,使西方现代办学观念影响到教育。合浦知名的烟花炮竹生产厂家庞福来、张广声炮竹厂是归侨和侨眷投资经营的。④ 华侨以其特殊身份使西方文化主动介入了原有文化圈。特别是华侨回乡建房,使中西合璧的建筑更多地出现在民间,成为近代中西文化交流的历史见证。

3. 分布在世界各地的钦廉华侨社团是促进经济合作、文化交流的主要载体

钦廉籍华侨为了加强联系、团结互助、维系中华文化传统,分别在一些国家和地区参加或组织华侨社团。如在清代,华侨在越南海防成立反清组织"三点会",又称"三点洪"(即天地会);1883 年在新加坡组成"高廉桂三和会馆";1920 年,在越南海防市组成"钦廉琼崖会馆";1953 年在越南芒街组成合浦同乡会;1968 年在香港成立"钦廉四属同乡会"。此外,在美国的华侨还组建了"钦廉同乡会""广州同乡会""华裔互相联谊会",在巴西成立"华侨网球协会",在日本东京组成"广东会馆"等。在海外的钦廉华侨华人团体加强交流与合作,不断地为家乡的建设出谋划策。世界钦廉恳亲大会两年一届,自 2006 年 9 月起,已相继在澳大利亚的费菲市、美国的洛杉矶市、中国香港、越南同奈省隆庆市和中国防城港市等地举办,成为影响越来越大的国际华人盛会之一,是海内外钦廉人恳亲联谊、经济合作、文化交流的主要载体,在团结全球钦廉人、服务北部湾地区经济社会发展方面发挥着举足轻重的作用。

---

① 北海市地方志编纂委员会编:《北海市志》,广西人民出版社 2002 年版,第 208 页。
② 吴泽:《华侨史研究论集》,华东师大出版社 1984 年版,第 215 页。
③ 北海市地方志编纂委员会编:《北海市志》,广西人民出版社 2002 年版,第 208 页。
④ 广西壮族自治区地方志编纂委员会编:《广西侨务志》,广西人民出版社 1994 年版,第 55 页。

四、进一步发挥钦廉籍华侨华人在"海上丝绸之路"建设中的作用

我国政府提出的"一带一路"倡议,就是通过我国和周边国家实现政策沟通、设施联通、贸易畅通、货币流通、民心相通,构建区域利益共同体和命运共同体。广西沿海地区作为 21 世纪"海上丝绸之路"的重要门户地区,又处在中国—东盟自贸区的前沿,面临着发展的机遇期。"海上丝绸之路"首先是面向东南亚国家,而这个地区恰恰是钦廉籍华侨华人比较集中的地区,他们的产业布局和主要经营的方向均集中于此。为此,应该充分重视钦廉地区(今广西沿海的北海市、钦州市、防城港市)长期形成的深厚的华侨资源、良好的"华侨效应",利用并善于发挥钦廉籍华侨华人在中国—东盟睦邻友好、经贸合作和文化交流上的作用,为广西沿海经济的发展和崛起插上新的翅膀。

(一) 发挥钦廉籍华侨华人在民心相通中的独特优势和作用

民心相通是"五通"的基础。海外华侨华人熟悉驻在国的社会、法律、文化环境与风土人情,对中国和家乡情况也很熟悉,是连接中国与周边国家的"天然桥梁和纽带"。他们不但扮演着"民间大使"的角色,起到巩固中国与东盟各国、"海上丝绸之路"沿线国家友谊的作用,而且在"海上丝绸之路"建设的机遇下,以侨为桥,通过华侨华人了解当地情况,可以少走弯路,实现合作共赢。钦廉地区血缘亲近、地缘密迩、语缘同系,文化归属感强、族群认同度高,具有坚实的历史基础。自近代北海开埠以来,钦廉人远渡重洋谋生,建树良多,以各种名义在海外建立了自己的同乡社团和华文学校,钦廉籍侨领担任国际组织、华人团体的要职,活跃在世界舞台上,他们成为增进海外友谊、扩大交流合作和统一祖国、振兴中华的重要力量,成为参与"一带一路"建设、推动大开放大开发、携手共圆中国梦的重要角色。在广西北部湾进一步开放开发的背景下,广西沿海地区的发展向海经济,扩大对外经济文化交流,更需要钦廉籍华侨华人助力。为此,要充分重视钦廉籍华侨社团的作用,通过他们联系海外的钦廉同胞,扩大广西沿海的海外影响。

(二) 要重视钦廉籍华商的作用,把"一带一路"建设与华商经济相结合

"一带一路"沿线各国是华人华侨的聚集区,资料显示,截至 2015 年,有超过 4000 万的华侨华人,也是华商力量最强的区域,特别是东南亚地区。全球华商企业资产约 4 万亿美元,其中东南亚华商经济总量为 1.1 万亿~1.2 万亿美元。[①] 世界华商 500 强中约 1/3 在东盟国家。华商经济实力增强,在许多国家成为当地经济的重要支柱。在东南亚证券交易市场上市企业中,华人公司约占 70%。这其中,也应有钦廉籍华商。由于海外侨胞具有雄厚的经济科技实力、成熟的生产营销网络、广泛的政界商界人脉以及沟通中外的独特优势,"一带一路"建设为他们提供了可以大显身手、大有作为的机会。把"一带一路"建设与华商经济相结合,能为广西沿海的企业走进东南亚地区提供合作的机会。为

---

① 向晓梅:《南方日报:华商经济是建设 21 世纪"海丝"的重要推动力》,载《人民网》2015 年 03 月 10 日。

此，要在政府的规划指导下，在相关使领馆的具体帮助下，重视海外侨胞，特别是华商企业积极参与驻在国"一带一路"有关项目的建设并从中受益。同时，海外侨胞和华商企业又可以通过参与"一带一路"建设，促进华商企业自身产业的梯度转移和转型升级，推动人民币的区域化进程，深化海洋经济的开发与合作，为"一带一路"建设提供科技与智力支持。

（三）要充分发挥侨乡优势，打造面向"新海丝"的重要节点和平台

"海上丝绸之路"重点在经贸，华侨华人与祖国有着剪不断的文化和经济联系，是"海上丝绸之路"建设的基础。建设"海上丝绸之路"，加强与东南亚、南亚国家的经济文化合作，首先要了解当地需要，建立互信基础，才能进一步推进金融、技术、投资等方面的合作。广西沿海各市要积极参与中国—东盟自贸区升级版建设，做大与沿线国家的贸易总量，加大在先进制造业、现代服务业、基础设施、资源开发等重点领域的双向投资合作，加强与沿线国家在原油、煤炭、天然气、新能源开发、节能环保等方面的项目对接合作，重点推进与东盟国家在资源能源等产业上的合作，同时做大"线上海丝"贸易。尤其加强重点平台建设，致力打造面向"新海丝"的重要节点和平台，推动海外华侨华人与广西沿海经济社会的深度融合与发展。

（四）筹建"广西华侨经济文化合作试验区"，使之成为21世纪"海上丝绸之路"门户中的门户

为进一步推动广西北部湾经济区的开放和开发，把广西沿海建设成为21世纪"海上丝绸之路"的重要枢纽和门户，要鼓励试验区先行先试，为全面深化改革、扩大对外开放探索新路。试验区要着力转型升级，推动海外华侨华人与居住国经济深度融合发展，打造更加市场化、法治化、国际化的营商环境，形成可复制、可推广的经验；积极搭建海外华侨华人文化交流平台，深化与有关国家（地区）的人文合作；全面深化改革，构建开放型经济新体制；从政策支持、加强组织协调等方面有力有序推动试验区的建设。

综上所述，"海上丝绸之路"既是商贸文明之路，更是移民发展之路，东南亚、南亚地区是"海上丝绸之路"建设的重点，是钦廉籍华侨华人人口众多的地区，发挥钦廉籍华侨华人的作用，必将会对广西建设"海上丝绸之路"的枢纽和门户起到重要的作用。

北部湾地区的古代居民探源*

北部湾,是中越两国陆地和中国海南岛环抱的一处半封闭海湾。北部湾东临广东雷州半岛和海南岛,北临广西壮族自治区,西临越南,与琼州海峡和中国南海相连。本文所说的北部湾地区主要指广西壮族自治区钦州市、北海市、防城港市及各市所属的县(区)所包含的地域,兼指海南岛西部及越南北部的相关地域范围。自古以来,先民们创造了北部湾地区独特的古代文明。但由于种种原因,今天北部湾地区的民族构成已发生了巨大的变化。先民们的踪迹哪里去了呢?他们与今天的各族人民有何联系呢?本文试图对这个地区的古代居民情况作一些追根溯源。

一、历史文献中记载的最早居民——骆越的来源、分布及其在商周时的发展

据考古资料,以柳江人为代表的古人类化石的发现,可证明距今约十二三万年前,广西地区就已经有人类活动。[①] 大约从20世纪60年代开始,考古工作者对东兴的亚菩山和马兰咀山海滨贝丘遗址,钦州那丽独料山坡遗址及合浦清水江遗址进行发掘,发现了属新石器时代晚期的文化遗存。[②] 其中在独料遗址发现了灰沟、灰坑、柱洞等遗址和石器、陶片、果核等大量遗物,所发现的磨制石器多为农业生产工具和粮食加工工具,如斧、锛、凿、锤、刀、磨盘、磨棒、镞等。[③] 说明至少在1万年前,北部湾地区已经有原始居民繁衍生息。

北部湾地区最早见于文献的人类活动情况是《史记·五帝本纪》所载:颛顼"南至于交趾"[④]。又说:舜"南抚交趾,北发"。《索隐》以为,"北发"为北户之误[⑤](北户即后来的日南,今越南中部),颛顼、舜虽说是传说中的人物,但在三代传说时期,北部湾地区已列入中国属地。

最早见于史书的北部湾地区居民是属百越中一支的"骆越"。百越是大约在商周时期,分布在我国东南部和南部沿海地区,直到越南北部的一个大的族群。《汉书·地理

---

* 作者简介:吴小玲,北部湾大学教授,国家社科基金重大项目"中国东南海海洋史研究"【19ZDA189】广西卷负责人。

① 蒋廷瑜:《广西考古四十年概述》,《考古》1998年第11期,第1页。
② 蒋廷瑜:《广西考古四十年概述》,《考古》1998年第11期,第4-5页。
③ 于凤芝、方一中:《广西钦州独料新石器时代遗址》,《考古》1982年第1期,第1-8页。
④ 司马迁:《史记·五帝本纪》,甘肃人民出版社,1997年版,第11页。
⑤ 司马迁:《史记·五帝本纪》,甘肃人民出版社,1997年版,第43页。

志》注引臣瓒说:"自交趾至会稽,七八千里,百越杂处,各有种姓。"

越的名称,在史书上出现得较早,有人认为它来源于甲骨文中的"戉",许慎的《说文解字》称"戉"为大斧头,越族以石戉为兵器,故称"戉",越是后起的字。① 在华夏族兴起于黄河流域的时候,越可能就开始活动于长江以南的广大地区了。② 关于越族的来源,司马迁《史记·越王勾践世家》记载:"越王勾践,其先禹之苗裔,而夏后帝少康之庶子也,封于会稽,以奉守禹之祀……"据此,后人认为"越为禹后"③;另有人认为,越族是从三苗中的一支发展而来的④;也有人认为,越族源自东南沿海,是在东南土著"岛夷""鸟夷"或"九夷"的基础上,融合南向的华夏人形成的。这些土著居民,是河姆渡、马家浜、良渚文化的创造者,越之得名,就在于他们使用有段石锛、几何印纹陶器和行剪发文身之俗,这也是他们最显著的特征。最早之越,是于越与句吴。公元前437年,越并吴,后越在公元前323年为楚所灭,向南再向西南迁徙,与沿途土著融合,是为百越。⑤ 与此相似的说法是:百越是土著居民。由于百越居住在长江流域以南,相似的自然条件,孕育并产生了相似的思维模式和生产方式,从而产生了相似的文化质态和经济生活形态,因而人称百越。⑥ 可以肯定的是:百越形成的基础是其范围内的原始土著居民,百越的形成和发展与中华民族的形成和发展是密不可分的。百越各族居于相似的自然条件下,骆越作为其中一支,有着与百越各支系相似的文化特质和社会生活形态,同时也有自己的特质。骆越名称的由来,有人认为可能与安南雒王的"雒"有关。一般认为是与其耕作"雒田"有关。

《水经注》中转引《交州外域记》载:"交趾昔未有郡县之时,土地有雒田,其田从潮水上下,民垦食其田,因名为雒民,……"⑦ 今天北部湾地区有规律的潮涨潮落仍与沿岸居民生活有密切关系,历史文献记载的情况是符合当地实际的。在"未有郡县之时",大概是秦以前,居住在交趾一带的土著,靠"潮水的上下"滋润所带来的肥料,耕作田地,其田称"雒田",其民称"雒民",骆越就是生活在北部湾沿岸、以水稻种植为主要农业经济生活的民族。大约在商周时期,他们处于原始社会末期,出现了贫富分化,产生了阶级,形成了自己的部落联盟,首领即"王""侯",拥有了自己管辖的地盘并保持完全独立性。从反映这个时期的一些墓葬的发掘可以看出⑧:骆越的生产力水平还比较低,社会发展还极为缓慢。

骆越的分布,《旧唐书·地理志》载邕州宣化县:"水在县西北,本柯江,俗呼郁林江,即骆越水也,亦名温水。古骆越地也。"宣化即今南宁市和邕宁县,骆越水即今南宁的邕江及其上游。《百越先贤志·自序》具体载:"柯西下邕、雍、绥、建,故骆越也。"

---

① 董其祥:《古代的巴和越》,《重庆师范学院学报(社会科学版)》,1980年第1期。
② 侯方岳,李景煜:《滇越掸傣源流》,引自百越民族史研究会:《百越民族史论丛》,广西人民出版社1985年版,第70页。
③ 屈大均:《广东新语》卷23《介语》,中华书局1985年版,第619页。
④ 蒋炳钊:《"越为禹后说"质疑——兼论越族来源》,《民族研究》1981年第3期,第63—72页。
⑤ 百越民族史研究会:《百越民族史论丛》,广西人民出版社1985年版,第17页。
⑥ 张声震:《壮族通史》,民族出版社1997年版,第30页。
⑦ 郦道元:《水经注》卷37《叶榆河》,四部丛刊初编缩印本,中华书局1991年版,第478页。
⑧ 韦仁义:《武鸣马头墓葬与古代骆越》,《文物》1988年第12期,第32—36页。

顾炎武在《天下郡国利病书》中记述："今邕州与思州府凭祥县接界入交趾海，皆骆越也。"《汉书·贾捐之传》记载海南的居民也是"骆越之地"。可见，骆越分布的地区，大致相当于汉代的交趾、九真、日南、儋耳、珠崖五郡和郁林郡部分地区，即今广西南部和西南部的邕江和左右江流域至越南红河一带，包括海南岛在内。①

商周时期，骆越地区社会经济在继承广西南部地区新石器时代原始文化基础上有了发展。生产工具比新石器时代进步，出现了铜器和陶器。

有肩石器特别是大石铲是骆越地区石器文化的一个典型特征。在古骆越所分布地区发现的以大石铲为代表的石铲、石锄、石镰、石刀等其形状、功能、结构、工艺是其他地区同类石器所不能比拟的。② 在广西合浦清水江曾发现大石铲与残铜器并存，推测在商周时期，骆越人很可能有了青铜器，虽然目前在北部湾地区还没有找到确切的考古发掘证明这一地区在商周时期已产生了青铜文化，但是从邕江、左右江流域所发现的铜鼓及青铜器，特别是1985年武鸣马头西周春秋墓葬所出土的一批具有浓厚地方色彩的青铜器及铸造青铜器的石范，可以说明商周时期广西地区已经能够制造青铜器，而且形成具有自身特点的骆越青铜文化。虽然骆越地区青铜文化发展比较缓慢、种类少，但其铸造水平已接近成熟的阶段。

陶器制造业的发展。从北部湾沿岸新石器时代遗址中发掘的陶器都是夹砂陶，饰纹多为绳纹、蓝纹、方格纹，也有水波纹、网纹、云雷纹等。钦州独料遗址出土的陶器以红陶为主，有少量灰褐陶和黑陶，陶胎厚薄不均，内壁不平，除了有纹饰外，还有穿孔和指甲纹等，可辨出陶器的形状为直口和微敛的圜底釜、罐之类的，并发现了一件捏制的陶祖。③ 可见当时陶器主要用作饮煮和贮藏食物用，工艺水平不高，但已有一定程度的发展。商周时期的陶器制造业应在此基础上有进一步提高。

从经济生活来看，骆越人以种植水稻为主要的农业生产，"仰潮水上下，垦食骆田"，渔猎经济占突出地位，"饭稻羹鱼，果隋蠃蛤"④，"越人得髯蛇以为上肴，中国得而弃之无用"⑤ 等生动地描述了骆越人的经济生活特点。北部湾沿岸的居民至今仍保留着古骆越人的这一文化特征。同时，反映这个时期的考古发掘，即北部湾沿岸的贝丘遗址中的鱼、骨、蛤遗存也充分证明了这一点。据推测，骆越地所发现的有段石锛主要是加工木材的工具，很可能是制造独木舟的工具，⑥ 而独木舟与渔猎经济是密不可分的。

二、秦汉时期的骆越

秦汉时期，由于统治阶级实行了有效的统治措施，且有大量北方居民南迁，在先进

---

① 廖国一：《论西瓯、骆越文化与中原文化的关系》，《民族研究》1996年第6期，第57页。
② 陆明天：《秦汉前后的岭南百越主要支系的分布及其族称》，百越民族史研究会：《百越民族史论丛》，广西人民出版社1985年版，第146页。
③ 于凤芝、方一中：《广西钦州独料新石器时代遗址》，《考古》，1982年第1期，第1—8页。
④ 司马迁：《史记》卷129《货殖列传》第69，中华书局1959年版，第3963页。
⑤ 刘安：《淮南子·精神训》，上海古籍出版社1989年版，第73页。
⑥ 林惠祥：《中国东南区新石器文化特征之一——有段石锛》，《考古学报》1958年第3期。

文化的影响下，骆越地区经济文化得到进一步发展，曾建立了地方性的奴隶主政权。但总的来说，骆越地区社会发展相对落后，而且各地区发展得很不平衡。

秦始皇统一六国后，南开五岭，设桂林郡、象郡、南海郡。象郡的辖区主要是骆越地区。① 为了加强对岭南的统治，秦朝不仅令原来南征的数十万军队留守岭南，而且还不断增派兵员前来"谪戍以备之"②，同时，还特批戍守岭南将士的要求，从中原征调15000名未婚青年女子前来岭南"以为士卒衣补"③，共同开发岭南。这不仅巩固了秦在岭南的政权，而且有利于传播中原文化，特别是南迁的中原人民带来的先进文化和生产技术，促进了岭南地区的经济发展和民族融合。骆越地区原有的相对封闭的状态也随之被打破。

秦末，南海郡尉河北真定（今正定）人赵佗趁乱割据岭南称王，同时兼并了桂林郡、象郡，骆越地区成为南越地方割据奴隶主政权的一部分。为了平息骆越等地的民族矛盾，赵佗对南越各地采取了"和集南越"为中心的民族政策，自称"蛮夷之长，以其故俗治"，带头"椎结箕发""变服易俗"，改善了民族关系；同时健全地方机制，攻破骆越首领安阳王，"令二使典主交趾、九真二郡人"④，并以"诗礼化其民"⑤，促进汉越民族融合。到汉武帝元鼎六年（公元前111年），南越国灭亡，"桂林、南海、象郡等地之越族，遂大体混合于中夏系统"⑥。

汉武帝灭南越后，"遂以其地为儋耳、珠崖、南海、苍梧、郁林、合浦、交趾、九真、日南九郡"⑦。与骆越有关的是儋耳、珠崖、合浦、九真、交趾、日南。汉武帝"攘却胡、越，开地斥境，南置交趾……凡十三部，置刺史"⑧ 管辖。当时骆越一带是山岩瘴气，使人望而生畏的落后地区，汉武帝虽对各郡实行了政治上"且以其故俗治"，经济上"无赋税"⑨ 的政策，在一定程度上缓和了汉越矛盾。但由于到骆越地的汉朝官员大多贪婪地搜刮奇珍奇宝，当地居民多次有反叛斗争，汉朝廷鞭长莫及，曾有"弃之不足惜，不击不损威"⑩ 的意见。东汉建立后，加强对岭南各地的统治，大大改变了当地风貌。如东汉初年，任延为九真太守，时"九真人射猎为生，不知牛耕，常到交趾谷，而致困乏"，任延在九真教人铸田器，教他们开垦荒田，耕地逐年扩大，百姓供给充足。"骆越之民，无嫁娶礼法，各因淫好，无法对匹，不识父子之姓，夫妻之道"仍处于杂婚阶段。任延于是通告全县"各使男年二十至五十，女年十五至四十，皆以年齿相配。其贫无礼聘，令长吏以下各省奉禄以赈助之。同时相娶者二千余人"⑪。锡光在西汉平帝年间到东

---

① 张声震：《壮族通史》，人民出版社1997年版，第260页。
② 刘安：《淮南子·人间训》，上海古籍出版社1989年版，第137页。
③ 司马迁：《史记》卷118《淮南衡山列传》，中华书局1959年版，第3751页。
④ 司马贞：《史记索隐》卷25，钦定四库全书本，第8a页。
⑤ 黎崱，《中外交通史籍丛刊·安南志略》卷14，中华书局2000年版，第324页。
⑥ 罗香林：《古代百越分布考》，中南民族学院民族研究资料编：《南方民族史论文选集》，中南民族学院民族研究资料室1982年内部铅印本，第31页。
⑦ 班固：《汉书》卷95《西南夷两粤朝鲜传两粤传》，中华书局1982年版，第3862页。
⑧ 班固：《汉书》卷28上《地理志第八》，中华书局1982年版，第1614页。
⑨ 班固：《汉书》卷24下《食货志第四》，中华书局1982年版，第1149页。
⑩ 班固：《汉书》卷64下《贾捐之传》，中华书局1962年版，第2835页。
⑪ 范晔撰，李贤等注：《后汉书》卷76《循吏列传》，中华书局1965年，第2460页。

汉初年任交趾太守，也积极传播中原礼义，"教民导夷，断以礼义，化声侔于（任）延"。后来人称任延和锡光："领（岭）南华风，始于二守焉。"① 这些郡守的积极所为无疑加速了骆越地区的文明进程。汉一代，中原人的南迁不仅人数增多，而且方式也多样化。除了贵族官僚的流放以及南征汉军留籍外，有为了避乱而南迁的中原百姓，他们带来先进的技术和文化，对加速当地经济文化的发展起到了重要作用。骆越地区的人口也逐步得到增长。据记载，西汉交趾郡有户92440，746230人；合浦郡有户15398，人口78980；九真郡有户35743，人口166013；日南郡有户15460，人口69495。此四郡以骆越人为主，共有户159041，人口960708，再加上海南岛的骆越人，总共有100万人。② 当时朔方四郡户313000余，人口1670000余，相比之下，骆越仍属地广人稀。到东汉交州有户270769，人口111446，其中缺郁林、交趾两郡数字，相比之下，骆越地的人口较前有了增加。③

但骆越各地区的社会发展仍是不平衡的。东汉年间，"交趾所统虽置郡县，而言语各异，重译乃通。人如禽兽，长幼无别，项髻徒跣，以布贯头而著之"。东汉建武十六年（40），发生了交趾麊泠县（今越南河内市）雒将女征侧、征贰的反叛，其原因是交州太守苏定不知尊重越俗，"以法绳之"。东汉政府派伏波将军马援征讨，"破交趾，斩徵侧、徵贰等，余皆降散。进击九真贼都阳等，破降之，徙其渠帅三百余口于零陵，于是岭表悉平"④。马援在征讨的过程中，"辄为郡县，治城郭，穿渠灌溉，以利其民，条秦越律与汉律驳者十余事，以越人申明旧束，以约束之，自后骆越奉行马将军故事"⑤。自此以后，骆越在东汉经历了一个相当安定的发展时期，逐步与部分西瓯融洽，发展为后来的乌浒和俚。⑥

三、骆越人的风俗习惯

（1）巢居。

晋代张华《博物志》记载："南人巢居，北溯穴居，避寒暑也。"所谓巢居，即居住在后来称为干栏式的房屋里。在钦州独料新石器时代遗址中所发现的有一定分布规律的柱洞，很可能是干栏式建筑的遗址；而秦汉时，岭南已大量存在干栏式建筑（从墓葬中出土的大量干栏式建筑模式可证明）。宋周去非《岭外代答》载"邕州左右江羁縻州峒，民居苫茅，为两重栅，谓之'麻阑'，上以自处，下蓄牛豕"⑦ 等，现广西壮族仍有麻栏式建筑，说明骆越人巢居之俗是存在的。

---

① 范晔撰，李贤等注：《后汉书》卷76《任延传》，中华书局1982年版，第2462页。
② 班固：《汉书》卷28下《地理志第八下》，中华书局1962年版，第1671页。
③ 梁方仲：《中国历代户口、田地、田赋统计》，上海人民出版社1980年版，第208页。
④ 范晔撰，李贤等注：《后汉书》卷86《南蛮西南夷列传》，中华书局1965年版，第2839页。
⑤ 范晔撰，李贤等注：《后汉书》卷34《马援列传》，中华书局1965年版，第838-840页。
⑥ 徐杰舜：《中国民族史新编》，广西教育出版社1989年版，第525页。
⑦ 周去非著，杨武泉校注：《岭外代答校注》卷10《蛮俗门》，中华书局1999年版，第413页。

(2) 断发、文身、文面、凿齿、椎髻等习俗。

《淮南子·原道训》载:"九嶷之南,陆事寡而水事众,于是民人被发文身,以像鳞虫,短绻不绔,以便涉游;短袂攘卷,以便刺舟,因之也。"① 断发即"剪发使短,冒首代冠,而不束发加冠",它与当时中原的"冠笄"不同。断发文身,与当时的生活环境有关,《汉书·地理志》载:"越人文身断发,以避蛟龙之害。"② 《史记·周本纪集解》引应劭的话说:"常在水中,故断其发,文其身,以象龙(蛇)子,故不见伤害。"骆越还喜文其额,"雕题交趾"③,雕题即文面。凿齿即打牙、拔牙、饰齿,史书载"既长,皆拔去上齿牙各一,以为身饰"④,"女既嫁,便缺去前一齿"(贵州风俗),"庞山洞人去其两齿为饰"⑤(陆州风俗),这个习俗不仅存在于骆越人,而且后来的俚、乌浒甚至今天的壮族、仫佬族和高山族人仍有这个特征。到宋,钦州风俗有"獠子巢居海曲,每岁一移,椎髻、凿齿、赤裈、短褐"⑥,说明凿齿习俗的存在,另椎髻、赤裤短褐也是北部湾地区骆越人的习俗。

(3) 好铜鼓。

"古代越族文化之最令人注意者,为铜鼓之制作与使用,而越族制作铜鼓,又以骆越为最盛,故又称骆铜鼓。"⑦ 铜鼓制作起始年代不详,但最兴盛的年代是汉代前后。铜鼓是权力的象征,又是"赛会娱神驱疾逐鬼祈福之用者"。"自岭以南二十余郡……诸僚皆然,并铸铜为大鼓……俗好相杀,多构仇怨。欲相攻,则鸣此鼓,到者如云。有鼓者,号为都老,群情推服。"⑧ 铜鼓上雕刻的图案,一般为几何图形,从最中心往外分别是太阳纹、云雷纹、翔鹭纹、羽人纹,鼓身有龙舟竞渡或羽人舞蹈等。铜鼓是骆越及其后裔宗教生活习俗的一个缩影。目前广西各地都记载有铜鼓。《西清古鉴》载铜鼓图十四,其释文亦谓钦州有铜鼓村,廉州有铜鼓塘,并以获得铜鼓而得名。据说越南河内法国远东学院所藏的铜鼓,其胴部铸人物图形半人半鸟,其上部铸船形,船中也有半人半鸟之图形,鼓面则铸日常生活之图形,有房屋仓库等,人们疑它是象征雷神子孙而作,至今广东雷州半岛,广西钦廉一带仍有嫁女于雷公生子女为雄鸡之传说。⑨ 此外,骆越还有其特色地将铜铸为船形,晋刘欣期《交州记》记载,"越人铸铜为船,在江潮退时见";"九真有一湖,去合浦四十里。至阴雨日,百姓见有铜船出水中。又有一年出潮中,以鸡酒祭,便获鱼倍,若不设此祀,则渔得牛粪而已"⑩。

(4) 尚鸡卜,鬼神崇拜。

《史记·孝武本纪》记载:"是时既灭南越,越人勇之仍言'越人俗信鬼,而其祠皆

---

① 刘安:《淮南子》卷1《原道训》,中华书局2012年版,第15页。
② 班固:《汉书》卷28下《地理志第八》,中华书局1982年版,第1669页。
③ 乐史撰,王文楚等点校:《太平寰宇记》卷172上《四夷总序》,中华书局2007年版,第3293页。
④ 张华:《博物志》卷2《异俗》,中华书局1980年版,第24页。
⑤ 乐史撰,王文楚等点校:《太平寰宇记》卷166,中华书局2007年版,第3171-3172页。
⑥ 乐史撰,王文楚等点校:《太平寰宇记》卷167,中华书局2007年版,第3201页。
⑦ 《南方民族史论文选集(一)》,中南民族学院民族研究所资料室1982年版,第93页。
⑧ 魏徵等:《隋书》卷31《志第二十六·地理下》,中华书局2011年版,第887页。
⑨ 《南方民族史论文选集(一)》,中南民族学院民族研究所资料室1982年版,第93页。
⑩ 乐史撰,王文楚等点校:《太平寰宇记》卷171,中华书局2007年版,第3272页。

见鬼,数有效。昔东瓯王敬鬼,寿至百六十岁。后世谩怠,故衰耗',因而乃令越巫立越祝祠,安台无坛,亦祠天神上帝百鬼,而以鸡卜。上信之,越祠鸡卜始用焉。"① 这说明,当时越人鸡卜不但流行,而且传至中原,为汉朝廷所信。鸡卜如何进行?周去非的《岭外代答》载:"南人以鸡卜,其法以小雄鸡未孳尾者,执其两足,焚香祷所占,而卜杀之,取脚骨洗净,以麻线束两骨之中,拥竹挺插所束之处,俾两腿骨背于挺之端,执挺再祷。左骨为侬,侬者我也,右骨为人,人者所占之事。乃视两骨之则所有细窍,以细竹挺长寸余者,遍插之,或斜或直,或正或偏,各随其斜直正偏,而定吉凶。"至今,北部湾地区民间的迷信活动仍有看"鸡爪"的说法。

(5) 自然崇拜与图腾崇拜。

从铜鼓纹中可看出骆越人崇拜雷神,崇拜水、云等自然现象。从骆越人的文身习俗可看出骆越人的图腾崇拜是龙(蛇)、猫等。骆越人的文化风俗习惯在很大程度上包含了其社会生活的各个方面的内容,它们相互作用,密切联系,构成了骆越人及其后裔独特的文化特点。

四、东汉以后,骆越的族称变化

南宋周去非《岭外代答》有:"钦民有五种,一曰土人,自昔骆越之种类也,居于村落,容貌鄙野,以唇舌杂为音声,殊不可晓,谓之蒌语。二曰北人,占籍钦州地。三曰俚人,史称俚僚也,此种自蛮峒出居,专事妖怪,若禽兽然,语言不可晓。四曰射耕人,本福建人,射地而耕也,子孙尽闽言。五曰蜑人,以舟为室,浮海为生,语似福广,杂以广东西之音。"可见,到宋一代,钦州等北部湾地区的民族构成已发生了一定的变化。东汉以后,骆越已不见于史书,而代之以其他称呼,其中土人原是骆越中的一部分。北人即北方移民,蜑民即近代仍存在的泛舟海上的船民。这里值得一提的是,与骆越有关的俚、乌浒。

俚,是东汉至南北朝时期对中国岭南地区古代民族的称呼。俚的分布,据史书载:"广州南有贼曰俚,此贼在广州之南,苍梧、郁林、合浦、宁浦(今广西横县)、高凉(今广东阳江)五郡,中央地方数千里。"② 这些地方是古代西瓯、骆越活动的主要区域,东汉以后,西瓯、骆越少见于史籍,可见,俚与骆越等有直接的渊源关系。

在东汉末期,俚人社会相对于中原社会落后,"往往别村,各有长帅,无君主,恃在山险,不用王。自古及今,弥历年纪"。他们住在深山,尚处于部落酋长统治状态。"土俗不爱骨肉,而贪宝货及牛犊,若见贾人有财物水牛,便以其子易之"③,"始夷人不知礼义,男女互相奔随,生子不知父"。陶基在三国时任交州刺史后:"教以婚姻之道,训以父子之恩。设庠序、立学校,阖境化之。"④ 到南朝刘宋时,俚的一部分仍"皆巢居鸟

---

① 司马迁:《史记》卷20《孝武本记》第20,中华书局1959年版,第483页。
② 李昉等:《太平御览》卷785,中华书局1985年版,第3478页。
③ 李昉等:《太平御览》卷785,中华书局1985年版,第3478页。
④ 郝玉麟等监修,鲁曾煜等编纂:《广东通志》卷44《人物志》,《钦定四库全书》(史部地理类),上海古籍出版社1987年影印清刻本,第40页。

语"。尽管社会发展不平衡，但俚人社会在魏晋南北朝时还是进入了奴隶社会。随后冼夫人为俚族首领，与罗州刺史冯融之子冯金缔婚，逐步统一了俚人政权，加速了俚族的形成。隋建立后，冼夫人主动归附隋朝，帮助隋统一了岭南。

隋朝，令狐熙任桂州总管，积极传播中原文化，推动俚人社会发展，使一部分俚人"皆列郡县，周之齐人（汉族）"，但大部分俚人习惯仍是"椎结踞，习其旧风……巢居崖处，尽力农事，刻木以为符契，言誓则至死不改"①。

唐朝是俚族势力的繁荣时期，史书记载了不少俚族大姓的情况，涉及北部湾地区的有高凉合浦的冼氏、钦州的宁氏，他们都显赫一时。

宋代，钦州"俚人不解言语，交肱椎髻，食用手抟，水从鼻饮之"②，明清以后，绝大部分俚人发展为今天的壮族和黎族。

乌浒，也叫乌浒蛮、乌浦蛮。乌浒之名，源于地名。《南州异物志》曰："乌浒，地名也，在广州之南，交州之北。"其以族名出现始于《后汉书·南蛮传》："灵宗建宁三年（170）郁林太守谷永，以恩信招降乌浒人，十余万内属，皆受冠带，开置七县。"③ 又说光和元年（178）"合浦乌浒反叛"。乌浒分布的地方"在广州之南。交州之北"，据杜佑说："乌浒地在今南海郡之西、安南之北、朗宁郡管"④。乌浒蛮的活动地域正是骆越人居住的地区，至今广西横县还保留有乌浒山和乌浒滩就是明证。因此，乌浒与骆越有渊源关系。

乌浒出现后不久，由于汉光和四年（181）交州刺史朱儁讨交趾、合浦"乌浒蛮"，使乌浒人的活动被迫南移，进入深山远泽。正史里，因此没有记载乌浒人的情况，所留下的资料多为野史所记。但乌浒的一些风俗习惯，与骆越有较多的共同之处，因而被视为同源。

今天，北部湾地区民间的所谓吃人的"山红猫"的故事大概也与乌浒人有关。

---

① 魏徵：《隋书》卷31《志第二十六·地理下》，中华书局2011年版，第887页。
② 乐史撰，王文楚等点校：《太平寰宇记》卷167，中华书局2007年版，第3201页。
③ 范晔撰，李贤等注：《后汉书》卷86《南蛮西南夷列传》，中华书局1965年版，第2839页。
④ 杜佑撰，王文锦等点校：《通典》卷188《边防四·南蛮下》，中华书局1988年版，第5079页。

泉州锡兰公主家族播迁史调研*

泉州这座城市的历史与锡兰（斯里兰卡古称）王子的后裔许世吟娥家族，因明代郑和下西洋而产生的播迁故事，十分感人。因课题需要而重新整理、记录。

许世吟娥的祖先曾是锡兰的国王，在明英宗年间，锡兰王子世利巴交喇惹出使中国，因王位被外人继承未能回国而定居泉州，并在泉州娶妻生子，其后人取王子名字世利巴交喇惹的第一字"世"字为姓。"世"家都是世代单传，家族不大，被欺负和迫害的事情时有发生，所以招了一个"许"姓的后人就改姓"许世"。传到许世吟娥这代，已是第十八世。许世吟娥左耳上有一个小孔，据她本人说这就是锡兰王子家族后裔的明证，直系家族成员的耳朵上都有一个天生的小孔。为更深入了解这方面相关信息内容，笔者在网上查询了一些资料并整理如下：

明成祖永乐年间，郑和下西洋到达锡兰，自此两国交好，锡兰成为中国藩属国，定期向明朝进贡。

1459年，锡兰国王世利巴来耶为了增进与中国的交往，特地派遣王子世利巴交喇惹带了许多金银珠宝前往中国进贡。

一、锡兰王子人物生平

郑远曾作为郑和的随从出航过两次西洋，得到过锡兰国王及其王子世利巴交喇惹的热情款待，这次锡兰王子到来，郑远自然待之以上宾，并向泉州知府要来马队和兵丁，亲自护送王子一行进京。

此年为明朝天顺三年（1459），明英宗朱祁镇见到锡兰王子进贡的宝物和特产后，龙颜大悦，不仅回赠了不少金银财物，还赐锡兰王子在中国居住一年。英宗皇帝得知锡兰国信奉佛教，还特地把皇宫内珍藏的一尊小巧玲珑、制作极其精美，并印有"大明天顺皇帝供奉"一行细字的观世音菩萨瓷像赠送给锡兰王子。

锡兰王子在北京未住多久冬天就已来临，风寒的侵淫使他患起病来。在郑远的建议下，他强支病体辞别了明英宗，一路舟车日行夜宿地来到了气候温暖的南方城市泉州，在郑远的官邸住下来养病。但是这场病竟令他病了好几年，直到1466年春季才痊愈。正当锡兰王子世利巴交喇惹收拾船只准备回国之时，锡兰国王世利巴来耶突然因病逝世，由于王储世利巴交喇惹出使中国多年未归，生死未卜，王位无人继承，于是宫廷里很快

---

* 作者简介：梁亚林，厦门理工大学设计与艺术学院教授，国家社科基金重大项目"中国东南海海洋史研究"研究课题组成员；范嘉伟，台湾世新大学在读博士生，该课题组成员。

就发生了政变——国王的外甥巴罗刺达乘虚篡夺了王位。这位生性凶狠的巴罗刺达不仅把皇城内国王的子侄杀戮殆尽，还派人不远万里前来中国寻找王子世利巴交喇惹的下落，意欲斩草除根。

与王子有深厚交情的郑远得知这一情况之后，为了不使王子遭到巴罗刺达的毒手，在泉州城郊的清源山麓为王子买下了一处住宅，并在夜晚悄然将世利巴交喇惹及其随从送到那里居住。

世利巴交喇惹惊魂甫定之后，曾派一名随从回国打听自己王族的情况，然而在一年后他得到的消息是，他的随从到锡兰刚与几位王亲联系上，就被巴罗刺达的爪牙发现而遭到毒打，逼他交代出王子现在何处，可怜他被打得皮开肉绽，奄奄一息，但至死也没有把王子的下落告诉叛臣。世利巴交喇惹听后不得不决定在泉州定居。

世利巴交喇惹定居泉州那年，已经三十九岁。他在郑远的牵线下，娶了一位因受迫害流落到中国的阿拉伯贵族女子蒲氏为妻。王子为了隐藏自己的身份，便取自己名字的第一字"世"为姓，他的子孙也均以"世"为姓，世家在泉州置产购业、登科及第，成为泉州的一大望族，在明清两朝颇为显赫。虽然当时世利巴交喇惹到底生了几个子女现在已无法考证，但泉州自锡兰王子来此之前的所有文字记载均未发现有姓"世"的，而其后到了明神宗万历四十六年（1618），泉州"世家坑"竟出了个举人世寰望，名列洛阳桥畔的蔡襄纪念祠内的《泉郡守五岳蔡公德政碑》，迄今犹存；清朝初期又出了个"桃李满天下"的著名举人世拱显，时任泉州小山丛竹书院的"山长"（相当于现在的院长），据《泉州府志》载："世拱显，字尔韬，号小山，泉州人，本锡兰君主世利巴来耶之长子世利巴交喇惹之后。"

二、锡兰王子后裔

锡兰王子在泉州的第十八代后裔许世吟娥说，世姓传至她高曾祖父这一代时，家族人员已经衰落到只剩下独丁了。她小时候曾看过族谱，并听父亲解释说，她高曾祖父名叫世隆，娶晋江女朱文娟为妻，仅生下三个女儿而没有男孩，于是就让二女儿世益娟招当地男青年许闯入赘，生下一个儿子，由于许、世两家仅此独苗，便将这个儿子姓复姓许世（另一说法是许闯入赘。本来说好姓"世"，可是后来反悔，非要在"世"前面加上"许"变成了"许世"），取名九，九在泉州是多的意思，意为能多生子女传宗接代。然而许世九娶了吴姑娘之后，也仅生下许世吟娥的祖父许世水，许世水娶了她的祖母李素琴，生下了她的父亲许世静波，许世静波娶了许世吟娥的母亲蔡砚治后，终于打破了许世家几代单传的僵局，一连生下了一女三子，许世吟娥是老大，现年35岁，其大弟许世志雄随父母早些年就去了香港，现在香港西门子电子公司任职，二弟许世志强在香港做石材生意，三弟许世志勇在香港读高中。

许世吟娥年逾八旬的祖母现仍居住在泉州，过去曾到过"世家坑"祭扫祖坟。她常向后辈念叨："我们的祖先是从很远的海上来的。"许世吟娥之父许世静波及两个弟弟现住香港，另一个弟弟许世强一家及姑婆等居住在泉州。据查，许世家族多外出谋生，居住在菲律宾及中国的香港和台湾等地。

许世吟娥说她印象最深的一件事就是"文革"时期她的祖母烧家谱和藏佛像。

那时候,许世吟娥的祖母李素琴听说凡有海外关系的都要被抄家,要是抄出有"里通外国"嫌疑的,就得给予"专政"。许世吟娥的祖父许世水当年逃壮丁去了菲律宾,虽一直未回,但常有书信和钱寄回来给祖母,自然算得上是有海外关系的,但祖母并不怕这一点,因为祖父的情况周围谁都知道,但家里藏有世姓家族的族谱,其中明白无误地记载着世姓祖先是锡兰的王子,这是否算得上是"里通外国"?即使不算,那么王子该是什么"成分","文革"时期那些地主、资本家的家世其实根本比不上王子啊!祖母想到这里吓坏了,赶紧把几大堆的家谱以及凡有记载世氏家族历史的文字全部装进柴箩里,然后当作柴禾一本一本地烧,一连做了三餐饭。

烧完族谱之后,祖母又想到了明英宗赐给她祖先锡兰王子世利巴交喇惹的那尊观世音菩萨瓷像,如果这尊佛像被抄出来,"造反派"说你搞迷信活动还算事小,要是仔细一看佛像后面的"大明天顺皇帝供奉"几个细字,再来个盘根究底,他们祖先的身份来历就会暴露,一家人就非遭殃受罪不可!考虑了一夜之后,她终于认为还是保命要紧。

第二天,天刚蒙蒙亮,祖母便起了床,提了水桶,来到离家不远的一口水井旁,佯装在打水,要把佛像扔进井里,不料由于心里太害怕了,手便抖得凶,佛像从怀里抽出来时没拿稳,"啪"的一声摔在井圈上,佛像破碎了!祖母惊吓得全身都打起抖来,连声喃喃:"菩萨恕罪,菩萨恕罪!"赶紧把破碎了的佛像捡起来扔进了井里,之后跌跌撞撞地回到家,倒到床上再也起不来了。许世吟娥说,她的祖母这一病竟病了好几年。祖母说,她只要一合上眼就看见破裂了头颅的菩萨在指责她,她的头就痛得更凶。每当这个时候,祖母就挣扎起床跪下向菩萨求饶并许愿:只要有朝一日政府允许,她和她的一家一定请最好的工匠,重塑菩萨金身,永奉香火,但都未能使她的病得到好转。后来还是祖父从菲律宾寄了一些药来给她吃了,祖母的病情才稍有好转。

受"文革"的冲击,许世吟娥的父亲许世静波对家乡有了畏惧心理,在祖父的帮助下,他于1970年去香港定居。1985年,父亲又把许世吟娥的母亲和三个弟弟都带去了香港,泉州家里便只剩下了许世吟娥和她那年近八旬的祖母。

近代,世氏家族的状况长期不为外界所知。其实,早在1985年,国务院文化部外联局亚洲处就向泉州晚报社转达了斯里兰卡国大使馆要求在泉州寻找锡兰王子世利巴交喇惹的后裔之事,但由于没有任何线索,有关部门寻访了相当长的一段时间后,终因无果而不得不放弃了努力。泉州文史界千方百计寻找却一无所获,不知其中关键在于泉州这一支的世氏已改为许世氏。

这个秘密的公开是在1996年。当年,泉州考古工作者刘志成在市郊东岳山麓"世家坑"发现锡兰王子墓葬群。据说是刘志成内急找厕所,在养鸡鸭的养殖场内看见一块石碑,用脚蹭去石碑上的土看到碑上刻的文字,推断是一位"大人物"的墓,遂上报给有关部门。一位学者为此撰文考证,文中顺便抒发一句:"可惜世家消失一个世纪了。"当时曾经掀起了一阵寻访锡兰王子世家的热潮,但还是未发现王子在泉州的后裔。许世吟娥看到此文,大为气恼,要丈夫找到作者理论清楚。其夫孙亚宏这才明白妻子就是当地文化工作者搜寻多年的"锡兰王子后裔"。

1999年5月,泉州一家媒介披露了"世家坑"世家墓葬群遭破坏的消息。世居泉州古城、从不抛头露面的王子后裔终于按捺不住，抗议祖坟遭破坏一事。许世吟娥打电话给泉州市市长，愤怒地述说，她家位于泉州市郊清源山麓世家坑的祖墓群——锡兰侨民墓区被某建筑单位的推土机所毁，请求市长能够制止，并且说明她本来并不想暴露自己是锡兰王子的后裔的，但是为了保护祖墓才不得已说出来。就是她的这么一个电话，才把五百多年来锡兰落难王子后裔隐居泉州的神秘面纱揭开。

1998年，《泉州晚报》首次披露锡兰王子许世氏在泉州的消息，引起海内外的兴趣与关注。消息传至台湾后，锡兰王子台湾后裔十分欣喜，于是数次前来泉州寻根问祖。而泉州《世家族谱》已于"文革"期间被毁，但令人欣慰的是，该族谱的另一版本却完整地保留在海峡彼岸的世家后裔手中。此族谱见证了海峡两岸一脉相承的手足情缘，弥足珍贵。

2005年8月8日上午，锡兰王子台湾十九世裔孙世坤宗、世美贵、世周秀媚、世雅如一行4人，在锡兰王子泉州后裔许世吟娥的陪同下，来到位于泉州清源山下、西湖畔的中国闽台缘博物馆施工现场，将珍藏数百年的《世家族谱》亲手交给闽台缘博物馆筹建处的陈健鹰。世坤宗深情地说："我们通过媒体了解到锡兰王子的第二故乡泉州正在建设中国闽台缘博物馆后，对该馆的建设十分关注。我们觉得《世家族谱》记载着闽台世家渊源的重要史实，是见证闽台缘的珍贵文献，因此，结合泉州世家坑寻根之旅，特地携带这部族谱前来捐赠。"10日上午，世坤宗等人在泉州寻根谒祖。

三、世家坑墓区及相关资料保护

"世家坑"墓区比较特别。一是"世家坑"对面就是不吉之地，周边少有墓葬，选址并不符合中国传统风水布局；二是"世家坑"古墓前有一对造型奇特的石狮，墓桌上则雕刻着呈交尾状的蛇形图案，纹样风格比较罕见；三是在"世家坑"古墓的后山上散落着几十座明清时期的墓葬，墓碑都刻有"锡兰使臣"四字。古墓前狮子的纹案、蛇形图案也都属于古锡兰科提王朝风格。古墓前的两尊笑脸狮，雕刻风格系锡兰国科提王朝前的亚巴忽瓦王国时代的狮雕造型。土墓是糖水灰做的，质地很硬不容易坏，应该建于明清时期。原泉州学研究所所长林少川说，这个墓与其他墓不同，很考究，又精致。在墓身边上有两座笑脸狮子，尾巴与众不同呈螺旋状；墓身还雕刻有两蛇交尾等图案，在斯里兰卡佛牙寺内也有相同的图案，更证明这确是王子后裔之坟。发现"世家坑"墓群后，铺天盖地的新闻满天飞。由于担心墓碑被盗窃，海交史博物馆将发现的20多块锡兰世氏墓碑迁进海交馆展览。

明朝时后裔孙世华，在这里买下了一片地，作为世家的墓地，这个大土墓就是作为一个主墓，孙世华把他们的一、二、三世祖先，集中葬在这个地方。许世吟娥的父亲许世静波说："我曾随奶奶、姑姑等人，一同来这里扫过墓。"他家有份从台湾复印过来的族谱，详细记载了"世家坑"内左侧建有一个大土墓，里面安葬着一、二、三世祖先，有三个墓室；右侧建有一个大石墓，葬着四世祖先世华和他的两个老婆，同样有三个墓室。他推测，土墓内，一世指的是当时的锡兰国王，并未真正葬于此，二世才是锡兰王子。

四、安于平静的公主

斯里兰卡后来派人来请许世吟娥回到故里游览,虽然斯里兰卡并非君主立宪制,但他们还是按照公主的礼节接待了许世吟娥。在斯里兰卡,许世吟娥的吃穿用行都是总统级别,而且斯里兰卡方面也希望王子的后人能回到家乡,但是许世吟娥婉拒了这个要求,她说可以经常到斯里兰卡游玩,她说她现在只想过一个普通人的生活,如果不是因为家族墓葬群被发现的原因,她也不会违背祖训,公开自己的身份,这一切都是天意。

2009年7月,斯里兰卡驻华大使来泉州参加"郑和航海节"时,专门拜访了许世吟娥,两人交谈甚欢。不久,斯里兰卡首都科伦坡与泉州市结为友好城市。这一段始于明朝的、颇富传奇性的中斯友谊,经过几百年的世事变迁还能够继续下去,可以说锡兰王子及其后裔许世吟娥功不可没。

尽管斯里兰卡从1972年就废除了君主制度,并由锡兰国改为现在的国名——斯里兰卡,但当地普通民众及贵族仍提出,希望许世吟娥能回锡兰王子的家乡定居,并享受王室公主应有的待遇。然而,尽管已经领略过当公主的优越和舒适生活,许世吟娥却婉拒了斯里兰卡的真诚邀请。她认为,既然当初自己的祖先选择在中国的土地上繁衍生息,那么这里就是她的家,她的血脉之地。至于从异国公主到中国平民的身份落差,她却并不在意。"就像我的祖先锡兰王子原本是一国储君,后来到泉州定居并繁衍后代,过的一样也是常人的生活。"因父亲和三个弟弟在中国香港生活,也多次打来电话,想让许世吟娥一家到那边定居。事实上,她也想一大家人生活在同一座城市,享受几世同堂的天伦之乐。但一想到总要有人留守泉州,为锡兰王子墓群祭扫,并接待从世界各地赶回来寻根谒祖的"世"姓后裔,许世吟娥最终放弃了移居香港的机会。

福建龙海鸿渐村郑和庙与马六甲闽籍华裔渊源的调查[*]

一、鸿渐村与郑和庙的由来

福建省龙海区（原龙溪县）角美镇鸿渐村是一个千年古村，许姓开基，长期在此繁衍生息。该村民国碑记载："窃长荣等始祖均正公，开基辖之鸿渐美社即鸿渐尾社，自宋至今，千有余载。"

现年82岁的鸿渐村村民许少强说，郑和太保和王景弘二太保神像，最早供奉在鸿渐附近的张坑社里的一处庵里，由该社张姓族群主要奉祀，鸿渐村民也有去奉祀，叫六甲社庵。"六甲社"跟"马六甲"是否有关联，后人不知其渊源。

在闽南地区，"庵"，用闽南话解释，是建筑物规模比较小的奉祀神灵的地方，一般是孤立的一个建筑物。后来迁到鸿渐村异地重建，其规格还是庵的规模。因神像毁于"文化大革命"时期，庙宇建筑年久失修坍塌，曾破烂不堪。1986年，鸿渐村籍的菲律宾和马来西亚侨亲省亲时得知此状，出于对郑和和王景弘二位明朝正使下西洋的崇拜和信仰，为留住回祖籍地文化寻根的"根"，该村菲律宾的侨亲许文仲捐资人民币10000元在原地址重建。马来西亚侨亲许万益、许万嵩各出资人民币2500元雕刻郑和与王景弘二位太保的木神像（图1），一直供奉在庙内保留到现在，成为全国唯一一座专门纪念郑和、王景弘的民间庙宇。

据鸿渐村口传历史，张坑社里因遭遇瘟疫，社里几乎灭绝，剩余几户张姓迁入邻村的金山社里。张坑社里虽废，但六甲社庵还在。当地人信仰二位太保，先民不管是下南洋或在家乡谋生，都去庙里求二位太保保佑。明末崇祯年间（1628—1644）由鸿渐村先民在村里高阳榕树边，择地重建二保庙，将六甲社庵里供奉的二位太保像，请至村二保庙奉祀，从此安居在鸿渐村，保佑鸿渐村及周边子民安康幸福。二保庙成为在家父母和亲人祈求二太保保佑背井离家去南洋谋生的亲人的场所，也成为南洋回家的华侨谢恩的地方，因此香火不断。

鸿渐村郑和二保庙信仰，是目前已知郑和王景弘信仰最早的神庙。

张坑和鸿渐村，处在明朝对外贸易最繁华的台湾海峡厦门湾漳州月港北面，九龙江入海口北岸，从"闽国"至宋代再到元、明、清时期，鸿渐村周边都是河流港湾，是郑

---

[*]【基金项目】国家重大基金专项"闽台民间造船绝技抢救与传承研究"【19VJX158】中期研究成果。
　　作者简介：刘芝凤，课题首席专家，南通大学海洋文化资源研究院院长、教授；林森泉，《厦门日报》驻漳州站记者。

和和王景弘多次下西洋以及王景弘第八次独自率队下西洋时的补给港口码头，现存的郑和庙（即之前的二保庙）前的"水利石碑"，碑文有提到"鸿渐美港""窑仔埭港""佛头港""陡门港湾""透寮埭尾港湾""三义永港湾""耷钧湾河""后港湾"，这些湾和港，都可停靠不同吨位的木风船。大船停在九龙江出海口，可以用小船接驳货物进鸿渐或附近的角美、石美古街。

图1　漳州市角美镇鸿渐村供奉郑和、王景弘二保的郑和庙　（刘芝凤拍摄）

鸿渐村地处九龙江出海口，处在泉州府与漳州府的交界地。古代的泉州和漳州，造船业都很发达。

明成化七年（1471），漳州府龙溪县海商敏弘带领一批福建人到马六甲做生意。1511年，葡萄牙殖民者袭占马六甲，答应华人自治，漳州府龙溪县籍商人郑芳扬（名启基）被推为首领，号称甲必丹。

嘉靖四年（1525），浙江巡按御史潘傲奏文："漳州等府黠猾军民，私造双桅大舡下海，名为商贩，时出剽劫。"嘉靖十二年（1533）兵部的"浙福拜海接壤，先年漳民造双桅大船，擅用军器火药，违禁商贩"奏文，均可说明月港一带民间造船的规模及其影响。

在风帆时代，河流港口、发达的造船业和腹地的资源，均为包括鸿渐村在内的闽南沿海先民出海贸易提供可能。

二、郑和庙奉祀的两位太保考辑

（一）漳州龙海区鸿渐村的"二保庙"

福建省漳州市龙海区鸿渐村郑和庙奉祀的两位太保是郑和与王景弘。原神祇像为3尺木雕站像，一白脸，一红脸。

郑和（白脸神像，1371—1433），原名马和，小名三宝，回族人，出生在昆明，中国明代航海家、外交家、太监。

郑和是中国历史上最杰出的航海家。郑和的才能在他一生所做的各项伟大事业中体现得淋漓尽致，他在航海、外交、军事、建筑等诸多方面都表现出卓越的智慧与才识。

郑和是太监。1405年7月11日，明成祖朱棣派遣郑和率领船队从太仓出发，沿着海岸线，出使西太平洋、印度洋沿岸国家，史称郑和下西洋。

明永乐三年（1405），与王景弘等出使西洋（今加里曼丹至非洲间的海洋），率领士卒两万七千八百多人，乘坐长四十四丈、宽十八丈（约137×56米）的巨大木帆商船，满载瓷器、金银、丝绸等中国上乘商货，率领208艘（含62艘宝船）的船队，浩浩荡荡从苏州刘家港出发，到占城（今越南南部）、爪哇、苏门答腊、锡兰（今斯里兰卡）等地，经印度西岸折回，从而开启了明代以国家形式的国际外交、政治、经济和文化的大规模交流史、商贸史，使自唐代开始形成规模的"海上丝绸之路"达到一个巅峰时期。郑和在1405~1433年，七次下西洋获得空前成功，这也得力于他有一位同舟共济的干将王景弘的支持。直到他第七次下西洋在回程的途中，病逝于印度，最后将归途的重任交付给王景弘，由王景弘率领船队安全回国。王景弘在第八次下西洋时，独自率领船队，圆满完成任务。可见王景弘在郑和下西洋的任务中的重要性和特殊身份。

郑和下西洋，过福建时都会在漳州月港候天气、补充给养。福建沿海港口众多，郑和却对漳州月港情有独钟，这与闽籍太监、与郑和一同下西洋的另一位"正使"大人王景弘有着直接关系。

明代官宦众多，而身为太监的王景弘有幸被皇帝选为跟随郑和一同下西洋的重臣，且在郑和七下西洋中，王景弘前后6次出使西洋，历经30余国、60多个地区，足迹遍及东南亚、南亚、中亚、东非等国家和地区。据众多学者考证：郑和与王景弘下西洋，实则为8次。其中郑、王两人共去5次，郑单独率船队2次，王景弘单独率返航船队1次。他们首次出船远航时间比葡萄牙人达·伽马、意大利人哥伦布、葡萄牙人麦哲伦等人出海远航早一个世纪，堪称当时世界之首。郑和与王景弘每次下西洋，随带丝绸、瓷器、茶叶、铜铁及各种工艺品与各国交流，发展中国与亚非国家间的通商关系，开辟"海上丝绸之路"，促进了彼此间的经济、文化和科技交流，增进了人民之间的友谊。在今文莱王国首都斯里巴加湾市的中心地区，至今还保留一条为纪念王景弘而命名的"王总兵路"，说明王景弘在"二保正使"西洋之行中，影响力不低于郑和。①

王景弘不仅是明代一位伟大的航海家，也是明初在发展中国与海外诸国睦邻友好关系方面卓有建树的外交活动家之一，影响深远。迄今在东南亚和我国台湾地区流传着许多有关他的传说。清康熙高拱乾主修的《台湾府志》、陈文达主修的《凤山县志》，清乾隆王瑛曾等重修的《凤山县采访册》等志书中均记载了王景弘在台湾用药水为当地民众治病、植姜山上为民众采药等传说。在《南洋记》等碑记中，记载了王景弘在七洲洋呼鸟插箭指引航向等传说。在东南亚各地留存有三宝宫、三宝洞、三宝井等纪念遗址。王景弘晚年潜心整理航海资料，撰有《赴西洋水程》等航海指南专著，可惜毁失。据说有民间手抄本流传于闽南沿海。抗日战争胜利后，为纪念航海家王景弘，当时国民政府将接收原日本侵占的南沙群岛中的辛科威岛命名为"景宏岛"（即"景弘岛"）。

王景弘（红脸神像，1369—约1437）出生在中国东南沿海造船与航海均繁荣于全国他处的闽南地区，即闽南漳州府龙岩县集贤里香寮村（今漳平市赤水镇香寮村），鸿渐村

---

① 龙岩市人民政府-龙岩百科，http://www.longyan.gov.cn/sqk/lybk/mxrw/201808/t20180831_1316484.htm.

九龙江北溪上游出产木材的地方。民间称他为王三保、王三宝、王总兵、王三品等。因闽南地区面海背山，与内地交通不便，出海又是高风险，故自古以来为地崤贫困之地，也是人贩子拐卖儿童进宫当小太监的猖獗之地。也有贫困人家养不活众多孩子，把儿子托人卖进宫做小阉人之历史。历史上福建出太监之说，也多源于此。

明洪武年间（1368—1398），王景弘入宫为宦官，侍奉燕王朱棣。建文年间（1399—1402），他随朱棣起兵，参与"靖难之役"，屡立战功，深得信任。永乐三年（1405）六月，明成祖朱棣决意遣使西洋，诏命郑和与王景弘共率船队出使。郑和虽出身内陆，却通晓水战，富有统御之才；而王景弘或因籍贯福建、熟悉沿海情势，且长期效命朱棣，忠诚可靠，被委以副使之职，协理航务。王景弘奉命在福建沿海招募熟练船工、造船匠人与水手，整备船只、物资，为远航奠定坚实基础。首次远航，船队规模浩大，包括62艘巨舰、27800余名官兵与水手，自江苏刘家港启程，穿越东海、南海，先后抵达占城（今越南南部）、暹罗（今泰国）、爪哇、苏门答腊、三佛齐（今印度尼西亚）等地。据《明史》所载，郑和船队到达三佛齐时还肃清了海盗陈祖义部，声威远震。继而西行至满剌加（今马六甲），经天竺（今印度）、锡兰山（今斯里兰卡），沿印度洋西岸北上柯枝、古里、加尔各答，终抵忽鲁谟斯（今伊朗阿巴斯港），而后返航。全程历时两年多，至永乐五年（1407）九月返回南京。西洋诸国多遣使随行，携珍宝贡品朝觐明廷。此次远航不仅彰显了明朝国威，拓展了海外贸易，更推动了政治、文化的交流，掀起东南亚地区遣使来华、友好往来的热潮，成为中国航海史上空前壮举。

（二）郑和与王景弘二位太保神与村民祭祀关系

在鸿渐村，关于为什么郑和庙要建在漳州古龙溪的鸿渐村，而不是建在厦门湾的漳州月港，还有一种分析。有地方学者认为，鸿渐村郑和庙的郑和、王景弘信仰，是从南洋传入的。理由是：从民俗角度看，不管是从鸿渐村的地理位置，还是下南洋的历史延续；不管是看鸿渐村"二保看新娘"风俗，还是二位太保公庙的出资重建和神像重新雕刻塑造，都是跟南洋侨亲有关。因此，有地方学者认为，任何族群群体祭拜的民间神明信仰，都不是无缘无故的，都是有益有恩于该族群的。鸿渐村是华侨村，尤其下南洋走菲律宾、印度尼西亚和马来西亚的亲人居多。或许这些华侨的先人跟郑和、王景弘下西洋的船队有关，或者就是从王景弘故乡招募的船工，当船过南洋时，他们因种种原因留在南洋。作为迁徙族人，自然会把引路人或领袖当作神灵崇拜。因此，有理由相信鸿渐村的二位太保公庙是当地去南洋谋生的华侨从南洋传入，带回老家的保佑神明。鸿渐村的二位太保公庙是南洋郑和庙或二位太保信仰的分香庙。"六甲庵"有可能就是马来西亚的"马六甲郑和庙"的分香庙。

笔者不这么认为。一是因为从民俗看，分香都是从起源地或祖籍庙分香；二是该庙是从明代末期就在漳州张坑社里修建的"庵"，而庵是中国传统的古庙称谓。明代的下南洋打工并不成气候。更多的是下南洋经商或跑船，因天气或其他原因滞留在异国他乡。作为迁徙族人，正常的行为意识是为留住乡愁，让后人记住祖籍之根，只会把家乡的地名、风物或皇帝赐字等当作堂号传承。民间信仰也是从祖籍地带去做保护神。因此，是由"华侨带回的信仰"这一观点值得商榷。

三、郑和庙在村民心目中的位置

现位于漳州市龙海区（原属龙溪县）角美镇鸿渐村的郑和庙（原称"二保庙"），供奉着郑和和王景弘二太保的神像。据当地老人回忆，最早供奉在鸿渐附近的张坑社里的一处庵里，由该社里张姓族群主要奉祀，鸿渐村民也有去奉祀，叫"六甲社庵"。为什么是张姓族人最先从明代末年供奉？因缺文献记载，无史可查。据民间口传，有几种可能：一是张姓可能是当年跟随或被家乡官宦大臣王景弘招募下西洋的船工或造船、修船的工匠[1]，他们为铭记将军的恩泽而建庵供奉[2]；二是当年郑和下西洋的船队航行到漳州月港时，为出远洋做补给准备，张坑社可能是提供补给的"基地"之一，得到过买卖的恩惠，故感恩祭祀；三是有可能是出于对郑和和王景弘的英雄崇拜，加上王景弘又是闽南人，更有自豪感而建庵祭祀。笔者以为第一种情况可能性大。从民俗角度看，闽南人能建庵祭祀的人，必定是有恩于民众的人。包括知名的官员和无名但却生前乐善好施、助人为乐的人。从闽南各村都建有王爷庙和阴庙[3]便可探其一二。

据史料记载，1922年12月，"侨商许有志、许振杰、许朝诠、许朝取、许清滚、许守从"等人跟鸿渐当地名人宗亲一起，提请泉州府重新立碑刻字。泉州政府同意在原地址立新石碑于郑和庙前。

郑和庙前的石碑，花岗岩旧石碑"碑文驳蚀"，"字迹大半模糊"，如无人为破坏，该石碑字迹要达到"驳蚀""模糊"的程度，仅受自然风雨侵蚀，推断至少要200多年。立碑在郑和庙前，符合闽南地方的习惯，禁碑一般立在庙前。这不但说明郑和庙在该村村民心中位置的重要性，而且最有可能是郑和庙建立后，明朝泉州府在此立过一块石碑。

能让当地政府立碑来保护一个村落族群的田地和水利权限，也是非同寻常的事情。有一种可能就是男丁下南洋的多，担心故乡的田园等被他人侵占。

从该石碑中记载的南洋侨亲参与上书、维护故乡乡亲的利益，不难看出侨亲心系家乡，而且他们在政府中有一定的分量和地位。同时，郑和庙在侨亲心目中的位置很重要，是难忘的乡愁。

---

[1] 当地出工匠的村多带"寮"或"坊"。如闽南一带古船厂称为"船寮"，一直沿用至20世纪50年代。

[2] 这种情况在闽南地区十分普遍。在福建漳州长泰和台湾新竹一带，至今还有"排大猪祭三公"的传统祭祀仪式，即供奉南宋末年为保南宋国运而率兵在福建一带抗元的陆秀夫、张世杰与文天祥"三公"。有族谱显示，其为南宋末年被打散的官兵后人。

[3] 阴庙又称大众爷庙、好兄弟庙、有应公庙等，主要供奉无名尸骨。在有些村落中，也有将村里先人中没有子嗣但常做好事的人死后建阴庙供奉的。一个村小则四五个庙，多则二十四个庙，还不算土地庙。

泉州市惠安女族群渊源的田野调查*

一、惠安女的凤凰崇拜与畲族文化比较研究

在研究惠安女族源及其文化的近百年历史和主要学术观点中,基本都存在三个难题待解:其一,对惠安东部会存在如此奇特的族群和服饰的原因缺乏系统解释;其二,现有理论难以对现实生活中东部惠安女的习俗、婚俗、服饰特点和传说作出完全解释;其三,是无法令人信服地从历史文献中找到相关史料来佐证并剖析惠安女族源和服饰所蕴藏的历史文化含义。

为此,笔者选择更扎实地抓好基础工作,一方面更深入地开展田野调查,一方面更广泛地寻找历史依据。因此,要首先寻找突破口。

"封建头,民主肚,节约衫,浪费裤"是过去介绍惠安女服饰的顺口溜。其特征从头到脚概括起来有八项:花头巾、黄斗笠、椎头髻、短上衣、露肚脐、银裤链、宽裤子、凤冠鞋。绝大多数研究惠安女的专家学者仅依据她们当代的服饰和生活状况进行对应分析,结果是刻舟求剑,不得真相。

(一)突破口之一:银裤链

2006年,经笔者到崇武、大岞查证,从当地中国摄影家协会会员、银匠出身的陈赞和那里了解到,银裤链起先是男人的饰物,清末民初才被渔民传入崇武。20世纪40年代始为女性所用,50年代成为妇女的专用品,80年代大流行,成为东部惠安女的专利。

这个发现于笔者而言是个重要启发,就是要把惠安女服饰的各个部分分开来求证,不要从总体上来寻找惠安女服饰和某个民族、某个地方的相似度。惠安女服饰的各个部分形成的时间是有不同历史时期和历史原因的,不是同时出现的,应用分解法和排除法来探索。由于花头巾和黄斗笠都是现代的产物,所以可以排除。

(二)突破口之二:"上头"婚俗

厦门大学蒋炳钊、吴绵吉和唐杏煌三位人类学专家于1984年到惠安小岞、崇武进行田野调查,并形成调查报告《福建惠安东部婚俗调查》。

> 当地小岞妇女举行婚礼时,"上头"是一件大事。所谓"上头",就是把少

---

* 作者简介:张国琳,中国人类学民族学研究会民族文化遗产专业委员会会员、中国百越民族史研究会会员、福建省惠安县政协文化文史和学习委原主任。

女的单长辫挽成"大头",这是已婚妇女成人的标志。

后面还有600多字全部是描述梳妆"大头髻"的过程,却完全遗漏了一个特别重要的部分,即新娘要穿上一件白色的"上头衫"去参加婚礼,婚后不再穿,直到去世时才重新穿上。整份调查报告中既没有提到"上头衫",也没有涉及惠安东部惠安女服饰早期有"黑凤凰装"的别称,故这份调查报告在这部著作的最后一部分小结中谦虚地写道:这次为时二十天的调查,其深度和广度都是极为有限的,远远谈不上深入和系统,当然也就不可能有多少真知灼见。

尽管如此,三位学者还是敏锐地意识到惠安女服饰及族源与古越族的内在关系,否定了有人推测的与西南少数民族之间的牵强联系:通观长住娘家习俗的人们,绝大多数都被认为是越人的后裔。这也许可以反证,他们祖先的越族,远古时代,长住娘家曾是主要婚俗之一。因此,同样长住娘家的顺德、番禺和惠安的人们,也就不能排斥共同属古代越族后裔的可能性了。

其后,我带着疑问到小岞请教文化站原站长康美英,长住娘家这个习俗有什么原因和含义。她告诉我说,据说是为了死后好去见自己的亲人。后来,我读到蒋炳钊教授的《东南民族研究》第二集《畲族从聚居民族变成杂散居民族的历史考察》①介绍,才豁然开朗:历代统治者为实现对畲民的统治,在军事控制的同时,往往采取强迫同化和分化瓦解畲族内部的措施。如唐代的陈元光,"乃率众辟地置屯,招来流亡"。又如唐军落籍漳州后,强迫娶当地女为妻。畲民深知他们是镇压祖先的罪人,又出于无奈,提出"红白事"一起办,即结婚时新娘穿"内白外红"的衣服,意即先戴孝后结婚。闽南地区新娘内穿白衣或随嫁一套白衣孝服的习俗可能渊源于此。

蒋炳钊教授2002年8月出版的《东南民族研究》,有一篇《闽粤赣交界地是畲族历史上的聚居地》②,里面有这么一段内容也引起了我的注意:龙溪地区民间普遍崇奉陈元光为"开漳圣王",每年"圣王公节"都被当地居民视为重要的祭祀节日。但是住在漳浦湖西、赤岭两地的蓝姓居民则不同,不祭"圣王公",他们认为陈元光是镇压他们民族的罪人。这里的蓝姓妇女结婚时要穿白衣服,这也是与其他地区不同的。据说,当时陈元光率唐军入漳州,皇帝曾下令其军队要长期驻扎,可同当地土人结婚。他们对皇帝的命令不敢违抗,而要同土人结婚又不愿意,最后双方达成协议,即结婚时允许新娘穿白衣服,以表示对死去祖先的怀念。此俗一直延续至今。

因此可以说,"上头"是最能揭示惠安东部婚俗与畲族内在联系的一种典型习俗,只是其中的真正含义被前人所误导了。

而婚礼穿黑衣服在崇武一带似乎至今尚未绝迹。可是即使是同在惠安东部的我们,对黑白两色都是比较忌讳的,更不会将黑色和白色的衣服用于大喜的日子来穿戴。

可见"上头"不仅是成年礼仪,它还体现了畲族"内白外红"的婚俗和婚姻协议,"嫁生不嫁死"的祖训和民族(家族)仇恨的原始记忆和历史传承。

这恰恰说明畲族婚俗对惠安女的影响,也证明了畲族服饰对惠安女服饰的影响。

---

① 蒋炳钊:《畲族从聚居民族变成杂散居民族的历史考察》,《东南民族研究》(第二集),厦门大学出版社2013年版。
② 蒋炳钊:《闽粤赣交界地是畲族历史上的聚居地》,《东南民族研究》,厦门大学出版社2002年版。

对畲民"上头"风俗相应的记载还有乾隆版《嘉应州志》：女嫁前一日髻，谓之上头，男不亲迎，女有送嫁……

嘉应州即如今的广东梅州。如果不是畲族的迁徙分居，梅州和惠安怎么都有相同的"上头"仪式呢？而妇女的勤劳、早婚和节约衣，也都在此得到了验证，都是属于异民同俗。

为此，2015年秋，笔者专程到漳浦县找政协文史委同行求证。漳浦文史委副主任陈叶纯告诉我，她结婚时也是要经过"上头"这一关。只不过漳浦人又称之为"象头"，闽南语读音一样。那件白衬衣也叫"孝衣"。

综上所述，我们完全可以确认惠安女婚俗中的"上头"仪式就是来源于畲族，是畲族的习俗。

（三）突破口之三：椎髻、凤髻、凤凰装与凤凰图腾

椎髻是畲族、瑶族、苗族曾广为流布的一种传统发式，系指将发盘结于头顶或脑后成"椎"形发式。椎髻之俗，有别于汉族的"冠冕"之制。

福建对"椎髻"的最早记载，早在陈元光《请建州县表》中就提到，当年漳州一带"蛮僚"的发式就是"椎髻"："况兹镇地极七闽，境连百粤，左衽居椎髻之半"。又，《永乐大典》之《潮州府风俗》记载：州之旧俗，妇女往来城市者，皆好高髻，与中州异，或以为椎髻之遗风……妇女敞衣青盖。

厦门大学人类学与民族学系郭志超教授著《闽台民族史辨》在《畲族和汉族的关系及其社会文化变迁》① 中介绍：畲族妇女服饰是其民族风俗的集中象征，而发饰又是服饰的重中之重。椎髻垂缨是古代畲妇发饰的基本特点。

中南民族大学教授吴永章在《畲族与瑶苗同异辨析》② 一文中比较畲族与瑶族、苗族的共同点时认为，在服饰方面若干相似之处之一便椎髻。

韩山师范学院潮学研究所吴榕青在《第五届潮学国际研讨会论文集》发表的《妇女服饰习俗的真相——粤东闽南"文公帕（兜）"之历史考察》中如此说道：笔者惊奇地发现，其时潮州妇女"敞衣青盖"的装饰，竟然与今天泉州惠安女的形象存在惊人的相似！

宋元方志"敞衣青盖"之记载简略，以惠安女的装束为参照，遂觉豁然开朗，再也明白不过。"敞衣"即是敞开着的上衣或上衣短小而露出肌肤；至于"青盖"，就是蓝色或蓝黑色的盖头。此外，现今惠安女之头部服饰，与上述姚莹对清代漳州妇女"以蓝夏布一幅围罩其首及项"之"文公兜"形象的记载尤为吻合。

而泉州惠安女保留至今的糅合的特殊服饰，可视为"敞衣青盖"的"活化石"。

潮州的"敞衣青盖"、台湾的"椎髻盘花"等，与形容惠安女的"封建头"名异实同。

可见，"椎髻"是华南、闽台共同的习俗和特征，证明其同源同种，都属于闽越族。

蒋炳钊编著的《畲族史稿》③ 第四篇第四章第一节《古老的槃瓠崇拜》记载：

---

① 郭志超：《闽北民族史辨》，黄山书社2006年版。
② 吴永章：《畲族与瑶苗同异辨析》，马健钊编纂：《畲族文化研究（上册）》，民族出版社2007年版。
③ 蒋炳钊：《畲族史稿》，厦门大学出版社1988年版，第274页。

畲民的槃瓠①信仰还表现在服饰上。据说畲族妇女头戴的发髻（自称为凤冠）是最显著的图腾装饰……此种头像的样式，乃系古代相传的形式，系模仿始祖槃瓠的头像而制成。《皇清职贡图》亦云："古田畲民即罗源一种，散处县之上洋等村。……妇女以蓝布裹发，戴冠状为狗耳。"

这应该就是畲族俗称的"狗头冠"或"狗头帽"，是畲族民族记忆和祖先崇拜的重要标志。

那么"狗头冠"到底是什么形状？原来，"狗头冠"又叫"狗头帽"。畲族研究专家凌纯声教授于1947年发表过一篇名为《畲民图腾文化的研究》的论文，就有记载。

最早记述槃瓠传说文献之一的《后汉书·南蛮传》载：盘瓠子孙"好衣五色服，制裁有尾衫"。尾衫是什么？人类学大家凌纯声前辈论证"凤冠"就是"狗头冠"。凌教授所谓的"尾衫"，其实就是小岞妇女喜欢用的一束五彩面条（彩带）。而小岞的"凤冠"和"狗头冠"是头饰的两大组成部分，"凤冠"位于头顶，五色斑斓，披金戴银，珠联璧合，装饰最好，档次最高，是头饰的精华部分。而"狗头冠"则覆盖于前额和双耳，基本是乌布扎成，装饰简单，档次较低。笔者印象中从来没见过哪位专家学者曾将大岞、小岞一带的这种头饰与畲族的"狗头帽"做过比较和研究。

参照惠安女的头饰，椎髻就是惠安女的"猪仔髻"。出于避讳，小岞人从来没有称为"狗头冠"，而代之以"猪仔髻"。这应该就是"猪仔髻"命名的缘由。狗头也好，猪仔也好，应该还有一个原因，就是两地妇女头上两侧还有一巾下垂，形如狗耳或猪耳；否则，我们找不到任何一条其他理由来以猪仔命名。惠安女头饰两侧的"巾仔"即由此演变而来，形如狗耳，实乃象征老祖宗驸马爷官帽两边的翘匙，如图1所示。惠安女老妇人头饰及惠安女传统节日盛装头饰如图2所示。

图1 惠安女老妇人头饰（张国琳提供）　　图2 惠安女传统节日盛装头饰（张国琳提供）

厦门大学人类学研究所研究生黄向春论文《畲族的凤凰崇拜及其渊源》②对此有更深入的探讨：畲族服饰以黑、青、蓝色为主色调，这是畲族文化的另一显著特征，尤其是黑色，凡凤凰装等重要礼服必以黑布制成，这与汉族尚红的传统截然不同……

1984年，厦门大学潘宏立《福建畲族服饰类型初探》一文介绍罗源装道：青年妇女的头髻，俗称"凤凰髻"，据说头顶上的红髻象征凤凰头上的丹冠……据说以前这种"凤

---

① 亦作盘瓠。
② 黄向春：《畲族的凤凰崇拜及其渊源》，《广西民族研究》1996年第4期，第96－102页。

冠"是经常佩戴，现在只许结婚时戴，过后收藏起来，待去世时再戴上随葬。

2015年4月笔者到漳浦赤岭参观畲族史迹展览馆，发现有图片对髻牌是这样解说的：

> 结婚时，头戴凤冠，凤冠系一根细小精制的竹管，外包红布，下悬一条一尺长、一寸宽的红绫，冠上饰有一圆银牌，牌上悬着三块小银牌，悬垂在额前，畲民称为龙髻，认为就是三公主戴的凤冠，冠上还插以凤冠。

原来髻牌又叫"龙髻"。闽北畲族称呼"银片"，浙江丽水畲族称为"髻牌"，而小岞叫"面镜"（图3）。三地所称，名异实一。

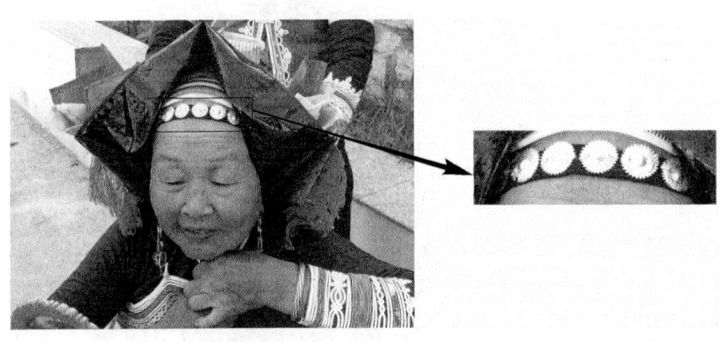

图3 小岞面镜 （张国琳提供）

笔者认真调查了惠安东部的小岞、净峰、崇武诸乡镇，都承认她们的服装叫"凤凰装"。崇武妇女的头髻至今也有叫"凤髻"的。笔者再读一遍崇武摄影家陈赞和先生的《福建省惠安县惠安女民俗文化探索》，发现里面就有这样的说法：在清末民初的"惠东女"出嫁时，要梳大髻，围上百鸟朝凤髻围，头上插八对（16支）簪、钗、杖，前额包龙凤戏珠乌巾，两鬓插上佛手杖上香囊和绣花菱形块的"香贴闸"，还插上花朵，据老年人讲是"三斤半"。

这不就是惠安女的凤凰图腾和凤凰崇拜吗？

另据大岞人介绍，解放前新娘的嫁衣一般都是黑色的，新娘身着黑衣黑裤——当地人称为"黑凤凰衣"，打着黑伞，外着黑绸暗花的衣裤。

这就说明，无论是崇武大岞还是净峰小岞，都曾经将此服装称为"黑凤凰装"，崇尚黑色，连名称都和畲族一模一样。

据蒋炳钊、吴绵吉、唐杏煌三位人类学专家在1984年到惠安所作的调查报告《福建惠安东部婚俗调查》中记载：解放前妇女结婚，出房门要穿"凤头鞋"。而惠安则称"凤冠鞋"，名称和意思都差不多。

据小岞原文化站长康美英介绍，当地妇女死后要穿"凤冠鞋"入殓，与穿"上头衣"入殓是互相配套的。

对于畲族的凤凰图腾和凤凰崇拜，在学术界已经没有异议。可是，非常奇怪的是学术界居然完全忽略了惠安女的猪仔髻也叫"凤髻"，她们的服装也叫"凤凰装"，忽略了惠安女的凤髻和畲族凤冠以及两地"凤凰装"之间的内在联系。

辨析惠安女服饰之头髻是否系蝴蝶图腾或蝴蝶崇拜：

凤凰的头簪在净峰文史爱好者陈炎兴老先生家至今还有收藏的实物，是一对龙凤形的。这对龙凤钗是净峰湖街熊厝清末民初一个叫王亮的嫁到西坑时的陪嫁物。而小岞李丽英展馆中也收藏有这样的龙凤头簪。(见图4)这样的头簪和笔者在漳浦赤岭畲族史迹展览馆中所看到的一模一样。

图4 龙凤头簪

按照传统观点,惠安女头饰上面因为有蝴蝶形和蝴蝶饰件,民间和学术界就因此认同惠安女有蝴蝶崇拜情结。令人奇怪的是,学术界居然如此轻信民间的这种说法而不加深入分析辨别。其实,蝴蝶饰件仅仅是百十种饰件中的一种。总体而言,惠安女的头饰可以分为两大类,一是额头和头顶后部的主体硬物质凤髻,二是两边的软布质饰物。凤髻,才是惠安女头饰的真正名称。其整体,就是一个名副其实的凤形,而并非百十种饰物中的一种蝴蝶。仅凭一种饰物而将惠安女服饰概括为蝴蝶图腾是百分之百的偏见。

从服饰身上,东部惠安女服饰对漳州一带的畲族有太多的故乡情结和历史记忆。所以笔者认为,惠安女服饰的源头就是起源于漳州的畲族妇女。

如此,惠安便成了各地畲族不同习俗之集大成者。我们可以在对今天惠安女服饰进行分析解剖之后来个全面的概括:

头巾,延续于宋代朱熹的倡导,又接受了宋元时期阿拉伯文化的影响;

斗笠,是20世纪五六十年代接受闽北包括畲族的辐射的产物;

头髻,包括凤冠和狗头冠,是宋元明清时期汉族与畲族互动的结果,凤冠的形、名与畲族相符;

上衣,是畲族"黑凤凰装"在惠安东部的异化,称呼及右衽款式和畲族基本一致;

束胸,是对逼嫁的消极反抗;

银裤链,是源于台湾和浙江一带的传播;

露肚脐,是台湾少数民族对海峡西岸的影响;

腰巾即"绔巾",和畲族的"拦腰"部位、功能、花纹基本一样,只是名称不同;

凤冠鞋,和畲族名称基本相同,畲族也称为"凤凰鞋"。

至此,你还敢否认畲族服饰对惠安女服饰的影响和渗透吗?你还敢否定漳州畲族与惠安汉族的互动吗?

这就形成了全国独一无二的惠安女服饰。综上所述,惠安女服饰是中华民族天人合一理念的象征,是中外文化的交融,是闽台两岸的结晶,是闽越文化和中原文化的组装,是汉畲民族的组合,是军民关系转化的结果,是海陆地域的互通,是现实对历史的继承与弘扬，是惠安东部女性独特审美观的体现，是惠安服饰文化历史演变的产物……一句话，是古今中外的混合体。而其实质和主题，体现的是一种畲族文化，是畲族历史和民俗的综合反映。

综上所述，完全可以确认，惠安女的服饰就是畲族的凤凰装，惠安女服饰的文化实质就是畲族的凤凰图腾和凤凰崇拜。椎髻是形，凤髻是名，凤凰图腾或凤凰崇拜才是质和核心。

（四）突破口之四：惠安的"咸水腔"实为"漳浦腔"

引起笔者将畲族、漳浦与惠安女联系起来的是一次参观考察。如果没有那次参观，或许就没有这篇文章和考证成果。那是2012年10月31日，笔者作为惠安县政协文史委主任，到漳州的漳浦、云霄、龙海三县市参观考察，却有了意外的发现。

首站在漳浦，笔者发现来接待并陪同我们的漳浦政协副主席吴水跃用普通话交谈时的口音有似曾相识之感，和惠安崇武一带的口音极其相似。漳浦县政协文史委主任林惠云笑着揶揄说，他的普通话不准，带有漳浦的"咸水腔"。这句话深深触动了笔者。我们将崇武小岞一带的口音也叫"咸水腔"。其共同点就是将舌尖前音和塞擦音c变成擦音s，将舌面音和塞擦音q变成擦音x。

因为漳浦人也好，惠安人也好，没有f的声母，都是读成h，如此，凤、横是同音的，另外是n、l不分。这是惠安闽南语与漳浦闽南语发音的共同规律。

厦门大学吴绵吉教授在《於越、闽越就是独立的两个不同古民族》中说得好：语言既是民族的四个基本特征之一，又是认识和区别不同民族的管理标志。

2015年4月，笔者再次到漳浦、诏安、龙海进行专程考察，实地求证惠安女与漳州及畲族的历史渊源。漳浦同行说，凡是这种腔调通称为"漳浦腔"。广东海丰、陆丰、台湾的宜兰也有这种腔调，都是从漳浦传过去的。可见，"咸水腔"的发源地就在漳浦。这是惠安东部与漳浦语言同一性的铁证。

通过语言的分析，笔者明白了一个现象，那就是不仅闽南语还保留了不少唐代语言的发音，而且从黑凤凰装上，也可以最早追溯到汉代，找到一缕闽越族的汉唐风姿。而这种"咸水腔"，应该也是从唐代之前就遗留至今的一种古老语言。由此推断，海南的文昌县与漳浦之间也必有一种内在的联系。

为了进一步验证笔者的观点，2015年4月18日，笔者特意向厦门大学著名语言学家、编写过《厦门方言词典》的78岁高龄的周长楫教授，请教了关于"咸水腔"以及惠安女的问题。他赞成笔者关于惠安女服饰出于畲族的判断，但是他的观点因为得不到同人的认可，后来就不提了。他认为和畲族有关的依据有两条，一是"咸水腔"，二是就福建而言，畲族是离惠安女最近的少数民族，惠安女服饰应该是受到畲族的影响。这要从多方面、多学科的角度来综合论证。这一观点完全与笔者不谋而合。

二、惠安女生活习俗与漳州畲族的渊源及相似度

（一）婚俗的相似度

笔者通过对东部惠安女和畲族妇女婚俗的对比和分析，发现至少有十二个方面是相同或类似的。

（1）指腹为婚和童婚早婚。《重纂福建通志》卷五十六《风俗志之漳州府》记载：婚重门户，有指腹为婚者。

如果不在前面说明这是《漳州府志》的描述，那么惠安人看了肯定以为"指腹为婚"所写的就是惠安！而在20世纪70年代惠安小岞也流行指腹为婚的婚俗。二者存在相似之处。

（2）订情信物。畲族人往往以彩带和腰巾为订情信物，而现代惠安女则以银腰带为订情信物。虽然信物具体形式不同，但都体现了通过特定物品来传达情感、确定婚约的婚俗文化内涵，反映了二者在婚俗文化上的一定共性。

（3）订婚忌讳。《畲族史稿》第四篇第四章第四节《鬼神崇拜》记载：订婚时，发生凶兆和不吉利的事，如碗破、断筷、狗咬人、丢鸡，或家中有人生病，都认为是不吉利，有些婚事就是因为这些缘故而被打散。这些名目繁多的禁忌，都是鬼神崇拜的遗风。而这种遗风，在惠安东部，笔者的三姐（今年69岁）她们那代人找对象订婚时即是如此。

（4）上头（见上，略）。

（5）小岞妇女衣服的"补网"特色蕴藏畲族妇女被汉人逼婚、抢婚的历史真相。

小岞一带早有传说，惠安女的服饰是南宋李文会当宰相时，其子从浙江宁波抢来康小姐成亲而来。这个传说透露了惠安女长辈为什么急于把小女儿嫁出去的思想动机，那是出于她们永远无法忘怀的历史教训和人生经验，是对被逼婚、抢婚这一段重大历史事件的一种无奈的应急措施。

蔡行健在《独一无二的惠安女装饰》中谈到李文会的传说时说道：这个有趣的传说隐含着惠安女诸多辛酸血泪。不过，许多专家记者到惠东采访，惠安女往往只说一句简洁而意味深长的话："老祖宗传的！"

这是句实话，只是如今的惠安女早已说不清她们的老祖宗到底是从哪里来的，更无人知晓她们与畲族那段刻骨铭心的历史，才"栽赃"给了李文会。

崇武人告诉笔者，以前崇武妇女的衣裤也有"补网"的习俗，其位置或在膝盖、或在衣袖等处，这个习俗一直保持到"文革"前才逐渐消失，这恰好证明了两地服饰文化来源的同一性。

（6）哭嫁：屈从、赖婚不成的万般无奈、不满、悲愤交加和反抗等复杂情绪的发泄。

再看《福建福安县甘棠乡山岭联社畲族调查（摘录）》中婚姻、丧葬：山头庄钟姓畲族传说其祖宗原居汀州，结婚时坐4人抬的大轿，新娘往往大哭一场，表示"赖婚"，待旁人劝后才上轿。

如果联系畲族先民被逼婚的历史，或许可以从中发现这种"哭嫁"的习俗起码反映

了畲族姑娘对这种强迫性的、违背自己意愿的、不得不屈从的婚姻的不满，也是一种反抗情绪的独特发泄方式。

惠安东部，这种奇特的"哭嫁"习俗在20世纪70年代都还流行，只是没有畲族哭得那么厉害而已。

惠安也有哭嫁歌，80岁以上男女有的至今还会唱。

据漳州师范学院闽台文化研究所张嘉星研究员的论文《闽南歌谣起源年代及其流变——论漳州〈排甲子〉在闽南语区的影响嬗变与发展》[①]，称：

> 要考察闽南方言歌谣的源头，有必要直接切入汉族移民福建的历史源头……反而是新近发现的泉州市惠安县崇武镇《排甲子》歌，有可能露出漳州—闽南方言歌谣源头之一端。

在漳州已经失传的歌谣，居然在惠安崇武发现，这本身就体现了惠安与漳州之间深厚的历史渊源。其中一句"漳州娘仔吼咩咩"的细节描写，正是反映包括畲族妇女在内的漳州娘子当年被逼婚、抢婚和哭嫁的习俗。

（7）亲人回避与"犯冲"避讳。畲族新娘入夫家门时，亲属特别是公婆要回避，否则会"犯冲"，日后家族不和睦。原来要进夫家之门时，夫家亲属都要回避，躲在门后或别的地方。而畲族新娘此时则要从号啕大哭转为破口大骂："你们全家都死光了吗？"夫家回答："等你来传宗接代。"经历这么一个匪夷所思的仪式之后，亲人们才纷纷跑出来争相一睹新娘的面容。这和东部惠安的婚俗基本一样，惠安只是少了大骂这个环节而已。

（8）嫁妆送芋头。广东畲族陪嫁品中定有狗头芋。而惠安谈婚论嫁，也有送狗头芋的习俗。六年前，笔者问自己今年76岁的大姐，老家有没有在婚嫁时送狗头芋的习俗。她告诉笔者一是在订婚时，二是在送"日头"时。闽南语的"芋"与"捂"同音。"捂"就是偏向、袒护的意思，畲族习俗的本义即"捂外头（娘家）"。

（9）打伞。道光《建阳县志》记载：及（婚）期，婿前导，新妇裹红帕于首，衣蓝色衣，张雨伞，徒步随之……

而东部惠安女在出嫁时都要撑把雨伞，以前我不清楚是什么原因，如今看来，岂不是受到畲族的影响？为什么结婚时要"张雨伞"呢？著名甲骨学家、古史学家董作宾在他的专著《福建畲民考略》中有个解释：嫁女则打黄伞，自称贵族。

发表于1927年的这部著作是董作宾最早研究福建省畲族的一项重要成果。原来，打伞是为了纪念三公主下嫁盘瓠，表示她们是皇亲国戚的高贵身份。

（10）滚床习俗。康熙《诏安县志》（卷三十六）"风俗"记载，当地的婚姻有一种"滚床"的风俗，由新郎弟、侄辈10岁以下男孩在床上翻滚几遍，称"翻床铺"，寓婚后早生贵子。这也与惠安一致。

（11）已婚妇女和未婚妇女的服饰区别。据《福建省福安县畲族情况调查》介绍：已

---

① 张嘉星：《闽南歌谣起源年代及其流变——论漳州〈排甲子〉在闽南语区的影响嬗变与发展》，《信阳师范学院学报（哲学社会科学版）》2010年第30卷第3期，第92-98页。

婚妇女最明显的标志是发项中央靠后横插一支银簪,以示区别。

而在惠安,已婚未婚区别标志在:①早期出嫁那天,新娘的髻尾改梳成蝴蝶发式;②后期还体现在有无银腰链上。

(12)自相婚姻。史书记载畲族人是"自相婚姻",即同一种族的人通婚。而从大岞到小岞,这几个有穿惠安女服饰的地方的婚姻基本都是如此,很少有跨出这种服饰的范围。

由此可见,惠安女婚姻和漳州(畲族)在历史上和现实中也是同出一源的,证明了惠安女婚俗的实质是畲族文化。

(二)惠安女"长住娘家"习俗所蕴藏的畲族历史背景

惠安女"长住娘家"的习俗完全有可能是畲族带入惠安来的。

1. 从历史学的角度证明

在畲族祖先最早、最原始、最核心的"四姓"中,钟姓即是入赘女婿的姓。也就是说,畲族妇女长住娘家的习俗要从这个嫁给姓钟的始祖算起,这是畲族"长住娘家"的源头。喜欢招赘是畲族的习俗。

蒋炳钊编著的《畲族史稿》之《古老婚俗的残余》中亦如此记载:

> 历史上畲族盛行"招亲",即男子入赘女家,称为"招儿子"。男到女方落户,在畲族中较为普遍,甚至有的人家把女儿留在家里"招儿子",而把自己的儿子给别人当儿子。"畲家则喜招女婿,可以婿为子。"①

实质上,从唐代陈元光父子入闽镇压畲族并强迫畲族妇女成婚,就形成了大规模的长住娘家的现象。由此推断,畲族妇女在家还要承担祭祀祖先的义务和责任。这是在惠安早期的畲族人群中妇女长住娘家现象得以巩固的一个重要原因,也是造成有的学者误认为惠安女是母系社会遗留痕迹的根本原因。

嘉靖《惠安县志》卷七《职役》中记载:崇武千户所官兵,即宋小兜巡寨之地。洪武初,倭寇登岸,令民三丁一抽以防倭。及二十年,遣江夏侯周德兴建立沿海城池以防倭,夫编入尺籍,遂为定制。继有言军士恋土,不便防守,乃令各卫所对移。而崇武移之玄钟。

是否注意并充分利用这条史料,是导致笔者和专家学者得出不同结论的原因之一。在国内外研究惠安女服饰的所有专家学者中,竟没有一个人注意到这条史料的核心价值!玄钟所与崇武所的换防对惠安东部地区的深远影响,是绝大多数研究惠安女服饰及民俗的专家所共同忽略的一个关键地方。而漳州玄钟所一千多名将士换防崇武并就地成亲,必定带来第二次大规模的长住娘家现象,最终形成了惠安女在20世纪之前长住娘家的习俗。

此则史料印证了笔者关于惠安东部沿海"咸水腔"源于漳浦、诏安沿海一带先民迁徙惠安的判断,而他们保留着畲族的风俗习惯也就顺理成章、不难理解了。

2. 从人口学的角度加以证明

明代惠安人口有确切记载的,是明嘉靖元年户口册的统计。惠安军户是民户的2.33

---

① 蒋炳钊:《畲族史稿》,厦门大学出版社1988年版,第296页。

倍。至明万历四十年（1612），民户才超过军户，是军户的1.72倍。惠安军户人口多于民户人口的年限，是从明初到嘉靖元年（1522），算来长达135年之久。如此之长的时间足够为惠安女长住娘家习俗的形成提供足够的历史条件。

正因为军户在惠安占据了主导地位，为惠安女长住娘家、早婚等习俗和带有畲族风格的服饰的定型提供了成熟的历史环境和必要条件。

这正是惠安女长住娘家形成的历史原因。

实际上，从畲族妇女反抗抢婚、逼婚的民族斗争史来分析判断，这个"长住娘家"、晚育和自杀应该也是早期畲族妇女的一种反抗手段，是她们对民族镇压的一种自然而然的情感反映和抵制，如果联系上畲族历史就迎刃而解了。

3. 从地理学的角度分析

惠安女风情的中心是崇武镇和小岞镇，以这两个镇为代表，向邻近的净峰镇和山霞镇渗透，并以崇武城、小岞城为中心，部分习俗向两边的张坂镇和辋川镇辐射、延伸。这正好是崇武千户所的主要管辖范围。这些军事设施的兴建布局和东部惠安女风情的分布是完全一致的。而惠安东部"咸水腔"的分布，也与这个区域重叠，这就无法再以巧合来解释了。

（三）其他生活习俗的相似度

（1）在生活习惯方面，不吃狗肉，喜食咸腌。

（2）热爱劳动，勤劳贤惠。

（3）凿齿镶金牙。

（4）畲族姑娘擅长唱山歌，而早期的东部惠安女则以"褒歌"见长，只是到了新中国成立后才渐渐消失，如《园内花开》，在晋江及德化南埕一带也有传唱。笔者初步判断这正是畲文化的辐射影响所在。南埕相邻的龙门滩镇就有畲族六七百人。德化县葛坑镇龙塔村还于2002年被正式命名为龙塔畲族村。

（5）阿舅坐大位。这在惠安东部也一样。外甥结婚宴客，母舅未到是不能开宴的，而且要坐在最重要的桌席和主宾位置上才行。外甥兄弟分家，也是要请母舅来主持如何分家产的。

（6）"娘家头"与外家头的作用。畲族还有一个称呼"做娘家头"（畲语称"打生利亲"），就是妇女出嫁后，因受夫家虐待，娘家便组织亲房叔伯母舅等人到男方家讲理，直至男方认错，这些人就叫"娘家头"人。而惠安则称"外家头"，一般发生在闹离婚或自杀等重要关键时刻。

（7）正月初二"迎婿日"。这个习俗在漳州畲族地区和惠安至今同样保留着。

（8）中秋节"偷听话"习俗，惠安叫"听香"，可以说是占卜的一种特殊形式。当事人为了预知某件事情的结果，必须手持清香，到邻居家偷听对方在讲什么话，从中推测事态发展的结果。

（9）丧俗的相似度。《畲族史稿》记载：丧俗方面，还体现在另一方面：母亲死，舅家未来人不能收殓。

这和惠安的习俗不也基本一样吗？此为其一。

《畲族民间文学的内容》载：哀歌。畲族老人去世，在死者落棺后，要唱哀歌。

而惠安虽然没有哀歌之称，但这是如今七八十岁年龄段的人在亲人去世之后都有的一种哭喊特色，边哭边诉说上述内容。会哭的人往往会让旁边的村民感同身受，跟着心酸落泪。此为其二。

其三为"做功德"。《畲族简史》第二节《社会生活习俗》记载，"未作功德则不得葬，葬则视为不吉"。惠安与畲族皆如此。

其四为"拾骨重葬"，即二次葬。

其五为死后要穿"上头衫"。

此外，还有祭祖风俗。畲族祭祖时要穿青蓝色的大襟长衣，不用扣子，用带缚。此风俗惠安至今亦如此。

畲族上述这些习俗与惠安都大同小异。

可见，这些民俗都有自己特定的历史渊源和文化含义，并非一时心血来潮的莫名之举。婚俗、丧俗如此高度一致，不恰恰说明这本是同源之理吗？这就证明了畲族习俗对惠安包括东部的影响是相当久远的。

（10）民间传说的相似度。

①青山王、二妈的传说同洪山公王、萧满姑传说的比较。在刘大可的文章《黎畲萧屋：一个可能源自畲族的客家宗族》一文中，提到这么一个传说。有一个叫萧满姑的幼女，到白莲庵中玩耍时，看见庙里的洪山公王（即蛇神），邻女戏称让她嫁给洪山公王当老婆。而这句戏言则成了萧满姑的心病，不久她竟一病不起，离开了人世。而这个传说在武平县武东乡安丰村则更具体、详细、丰满，其情节和山霞青山宫青山王与二妈的故事几乎雷同。

②蝴蝶洞的传说。惠安不少地方都称有蝴蝶洞，是杨文广平闽十八洞之一。如螺城南岭桥、山腰古县、辋川猪母洞、小岞南塞、崇武大岞。其实，按照《平闽十八洞》第四十六回《闽王败走蝶仔洞》记载：此洞（蝶仔洞）在镇海岐尾海滩上十五里外，此洞现存，在南势海坪上。

而据叶国庆教授的《平闽十八洞研究》考证和书中记载，蝶仔洞在海澄东南原镇海卫，古称岐岛。而《平闽十八洞》实际上讲的却是唐代陈元光、陈政父子镇压畲族首领蓝奉高和开漳的事情，书中的"蛮王蓝"凤高即杀死陈元光而后又被陈元光之子陈珦杀死的蓝奉高。

（11）民间信仰的相似度。

在惠安东桥珩山珩海一带，有座相公宫，供奉的是畲族雷海青，他是唐玄宗时期被安禄山造反时俘虏的著名宫廷乐师。在辋川后任村至今还有一座越王宫，主祀"镇闽越王"，始建于明万历年间，有独一无二的"兵侍"祭礼。而《畲族史稿》第四篇第四章第二节《以盘瓠为中心的祭祀》记载：

> 广东潮州凤凰山畲族还有"招兵"的祭仪，也是祭祖的一种仪式，相传始祖槃瓠渡海至番国，衔回番王头，一路被番兵追赶，至海边时曾得到神兵神将的帮助，才平安回国。为了酬谢这些兵将对祖先的帮助，故每三五年举行一次

"招兵"的祭祀活动。①

2017年,笔者为此专程到潮州潮安县凤凰山和畲族村进行考察,验证了该地的"招兵"祭仪。

如此,则辋川后任越王宫的这种"兵侍"祭祀,正是古畲族的"招兵"祭仪。可以推断"兵侍",实为"兵祀",正是包括畲族在内的古闽越族的一种独有的祭祀仪式。

在2015年的漳浦之行中,笔者还了解到,惠安唯独崇武城里才有的"三官大帝"崇拜在漳浦是盛行和普遍的。两地敬奉的"三官大帝"同样是天官、地官、水官,即尧、舜、禹,和惠安崇武完全相同。这又是惠安与畲族之间在民间信仰方面存在内在联系的又一铁证。

三、惠安女独特习俗的起源

惠安东部之所以会保留畲族的文化习俗,完全是因为崇武千户所与漳浦(诏安)玄钟所换成的结果。因为根据史料和族谱记载,守卫崇武城的兵士最早恰恰就是来自漳州。《崇武所城志》"军伍"条明确记载:洪武二十七年,为调拨军事,将玄钟所军调移崇武,十人为队,一队一小旗,五队则一总旗,共一千一百二十名。

玄钟所是明初福建沿海海防所建的五卫十二所之一,成立于明洪武二十一年(1388),其地就在漳州漳浦,今属诏安。

崇武就有不少族谱记载了他们的祖先都是从漳州换防到崇武的士兵。

如崇武霞田张,始祖张寿,原籍平和县小溪乡,明洪武二十年(1387)入崇抗倭,择霞田而居,遂以霞田为开基灯号。

文献黄氏,祖先原住漳州龙溪县,明洪武二十七年(1394)调戍崇武所,定居于西门街南侧,称黄厝埕。

林氏,祖籍漳浦乌石林后壁,于明初调防来崇武所戍守,其地也称"后壁"。

何氏,祖籍南靖县,明洪武二十七年(1394)调防来崇武所戍守。

戴氏,祖籍长泰县大井埔井尾村,明初当兵调防来崇武所戍守,即定居。

卓希玄,平和琯溪人,调戍于崇,为崇武卓氏鼻祖,有墓志铭为证。

连、卢、余、魏、陈五姓也是来自漳州。

按照已故的崇武民俗学者汪峰老先生1990年之前的考证,由于崇武城的兴建和崇武千户所的成立,迁往大批来自中原的官籍户(能查证的有9姓)和来自福建漳州府而原籍系中原的军籍户(现能查证有15姓),特别是郊区较早的村庄里,有跟当地土著妇女结合的可能性。这也许是这里女性至今保留较多与汉民族不尽一致的风俗的原因之一吧。

综上所述,笔者突然有个感觉,就是惠安女服饰尤其是小岞妇女服饰从头到脚、从内到外,从生到死,全身都散发出浓郁的畲民的民族气息。无论哪个方面,我们都可以从散居各地畲族的习俗中找到对应关系。因此也可以说,惠安女服饰是第八种的畲族服

---

① 蒋炳钊:《畲族史稿》,厦门大学出版社1988年版,第284页。

饰。如果笔者的考证没错的话，至此惠安女服饰的起源已经真相大白，全都有了合理的解释。误导了我们很久的所谓"蝴蝶说"应该是"凤凰说"的变种，其总体形状是象征凤形，而不是之前所说的头部呈"蝴蝶形"。

总之，畲族汉化使得许多不同姓氏的畲民已经融合于各地的汉人居住群中，形成了奇特的汉族畲俗，这是造成陈国强教授在崇武大岞的调查结果"同族不同俗"的根本原因。这就印证了惠安女习俗在文化溯源上和漳州畲族在历史上的同源同根。

专题四

中国东南沿海地区乡村人口变迁调查研究

浙江舟山古城调查报告*

据文物考古发现，舟山在 5000 年前就有人类活动，春秋时属越，称"甬东"。战国时楚灭越，遂属楚。秦王政二十五年（前 222），甬东为会稽郡鄞县东境地。两汉、三国（吴）、晋、宋（南朝）、齐、梁、陈因之。隋开皇九年（589）废会稽郡，并鄞、鄮、余姚三县为句章县，甬东随鄮县并入句章县。唐武德四年（621），以句章、鄮地置鄞州，甬东归鄞州。八年，又废鄞州置鄮县，甬东属之。唐开元二十六年（738），析县分置翁山等 4 县，甬东始置县，以境内有翁山而命名。之后亦有变更。北宋熙宁六年（1073）七月，神宗准在旧翁山县地重建县治，县名昌国，治在镇鳌山旁，并扩建城池。元丰元年（1078），划定海县（今宁波市镇海、北仑两区）的金塘乡归昌国县辖。元至元十五年（1278）（《元史·地理志》为十四年，大德《昌国州图志》为十五年。本文依《昌国州图志》），因昌国县为"海道险要"之地，加上"户口倍万"，升县为州。至元十七年（1280），复置县，隶于州。至元二十七年（1290），罢县存州。（《元史·地理志》和光绪《定海厅志》等皆取州、县并存说。旧志的《职官表》中，只载州官，未载县令。）明洪武二年（1369），改昌国州为昌国县。洪武十九年（1386）明太祖命汤和治理东南海防，以昌国"悬居海岛，易生寇盗"，奏请朝廷将昌国居民，除准许 547 户 8085 人留居外，其余均迁徙内地。洪武二十年六月，废昌国县。此后，史书始称"昌国"为"舟山"。

清康熙二十三年（1684），浙江巡抚赵士麟、总兵孙维统以"舟山是宁郡藩篱，亟宜展复"，上疏设兵防守。是年，移定海镇于舟山，称"舟山镇"。二十五年五月，总兵黄大来会同浙江提督和巡抚，题请于舟山设立县治。是年，康熙帝"从大臣请开复舟山，设县治与营员内外抚绥弹压"。二十六年五月，康熙帝以"山名为舟，则动而不静"，诏改"舟山"为"定海山"，并题"定海山"匾额。二十七年，建立县署，称"定海县"，取"海波永定之义"（原"定海县"改为"镇海县"），于明城旧址修建城池。①

一、定海古城东大街

东大街碑记：东大街始设于元大德二年（1298），历经明、清改建扩展，至民国初期成为定海城内一繁华老街。起自状元桥东至东美桥，长 525 米，宽 4 米。以马河桥界分上街头、下街头。民国二十一年（1932），由舟山籍旅沪商人、上海荣记大世界游乐

---

* 调查时间：2022 年 3 月 1 日。调查地点：舟山定海区昌国街道东管庙社区东大街、舟山古城、都神殿后芙蓉洲商业区、翁山社区、广生弄、俞箭弄、关阳殿井等。调查内容：舟山古城发展、舟山海洋商贸。参加采访人：刘芝凤、胡冰青、张蕴嘉；执笔人：刘芝凤。

① 舟山市地方志编纂委员会：《舟山市志》，浙江人民出版社 1992 年版，第 43—44 页。

场第二任经理唐嘉鹏捐资铺设石板、条石路面,故过文彩桥后的一段街面曾命名为"唐嘉鹏路"。

进入定海古城的城门,城内很多低矮的平房还遗存着当年商街的信息。偶尔有一二座大小不同的四合天井院落插在平房之间,显得格外耀眼。看得出这里与湖南洪江古商城有一定的差距,富足之家不多,只有诸神殿是三进深的。在东大街127号,看到许氏大宅,是一座四合院式的带有一块约有六七十平方米空坪的院子,门楣、屋檐下的雕花是阳雕,没有镂空,有些粗糙。但在这条街上可能算是最豪华的了。

据清康熙年间编的《定海县志》载:

……宋熙宁六年(1073)改翁山曰昌国,始筑城凿池。城市内二丈四尺,址广一丈,周围一千二百十六丈,延袤九里。辟东南西北四门。各有楼穴水门。於东地各置钓桥,罗以月城,雉堞二千六百七十三。铺六十,外为壕。自东南及西,一千二百六十丈。北际山,建炎三年(1129)十二月,金人破昌国,毁其城……①

足见清代前期,舟山古城定海城有一定的规模。

在这片古色古香的老城区里,还有刘鸿生故居、朱家住宅、刘坤记大院、王顺成住宅、王家住宅、林氏民居、陈氏民居、徐氏民居、吴家大院等算得上可圈可点的有影响的旧屋遗址。在这片旧城民居建筑中,穿插着昌国路、中大街、人民中路、芙蓉商街等现代街名。古城干净,让人感觉很舒适。

二、许家大院与陈老夫人采访

在东大街127号大院内,坐着一位休闲的老妇人,非常和蔼。采访中得知,老人娘家姓陈,81岁。在这个院里虽然只住了不到十年,但她是舟山古城老人,对许氏大院的历史很清楚。

许家大院是许惟三修建的。许惟三曾在外面做生意,当过洋买办,赚了钱回到故乡修了这个大院,给他的大夫人和二夫人住。二位夫人去世早,娶了三房,三个夫人,只有大夫人生过女儿,其他人都没有生育。之后家道中落,许老爷也没有再回来,此院让许氏亲戚住,大部分都空着。解放后,解放军进城,住了进来,后来一直留有几间为军属宿舍。再后来除了4间给其许姓亲戚住外,其他的收为公管房,安排给无房户居住,成了杂姓大院。

据门外碑刻介绍,东大街许氏民居位于定海区东大街127~131号,由许惟三出资约于1923年建成。许惟三,名许燮卿,字惟三,为民国时期湖北沙市美孚洋行买办,"慎大"煤油号经理。他还开设"联大""生昌"诸商号,经营棉纱、杂粮及黄金等,并办有"大昌"肥皂厂、"松大"香烟公司,是当年有名的"定海八大家"之一的工商大户。

---

① 舟山市档案馆:康熙《定海县志》点校本,内刊,2006年版,第106页。

许氏大院现有建筑面积约 1526 平方米，占地面积约 1679 平方米。由门楼、正楼、东西厢房等形成四合院，院内楼楼相通，俗称"走马楼"。二层结构，坐北朝南，面临东大街，过街有照壁。大院东西有偏屋，和大院相通，东偏屋有花厅。许家大院的琉璃窗门为四页门，上半截是方格琉璃，可推开；下半截是木质板；窗楣都带有欧化沿，与许惟三当过洋行买办有一定的关联。台门为石库门构造，整个建筑砖木结构、布局规整、用材讲究、饰件雕刻精细、寓意吉祥，为民国初期建筑代表。2003 年 1 月，被公布为"区级文物保护单位"。与陈老夫人讲的情况相吻合。

老人说，旧时东大街很繁华，不仅本岛屿的人在这里做生意，还有外省人甚至外国人也来这里做生意的。从舟山博物馆展览的文物看，舟山的确有葡萄牙等外国人在双屿岛上做过生意。可以想象舟山定海古城当年车水马龙、熙熙攘攘的繁荣景象。

漳州市沿海地区云霄县 2 区 6 村田野调查[*]

　　漳州市云霄县地处福建省南部沿海,是开漳文化的发源地,是陈政、陈元光父子率中原府兵开发闽南设立州府之地。云霄县列屿镇、东厦镇辖区内有 6 个村的村民,大多是唐代陈征、陈元光进闽后,从河南固始入闽开漳落户,迁徙落地为民的原住户。

　　云霄县沿海村落为典型的上古中原汉人向南迁徙落脚闽南生活的地区。在这些乡野村落间,早先祖辈从中原地区带来的宗祠或家庙建筑形式、生产耕种方式与饮食习俗、民间神灵祭拜和节庆仪式内容以及民间文学和音乐等现仍完整地保留着。这是一个耐人寻味的现象。本次田野调查通过与 6 个村的村民同吃同住同劳动,和深度访谈交流的方式,挖掘整理了自唐以来开漳历史对闽台民俗节日的名称、节庆仪式的地点、节日内容及活动形式的影响,对研究和保护好闽台民文化遗产资源是一项有特殊价值和社会意义的工作,借此可探究闽南乡村社会中文化现象与社会现象之间的关系。

一、田野调查概述

　　漳州市云霄县 2 区 6 村是指云霄县列屿镇辖区内油车村(旧称"梅安村")、南山村、宅后村、人家村,东厦镇辖区内的东坑村和竹塔村(旧称"凤塔村")行政区域。2011 年 7 月 17—25 日,课题组刘芝凤教授、林江珠副教授、蔡清毅副教授、姜艳老师以及 6 名学生对云霄县列屿镇辖区油车村、南山村、人家村、宅后村;东厦镇辖区东坑村、竹塔村;火田镇辖区水晶坪的通贝村、西林村;和平乡径仔村官田自然村进行田野调查(本文只涉及列屿镇辖区与东厦镇辖区 6 村)。调查共分为四个方向组:民间信仰与节事组、民间文学与生产民俗组、饮食习俗与生产方式组以及建筑习俗与祭拜庙宇文化组。

　　本次田野调查主要采用入住村民家中深度访谈、参与生产劳动和分发问卷等形式进行。各组共发放厦门市重点课题《闽台历史民俗资源调查》综合问卷 98 份,收回问卷全部有效。其中油车村 31 份;南山村 12 份;人家村 14 份;宅后村 8 份;东坑村 6 份;竹塔村 23 份;通贝村 1 份;霞河村 1 份;官田村 2 份。被调查对象绝大部分为男性闽南汉族,只有 1 位为非典型性客家人。他们以务农和种植水果为主要职业(其中 1 位是退休高级编辑)。年龄最大的 87 岁,最小的 47 岁,平均年龄为 67 岁。课题组完成每日田野调查日记 20 篇,实地录像资料存量 60G,录音资料存量 2G。

---

　　[*] 作者简介:林江珠,厦门理工学院文化传播系,副教授;国家社科基金重大项目【19ZDA189】"中国东南海海洋史"研究海洋商贸史负责人。

二、调查主要内容

（1）被调查人基本情况：姓名、性别、年龄、文化程度、民族、日常交流语言、是否是原住民、家庭人口、几代同堂等。

（2）村落基本情况：本地名称、全村人口数目、村户数、主要职业、稻田亩数、山林亩数等。

（3）传统物质生产习俗：50年前的生产方式、传统工具、农时节日、传统生产（农业、林业、渔业）、民俗（谚语、禁忌）等。

（4）本地节日（农历）习俗：崇拜（尊敬）的植物、崇拜的动物、崇拜的民族英雄等；是否有家庙或宗祠（族祠），家庭是否祭拜祖先神位，祭拜祖先是否有固定时间或节日，本村祭拜神灵的庙宇（祖祇）有哪些，以及祭祀时间，本村神祇活动时间和活动内容，是否有外来宗教及其活动内容，等等。

（5）本地人生礼仪的形式：出生礼仪或庆典、成人礼仪、婚礼、丧俗仪式，是否有姑舅亲的习俗，是否有女不落夫家习俗，是否有典亲习俗，是否有收养童养媳习俗，等等。

（6）本地主要的饮食习惯：主食、茶俗、特色副食、特色菜肴等。

（7）本地建筑习俗：是否用风水先生选宅地，上梁是否有仪式和内容，建筑特点、建筑禁忌，等等。

（8）本村服饰和头饰习俗。

（9）传统手工艺。

以上内容在问卷调查时，由于绝大部分受调查者年龄或教育程度等限制而无法独立填写完成，故问卷信息回收全部由课题组成员深度访谈后获得。

三、云霄县2区6村民间信仰及宗祠文化在村落民众生活中呈现状况

云霄县2区6村人口状况、民间宫庙名称和祀奉对象以及主要姓氏占比的统计情况如表1所示。

表1　云霄县6村人口状况与民间所奉各类神祇宫庙统计情况

村落名称	类别	宫庙名称	祀奉对象	数量（座）	人口总数	主要姓氏所占比例（%）
列屿镇辖区	福德正神	土地庙	土地爷	4	2700多人（670户）	蔡姓占100%
	玄天上帝、真武大帝	玄天上帝宫	关帝爷公	1		
油车村	开漳诸先贤	圣王庙	祀陈元光暨夫人、观音菩萨、五谷王	1		
	开漳诸先贤	朝阳书院	祀林太师公	1		
	家庙	蔡氏家庙崇本堂	祀蔡氏第一世祖蔡思泽	1		

续表

村落名称		类别	宫庙名称	祀奉对象	数量（座）	人口总数	主要姓氏所占比例（%）
列屿镇辖区	南山村	福德正神	土地爷庙	祀土地公婆	5	1284人（273户）	汤姓占80%；吴姓占20%
		道教宫观	仙公庙	祀原始天尊	1		
		保生大帝	大道宫庙	祀白礁吴真人	1		
		祠堂	祠堂	祀吴姓、汤姓祖先	2		
		妈祖	无	无			
	人家村	福德正神	土地宫	土地爷	5	约130人（300户）	林姓最多；其次汤姓；第三陈姓
		妈祖	圣妈庙	祀林默娘	1		
		佛祖	观音庙	祀观音菩萨蔡妈	1		
		宗祠	林氏祠堂	祀林氏世祖	1		
	宅后村	福德正神	土地爷宫	祀土地公	4	约287人	郑姓占60%；蔡姓占30%；其他姓氏占10%
		开漳诸先贤	夫人妈庙	祀陈元光之女陈怀玉、五谷神	1		
		宗祠	郑氏祠堂	祀本地郑氏世祖	1		
东厦镇辖区	东坑村	福德正神	土地宫	祀土地公	4	约1000人	吴姓占大多数
		开漳诸先贤	尾峰庙梁山尊王庙	祀陈元光及李伯瑶、陈元光及其夫人	2		
	竹塔村	福德正神	土地庙	祀土地公婆	5	约7850人	吴姓占87%；其余为王姓
		游魂	有应宫	祀无后代灵魂	1		
		玄天上帝、真武大帝	协天大帝宫	关帝爷公	1		
		开漳诸先贤	后港庙（凤塔庙）将军庙、夫人妈庙	祀陈元光及其夫人祀陈怀玉	3		
		宗祠	吴氏第一房、第四房祠堂，王氏宗祠永锡堂	吴姓第一房、第四房世祖，王氏永锡公	3		

注：表格数据由笔者根据本课题组成员实地走访调查资料汇总统计所得（2011.7.27）。

从表1中的数据可以看出，6个村落里都有主要姓氏的宗祠或家庙，共8座，其他各类庙宇分布中，祀福德正神土地宫（庙）最多，共有27座；其次是祀开漳诸先贤的庙宇，共有7座；第三是祀真武大帝或称玄天上帝的宫庙2座。2个辖区6个村在地理上与相邻自然环境相似，村落间还存在祀奉对象选择性差异鲜明的特点，即各村均有仅为本村独有之祭祀庙宇，如油车村朝阳书院专门祀奉林太师公，南山村大道宫庙专门祀奉白礁吴真人，人家村圣妈庙祀林默娘，观音庙祀观音菩萨蔡妈，宅后村夫人妈庙祀奉陈怀玉（民间称陈元光之女）与五谷神，竹塔村有应宫专门祀奉无后代的灵魂，等等。

四、2区6村村民主要民俗节日节事活动全年时间分布状况

根据接受访谈对象叙述节事节日语境习惯，按农历年将一年内主要节日节事活动编排统计（表2），以便分析。

表2　云霄县2区6村农历一年内主要民俗节日节事时间分类表

按农历时间计算	节日名称	油车村	南山村	宅后村	人家村	东坑村	竹塔村	备注
正月初一	春节	一早要出门访友，吃素，不喝汤，豆干炒韭菜是必吃的一道菜，且当日不能用刀、扫把等工具	放假，休整不干活，其他与油车村同	与油车村同	与油车村同	未提及	未提及	"豆干"闽南语的谐音为当官，韭菜意为长长久久
正月初二	女婿节	女婿带猪脚、红包拜望岳父、岳母	女儿带炖熟的猪脚回娘家	与油车村同	与油车村同	未提及	未提及	
正月初三	赤狗日	人们都不外出做客，只有女儿可以带女婿给父母贺正	女儿带炖熟的猪脚回娘家	与南山村同	与南山村同	未提及	未提及	
正月初六	拜天公	众神下天	未提及	未提及	未提及	未提及	未提及	
正月初七		见七不出门，出门不顺利	未提及	未提及	未提及	未提及	未提及	
正月初九	天公诞辰日	村里老人代表到开漳圣王庙祭拜圣王	自家备汤圆、猪脚、果品、全鸡（全鸭）在天井里祭拜天公	备"三果，十二碗菜，金枣茶"，到各个神庙祭拜	各家各户备红圆（汤圆）、猪肉、果品、全鸡（全鸭）在天井里祭拜天公	不详	用面粉做成大龟状，还愿，为祈求丰收保平安，做戏三天，多为潮州戏种	
正月十三	王氏祠堂祭祖大日	无	无	无	无	无	做戏五天，从十三至十七，众人结灯花，男丁挂灯花，抬出所有神明来祠堂祭拜（十三请来，十七送走）	

续表

按农历时间计算	节日名称	油车村	南山村	宅后村	人家村	东坑村	竹塔村	备注
正月十五	花灯节、祈甘节	抬菩萨巡村；新婚或新添男丁的家庭在大庙里挂花灯	到大道宫庙祭拜和到邻近神庙祭拜，祈求赐福	拜祖、请神巡安、挂花灯、放鞭炮	抬神巡视、游街，挂花灯、办丁花、办丁酒宴	不详	无	
二月初二	土地公生日	在村中四个角落土地庙拜土地公	未提及	在村中四个角落土地庙拜土地公	在村中五个土地庙拜土地公	不详	在村中四个角落土地庙拜土地公（有应宫）	
二月十五	圣王生日	全村在开漳圣王庙祭拜圣王	全村在开漳圣王庙祭拜圣王	未提及	全村在开漳圣王庙祭拜圣王	全村在大圣王庙祭拜圣王	全村在后港庙祭拜圣王	
二月二十二	相公生日	无	全村到大道宫庙祀广泽尊王	无	无	无	无	
三月初三	古清明节	该村一个角落的人祀玄天上帝，村民巡墓祀祖先	祭祖扫墓、拜关帝爷公	无	无	不详	拜厝	
三月十五	孙师公爷生日、保生大帝生日	村民祭祀孙真人	到大道宫庙祭拜吴真人	无	无	不详		
三月二十三	妈祖生日	无	在妈祖庙祭祀妈祖	无	全村到圣妈庙用猪头和三牲祭拜妈祖，做戏（潮剧）三天，造新船出海祭妈祖	不详	无	
四月初四	林太师公生日、清明节	全村在朝阳书院祭拜林太师公	无	全村人在门楣插艾蒿和榕树枝	全村祭拜林太师公	无	全村祭拜林太师公	

续表

按农历时间计算	节日名称	油车村	南山村	宅后村	人家村	东坑村	竹塔村	备注
四月初八	佛生日	在家祭拜天公	未提及	未提及	未提及	未提及	未提及	
四月二十六	五谷王节	全村在圣王庙祭拜五谷神	无	种植户将整棵稻禾连根带土贴在门上	无	无	无	
五月初五	端午节	各家各户祭拜灶君王、包粽子	包粽子	包粽子	在田头拜田头公、蒸米粿、包粽子	包粽子	划龙舟、包粽子	
五月十五		无	无	无	无	在家拜祖先	帝君星生日	
五月二十九	土地妈生日	到土地庙祭拜	无	无	无	无	无	
六月初一或十五	半年节	村民用汤圆拜众神	吃汤圆，小部分村民祭拜观音	吃汤圆	吃汤圆	村民用汤圆拜众神	吃汤圆	
六月十九	观音生日	无	无	无	无	蒸大米龟、三牲供奉众神；做戏（潮剧）三天	拜观音	
七月初七	七熟节、乞巧节	各户煮甜饭，拜床头公婆	同油车村	同油车村	同油车村	同油车村	同油车村	
七月十五至三十	普渡节、鬼节、中元节	各家在门口祭拜鬼神	七月十二—十五每晚12点，用鸭子、面条等供品祭拜兄弟公、客公和祖先，门口插竹、柳、松枝	七月十八，在门上插竹、柳、松枝	七月二十晚上12点，用鸭子、面条等供品祭拜兄弟公、客公和祖先；门口插竹、柳、松枝	七月二十六，各家在门口祭拜鬼神	七月十九晚上7—12点，各户在门口祭拜鬼神	
八月十五	中秋节	用月饼拜众神，在屋顶拜月亮神	用月饼在屋顶拜月亮神	晚上女人拜月亮神	用月饼拜众神	用月饼拜众神	用月饼拜众神	

续表

按农历时间计算	节日名称	油车村	南山村	宅后村	人家村	东坑村	竹塔村	备注
九月初九	老人节	塔山下迁祭拜开漳圣王	煮芋头饭	无	没有特别形式	没有特别形式	没有特别形式	取芋头发音的"轻松"之意
九月十五至二十六	林太师公祭日	在朝阳书院祭拜	无	无	在林太师公庙祭拜	无	无	
十一月冬至左右	祭祖日	在本村玄天上帝宫祭祖	无	拜祖先、祭夫人妈生日	无	无	无	
年尾	解平安节	杀全猪蒸米粿,在崇本堂拜天公后全村人分之;做戏(潮剧)三天	十二月二十四,送灶神	十二月三十,送灶神	十二月二十四,送灶神	不详	十二月二十四,送灶神、地君上天	分粿,寓意"发财"

注：以上数据由笔者根据课题组调查资料汇总（2011.7.31）。

从表2可以看出，云霄县2区6村各村落由于是迁徙族群，其农历节日节事种类繁杂，几乎月月有节日节事。概括来看，其节事时间和内容主要同四类农村民间习俗与崇拜有关：一是与先秦时期农业季节性庆典和南传正统性儒、释、道宗教信仰相关的节事，如春节、立夏、冬至和佛祖圣诞日等；二是与古中原传统习俗有关的节事活动，如中元节、清明节、中秋节等；三是与本地英雄崇拜有关的节事，如开漳圣王诞辰日和祭日、保生大帝诞辰、妈祖诞辰等；四是与本村落人口发展有血缘关系的节事，如各姓氏世祖或爷（师公）诞辰或祭日等。在彼此相邻的各村落间，既有相似性，也有差异性。

（一）宗族姓氏的差异

云霄县2区6村，在各村落间的分布上具有基本上以单一姓氏占绝对优势、其他姓氏极少或没有的特点。在表1中，油车村全为蔡姓，其祖先在明万历年间创建蔡氏祠堂——崇本堂奉子孙耕读有成，笃孝至悌，敦睦务本。南山村绝大部分为汤姓，10户吴姓人家。村内仅存汤姓祠堂，而吴姓祠堂早已败落并且已被其他村民占作他用。宅后村主要为郑姓，郑姓占60%，蔡姓占30%，其他姓氏占10%。目前村内只有郑氏祠堂1座，而蔡氏祠堂已废弃不用，其他姓氏无祠堂。人家村主要以林姓为主，其次为汤姓，村内只有林氏祠堂1座。东厦镇竹塔村主要为吴姓和王姓，村内吴氏祠堂2座，王氏祠堂1座。由此可以看出，各姓氏先民开垦拓疆迁徙而来，并在此落地繁衍的生活迹象。

（二）与各村主要祭祀对象相关的重大节日节事的差异

在田野调查中，云霄县2区6村除在土地公婆庙共同祭祀福德正神、正月初九拜天公、五月初五端午节、七月半的中元节以及年尾的解平安外，各村落重大节日节事时间的选择与村民主要信奉的神明诞辰祭日都各有不同。如油车村在每年农历二月十五圣王生日时，在圣王庙举行重大的祭祀开漳圣王的仪式和活动；油车村确认农历四月初四是林太师公诞辰日，在朝阳书院隆重祭拜林偕春。南山村于农历二月二十二相公生日这一天在大道宫庙隆重举行祭拜广泽尊王仪式。人家村在每年农历三月二十三妈祖生日时，举行隆重的祭拜活动，搭王棚供奉妈祖神像，用猪头、三牲等供品祭拜，专门做戏扮仙三天（潮戏）；人家村人选择九月二十六林太师公祭日在林太师公庙举行特别祭拜仪式。东坑村每年农历六月十九观音生日，全村举行盛大的拜佛祖仪式，全村共杀一只大猪，请社戏（潮剧团演出），各家各户制作大龟形糯米粿，备齐馃盒素品点心纷纷到观音庙上香，燃鞭炮顶礼膜拜。宅后村每年农历十一月夫人妈生日，在夫人妈庙举行独特的"祈柑"（闽南音注）活动，即向神明祈求食物的一种仪式，并做戏（潮戏）扮仙三天。

（三）相同节日举行仪式不同

除东坑村外，其他5个村在农历正月初九都有祭祀天公诞辰日（生日）仪式，但在活动形式上有差异。从表2可以看出，油车村村里老人代表到开漳圣王庙祭拜圣王；南山村各家各户自备汤圆、猪脚、果品、全鸡（或全鸭）在宅内天井里祭拜天公；宅后村各户准备"三果、十二碗菜、金枣茶"，到村内各个神庙祭拜天公；人家村各家各户制作"红圆（汤圆）、猪肉、果品、全鸡（或全鸭）"在天井里祭拜天公。东厦竹塔村各户需要用面粉特制成大龟状蒸糕迎灶王下天，到村内庙宇还愿，祈求来年丰收，保护全家平安，专门请做戏（潮戏）扮仙三天。

（四）相同节日所祭拜对象不同

我们在田野调查的过程中发现一个非常有意思的现象，即相同节日活动祭拜的对象却不同。农历三月十五，油车村祭祀孙真人，而相邻的南山村在大道宫庙举行庄重的祭祀吴真人的仪式。

五、2区6村的民俗节日节事活动是村民的精神承载形式

这次田野调查，课题组总负责人刘芝凤教授选取的2区6村，位于云霄县东南之隅漳江入海口处。早些时期这里是云霄县经济发展相对落后的村落，后来这些村落虽受海淡水混合养殖业培育发展的带动和影响，却仍保持以粮食种植为主的农业生产方式，村民的日常生活与村中土地、种植的作物和植被保持极好关系。调查期间，正值农历节气大暑（农历六月二十三）前后，随处可见每家每户在村内公共广场和道路上脱稻谷、扬稻壳和晾晒稻谷的情形，靠天生活的传统农业物质生产内容保存完好。

（一）中原祀典神祇因迁徙逐渐形成闽南地方化、家庭化

我们调查的村落全部在佛祖生日举行热闹而隆重的祭拜活动，分为公共祭拜和各户祭祀等不同仪式，祖庙或大庙祭拜在先，各户外的厝内祭拜在后。祭拜用品先供奉佛祖，后可直接奉给自己的祖宗或先人。各村内大庙或祖庙内会将各类主祭神集中于一座庙内

祀奉。如油车村圣王庙除供奉陈元光及其夫人外,还有观音菩萨、五谷神共处;南山村大道宫庙祀奉白礁吴真人与广泽尊王;宅后村的夫人妈庙除祀奉陈元光之女陈怀玉外,还供奉五谷神像。而每户村民家中除摆上供奉祖先牌位的神龛外,其上方普遍排有观音菩萨塑像或玄天上帝塑像或画像祀奉。

(二) 民俗节日仪式成为民间信仰的一种精神工具

在田野调查访谈中,当被访谈者问到每年祭拜仪式活动的费用占到全年收入比例是多少、费源来自哪里时,"各种祭拜的费用是必需的开销,要跟上别人,跟不上会被人家耻笑、丢脸"是普遍的回答。云霄县2区6村的民间信仰以家庭和宗族关系为组织基础。亲族和村落生活组织形式已是村民们认同并长期遵循的共有的规范、观念和信条。

(三) 民俗节日的仪式保存着在其演变过程中所积淀的古中原社会文化内容

民俗节日带有浓厚的地域色彩,不同的地理环境、人文氛围往往孕育出不同的民俗节日内容与仪式活动。我们在调查中发现,地理区隔与宗族传统造成了各村民俗节日仪式的差异。总的来看,云霄县2区6村民俗节日的仪式保存着在其演变过程中所积淀的社会文化内容,主要有三种:一是佛祖、祖先、鬼的信仰内容的节日仪式;二是大庙祭、年度祭祀和生命周期仪式;三是血缘性的家族庙宇的仪式。民俗节日表达着各村村民的世界观和宇宙观的象征体系。由此可探讨乡村社会中的文化现象与社会现象之间的关系。

惠安东部沿海四个乡镇主要姓氏源流调查*

惠安隶属于福建省泉州市，自古属于晋江县，至宋太平兴国六年（981年）始析东乡十六里独立成县。

截至2017年5月底，据县公安局统计，全县（不包括台商投资区）近81万人，共有284个姓氏，其中陈姓最多，超过12万人；其次是张姓，有10万多人；位居第三位的是王姓，有5万多人；居第四至第十位的姓氏分别是庄、黄、李、林、曾、吴、杨（详见表1）。

表1　2017年惠安县姓氏统计表

排序	姓氏	数量（人）	排序	姓氏	数量（人）	排序	姓氏	数量（人）
1	陈	126310	21	潘	6848	41	骆	1759
2	张	101374	22	汪	6720	42	方	1721
3	王	54880	23	谢	6712	43	温	1522
4	庄	44351	24	邱	6580	44	钱	1406
5	黄	40806	25	柯	6430	45	艾	1390
6	李	37201	26	赵	6249	46	徐	1359
7	林	35273	27	蒋	5859	47	肖	1341
8	曾	32534	28	郭	5057	48	连	1261
9	吴	29405	29	程	5064	49	詹	1235
10	杨	25632	30	辛	4593	50	欧	1197
11	刘	23340	31	任	4277			
12	何	19294	32	叶	3841			
13	郑	18776	33	孙	3663			
14	许	18686	34	廖	2999			
15	康	16794	35	洪	2961			
16	周	10243	36	杜	2704			
17	卢	10128	37	梁	2493			
18	胡	7671	38	朱	2416			
19	苏	7653	39	江	1796			
20	柳	7231	40	龚	1780			

＊作者简介：张国琳，中国人类学民族学研究会民族文化遗产专业委员会会员、中国百越民族史研究会会员、福建省惠安县政协文化文史和学习委原主任。

小岞、净峰、崇武、山霞是惠安东部沿海的四个乡镇。考察此四个乡镇姓氏的主要来源，有助于解开惠安女文化之谜，对惠安的人口变迁、历史变革和社会变化有一定的参考价值。

笔者对县志和族谱等文献史料有长期的兴趣和爱好。在笔者的呼吁、提倡和推动之下，惠安县志办完成了惠安县志系列的再版工程，包括嘉靖《惠安县志》、万历《惠安县续志》、康熙《惠安县志》、嘉庆《惠安县志》和道光《惠安县续志》等，因为乾隆《惠安县志》已经基本体现在嘉庆《惠安县志》中，所以没有重新再版。还有一部嘉靖之前的宋元县志已经失传，如果再加上万历年间的《惠安政书》，那么，《惠安县志》目前可以说已经算是比较齐全的了。这就为我们的调查研究提供了得力的参考文献。

一部族谱则记载了一个家族的起源、传承和迁徙。可以说，族谱是一种集历史学、民族学、考古学、人口学、遗传学、社会学、民俗学、统计学等于一身的姓氏文化。如果能找到一个家族的源头，那么自然有助于揭开这个家族的历史。而这个工作的突破口，无疑就是找到一个家族的族谱或是其分支家谱。最后结合文献和族谱来分析辨别，无疑是上述社会学、人类学诸学科研究的一个好方法。

一、小岞主要姓氏源流

如今，崇武作为惠安最发达的乡镇，无论在经济方面还是文化方面，都远远超过小岞。但是，如果我们追溯历史的话，小岞先民的实际居住历史并不比崇武差多少，尽管在大岞山还发现了原始社会的遗址，可是如果我们深入考察小岞的文化史，就会得出相对客观的结论。

明嘉靖名臣张岳等在其所纂《惠安县志》卷一之《封域》中记载：

> 环邑之疆竟，西北跨山，东南皆际海……正东曰小岞，距县四十五里，其外则大海……东南则崇武与小岞，俱大海云。①

同书卷之二《诸山大势》又载：

> 小岞山在净山东十里。宋参知政事李文会祖居此，其坟名蜗螺上水者尚存。黄崎在其北，大岞在其南。凡邑诸山之东趋于海，至此三山而止。又东则为东溪之水，通海外诸夷。②

小岞常住人口为3.2万多人。

（一）李姓

根据上述文字记载，李姓应是小岞最早的岛民之一。此李系沙堤李氏，北宋时即定居小岞。小岞李姓先后有四个支系迁入。

第一支系为"钱山公"。据《沙堤李氏之渊源》介绍：李氏第十四世朝泰，生于宋真

---

① 张岳等纂：《嘉靖惠安县志（外二种）》卷1《封域》，福建人民出版社2016年版，第6页。
② 张岳等纂：《嘉靖惠安县志（外二种）》卷2《诸山大势》，福建人民出版社2016年版，第15页。

宗景德年间（约1004年前后），生五子，钱山公、凤山公、后山公、兑（茶）山公、猴（候）山公。

《汾阳族谱》载：万康公则入泉之始祖，传至英、川、士、源、祯十五代由泉入居仙游之阳。从元祥传至钱山公，共十五代，宋太平兴国六年（981）惠安置县后迁至岞江。

第十五世，钱山公（约生于1028年）宋仁宗天圣年间，约于仁宗皇佑时期，随开垦队伍移居钱山下岞江后里，时社会稳定，生产力快速发展，人口快速增长，向外迁徙。经济发展是社会发展的必然现象，为了宗族支脉的联系，兄弟五人外迁，选择本地最有代表的山峰，作为本宗联系的称号，使本宗族的脉裔不致散失，故以山为名号。

沙堤始祖钱山公故为岞江李氏之始祖，其茔墓在延寿里三十都后里之螺山（俗称"西帽山"），墓穴坐丑向未，左沙莲花山，三山为护，右沙凤凰拱卫，牛屿以案，玉带环腰，名曰"青龙过江"。嘉靖《惠安县志》卷之十《丘墓》载，宋签书枢密李文会祖坟在三十一都小岞。

钱山公生一子封君。封君生二子，文中、文会，子贵被封一品光禄大夫员外郎，卒后坟葬于蔡宅铺文笔山东田顶（现为土寨镇文峰大宅自然村）。

李文会（1097—1158），高宗建炎二年进士，后拜端明殿学士，签书枢密院事兼权参知政事（副宰相）。

明洪武二十三年（1390），李进、李宁从军抗倭，任永宁福全千户所把总，举家随军迁永宁。李宁后随百户赵亮调防金门千户所同，居金门古宁头，传金门沙堤一支。

明崇祯至清顺治初，因郑成功占据台湾抗清，顺治十八年（1661）颁布迁海令，至康熙二十二年（1683）撤销迁海令，台湾收回，族人始迁回小岞（1683），时本族人口散失大半。有人将此沙堤李氏与县城北门李氏混为一谈，殊不知北门李氏乃宋太师李邴之后，纯属穿凿附会。

但是，尚存的小岞李氏已经不是李文会的后裔。嘉庆《惠安县志》卷二十三记载："今小岞亦有李姓，非参政裔也。"据此可以判断，李文会的子孙已经不在小岞。

以上属"钱山公"支系。

第二支系为"陇案公"，约于北宋熙宁八年（1075）迁居到小岞，与钱山公的后裔共认族谱世系。

据本县东下坑李姓宗亲提供的《李唐以来族谱序》《"会德公"以下世系》、浙江省《玉环县陇西郡李氏宗谱》载，小岞李常青从"会德公"至小岞存在的"钱山公""陇案公"两个支系李姓进行梳理如下：

会德生有五子。长子开魁在江西居住，传三子为朝启、朝泰、朝恩。

会德之长子开魁的第二个儿子朝泰（约生于945年）往南安生有五个儿子，为"建"字辈。

[十四世] 先祖，分居在闽南有代表性的五座山山边，其长子建信（约生于967年）于1005年左右迁居惠安钱山；次子居住晋江凤山；三子建居南安后山；四子居住同安兑（茶）山；五子居住安溪猴山。这就是"五山公"的来历。

第三支系为"曲蹄仔李"，即疍民出身，系北方渔民，明末清初因遇台风而漂流到小岞前海澳内，后与此地的李姓共同定居。

第四支系略。

（二）陈姓

《嘉靖惠安县志》卷之十三《人物附录》中记载：

> 小岞陈氏　其先候官人。宋绍兴中有为惠安丞者，卜居小岞。是时李文会以故执政还乡，有司沿海筑沙堤以迎之。及李氏替，而陈氏颇盛。入我朝亦替，族姓尚多。有五世同居者，男女业作皆归于公，家长掌之，无私蓄、无私馈，衣服稍美者别藏之。有嘉事，递服以出，鸡鸣皆起，听家长命其日所业，无敢怠惰。士大夫好事者或往观其家，甚有古朴之风，至今不替。①

这支陈姓应称为候官陈，系南宋初期始迁小岞，因居住地称螺山大厝"太丘"陈氏。大厝陈氏，居住在古后里的螺山（西帽山）山坡上南侧，即现小岞镇螺山村。先祖曾建五间张连后落祖宇一座，因周边有"飞钱陈"与"东井陈"两座祖祠，为便于区别和称呼，乡人称其为"大厝陈"。

另一个为飞钱陈氏。飞钱陈氏由邻县仙游迁入，其先祖陈汝器约生于宋仁宗至和至嘉祐年间（1054—1063）。相传汝器夫妇轻财重义、乐善好施，有神人相报飞钱入室，三子皆登科第，故陈汝器称"飞钱公"。飞钱陈氏系汝器公之长子陈可行的后裔。据清乾隆年代版本"飞钱"《陈氏族谱》记载：为感谢"天赐飞钱"，"县府盖库藏钱"善举，凡是迁往外地开基的"飞钱"陈氏后裔，都以"库"字取义，作为住居地名。如"钱库""陈库""后库"等，其中迁来小岞的这支系，就取地名为"下库"。

李常青根据"飞钱派系开族外地简历表"、仙游"飞钱"祖居"惠安小岞考略"记述推算：现小岞"飞钱"陈氏始祖，是在明代嘉靖年间（1522—1566），由飞钱先祖鄡公的二十三世孙，即始祖汝器公的十六世孙"于十一公"，偕胞兄"于六"之子行良公，先后从仙游枫亭的"东宅房"迁徙惠安小溪河内（现小岞后内），在宋参知政事李文会府宅西侧开居。

另有小岞新桥陈氏始祖陈万全，明代从永春加拿曲来泉州新桥头打铁，随后到惠安小岞南赛下炉，再迁前内兜大榕树下打铁。其后在后内购地建居，建新桥一座，传至今22世。新桥陈氏另一支是清代从本县岭头迁来，为新桥陈氏云璈四世祖。

（三）康姓

据康氏入闽始祖惠安世系载：入闽始祖康子元（唐开元四年进士，即716年），二世仲璟公，三世志仁公，四世之次子存原，迁惠安后坑社（现泉港肖厝后坑），其后代迁螺阳五音，小岞前内，净峰墩北、墩中、墩南等地。康姓郡望为"京兆衍派"。

据小岞《康氏祖派》（手抄本）载："盖康姓者，出自周武王同母弟康叔封于卫，凡四十三代为秦所废，子孙各散东西……"本家作联曰："系出天演周我祖，茅分母弟卫吾宗"。谱叶又云："吾家世居山西省，至明避倭寇，或入泉之晋惠，或入永凤山。""今传

---

① 张岳等纂：《嘉靖惠安县志（外二种）》卷1《封域》，福建人民出版社2016年版，第145页。

我前内之康自城前乡而来居峄山，始祖葬在西林厝后。谱内还列出小岞前内乡顶厝康氏四房世系表计十世：一世崎石公，二世西塘北公，名朴厚，生于戊午年（1618）。修谱者康开以崎石公作为一世列世系，继崎石公后，乃西塘北公（二世祖），生于明万历四十六年戊午（1618）。①

若按一代 20～25 年计算，小岞康氏的始祖估约于明嘉靖末年至隆庆初年（1550—1570）期间迁往小岞前内。

（四）黄姓

根据东山村文史爱好者黄海金编写的《东山黄氏开基祖绪公简介》：小岞东山村黄氏开基祖"绪公"，源于本县张坂紫云锦田刚裕公派下，是守恭公的第廿二世孙，属纪公支派，系永仪公之长子。

明洪武五年（1372），绪公因逃避抽军事，从黄田里（现张坂镇后边村）徙居东山，迄今有 640 多年的历史。当时初居地在现南赛三山宫周边，并在宫边西侧开建大井一口，现尚存留可考。绪公为了方便拾海上漂浮物和后澳的四个沪窟（捕游入沪窟的鱼），后来遂向北迁徙，在东山定居，并开建大透祖祠一座。

绪公徙居东山，生三男：业、统、杭。

黄杭于明永乐二十一年（1423）徙东山徙居峰崎凤山头，现称增坑（现螺城王孙村，也有称"增坑"）。黄业与黄统乃居东山。黄统世系不明，黄业在东山生有四男，分为四房：长房有城顶、城门口、下厝、大透四角落。二房分为上房、下房。三房有下硬三东、西二厅。四房有后新厝、顶厝、祠堂、西楼角落。

各房族又再分衍，至今共 13 间祖祠。其中三房有徙居净峰东洋、小岞前内东头、崇武前坡等地。

（五）洪姓

洪姓，据 2006 年统计，人口数量位居全县第 33 位。

根据《惠安姓氏志》记载，小岞镇南塞（赛）村和前峰村大沪洪氏，洪姓开基祖洪和，即洪惟和，于明末由过港（现属山霞镇）前张迁来，堂号敦煌，先世始于河南，洪和之父洪刚敏，墓葬前张石龟山。洪和生三子：封、盛、隆。洪和以及洪隆之子洪超宇均为骁骑将军，祖厝庭前竖旗杆……

台湾版《柏埔派族谱》和厦门翔安版《柏埔派族谱》记载，沈传时扬，时扬传敷谦，敷谦生四子，次惟和，生三子。

根据新编的族谱序介绍，宋开基始祖名植（梓），始驻同安（现翔安）翔风里十三都柏埔（坡）庄，开基立业。十九郎生二子，长子希煬于翔安洪厝村开基，建"柏埔堂"。

明朝末，柏埔堂裔孙"惟和公"分迁惠安岞江南塞港，创"岞江堂"于小岞肇基立业。

小岞洪姓的后裔，大部分分布在南赛东村、南赛西村。从第五世起昭穆为："纯思尔

---

① 资料出处：小岞《康氏祖派》（手抄本）。

旨、引文若德、继世永成。"后又续："其力统士、恩之礼乐、奋直后昆。"

李常青根据南塞洪姓分派各房谱系推测，洪氏迁入小岞，应在明万历八年（1580）左右，至今440年左右。

小岞洪姓总人口达1473人。其中南赛东村869人，前峰村388人，南赛西村216人。还有迁居惠安等外地的后裔近200人。

洪超宇，讳爵，字超宇，系洪和之孙，跟随洪秉钧平台，被封为副将、骁骑将军（从二品），授湖南沅州协镇。

（六）庄姓

根据1999年版《泉州桃源庄氏族谱汇编》记载，庄氏入闽始祖为庄森，生于唐咸通四年（863），随王潮率军入闽。王潮之弟王审知称闽王后，庄森分镇桐城（今泉州城）。肇居惠安之一的庄森第四子庄申（申公支系），居永春鬼岫山。九世庄夏，宋淳熙八年（1181）进士，仕孝宗、光宗、宁宗三朝，赠少师，永春开国男。光宗钦赐御墨改鬼岫山为"锦绣山"，这一支派灯号自此改为"锦绣"。庄申生四子：翼、果、晦、夏。十一世孙仕道，十三世孙有待，分别迁居惠安小岞南赛开基。因此，思齐之孙庄仕道，为南赛庄氏最早的开基祖。

根据《东厝埕总牌族谱》记载：锦绣支派，庄氏始祖永春湖洋，人丁繁衍。明代，迁居小岞南塞。

据《泉州桃源庄氏族谱汇编》记载，十世庄铨，生于明成化乙酉年（1465），子仕遵、仕道（分居山仔）。庄仕道生于明弘治甲寅年（1494）十月，于明嘉靖十五年（1536）左右，携家人迁来惠安小岞南塞肇基。后来，庄仕遵次子"伋"的第四子，即十三世庄有待，又迁来小岞南塞，庄有待生于明嘉靖三十五年（1556）前后。

以上便是小岞的主要姓氏。

二、净峰主要姓氏源流

（一）张姓

张姓起源于挥公。张氏八十世为"汉初三杰"之一的留侯张良。晋司空壮武公张华，系张良十六世孙。唐名相文献公张九龄及弟九皋，系张华十四世孙。隋朝有张君政到广东韶关任职，遂定居于此。至唐中叶宰相张九龄兄弟四人，分衍各地。因张九龄著有《曲江集》，封"曲江伯"，后世遂以"曲江"为堂号。

张崇纪，广东韶州曲江人，是唐丞相张九龄弟弟张九皋的十世孙。

唐文德元年（888），张崇纪任安徽宣州军事推官，从龙纪元年（889）至乾宁四年（897）的近10年间，宣州战乱不断，张崇纪无法赴任，遂入闽，居泉北锦田（今惠安张坂锦田张坑），南宋迁徙三十一都延寿里（今净峰）西头，形成人口众多的延寿曲江张氏。

张崇纪入闽，居今惠安张坂，为锦田张坑始祖。至南宋初年，崇纪公十世孙张行九朝奉(即摇鼓公)迁居延寿里之香山下张坑,为延寿张坑始祖。行九朝奉公之叔父张巽,乃大儒朱熹、张栻亲传弟子,迁本县张坂獭窟,为獭窟曲江派之祖。

锦田曲江张氏在惠安县有大约6万人,是惠安县张姓第一大派系,有100多个自然村,分布于净峰镇的西头村、厝头村、坑黄村、前炉村就有1万多人;另有山霞镇前张村的墓庵;张坂镇的浮山、前见村等。

延寿曲江张氏杰出人物有明代太子少保(从一品)张岳(1492—1552),官至兵部左侍郎、右都御史(掌院事),总督西南六省军务,卒后赠谥"襄惠",钦赐祭葬于东岭许山头。张岳是《明史》中唯一入选《列传》的惠安人,是福建历史文化名人,有"八闽第一士子"之美誉,是明中叶著名政治家、军事家、理学家、文学家,也是被宰相徐阶誉为"奸相严嵩当权时朝中唯一坚持不行贿且以功名善终的正直大臣"。

张岳先祖张祖曾供职于建文帝之吏部,是《明史》中记载的首位惠安历史人物,此外还有明万历四川右布政张矿,怀远将军张蒲壁。明台湾第一位高僧张士榔,与张巽、张岳同列名于《中国人名大辞典》中,也是唯一载入《中华姓氏通史·张姓》的惠安人。

张氏家庙于1999年被列入"县级文物保护单位"。

明末清初,张坑张士榔随郑成功迁徙台湾,后成为台湾第一个高僧。康熙年间,张锡祚(1646—1699)同兄张西有自张坂獭窟迁居台湾新化里大社。张坑十二世张快从辋川社坑迁居台南,其子张模迁居苗栗县。十五世张天赏、张天卻兄弟迁居苑里镇北势里。九世张丁迁居台南,东岭东埭十世张纣迁居台湾,十世张管子房英迁台湾,十世慊、响迁台湾,十五世亚雍迁台湾。辋川头坑上堡张捷辉、张子麟迁台湾。螺阳镇张镇迁台湾。东园云头张大江迁台南。黄塘张姓明清之际迁居台北松山,以制犁为业,人称"三犁张",今发祥200多户1000多人。张仁添与其子张衷迁居台湾新竹县,张赖迁台湾,张东茂迁台北。张金枪迁台湾。迁居新加坡的有包括东岭前厝张新兴、张玉兴,后坑仔张建金等在内的100多人。

《延寿曲江张氏族谱》留传于世的主要有净峰南尾私塾先生张来成藏本和张坂獭窟张嘉兴藏本。

明代张岳修辑,从汉留侯张良起,以张崇纪为唐末开闽锦田曲江张始祖,以行九朝奉为南宋始迁延寿曲江之祖。其后几经修订。两本族谱均以行九朝奉为南宋始迁延寿曲江之祖,而非性佑公。因为若从性佑公算起,所记世系最多仅有十三世,少则十世、十一世,厥失太多。

有几个村自修村谱已经印刷出版,分别有《张坑东庄两村家谱》(2009年出版,以惜公为一世祖,已传十七世)、《张坑松柏头厝斗族谱》(2011年出版)、《惠安张坑东埭张氏族谱》(2011年重修,以开泰公为一世祖,已传十七世,总人口580人),《辋川社坑张氏族谱》(2015年出版,以张三为一世祖)。

张睦,也是张九皋的裔孙,随王潮、王审知兄弟从河南固始县起兵入闽,居侯官县孝悌乡惠化里(今闽侯县上街镇榕桥村),成为唐朝福建侯官张氏开基祖。唐乾宁四年(897),王审知奏请朝廷授张睦为三品官,领榷货务(主管商贸长官),官邸建在福州城凤池坊(今东街口)。后梁开平四年(910)封王审知为闽王,授睦公为梁国公。自此,张睦子孙后裔以"凤池"为堂号,称"凤池张氏"。

净峰墩中村张厝尾自然村，即是张睦子赓公裔孙张承望的子孙，从永泰月洲后张迁居莆田黄石横塘，再从惠安山腰后张迁徙至此护墓，有裔孙300多户1000多人。

五群村后张亦属张睦后裔，有800多人，著名人物有被誉为"台湾石雕皇帝"的张木成，其父张火广，名列《台湾历史辞典》，作为石雕大师，他位列张氏名人第十六，排在张之洞、张大千之后。

（二）黄姓

《粤闽巡视纪略》卷五载："凤山山形如凤掠海滨。三国吴将黄兴葬其下，时见灵异。里人庙祀之。宋淳熙间，海寇犯小兜大岞，忽有兵马声自庙出。寇不敢犯，一境得全。绍定间闻于朝，封顺济侯。"这是惠安黄姓的最早记载。

虽然净峰黄姓历史在惠安可以说是目前已知最早的，但是，黄兴后裔所传记载，净峰黄姓主要居住在塘头、墩中、墩南、东洋、洋边、湖街、五群等村，总人口不足4000人。

（三）陈姓

墩北坑园陈。始祖兄弟三人从本县山霞五陈场下分来，一居本铺松汀乡，一居湄洲山。始祖之一陈兴怨在本乡东周铺卿围乡（今坑黄）三间张开基，传八房，现仅存四房。清乾隆年间，四世祖陈大鹏（1727—1789），在坑园建提督府。据此可知，墩北坑园是明末清初始迁于此。《净峰墩北坑黄陈氏族谱》载："乾隆二十八年（1763）十一月二十日任台湾协水司左营百总，后升金门左营千总。"民国《厦门市志》卷十一，《职官志武秩》记载，陈大鹏于乾隆三十七年（1772）任中营守备，武进士出身。后来云南发生动乱，陈大鹏随同将帅出征，以战功授游击，历官烽火参将、澎湖副将、厦门水师提督，传见道光《惠安县续志》卷七《列传》。

赤土尾陈。洋塘十一世陈栋分支赤石，再迁赤土尾赤石亭。赤石亭一世即洋塘十一世，至今约有150年。

江州义门陈。净峰镇洋边西埔村江州义门陈氏，先祖陈泽远于南宋时任泉州太守，二世迁居惠安芳庄，五世孟贵入赘芳庄成为芳庄之祖，十四世迁西埔。崇武也有江州义门陈氏。

莲峰熊厝陈。始祖从兴化府莆田县涵江涵兜乡橄榄巷打铁街迁来。1990年陈炎兴修《净峰莲峰熊厝宫北四房头祖之三房馆内陈氏族谱》。

上宅陈。在乾隆后期迁居台湾神冈区神洲村丰洲路，迄今已有两百三十多年，最早将青山王神像请入台湾奉祀，建有顺天宫。

（四）杨姓

主要分布于松村、杜厝、城前、净北、东洋、莲峰、五群等村，总人口接近9000人。

（五）周姓

主要分布于松村、杜厝、城前、山前等村，总人口约4400人。

正德、嘉靖年间，莆田青浦人周仲发，因贩卖猪苗来松村，定居于老鸡山麓，成为松村周氏开基祖。

三、崇武主要姓氏源流

《嘉靖惠安县志》卷一之《险塞》中记载有：

> 崇武澳、獭窟澳、小岞澳、黄崎澳、峰尾澳，以上五澳俱有城垒，控制大海。①

可见崇武澳乃是"惠安第一澳"，在海防史上占有非常重要的位置。

崇武，原称"小兜"，最早则称"小斗"。崇武所管辖的海域并非仅有惠安，而是涵盖"晋江、南安、惠安、同安四县沿海之地"。其海域管理范围南至漳州岱屿，北至莆田系蓼（今作吉了），有数百海里。当年的晋江包括今石狮、鲤城、丰泽三个区。而其时同安也未析出如今的翔安区。因此可以说，崇武是泉州和厦门最重要的海防机构。因此，倘要研究泉州的海洋文化，崇武便是不可或缺的重要一环。

宋绍定五年（1232）出任泉州知府的真德秀撰《西山文集》卷八中有戊寅年十一月《申枢密院措置沿海事宜状》记载：

> 本州沿海四寨其紧切者二，在晋江曰石湖，在惠安曰小兜，大略虽已得控扼之数……一巡绰海道合令诸寨分认地界，自岱屿以北，石湖、小兜主之，每巡至兴化军寨、蓼寨止……一小兜寨，取城八十里海道，自北洋入本州界首，为控扼之所，又为海湾荒僻之处。日前，常有贼徒公然到此劫船而去。旧额三百一十人，今除出戍四十一人外，见管在寨土军四十一人、水军六十六人，内新招二十九人，皆颇壮勇。若据此数加以训练，必得其用。寨屋元管一百间，今见存三十八间，余皆倒坠，合行添盖。②

可见，崇武的海上巡察范围，至少自南宋已经定型。

宋周必大撰《文忠集》卷九十四《魏良臣上遗表赠五官》，其一即"前任惠安等四县沿海小兜巡检右文林郎建康府观察推官曾宗镇"。魏良臣（1094—1162），绍兴二十五年十一月以敷文阁直学士参知政事，绍兴二十六年（1156）二月十九日罢参政，由此推测小兜巡检始建于北宋或更早的小兜。但是经过宋元之乱，崇武的早期居民已经寥寥无几，故有"三千军，七户民"之说。因此，崇武的首批驻军就成为大规模迁居崇武的居民和先祖。

明嘉靖《惠安县志》卷之七《职役》中记载：

> 兵役 ……其小兜巡寨土军，专一巡檄晋江、南安、惠安、同安四县沿海之地。初，元丰二年，海寇猖獗，拨禁军一百人置寨弹压。后掣回禁军，改招土军，增十人为额。乾道七年，增二百人。及真西山守郡，造军房六十有二，

---

① 张岳等纂：《嘉靖惠安县志（外二种）》，福建人民出版社2016年版，第9页。
② 真德秀：《西山文集》卷8《申枢密院措置沿海事宜状》。

仍立巡警界限,主岱屿以北至系蓼(蓼)而止。后增至三百一十人。

……

崇武千户所官兵,即宋小兜巡寨之地。洪武初,倭寇登岸,令民三丁一抽以防倭。及二十年,遣江夏侯周德兴建立沿海城池以防倭。夫编入尺籍,遂为定制。继有言军士恋土,不便防守,乃令各卫所对移,而崇武移之玄钟……

……

崇武千户所　隶永宁卫,即宋小兜巡检寨,为自海入州界首。国初为巡检司。洪武二十年,江夏侯周德兴经略沿海地方,设立城池,乃移巡检司于小岞,而置千户所。①

明万历间惠安县令叶春及著《石洞集》卷六《二十七都》载:

大岞娇然北顾,势尤斗辟狭陋。以故宋置小兜巡司于其要领之处,并巡檄晋江、南安、同安沿海。守真德秀乃限主岱屿以北,至击蓼而止,造军房三十六。迄淳祐,土军三百一十人而已。明兴,设永宁卫,移司于小岞,置崇武所辖之。城七百三十七丈,官千户侯三或五,百户侯十,军千二百二十一,营九百八十七间,器械千七百四十二个,屯七十二顷,属埠寨一,烽燧二十三。②

从上述可知,崇武千户所虽然成立于洪武二十年(1387),但是在七年之后发生了一件改变历史的大事,那就是崇武千户所驻军与漳浦玄钟所(今属诏安)换防。因此,来自漳浦和诏安的不少将士就成为崇武早期居民的重要组成部分。

而崇武有不少族谱记载了他们的祖先就是来自从漳州换防到崇武的士兵。

如,已故崇武籍的中国科学院院士张乾二属崇武霞田张。《霞田张氏族谱》记载其始祖"张公讳寿,字孟知,号芥庵,原籍漳州平和县小溪乡。公系入闽先祖铁崖公之五世孙,明洪武二十年(1387)入崇抗倭,几经励战,功成名就,焉取林氏,择霞田而居,遂以霞田为开基灯号"。

崇武《文献黄氏族谱》载:潮洛村文献黄氏的始祖黄四,祖先原住漳州龙溪县,其族谱记载明洪武二十七年(1394)调戍崇武所,携妻林氏来崇武,定居于西门街南侧,原称"麦埕",后称"黄厝埕"。这一支就是明万历年间著名布衣诗人黄克晦的祖先。其后,他的儿孙和侄子也陆续走上科举道路,后考上举人。

崇武《詹氏家谱》载,同村詹氏的开基祖詹恩荣,明初以军功驻龙岩小潭社,"正德年间奉檄来崇,遂家于城之东朝阳里"。

林姓,志载为"军籍",祖先原住漳州漳浦乌石林后壁,于明初调防来崇武所戍守,即定居,其地也称"后壁"。

何姓,祖先原住漳州南靖县,明洪武二十七年(1394)调防来崇武所戍守,即定居。崇祯十六年(1643)有何家驹登进士,志载均标明为"军籍"。

戴姓,祖先原住漳州长泰县大井埔井尾村,明初当兵调防来崇武所戍守,即定居。

---

① 张岳等纂:《嘉靖惠安县志(外二种)》卷7《职役》,福建人民出版社2016年版,第73页。
② 叶春及:《石洞集》卷6《二十七都》,四库全书本。

《谯国流芳戴氏家谱》就记载:"我之始祖却公、鹿公则漳郡大井埔井尾村,因抽调军丁镇守崇武所,因家大路堡。传潜德公,乃由漳来泉之始祖也。再传而后或仍回漳州,或托迹外邑。"《谯国流芳戴氏家谱》记其六世祖、进士一俊子戴亮采撰:"本宗缘自国初抽调军丁镇守崇武所应役,性龙公偕弟性鹿公俱由漳来应役。"嘉靖三十二年(1553)有戴一俊登进士,志载标明为"军籍",隆庆时迁往县城,后一支回崇武。

卓姓,明洪武初,卓氏二世祖希荣公举茂才,漳州平和琯溪人,官琼州府,其后世有一个叫卓希玄的调戍于崇武,为崇武卓氏鼻祖。近年发现的天启七年岁次丁卯(1627)《明冠带八十五翁东衢卓公太孺人张氏暨孺人刘氏墓志铭》提供了实物佐证资料。

另据原小岞镇人大主席连进辉称,崇武连姓始祖连长者也来自漳州,现居城内,祖厝有竖旗杆。查阅《崇武所城志》,在"明贡士"中有载:

连桂,治《书经》,军籍。以惠安县学应正德间岁贡入太学谒选,授南京庐州府六安州霍山县训导。升浙江嘉兴府海盐县教谕。崇中进惠泮自公始,故称谓崇儒开先。①

从世袭军籍改走科举道路,成为第一个到县学就学且为官的崇武人,其服饰和习俗也因为身份的改变而改变,这是必然的现象。

还有族谱记载祖先为明初自漳州来崇武所戍守的卢氏和余氏。

以上这些姓氏均属军籍户。而明代迁入的还有魏氏和陈氏等民户。

《鹤山魏氏族谱》载:"吾祖之先出于少儿光州固始。赵宋南渡,帅师入闽,居兴化之莆阳。"鹤山魏氏始祖魏亦颜,元至正间以文学任漳州儒学教授,"因宦于漳,遂家于讲里(今龙海石码)。明洪武三十年(1397),有魏万卿自讲里迁崇武,为崇武魏氏之祖。魏氏初住所公署西南侧,称"顶魏";后分一支住莲花峰西南坡,称"下魏"。

崇武魏氏分别居住于靖江、莲西、海门、潮乐、西华、龙西等村,有500多人。

北溪陈,祖先原住漳州城郊溪北,即今龙海角美,系宋理学家陈淳之后,明万历年间(1573—1620)来崇武所谋生,定居莲花峰上南侧,今属城内莲西。

笔者怀疑,从崇武迁至漳州龙溪的嘉靖三十三年(1554)探花吕旻(号滨溪),因其祖先也是漳州人,故才会回迁故乡。

由此可见,文献中记载的黄氏和何氏的祖先,都是跟随张荣一起从漳州玄钟所调防崇武的。

龙西村(官住)刘姓"祖籍洛阳桥桥南村,明初被征调来崇戍守,建城后即定居"。"下山柄自然村曾姓,明初从张坂镇山兜村迁入,此前已有苏姓居住"。梁姓祖籍晋江县金井乡,明代后期分派来崇,住城外,即今霞西(港边)村。

明中叶以后,溪底村王姓祖籍惠安东园乡上田村,其祖明初挑货担来崇销售,与该村何姓独存的年轻寡妇结合,遂定居于此。同村的刘姓祖籍本县东岭乡五刘东房村,明末分派来溪底海拖网捕鱼,并在村边海滩搭寮加工鱼产品,即定居。由于崇武千户所的千户都是朝廷任命的,都是将军级别的,且可世袭,再加上明末清初清郑之战又催生了

---

① 陈敬法编纂:《崇武所城志·明贡士》,叶春及撰:《惠安政书》,福建人民出版社1987年版。

一大批高级将领，因此，崇武城也就成了一座将军之城，一座英雄之城。

乾隆《福建通志》卷二十三《职官四》记载：

崇武所正千户：钱瑛，后钱忠、钱贵、钱鼎、钱际昌袭；张镇；胡思敬，后胡熊、胡䖑袭；祖嫌。

副千户：王宽；祖珽，后祖继、祖芳袭；徐鸾，后徐梦、徐阳袭；朱弦，后朱康爵、朱孔阳袭。

百户：张荣，洪武间阵亡，封昭信校尉，后张雄、张文辅、张标袭；经庸，后经铠、经洪源袭；吴仁，后吴楠、吴伟袭；徐通；申铭，后申阁、申昂、申维藩袭；汪澄，后汪文麟、汪毓鲤袭；朱广，后朱彤袭。

镇抚：黄泰，后黄毅、黄鸿渐、黄槐袭；王泽民，后王镇袭。①

嘉靖《惠安县志》之《节妇》载，何氏者，崇武千户钱忠之母也，忠父宝，世为（安徽）庐江人。《崇武所城志》之《官制》记载为合肥县人，洪武二十八年到任。

据明代《崇武所城志》之《官制》还记载：

正千户调任胡宗仁，北京顺天府通州武清县人，正德十六年十二月到任，世袭。据此判断其祖或为胡思敬。副千户调任徐洪，河南开封府襄城县人，正德十四年到任。副千户复任李赟，直隶镇江府滁州粮泽岭人，天顺元年任。朱弦，袭千户职，万历十五年十月到任。

正、副千户之外，又设镇抚二员：史和，直隶凤阳府定远县东城乡人，永乐二年二月到任……江良，江西抚州府金溪县人，洪武末，到所管屯。

又设管伍官百户十员：第一伍，白口，籍贯无稽。传至白乾，天顺八年故绝。第二伍，经胜，直隶凤阳府临淮县人，洪武二十八年九月内授职，十二月十六日到任。第三伍，朱福寿，直隶常州府武进县人，洪武二十七年十月到任……功升副千户。第四伍，张荣，直隶庐州府六安县人，洪武二十二年到任，升玄钟所千户，二十七年调任本所。第五伍，祖显……永乐十五年十二月到任。第六伍，吴清，直隶庐州府合肥县人，洪武二十九年十二月到任。第七伍，徐真，山东兖州府济宁州邯城县人。第八伍，汪文，直隶庐州府六安州人，永乐十年六月到任。第九伍，申大，河南彰德府磁州涉县人，永乐十五年十月到任。第十伍，王仁，山后云州（今大同抚州）东乡人。

因此，崇武姓氏也有了以下几个特点。

第一，历来有"百家姓"之美誉，近年统计仍然有99个姓氏，其姓氏总数居全县各乡镇之首，放在整个闽南乡镇一级，这种情况也不多见。

第二，出现闽南罕见的姓氏，如经、哈、史等。

第三，多为戍边将士。

崇武主要姓氏叙述如下。

（一）崇武张氏

张姓为崇武第一大姓，大概有3万人，占崇武总人口的35%～40%。

崇武张氏来源有六个。

---

① 郝玉麟等监修，谢道承等编纂：《福建通志》卷23《职官四》，文渊阁钦定四库全书。

一是晋江鉴湖张,其始祖是唐末来自浙江越州的张延鲁,出生于绍兴鉴湖里,徙居武荣(今南安丰州),为泉州巨贾富绅。唐僖宗光启元年(885)八月,张延鲁迎王潮军队,围攻泉州。越年(886)八月克泉州。唐昭宗乾宁三年(896),张延鲁请命屯垦晋江南岸,并迁居在湖澄(今湖中)。湖澄当时其地有个大湖泊,后雅称为"鉴湖"。至南宋有鉴湖张氏十世、进士张公显,于宋乾道元年(1165)迁居崇武山前,别称为"山前张",为崇武山前鉴湖张之祖。《崇武所城志》之《民居》记载:"一户张姓,祖居在城隍庙下,土名山前,其屋传系宋末建。"此即为张公显之派系。至明末清初,其子孙又繁衍至潮乐、港墘、海门等村。

张公显居山前,作染人,改名为显,在烟墩南建厝斗,开井下湖,得小斗之玉泉,肇兴崇武丝绸染业。四代后于南宋宝祐二年(1254)派衍侯官,张公显四世孙于开庆元年(1259)水头大枢公三子养秩公,分支莆田南日岛;八世孙于元至正十八年(1358)分派同安。明洪武三年(1370)肇禄公讳大枢一脉归宗,六代后即由双基公再迁入,分支港墘定居,发祥人口7661人,分布于港墘、田北、西堡三个自然村,重振家风。

后遭海禁,分三房,长辉春,居城内水头;次雄廉,居青山前赤湖;三养秩,居大岞西保(今属港墘),以海为田。时为宣德年间(1426—1435)。清郑之战,崇武城陷,鉴湖一派迁泉州涂门外石头街,明末回籍,属山前十八世。顺治辛丑年(1661)迁界,康熙丁卯年(1687)复界后,崇武鉴湖宗亲陆续回乡,分上刊、下刊、街角、九厝、鲁仔、厝头。前赤湖回城,分四吉、虾仔、龟埕。南日明季分派港墘。潮乐村张氏分布于古城、新村、崇福三个自然村。

二是海门曲江张。明初,广东曲江张氏衍派裔孙张亮从江苏宜兴到崇武卫所戍边任千户武职,后裔定居崇武城内海门,为海门张府始祖。《崇武所城志》之《官制》载:"副千户授任张亮,直隶山后宜兴州坊市社人。永乐十五年(1417)九月到任。"清乾隆年间出将军张勇,历任厦门提标中营参将,南澳总兵,台湾水师副将等职,正二品,在海门街建有武功大夫第,是目前崇武古城内仅存的,也是规格最高的一座将军府第。海门曲江张已传约400户1000多人。

三是霞田张。远祖系北宋理学家张载。明初,南宋化孙公裔铁崖公五世孙张寿于明洪武二十年(1387)从漳州平和县小溪龟头城来崇武卫所戍守,娶崇武本地林氏闺娘为妻,定居崇武霞田,为霞田张之祖。张乾二即是此家族。霞田张已传二十一代,繁衍1500多人(含居海内外),在村人口620多。

四是六安张。明初,安徽庐州府六安县人张荣,任崇武卫所千户,其子孙定居崇武,以"六安"为堂号。张荣为六安张之祖。人口860多。

五是大岞儒林张。大岞张氏肇基祖名讳不详,最初住在崇武后郑山西南麓的西房溪畔,明初崇武建城后迁入城内,住北门街,约在明成化至弘治年间(1465—1505)始由崇武西房溪迁居大岞,属延鲁派儒林系,繁衍13025人。1950年前后,张姓村民被掳台湾,后聚居基隆,今有1000多人,为纪念祖籍地,亦称"大岞村"。崇武镇大岞村本属清河衍派,有"开封世泽"牌匾,现认晋江儒林张为祖。

六是莲西张氏。入闽始祖名讳失考,北宋末从河南开封迁居福建永春县某地,生三个儿子,一子留永春,一子迁浙江平阳,一子迁崇武。明洪武二十年(1387),崇武建城后迁入城内（今莲西村），有600多人。

崇武张氏族谱有：

鉴湖崇武水头支分螺城云山宅张氏家谱

鉴湖衍派崇武水头支分螺城登庸铺云山宅顶山脚张氏有兄弟两人，长佑，次齐，父张集，祖父张德，因"遭遇风水之险，于心不安，览及至此"，兄弟两人商议分居内陆，兄令弟迁徙，自己留下。时为乾隆三十三年戊子（1768）。家谱共有三十多页，修至光绪年间，后流落至厦门藏家。一世祖张齐，生于康熙三十六年（1697）三月廿五日，寿七十三岁，当卒于乾隆三十四年，墓葬西关外。①

据崇武港墘《鉴湖张氏宗谱序》记载，现存族谱系丙辰年（1916年）十四世裔孙张泗滨所撰，鼻祖大枢公，其三子养秩公迁大岞西堡，即今港墘，为港墘张氏始祖。2011年在港墘鉴湖张氏宗亲会会长张海铭的主持下，由张成法主编重修《崇武港墘鉴湖张氏族谱》。

《霞田张氏族谱》，霞田张氏宗亲会于2017年春编。

《清河大岞张氏联宗谱》，大岞张氏族谱编委会于2017年春编。

崇武张氏祠堂有：崇武鉴湖祠堂位于崇武古城内，先祖肇基于宋乾道元年（1165），明永乐二十年（1422）张浚、张意昆仲建祠堂，缅怀开闽始祖延鲁公、明先祖大枢公，世称"御史埕"，即今水头祠堂。现当代名人有：福建省新闻出版局原局长张黎洲，集美水产学校首届毕业生、台湾渔业远洋公司原董事长张辉煌，台北"故宫博物院"研究员张光远等。

霞田宗祠始建于明嘉靖年间，已有400多年历史。正大门顶上额匾"霞田张氏宗祠"乃是出自中国科学院院士，第八届、第九届全国政协常委族人张乾二教授之手书。顶厅朱柱楹联："邦家之榦上国为翰，永怀懿德宗绪克灿"，是霞田张氏十一世祖之后的字辈行第。顶厅砛上梁悬挂："院士"额匾，为张乾二立。

（二）崇武陈氏

晋永嘉之乱，史称"八姓入闽"，其中即有陈姓。陈润，晋永兴元年（304）由光州固始县入闽任府尹，居福州乌石山下，为福建陈姓入闽始祖。陈润生六子，散居福建各州县。惠安陈姓绝大部分都是颍川流派。

陈姓入闽影响最大的是唐初和唐中叶的中原陈氏两次南迁入闽。唐高宗总章二年（669），光州固始人陈实裔孙陈政任岭南行军总管，带兵入闽平乱。陈政死后，其子陈元光带领其众，被奉为"开漳圣王"。其子孙散布闽南及福建各地，称为"开漳圣王派"，在惠安称"将军派"。唐大中年间（847—860），惠安有进士陈嘏，刑部郎中，黄田铺报劬山人，《唐会要》《旧唐书》有其名。黄田铺报劬山今属紫山镇官溪村。

唐末中原大乱，光州固始人王潮、王审知兄弟随王绪率光寿二州士兵，扶老携幼，举家入闽。

---

① 《崇武港墘鉴湖张氏族谱》（2012年出版，内部印刷）。

陈姓自唐代起先后多支入惠，郡望皆为颍川；堂号有颍水、太丘、玉湖、依楼、侯卿、琅玕、飞钱、安乐、吕兰、积庆、龙山、官山、凤洋、梅岩、世科水竹、江州义门，有将军派、太傅派等。

陈姓在崇武镇分布：

龙西村，明时为戍军演武场，明末刘、辛、陈三姓迁此建居，取名"西埔"。陈氏一世陈严肃（1635—1727），二世陈奇。有《西埔陈氏厦厅族谱》，字辈从第三世起：纯博敦志，元贞利亨，奕传际盛，鸿建克炳，友基佳景，前积著称，垂于万世，长发其祥。

厅口陈，又称"营口陈"，崇武建城后迁入民户，住公厅前，郡望颍川。

草街陈，住城中心草街，祖源无考，堂号"江州"，疑为军户。清代中后期兴盛，建有书馆。光绪十一年（1885）有武解元陈兆勋。

西埔村，陈氏先祖从山霞迁来。

前坡村，其先祖明慈尹公系巨源公派下，明洪武二十六年（1393）由岁进士敕授文林郎文昌县知县正堂，肇基前坡，生子英弼，缘辟有功提为（江苏）金坛县正堂。四世在前坡衍派为六刊，三世长秉礼（东刊）长子迪孟公称为大厝刊，次迪仲称芦竹刊，三子迪季称厝仔刊。次秉文（西刊）长子迪吉称前刊，次子迪秀称新厝刊，三子迪茂称前新厝刊。至九世大厝刊后裔永敬为棋盘刊的开基祖公。

元末明初陈慈尹开基前坡，传四代至明嘉靖年间东西两刊六兄弟合建宗祠。宗祠坐北朝南，建筑面积200平方米。祠内原悬有牌匾多方，其中"文金贰牧"牌匾，为纪念陈慈尹、陈英弼父子知县所树；"选魁"匾为贡生陈云川树，两匾皆为咸丰年间御史陈庆镛书。还有为光绪间定海知县陈明伦树的"伦元"，为陈云良树的"孝子"牌匾。2000年祠堂重修。《前坡棋盘陈氏族谱》，1999年棋盘宗祠管理编。前坡一村有五本族谱，都是现代人所修：《前坡厝梓刊陈氏宗祠族谱》，2000年陈芳松修；《前坡前新厝刊陈氏族谱》，陈坤土修；另有《前坡陈氏下井沟族谱》《前坡村颍川陈氏前刊三落宗谱》。字辈为：迪字肇彦奇，颖源思兴时。云开君道起，国乃臣忠仪。延尔子孙福，克昌必世丕。

此外，还有《港墘村陈姓族谱》，1997年编；莲西村《北溪陈氏族谱》，2014年编。字辈为：金春宝向俊，承盛宜呈祥。贻谋重义展，迪义肇彦厅。

（三）崇武蒋氏

据福全《蒋氏族谱》载，福全蒋氏始祖蒋旺为凤阳寿州县延寿乡人，与其兄追随明太祖朱元璋起兵，征战三十余年，身经百战，屡建战功。洪武九年（1376），蒋旺升任福建省兴化府前所百户，首度入闽。洪武二十五年（1392），蒋旺封武德将军，带其子蒋政到晋江福全千户所上任，遂家籍于福全山，为福全蒋氏开基祖，洪武二十八年（1395）封赠武节将军骁骑尉、福全守御千户所正千户世袭，遂家居焉。

蒋政生四子，次子义徙崇武大岞，为崇武蒋姓始祖。蒋义生于洪武二十八年（1395），有八子，其中五子凤来留居大岞。凤来次子悦又分居城内，清代末年又有一支迁居崇武城西三官尾。七子凤祖，传峰前，为五峰蒋姓支祖。五峰蒋姓，是惠安石雕能工巧匠的聚居地，明末清初便以精湛绝伦的手艺蜚声中外，诞生了不少闻名海峡两岸的石雕大师，如蒋文子、蒋丙丁、蒋馨，北京的颐和园、南京的中山陵、北京的十大建筑等中国重要名胜古迹基本都有蒋姓石雕精英参与,在台湾更是有"无蒋不成场"的说法。

蒋姓主要居住在大岞、靖江、莲西、五峰、海门、潮乐、西华等村,总人口5800多人,居全县第27位,郡望为乐安,均以福全为堂号,称福全流芳,自二世起便开始使用辈行昭穆如下:凤美景泰安,佳宾树经世,志明寿山丽,仁义福海生。

但是,乾隆《福建通志》卷二十三《职官》四载:"福全所正千户蒋元启,后蒋继实、蒋鉴、蒋学深袭",并无蒋旺和蒋政。另据福全蒋氏家庙记载,蒋元启乃蒋氏六世祖,明成化十二年(1476)才任千户。如此则可补文献之不足。

四、山霞镇主要姓氏源流

(一)陈姓

宣美陈氏。唐光启元年(885)河南光州固始人陈瑞珪,随王潮、王审知兄弟义军入闽,居福州。唐乾宁四年(897)迁莆田阔口,五代时(约908年)迁入惠安岑兜(今属东桥),再徙宣美(今山霞山尾)园边刊定居。至宋传有兄弟三人:永芬、永芳、永菲,宋末元初又有兄弟三人:巨清、巨渊、巨源,后裔蕃衍成惠安陈氏最大支派,聚居地山柄、田墘、新塘等村落旧称"五陈"。

宣美始祖陈瑞珪于唐末入闽经莆迁惠肇基宣美园边刊,至宋末元初有巨清、巨渊、巨源三兄弟。据民国时期《合族宗考》记载:从陈巨清分派宣美园边刊,场下乡,石井乡,赤厝乡,山柄乡,垵内乡,田墘乡,埭头乡。由山柄再分派辋川峣尾(标美)乡,溪底铺西埔乡。《宣美村陈氏麻谱牒》1936年由陈俊辉整修,字辈为:烈恪毓仲,可廷凤世,文汝呈辉,桂兰秀丽,礼仪贻谋,家传俭勤,伦敦友悌,节廉谨遵,忠教遗裔,名贤蔚起,英杰美济。

山霞村,原称山柄,早称沙里,全村陈姓,堂号太丘。肇基祖陈巨清原居场下,至元代陈元伯以后人丁兴旺,嫌场下小局,元至正十四年(1354)徙居沙里。从山柄分派田墘顶下厝、崇武西埔、峰后、小岞后廊、加敦。《山霞村陈氏族谱》记载字辈为:"巨肇希文华,盛天国朝肃,邦家宜承德,和顺正呈祥,绳武昭丕训,贻谋重义方,仁慈传济美,奕世克其昌。"

田墘村,全村陈姓。先祖陈巨清后裔从场下徙山柄。一世祖伯友、伯荣、伯政。伯荣传景仁、景旺,景仁传崇文。四世孟旺、孟亮、孟祥、孟俊。五世洪哲、洪育。洪哲传乔崇为顶厝一世祖,洪育传乔鸾为下厝一世祖。乔鸾后裔再迁黄塘湖坝、东岭石井、崇武城内营盘边、峰后等。田墘村包括埭头村和垵内村,全村陈姓。埭头村一世祖陈克和是陈巨清后裔,明末清初从山柄陈伯友分脉。伯友后裔分成东厝刊、下井宅、埭头村。500余年前,陈文广传有二子:长惟庆分派东厝,次惟兴又传二子:长克和分派埭头,次克润仍居下井。属田墘,明代开基,一世祖陈乔仁是山柄陈洪育后裔。

田墘村有民国《合族宗考》,介绍唐五陈始祖陈瑞珪事迹及相关源流。另有《田墘顶厝谱牒》。

从陈巨渊分派宣美东西头及西厅刊,自宣美再分派水边乡、新塘乡。从新塘再分派邑学边、邑内大巷、水关内大沙埕、崇武营盘边、新后门乡、正兜乡、坑黄乡、庄内乡。

宣美村，亦称山尾，全村陈姓。肇基祖陈巨渊，择居本村埔仔下，名三落刊，与东头刊、西厅刊共建小宗。至明代有陈国枢，为小宗共同先祖。自宣美再分派水边乡、新塘乡、邑内学边、大巷、水关内白沙埕，崇武城内猫江陈姓。新后门乡、正兜乡、坑黄乡、庄内乡皆从新塘再分派。惠安北门外街陈姓又从白沙埕分派。

新塘村，全村陈姓，即由始祖陈巨渊分派而来，至明代，有肇礼（约生于1400年）、肇丰、肇农三兄弟，后裔分为大厝刊、下后刊、顶三房、顶后刊、下三房、下新厝六个房头。大厝刊一世祖彬恺，二世祖文峰。下后刊一世祖瑞阳（1581—1604）。下三房一世祖朝成，从下三房再分派崇武猫江陈、涂寨新后门陈。下新厝本房陈元定（1627—1662）明末迁净峰松汀乡，再徙坑黄，其四世孙陈大鹏在清乾隆时为厦门水师提督。

从陈巨渊分派前埔乡、屿头乡、安民铺洋边乡、东周铺东头乡、近岑兜内墓乡。明代，陈巨渊派下的陈慈尹（1364—1398）任文昌知县，开基崇武前埔。

水边村，属宣美，全村陈姓，由宣美西厅约于明朝中叶分派，繁衍成西厝刊、中厝刊和东厝刊。中厝刊再分派浮斗、南日、台湾等地。

明末清初，始祖陈福全由张坂后径迁埭头开基。本村下大厝由后径一房迁来，中厝由二房迁来，北厝由三房迁来，西大厝由四房迁来，下大厝二世次子再迁埭边。茂安、山前由后径四房后裔迁来。

埭透村辖茂安、山前、埭边、埭透4个自然村，全村陈姓。青山村炉厝一世祖陈益，从张坂后径迁来。后裔迁入我国台湾、马来西亚。

后洋村一世祖处士陈元厚约于350年前迁来居后洋顶厝，传子四：明宋、明宽、明万、明烟。《后洋陈氏族谱》，1963年和2001年两次均由陈秀民修纂，字辈为："明德惟馨，克绳祖武，永言孝思，长发其祥。"

山腰村前亭，祖源不详，故老传说清末从晋江迁来。

东坑村祖源不详，陈氏开基时间比李姓早，约在明代，后裔有迁居百崎克圃。

主要宗祠有：宣美大宗祠，在山尾村。相传五代时陈瑞珪由岑兜徙宣美园边刊开基，筑庐田边，明代建大宗祠，历代多次修葺，最后一次是1999年。

山柄陈氏宗祠，始建于元初，至明万历末年重建，号"美女坐规"。1993年大修，正殿上方原悬清顺治时旌表陈司直"善行可训"牌匾，两旁有道光十七年（1837）陈偕仲中武举和光绪二十七年（1901）陈兆阶中举人的牌匾。

山霞陈姓族谱已知有：

《合族宗考》，散见于五陈宗谱，民国时族人辑录。

《山霞田墘下厝宗谱》，民国二十一年（1932）陈席珍一修，民国三十七年二修，2006年三修。

《坑黄乡陈氏族谱》，七世陈外、陈中一修，民国三十二年（1943）二修，陈湄山序，2007年三修。

《山霞山柄乡各房先祖暨八房分支世系》，陈赞玉修。

《山霞田墘陈氏族谱》，陈庆泉修。

以上陈姓资料主要根据县志办原副主任何清峰、县政协陈成春提供材料整理。

（二）张姓

明嘉靖《惠安县志》卷之十《典祀》载：

> 青山诚应庙在二十六都。神姓张，讳悃，闽时尝营青山下以御海寇。宋建炎间，海寇作，神有阴助功。邑人蔡义可闻于朝，赐庙额诚应，封灵惠侯，妻华氏封昭顺夫人。景炎元年，进封灵安王，夫人封显庆妃。至今有司岁一致祭。①

其后的《闽书》则认为，张悃是三国时期的吴将。然现代学者大多不接受这个说法。

随着对青山王研究的不断深入，发现最早记载青山王张悃信仰的文献资料，出于《宋会要辑稿》：青山王祠，在泉州府惠安县守节里。绍兴五年十二月赐庙额诚应，绍兴十九年八月封灵惠侯。

由此可知，张悃（一作梱，三明大田族谱作张纯梱），也是唐末入闽的张氏祖先之一。

据《赐福堂青山王略记》②记载：青山灵安尊王……据传，王姓张，讳悃，祖籍河南光州固始县。其父系王潮军偏将。唐僖宗光启元年，随王绪军南下入闽。其生于光启末年十月廿三日，殁于伪闽永隆末年三月初十日，享年五十六岁。

遗憾的是，青山王张的后代传承却不得而知。据三明大田上太均溪清代族谱记载：张氏三十七代惟乐，轩昂公次子，明经及第，官至兴化府刺史，生三子：首良、首钦、首得。首钦，官至泉州府古县县令，迁惠安路屋地，坐癸向丁。首钦次子宗纪迁惠安县，即为锦溪之始祖。宗纪之子纯梱，明经及第，授泉州府刺史，生三子。太平兴国二年，陈振地理主山，以惠安路改作惠安县，公屋基即为县衙，时将公改入青山之祠。

如此，则青山王张悃当为锦溪张之先祖。然锦溪张后人今在邻近的洛阳镇，山霞镇则无其传人。

山霞张姓如今主要集中在前张村，张氏人口有2611人，又分迁周边东宅、海地、前乡、后窟等村落，传衍十三世。

根据前张清末民初旧谱，2016年重新整理出版《山霞前张墓庵张氏族谱》可知，墓庵之祖川斋公，居张坑。川斋公生郎、郎生事老、神佑。事老公三子埭公，为一世，乾隆至嘉庆间迁居于此。埭公子五：长苔、次咸、三郁、四阁、五洗。其中郁、阁居莆田南日。墓庵张氏已传至十二世，主要集中于7队。含西坑部分共有一两千人。

（三）李姓

李姓主要集中于东坑、下坑、青山、埭透、东莲等村，共有1.3万人左右。

下坑最早的李姓就是青山王的夫人，其族况不详。下坑现有李姓，始祖李正治，明代来自莆田忠门吉了，因在海上捕鱼遇到大风暴，漂泊至下坑定居，现有6000多人。下

---

① 张岳等纂：《嘉靖惠安县志（外二种）》，福建人民出版社2016年版，第88页。
② 据山霞镇东下坑村民李汉南记载。

坑李姓自十一世起昭穆如下：伯仲叔季，振昭宏德，道宗学修，诗礼传家。

青山下坂李姓则是明末从安溪湖头迁入，始祖名讳不详。

（四）杨姓

杨姓主要分布在前张、山腰、后洋、埭透、东莲等村，人口接近5000人。东莲村前坑杨氏始祖"石头公"，明宣德四年（1429）由泉州城郊石头街迁入，再迁浙江玉环、台北、高雄、新竹、苗栗等地。

总而言之，明代初年，"倭夷入寇，沿海患之"。所司的建立及海防的强化，导致惠安人口增长。由于设立所城巡检司等，驻军增加，加上行政管理机构的建立，军人与官员日常生活的供应也相应须增加，于是也有一些人到崇武城来从商等，导致不少人迁居崇武城内及惠东的乡间。净峰乡熊厝在明朝永乐年间，邹氏居民从山西樊县迁来这里定居。明朝永乐年间，杜厝有洪氏居民移居青兰山南麓。

了解惠东四个重点乡镇的姓氏源流，对于进一步探索惠安女文化，无疑具有一定的参考价值。

东南沿海人口迁徙说：广东韶关珠玑巷迁徙史采访日记[*]

珠玑村古名珠玑巷，是古代北方迁徙南方的必经之地，为北方迁徙民族文化寻根之地。主要是北方往广东、香港、澳门迁徙的中转之地。大姓有刘氏、邓氏、黎氏等。

刘运明：我们珠玑巷刘氏是刘氏九房后人，镇上还有三房、四房和七房。古巷有一千多年历史，听说，我们的祖上是放鸭子的，没钱，这些老屋是六房迁到贵州前，交给九房管理的。刘氏先祖当官的多，但我们九房不多。

据文献载：珠玑巷，位于广东省南雄市区北部偏东，在323国道南雄至江西大余公路9公里处的沙水村。该巷南起驷马桥，北至凤凰桥，全长1.5公里，是古代五岭南北梅关古道的必经之路，其古朴风貌犹存。

珠玑巷有三街四巷，即珠玑街、棋盘街、马仔街；洙泗巷、黄茅巷、铁炉巷、腊巷。现住居民381户，1742人。现有姓氏为卢、王、林、何、谢、曾、黄、钟、赖、刘、陈、郭、周、董、雷、戴、张、杨、欧阳、李、熊等159姓；其中，雷姓是畲族，其余诸姓均为汉族。

更多史料记载，"珠玑巷"这一名称的得来，与唐敬宗的珠玑赏赐有关，珠玑巷在唐代时还叫"敬宗巷"。因有巷内族人张兴七世同堂，唐帝李湛闻听后，赏赐给他们家族珠玑绦环，不久李湛驾崩被赐庙号唐敬宗，"敬宗巷"为避讳改名"珠玑巷"，并沿用至今。

今天张兴故居仍在珠玑巷中，珠玑巷的很多后人还感激着唐敬宗的赏赐。然而除此之外，这位在位仅有三年的皇帝几乎乏善可陈——年仅18岁的李湛被人合谋杀死于内室。

珠玑巷由唐敬宗易名得名，但它的开始兴旺则还在李湛赏赐之前，其兴衰与玄宗时开挖的梅关古道密切相关。唐敬宗即位百余年前，张九龄奉唐玄宗之命，开凿大庾岭梅关，把一条崎岖难行的山径开通为能通车马的大道。从那时起，梅关道由此沟通了长江与珠江两大水系，使南北交通顿时通畅，成为岭南最重要的通道，而依踞梅关道的珠玑巷也夹道成镇，古代称沙水镇，成为南来北往旅客的歇息地，上升为大庾道上最重要的驿站。

由于珠玑巷离古时县城近15公里，距离大庾岭近25公里，正好是南下北上的过客路途歇脚处。南下的赶路人从大庾岭过梅关，再走25公里的路程到达珠玑巷，正好是一日脚程，恰好在日薄西山时分抵达珠玑巷。北上的赶路人从南雄起程行15公里到珠玑巷，如果当日上梅关，在天黑前不一定能翻过大庾岭，因而也在珠玑巷暂住下来。所以自盛唐开元年间起，尤其是明、清时期，南来北往路过珠玑巷的商旅、挑夫"日有数千"，直

---

[*] 采访时间：2019年1月29日。采访地点：广东韶关市南雄市珠玑镇珠玑村。采访对象：刘运明，1952年生，原村党支部书记。采访人：徐辉、刘芝凤。执笔人：刘芝凤。

到清末粤汉铁路修筑之前,这条路载着珠玑巷兴旺了1000多年。

许多流传下来的诗词可以印证珠玑巷当时的繁华。明万历年间的进士黄公辅诗中就曾写道:"编户村中人集处,摩肩道上马交驰。"清朝同治年间的茂名举人杨庭桂则在《南还日记》里称:古道上行人拥挤,比看唱戏的人还多,走起路来如蚂蚁般缓慢。①

近年来,南雄珠玑巷人南迁后裔联谊会筹委会,派员到珠江三角洲各市、县调查和收集诸姓族谱、家谱。据顺德、番禺、南海、东莞、中山等市、县诸姓族谱、家谱记述,有关珠玑巷得名由来,亦与《直隶南雄州志》说法相同。

珠玑巷移民,有狭义和广义两种理解。狭义指珠玑巷本身及附近居民的迁徙;广义则泛指经由珠玑巷迁徙,包括取道珠玑迁徙者和狭义的珠玑巷移民。

珠玑巷的居民,又可分入迁和出徙两种。入迁,是由外地迁入珠玑巷及其附近地区,出徙则指离开珠玑巷迁至其他地区。

珠玑巷移民史,以珠玑巷为中心,描述历代居民入迁和出徙的过程、特点、规律与源流。

此前有关珠玑移民史的论著,自黄慈博以下已有数种,但仍语焉不详;又含混了狭义和广义两种移民,忽视了珠玑移民的入迁,漏略了元代以后的出徙。可以说,还算不上真正的移民史,更谈不上完整。

我们认为,真正的珠玑巷移民,应该自唐代有了珠玑巷以后才开始,而大规模的珠玑巷居民南迁,则在宋代才开始。有宋一代,珠玑巷一带环境优越,经济发达,吸引南北居民来归。只是因为动乱与战争,才产生了被迫的迁徙。因为珠玑巷处在交通要道上,属兵家必争之地,因此每逢战乱,必定造成居民迁徙,而稍微长期的战乱,就可以产生较大规模的移民。所以有宋一代曾发生过几次较大规模的移民,到宋元之交,则几乎全体居民倾巢南下。交通要道带来了经济的繁荣,又致战乱频仍,这就是珠玑巷人的幸与不幸了。珠玑巷的兴旺由于交通,珠玑巷的一度式微也因为交通。

一、寻根问祖珠玑巷

北宋靖康元年(1126),金兵大举南侵,战祸遍及几乎整个黄河中下游地区。金兵攻占开封后,"百姓军人夺万胜门奔逃者达四万余人",金兵掳走徽、钦二帝,史称"靖康之难"。次年七月,隆太后率六宫及卫士、家属赴南方避难。冬,高宗赵构经汴河退至扬州,后定都临安(今浙江杭州),史称"南宋"。

宋朝南迁后,"民从之者如归市",由此引发了中原族人的又一次大规模南迁。南宋末年,元军大举入侵,临安陷落,南迁江南的中原族人又不得不再次南迁,涌入广东、福建等地。

宋室的南迁,促进了江南的经济发展。作为岭南交通要道——梅关古驿道上的珠玑巷,因此曾盛极一时。南宋极盛时,珠玑巷内的商贩和居民多达千户,连同附近牛田坊一带五十七村,简直像一个热闹的小城市。

---

① 引自刘兴洲:《珠玑古今》,南雄县政协文史资料研究,1995年。

不知经过多少次"中原—珠玑巷—珠三角"的反复，中原人通过珠玑巷源源不断地移居到珠江三角洲一带。嘉靖《广东省志》引《南雄府图经》说："岭上古有珠玑巷……今南海衣冠多其子孙。"乾隆《南雄府志》说："广州故家巨族，多由此迁居。"明清纂修的广州府各家谱记其祖先宋代辗转来自珠玑巷的比比皆是。曾昭璇、鲁宪珊对家谱、方志等有关资料的统计和实地调查结果显示，珠玑巷移民家族有797支之多。

中共南雄市委宣传部副部长、文明办主任肖兴麟告诉笔者，珠玑巷在粤人心中的地位如同福建宁化石壁在客家人心目中的地位。近年来，每年到珠玑巷寻根问祖、旅游观光的游客达10万之众，且呈逐年增多之势。海外的珠玑巷人的后裔对珠玑巷也是一往情深，络绎不绝地归来寻根问祖，把珠玑巷作为故土的象征，作为内心深沉情感的寄托。

二、胡妃故事——珠玑巷人尽南迁

"珠玑巷人南迁"的情形是广东珠江三角洲和南雄珠玑巷人世代口头相传的，在珠江三角洲地区讲粤语的老百姓家中珍藏的族谱中对此均有此记载。据说当年，罗贵带领珠玑巷人97户33姓在胡贵妃的掩护下，逃亡南迁至珠江三角洲地区，并开辟了岭南这片疆土。

南宋咸淳年间（1265—1274），荒淫的宋度宗赵禥不理朝政，任由奸相贾似道弄权误国。其时，后宫一胡姓妃子，因厌恶宫廷生活，向往普通百姓的天伦之乐，于是偷偷跑出皇宫。宋度宗一日欲招幸胡妃，发现其已逃亡，即令兵马四处搜寻。面对天罗地网的搜查，胡妃自知难以逃脱，便投江自尽。

恰巧，南雄珠玑巷一商人黄贮万雇船到京城临安做生意，站在船头欣赏美景时，见江心漂来一溺水女子，忙将其救上船施以汤药，此女子即是胡妃，被救后，其谎称姓苏。一来二往，胡妃与黄贮万情投意合，愿同往珠玑巷共结百年好合。受皇命追查胡妃的贾似道因搜查不到胡妃，也只好向宋度宗复命说胡妃已投江自尽。

胡妃随黄贮万来到珠玑巷后，夫唱妇随，男耕女织，过上了普通百姓的平静生活，胡妃也将中原文化、栽培菊花等技艺传授给珠玑巷平民，大家相处得十分融洽。

谁知，好景不长，珠玑巷内一赌徒因赌输钱，欲敲诈黄贮万不果，无意中得知黄贮万的妻子即当年官府追查的胡妃。为了得到赏银，这名赌徒于是向官府告发说胡妃藏匿在珠玑巷。当奸相贾似道接到告发，心中却犯了愁，当年自己曾向皇上禀报称，亲眼看见胡妃溺水身亡，还亲自验尸，如今胡妃却还好好地活着，那么自己不就是有"欺君之罪"？于是，贾似道定下一条"杀人灭口"的毒计，欲将珠玑巷人统统杀绝，不留活口，将胡妃还活在人间的消息埋灭。贾似道便向宋度宗谎报：南雄珠玑巷人欲谋反。昏君宋度宗下旨：血洗珠玑巷。

面对即将到来的大祸，珠玑巷人惊恐万分。这时贡生罗贵挺身而出，召集众人，共谋集体逃亡之计。经过商议，认为珠江三角洲地广人稀，适合生存。在罗贵的带领下，珠玑巷人97户33姓，伐竹木结筏，告别家乡珠玑巷，顺着浈江、北江前往珠江三角洲地区。胡妃则为了不再连累珠玑巷乡亲，在面对官军汹涌而至之时，她毅然跳上岸，与官军周旋，拖延时间，为珠玑巷人逃亡赢得时间。而后，胡妃投井自尽。

从此，珠玑巷人在珠江三角洲繁衍生息；而"珠玑巷人南迁"的故事代代相传，它歌颂了珠玑巷人不畏强暴、"异姓一家"的团结精神。

专题五

中国东南沿海迁徙宗祠研究

我国东南沿海人口迁徙形成的宗祠现象*

一、东南沿海渔业社会的宗祠文化概念

宗祠，现代人理解即家庙，是具有血缘关系的同族人共同祭祀祖先的祠堂。在我国东南沿海渔村，宗祠习惯上称"祖庙"或"祠堂"，是供奉从当地开基祖一世起源的祖先神位的场所，可视为宗族的"家"；宗族人自古至今，每年大年初一的清晨，各家各户男性家主带着子孙（女儿、孙女12岁以下的可以随父亲进入祠堂祭拜）必须进祠堂进行祭祀的场所，被视为宗族传承的象征。

家庭是家族的基本组织单位，宗祠是家族文化活动的核心场所，家族通过宗祠维系血缘认同与精神传承。一个宗祠的兴衰直接影响着一个社会的安定与兴衰。可以说，宗祠无小事，宗祠文化是中华文化传承的重要载体，也是中华民族兴盛的重要支撑。重视宗祠文化，就是重视中华民族灵魂的归属问题。

据诸多学者研究，宗庙制度产生于周代。上古时代，宗庙为天子祭祀之地，民间不敢建宗庙，只能在家安置神龛祭祀祖先或上坟前祭拜。宋朝朱熹提倡理学精神，为加强中央集权对国家的统治，建议通过建立家族祠堂对百姓进行君臣父子的教育，提倡孝道，即家族可建祠堂（祖庙），建立奉祀高、曾、祖、祢四世神主的四龛祠堂，得到当朝皇帝的应允。

祠堂从中原起建，因顺应民心，很快在全国得到普及。初立祠堂时，要从各姓各宗族现有的田地中，为每个祠堂每龛划出二十分之一作为祭田，如此一来，各姓各宗族的祠堂便有了稳定的经济来源。此后，一些寺庙也通过类似的方式拥有了自己的田地、茶园等财产。随着中原地区大量人口迁徙进入东南沿海地区，迁徙而来的姓氏群体安居稳定下来后，为纪念祖源，建庙祭祖。久而久之，各地不同的宗祠形成约定俗成的文化现象。至明清时期，祠堂已遍及东南沿海各个姓氏家族。祠堂成为族权与神权交织的圣地，宗祠呈现出家国一体、具有宗法制（习惯法）的特征。

二、中国东南沿海渔民社区的宗祠形成背景

因历史上若干次的人口迁徙，中国东南沿海渔民社会也经历了若干次长期的文化融合，衍生出多种不同的渔业生产方式，形成了多样的海洋民俗。但是，不论地理和环境

---

* 作者简介：刘芝凤，南通大学海洋文化资源研究院教授，国家社科基金重大项目"中国东南海海洋史研究"【19ZDA189】首席专家。

如何变化,有一种民俗心理模式永远不变,那就是文化寻根溯源。不论是从河南,还是从山东、山西、浙江、广东、江西、云南、湖南等地迁徙进入中国东南沿海地区的人,或是迁徙出国的华人,所有先民都带着对故土的依恋,利用祖庙、祠堂、灯号(堂号)等方式顽强地传承着本族源的文化。如台湾有73%是闽人后裔,台湾人传承的是闽文化,闽文化秉承的是源自祖籍地的原文化。如同明代前后迁徙入闽入粤的汉人,被相对之前迁徙入闽入粤的前人称为"客家人"一样,大有先入为主的俗理。人们通过堂号(灯号)进行异地寻源,认祖归宗、文化溯源,这种文化现象有着明显的文化共性和差异,是闽台地区以宗祠为单位进行社会构建的一种方式,亦称宗祠(祖源)文化现象。

宗祠文化在中国东南沿海地区非常强势,尤其在福建、广东、海南、台湾、香港和澳门地区,几乎每个沿海社区均有各姓氏的宗祠。在福建,每个村除了公庙外,几乎一个姓至少有一个祠堂。有的名门望族、大姓落户到福建后,开枝散叶,一个姓就有五六个祠堂。如漳州市云霄县东厦镇竹塔村,仅王姓就繁衍成六房,也就有六个祠堂。这说明宗祠文化不仅是一个姓氏的文化标志,更是地域性的文化符号,同时还是中华民族因人口迁徙形成血缘关系的一个特征和鲜明的历史缩影。

三、东南沿海地区渔业宗祠社会的形成

秦汉以来,中原地区战乱频仍,北方士民不断南迁,特别是两晋南北朝、唐末五代,是北方士民大规模入闽的高潮时期。北方士民的迁入打断了闽越地域原生文化自身的发展进程,带来了中原地区高度发达的政治、经济、军事和文化制度。闽南的泉州平原和漳州平原,有着较好的农业生产环境,北方汉民入迁闽南,这两个沿海平原地域首先得到开发。

我国东海、南海因与太平洋形成汪洋大海,内与东南沿海的江苏、上海、浙江、福建、台湾、香港、澳门、广东、广西和海南相连,外接太平洋沿岸国家和地区,一直是我国对外政治、文化、经济的门户和生命线,所以成为中国最早开发的区域之一,还因远离中原中央集团,成为历朝历代为逃避战火而举家迁移的"世外桃源"和戍边的重要之地。

2000多年前,秦始皇命五十万中原兵统一岭南、闽越等东南沿海地区,随着朝代更替和政府要求,大批人口迁入该区域,形成以血缘关系为纽带的宗族社会。落户沿海的汉人也因此建立了渔民宗祠组织结构。

宋代繁荣的海上贸易是闽南开发的最大推动力量,此后这里一直是全国最重要的贸易口岸,泉州港、漳州月港均是世界闻名的港口。明清后,厦门港承接泉州港,成为东南沿海繁华之港,所以闽南民居受到海商文化的深刻影响。海上贸易投入大,风险也大,一个商人成功的背后往往都有整个家族的支持,故而闽南人十分重视宗族关系。

晋江流域的宗祠开发早于九龙江流域,晋江沿海平原的建筑技术也相对成熟。唐宋时宗祠带来的中原建筑技术与文化在一个相对封闭的区域内发展,一些古代的技术与做法得以延续。例如梭柱、虹梁、上昂、皿斗、板椽等古代技术特征在北方宋代以后已日渐消失,而在闽南却一直延续到明清,并发展融合在晚期的技术体系之中。

一个人的习惯源于他的家庭,和他的族群约定俗成的习惯一脉相承,一个族群的习惯,则源于这个族群所生活的环境及社会生产方式。因此,在我国东南沿海地区,对于以渔业生产为主要生存方式的族群而言,海洋文化成为沿海渔村宗祠的文化内涵和文化符号。

如厦门同安"庐山堂"号是北宋中期发明"水运仪象台"的宰相苏颂一脉的氏族堂号。其祖先在唐末随王潮、王审之入闽,世代为闽南望族,其父苏绅中过进士,曾任集贤殿修撰,其堂叔苏缄为邕州知府。苏颂祖籍地厦门同安区苏氏宗族,以"庐山堂"堂号为旗帜,召集世界各地苏氏宗亲,自1988年至2019年,举办了十二届世界苏氏宗亲联谊会。举办地覆盖国内外多个地区,如国外的菲律宾(第一届、第十二届)、泰国(第二届)、缅甸(第三届)、新加坡(第四届、第九届)、印度尼西亚(第五届、第八届)、马来西亚(第十届);国内的陕西省武功(第七届)、台湾台南(第十一届)等。① 可见宗祠的影响力之大。

在东南沿海,渔村宗祠的形成与非渔业农耕社区宗祠形成的渊源一致,只是分工不同。福建福安市阳头街道黄厝上巷58号的福安察阳黄氏宗祠,据《黄氏宗谱》记载,祠堂始建于明万历八年(1580),后几经损毁,又重建、拓建。现存的建筑占地面积2516平方米,为清代仿明建筑,是福安市现存规模最大的祠堂。2005年5月,获批福建省人民政府核定公布的"第六批省级文物保护单位"。2019年,在国务院核定并公布的"第八批全国重点文物单位"中,黄氏祠堂又赫然上榜。察阳黄氏与郑氏宗亲,均来自河南固始。北宋靖康元年(1126),黄奎公到阳头环溪捕鱼时,遇灵鸡三声报吉,因而迁居至此落户谋生,开枝散叶,建立祠堂。

福州市闽侯县造船历史悠久。宋绍兴十年(1140)闰六月,张浚条陈海盗舟船利害,得到宋高宗嘉许,遂令其在福州闽侯等地"大造海船至千艘"。宋淳熙二年(1175)十一月,复命"福建修海船"。元至元十九年(1282),朝廷命张瑄在闽侯造海船。

据晚清至中华民国时期撰写的《方氏族谱》记载,方庄是以福州三坊七巷"紫金阁光大夫"方实后人在第十六代时,迁移到闽侯方庄现址繁衍至今而形成的,以姓氏为地名、镇名的造船村,方氏宗祠为大宗祠。

福州闽侯县方庄村是福州民间造船大师傅人数最多的一个村。现在擅长传统造船技术的工匠大师傅尚有十余人。著名的大工匠有方诗建、方绍晃,均为方庄方氏宗祠后人。大工匠方绍晃是方实第二十七代嫡孙,为南京市建造71米长的"郑和宝船"的大工匠方诗建为方绍晃堂系后人。在调查中了解到,方氏大工匠每人曾建造各类大小渔船不少于200条。

四、宗氏移民带来的渔业社会现象

(一)以堂号、灯号为血缘符号的渔民组织

在我国东南沿海地区,因历史上多次的移民潮,诸多姓氏在当地已繁衍成大家族、

---

① 苏冬梅:《厦门同安苏氏宗亲会转型苏颂研究会调查》,本课题组成员调查报告。

望族。为加强以血缘关系为核心的社会团体的凝聚力，避免被外族人及社会轻视和压迫，各宗祠族群多以堂号、灯号为族氏符号，相互帮衬且一呼百应，可谓一家有难，八方支援。这种宗祠势力传承至今。

堂号（灯号），即区别于其他姓氏的文化符号，以增强"木本水源""敬宗睦族"的血缘亲情，达到同宗认亲之目的。

古越人是南方早期的本土初民。原本没有姓氏，多以名称呼。许多地方父子连名。如父亲叫郎岩，儿子就会叫岩某等，这种父子连名的文化现象至今还存在于西南许多少数民族部落中。

远古时以部落为单位进行攻略，古时多以姓氏为旗帜组成战斗力量，在民间，家族同样凭借血缘纽带成为极具凝聚力的群体。所以，"堂号"这一代表着一脉传承的大家族的文化符号，在氏族中占有非常重要的地位和分量。

以堂号、灯号为祖源标识的中原记忆，在闽南宗氏文化上表现得非常显著。

在我国东南沿海地区，多为迁移族群，渔民亦然。渔民中，除了疍民生活在船上，没有祖源标志——堂号，汉族聚居的渔民，均有祖源标志，即后人称为"衍派"的堂号或灯号。如厦门集美曾营的曾氏堂号为"龙山"，同安南门林氏堂号为"安平"，同安社坛刘氏堂号为"玉山"等。台湾也一样，大家族都有堂号。如今许多人家在大门的门楣上把宗氏堂号做门联写在上面。泉州惠安县小岞镇，渔民和造船师傅家庭的门楣上都刻有各姓的堂号。走进小岞惠安女渔村，各姓各派源自哪里一目了然。

福建长汀县刘氏这样的"彭城郡族幡谱"，基本上在全国已很鲜见，理论上说已近消失，属于濒临灭绝的非物质文化遗产。现今大量保存的堂号，多体现在族谱、大厅或大门外的门楣上，也有写在宗氏祠堂的灯笼上，民间称此为灯号。"灯者，丁也"，寓有"添丁进财"、宗族"人丁兴旺"之意。

（二）闽南堂号取名的几种由来

（1）随着子孙的繁衍播迁，各支派的族人又在落籍地另起"堂号"，作为郡望的堂号，如陈氏颖川、林氏西河、洪氏敦煌、潘氏荣阳、廖氏汝南、杜氏京兆等。

（2）以皇帝赐字为堂号。古时皇帝是至高无上的，他可赐人生，亦可赐人死。可谓"君叫臣死，臣不得不死"的悲壮就产生于此。也因此，若能获得皇帝的赐封、赐字、赐物、赐名都是世世代代无上的荣耀。

闽南莆田、泉州沿海林姓的堂号为"九牧"。据民国版的《同安县志》载，唐代林披生九子，均官至州刺史（又称"州牧"），皇帝为此赐予"九牧之荣"，故其子孙以"九牧"为堂号。

厦门同安马巷城场（原名"诗场"）的林氏是"九牧林"三十一世孙林实和林诚兄弟来此定居繁衍。因其先祖林悦在宋代时官至金紫光禄大夫侍御史，向皇帝乞归故里祭墓，宋仁宗为其谱首御书"忠孝"二字，故林氏将其定为堂号至今。

（3）以传说、掌故为堂号。在闽南地区，并不是所有堂号都是以祖居地或皇帝赐封名号为堂号，还有一种现象就是以传说或掌故为堂号的宗氏名号。如同安黄氏堂号"紫云"，郭氏"松莲"，杨氏"四知"，洪氏"柏埔"，以及梁氏的"梅镜"等，可以说，一个堂号流传着一个动人的故事。①

（4）以祖先官职或封爵为堂号。闽南的堂号除了上述几种由来外，还有一种堂号来源于祖先曾任的官职或受封的爵位。如凤志的周氏堂号为"封川"，因其祖先周英曾任广东封川县知县；柯氏有"龙图学士"堂号，因柯氏入闽的二世柯仲翔宋时曾任"龙图阁学士"；郭氏有"汾阳"堂号，因其先祖郭子仪平"安史之乱"有功，封为"汾阳王"；等等。

总之，族亲堂号或灯号在闽南享有绝对的号召力，是宗祠文化特征，其表现的主要方式之一，就是通过宗氏"堂号"，顽强地传承着中原的血缘关系，让后人不忘族源之本。在闽南沿海地区，不论是渔民家族还是造船工匠家族，至今家家门楣上都有标志着族源的堂号，过年时祠堂门前的两侧挂有标志着本宗族的灯号。

五、宗祠形成的渔业社会结构及文化特征

我国东南沿海地区，尤其是闽南、台湾和广东、海南、广西北部湾沿海地区，凡汉族渔民聚居的渔村，均有宗祠祖庙。清代开海禁后，东南沿海原渔民和为了开拓家业的新渔民，将宗祠文化带到迁移之地。一方面，旧时渔民非常贫困，若不是晚清建立的渔业公司从海外购进大渔船，那么，本地渔民一家一条船的人家都很少，更多的是多人凑钱买一只船下海捕捞。若是远洋捕捞，出海一趟需数日，甚至数月，以命相托、同船共生死的需求，使船家和渔民更看重与之有血缘关系的同宗同族亲戚。规模方面则因一家人的力量有限，遇大事需要众力，也非常需要同宗同族的帮衬。所以，宗祠在沿海渔民生活中显得特别重要。另一方面，由宗祠组织和安排的活动，也无人敢违抗，至今如此。

这种情况从闽台地区每年无数次民间信仰祭祀和"菩萨巡境"（包括鬼仙）踩街时，各村各社组织活动时万人空巷的情形可见一斑。在台湾，遇到七月半过鬼节、祭妈祖、关帝寿辰、保生大帝祭等民间民俗活动时，公职人员放假、商店关门，民众以各"角落"（社区）庙宇为单位，自发参加踩街活动，分工明确，并且从儿童至老人都参加活动，体现了宗祠的威信和号召力。宗祠成为我国沿海地区渔业社会的民间组织结构，不容忽视。

我国东南沿海地区渔民社会中的宗祠文化特征有以下四点。

（1）地域性。渔业地区宗祠的重要特点是它的地域性，即与自身的地理环境相融合的区域文化色彩。如，闽南是福建海洋人口迁移最具特征的地区，沿海地区最早的渔业族群古越人早已在上千年的社会演变、人口迁移中，或再迁移到山里（如现今的畲族），或与迁移入闽的中原汉人联亲形成后来的"闽南人"。在其历史变迁中，历经沧桑，但始终保留独特的地域文化。无论是在语言、建筑、渔业捕捞技术与方式上，还是在渔船建造的船型稳定和安全方面等，均有闽南的地方特征。

（2）军队特性。我国东南沿海民间宗祠，有50%以上的祖源与历史上的戍边相关。尤其是福建闽南的泉州、漳州、厦门和莆田，浙江的台州、温州、宁波、舟山，广东的潮州、汕头、江门、珠海、惠州、阳江、湛江，广西北部湾的钦州、北海、防城港以及

---

① 陈国栋主编：《同安风情习俗》，中共厦门市同安区委宣传部编，内部资料，第117-121页。

海南岛沿海地区11个县市的渔村，澳门的传统渔村，等等，大凡民宅排列整齐，两头封成院落，宅屋如军营式排列有序的，多为祖上具有军转民历史的。因此，我国东南沿海地区宗祠文化的另一个鲜明特征就是村容的军队特性。

（3）俗中有俗的文化特征。我国东南沿海地区，尤其是福建和台湾、潮州和惠州等地，所有祭祖、神祭、节庆的供桌上，一定有发糕和糯米粑粿等祭祀品。发糕是北方中原带来的民俗，糯米是南方古越人最早将野生稻驯化成人工栽培稻的稻种。用发糕和糯米祭祖，象征着南北民俗的历史融合。这也是东南沿海历代海防和中原人迁移东南沿海带来的两地民俗融合的特征。

（4）中原性。东南沿海地区很少有没有堂号和灯号标志的宗祠。只有少数民族不用灯号，多是父子连名传承。少数民族是原住民，典型的古越人后裔。而自秦始皇以来，东南沿海大批量地入迁中原人，许多沿海地区现在的渔村，祖先基本上都是从中原迁徙过来的，故在东南沿海地区的宗祠特征上，中原性非常明显。

福建宗祠文化考*

一、闽文化概念

闽,是福建省的简称。

福建历史悠久,上古时期就有人类活动。据 2000 年国家文物部门公布的"十大文物考古新发现",在福建省三明市岩前镇万寿岩灵峰洞内,发现了 70 多件距今 20 万年的打制石器,下层的船帆洞遗址距今 20000~30000 年,还有一块由人工铺就的石头地面。万寿岩灵峰洞及船帆洞遗址是华东地区迄今发现最早的洞穴类型的旧石器时代早期文化遗址,它不仅在全国绝无仅有,在世界范围内也极为罕见。

"福建"这一称呼源自唐代。开元二十一年(733),唐朝政府为加强边防武装力量,从福州、建州(今建瓯市)各取一字,设"福建经略使"(军事长官的名称),它和福州都督府并存。这是历史上第一次出现"福建"名称。

北宋时,福建称"福建路",行政区划为福、建、泉、漳、汀、南剑六州和邵武、兴化二军。南宋后升建州为建宁府。福建因此包括一府五州二军共八个行政机构,号称"八闽",共辖 42 县。

福建省区域划分:

闽东:宁德、福州。以宁德为标志。

闽南:泉州、漳州、厦门。莆田历史上也有归为闽南的记载。

闽西:古指八闽最西端的州郡——汀州,今指福建省最西边的地市——龙岩及三明两地市的部分辖区。

闽北:闽北主要地级市为南平市,是福建省最早开发的内陆腹地。新石器时期是古越人栖息之地。

福建在历史上是"海上丝绸之路"文化、伊斯兰教文化等重要文化的发源地和商贸集散地,也是"郑和下西洋"的重要节点,福州、厦门曾被辟为全国通商口岸。泉州港曾是古代世界第一大港口,泉州还是"海上丝绸之路"的起点,其中有波斯人滞留泉州几百年,其后人形成"回族村"。闽江口的马尾港是中国近代造船工业的先驱和培养科技人才的摇篮。

福建是中国著名侨乡,旅居世界各地的闽籍华人华侨达到 1088 万人。其中,菲律宾、马来西亚、印度尼西亚三个国家的闽籍华人华侨最多。福建省与台湾省关系源远流长,

---

* 作者简介:刘芝凤,南通大学海洋文化资源研究院院长、教授,课题负责人。

最为密切，74%的台湾同胞祖籍为福建。福建省居于中国东海与南海的交通要冲，是中国距离东南亚、西亚、东非和大洋洲最近的省份之一。正是这种特殊的历史渊源，形成了闽台地区宗祠文化特征。

台湾省现有2300余万人口，其中74%是从福建迁徙至台湾沿海安家落户，形成"漳泉人现象"。作为迁徙族群，异地落户的宗祠信仰比闽南地区更强烈。迁徙到台湾的大陆人，不论是闽南人还是其他省市的人，均以"堂号"为追本溯源的根文化。

就人文环境形成的条件分析，理论上说，文化源于民俗。而民俗，是每个人和他的族群约定俗成的习惯。一个人与生俱来的民俗，源于他的家庭；一个族群的民俗，则源于这个族群所生活的环境及社会生产方式。

台湾历史民俗文化遗产形成的主要条件，一是台湾的自然环境优越，促使生活在与台湾一海之隔的福建、广东等地艰苦恶劣环境中的渔民和农民，都宁愿冒着生命危险，也要千方百计地赴台开辟新生活。二是他们将与生俱来的习俗习惯带到台湾，以宗族为纽带，形成台湾原居地的习俗文化。

二、宗祠文化概念

宗祠文化，即以宗族为纽带，宗祠为单位进行的社会构建实体。宗族是有着显著的同根同祖文化共性的一种社会形式结构。

闽台宗祠文化：福建和台湾因历史迁徙，现在74%的台湾人是闽南后裔，闽台宗祠文化属于同源同根文化，在闽台地区以宗祠为单位进行的一种社会构建，有着显著的文化共性和差异。

（一）闽南迁徙历史

据文献资料记载，闽南地区原居民早期的迁徙主要有以下七个时期。

（1）商周时期，古濮人的迁徙（个人观点）。

（2）公元前306年前后，周赧王时期，越灭，其族人部分迁徙闽中。

（3）公元前110年，东越王因背叛汉朝被杀，汉武帝兴师问罪，迫使闽越民迁徙到江淮之地。同时又将大量的外省人强迫迁至福建沿海，有的随船迁徙至台湾。

（4）唐代总章二年（669），陈政、陈元光父子率中原军队先后入闽（今有一种观点，说陈氏是闽南人）。陈政死后，其母魏敬又率援军至闽。中原将士先后约有五万余人入闽。陈元光袭父职，创立漳州，为首任漳州刺史。

（5）明末清初，郑成功率数万闽南兵入台；施琅降清后，率兵攻打台湾郑家，占领台湾后，大部分将士留在台湾。

（6）清代，台湾沿海开禁后，大量闽人涌入台湾。

（7）抗日战争胜利后，台湾光复，随后国民党败退台湾，数百万人入台。

（二）宗氏移民带来的社会现象

秦汉以来，中原多事之时，北方士民不断南迁，特别是两晋南北朝、唐末五代，是北方士民大规模入闽的高潮时期。北方士民的迁入打乱了闽越本土文化的自身发展脉络，带来了中原地区高度发达的政治、经济、军事和文化制度。闽南的泉州平原和漳州平原，有着较好的农业生产环境，北方汉民入迁闽南，这两个沿海平原地区首先得到开发。

闽南地区因内接广东、江西、浙江，外连台湾海峡，江河与海洋通道，所以成为中国最早开发的区域之一。

唐代陈政扫平漳州当地寇贼，又为漳州的开发铺平了道路。

宋代繁荣的海上贸易是闽南开发最大的推动力量，此后这里一直是全国最重要的贸易口岸，泉州港、漳州月港均是世界闻名的港口，所以闽南民居受到海商文化的深刻影响。海上贸易投入大，风险也大，一个商人成功的背后往往都有整个家族的支持，故而闽南人十分重视宗族关系。

(三) 闽台宗祠的文化符号——堂号、灯号

闽台地区，以宗祠衍派符号为氏族宗亲形象代理，我们将这种宗祠符号称为"堂号"或"灯号"。

堂号（灯号），即区别其他姓氏的文化符号，以增强"木本水源""敬宗睦族"的血缘亲情，达到同宗认亲之目的。

古越人乃至古越人之前的南方原居民，原本没有姓氏，多以名称呼。许多地方父子连名。如父亲叫郎岩，儿子就会叫岩某等，这种父子连名的文化现象至今还残存在西南古越人后裔许多少数民族部落中。

远古时以部落为单位进行征伐，古时则多以姓氏为旗帜，组成战斗力量（如人们熟悉的杨家将等）。

在民间，家族也成了最聚力量的群体。所以，堂号——这一代表着一脉传承的大家族的文化符号，在氏族中占有非常重要的地位和分量。

1. 堂号源自"郡号"

秦始皇统一六国后，把全国分为三十六郡，每郡都有显贵的世族，称为"郡望"。而世居某郡即以发祥地的郡名为"郡号"，以区别其他姓氏。比如2012年春节，课题组在长汀县举河村进行田野调研时，在刘氏家族看到的"彭城郡宗氏幡族谱"（图1）就是一个以活态形式传承至今的"郡号"。

图1 刘氏族谱刘芝凤拍摄于长汀县童坊镇举河村

注：以古织布撰写的族谱，续到22世。

可见，以堂号、灯号为祖源标识的中原记忆，在闽南宗氏文化上表现得非常显著。

在闽南地区，许多宗氏都有宗氏堂号。例如，集美曾营的曾氏堂号为"龙山"，同安南门林氏堂号为"安平"，同安社坛刘氏堂号为"玉山"等。台湾也一样，大家族都有堂号。如今许多人家在大门的门楣上把宗氏堂号作门联写在上面。

长汀县刘氏这样的彭城郡族幡谱，在全国已很鲜见了。理论上说就是已近消失，属于濒临灭绝的文化遗产。而大量保存的堂号，则多体现在族谱、大厅或大门外的书法堂号上，也有写在宗氏祠堂的灯笼上。民间称此为灯号，"灯者，丁也"，寓有"添丁进财"、宗族"人丁兴旺"之意。

2. 堂号取名的四种主要由来

（1）随着子孙的繁衍播迁，各支派的族人又在落籍地另起堂号，作为郡号的望出。

如陈氏颍川、林氏西河、洪氏敦煌、潘氏荥阳、廖氏汝南、杜氏京兆等。

（2）以皇帝赐字为堂号。

古时皇帝是至高无上的，他也可赐人生，也可赐人死。可谓"君叫臣死，臣不得不死"的悲壮就产生于此。也因此，若能获得皇帝的赐封、赐字、赐物、赐名都是世世代代无上的荣耀。

在闽南，据民国版的《同安县志》载，唐代林披生九子，均官至州刺史（又称"州牧"），皇帝为此赐予"九牧之荣"，故其子孙以"九牧"为堂号。

在闽南还有一个佳话，传说庄氏入闽始祖庄森是王审知的外甥，入闽居永春桃源里鬼笑山，皇帝便御赐名"锦绣山"，故庄氏以"锦绣"为堂号。如今同安西桥祥露和鼎尾祥露的庄氏同是"锦绣"支派。

同样，"九牧林"三十一世孙林实和林诚兄弟到同安马巷城场（原名"诗场"）开科繁衍。因其先祖林悦在宋代时官至金紫光禄大夫侍御史，向皇帝乞归故里祭墓，宋仁宗为其谱首御书"忠孝"二字，故林氏将其定为堂号至今。

（3）以传说、掌故为堂号。

在闽南地区，还有一种以传说或掌故为堂号的宗氏。

同安黄氏堂号"紫云"、郭氏"松莲"、杨氏"四知"、洪氏"柏埔"，以及梁氏"梅镜"等，一个堂号流传着一个动人的故事。

如同安梁氏"梅镜"堂号的由来就流传着一个动人的爱情故事。传说，梁氏入闽三十一世梁克家，游学潮州时，其表叔陈彦光（同安人）时任揭阳县令。表叔见梁少年英俊，博学多才，便想把其女许配给他。一天，陈小姐对镜晨妆，蓦见玉镜中显出一支白梅，表叔便以梅镜为题让梁赋诗一首。梁见后花园梅花盛开，脱口便吟诗："老菊残梧九月霜，谁将先暖入东堂。不因造物于人厚，肯放南枝特地芳？九鼎燮调端有待，百花羞涩敢言芳？看来水玉浑相映，好取龙吟播乐章。"陈小姐深深爱上了表哥，但梁氏却不动此情，心系国事。南宋绍兴三十年（1160），梁克家高中状元，官拜左丞相，终未能与陈小姐缔结秦晋之好。而陈小姐痴情决绝，终身未嫁。其父为其抱养一子姓梁，养子成人后，被她的故事感动，将堂号取名"梅镜"。这段爱情故事后为潮剧所用，编为《梅镜记》。还有南安张氏堂号为"珠宝"，也源于一个传奇故事。传说在元代时，张世杰的后裔张汝南为广东主簿，其女出嫁，他将珠宝为其陪嫁。后来珠宝遗失，亲家翁疑是张家所为，事态扩大，朝廷下诏追珠，张家因珠惹祸，逃到南安避难。后经过数载坎坷，珠宝冤案始白，裔孙即以"珠宝"为堂号，以示警惕。现安溪县高甲戏中的《玉珠串》情节有些相似。①

（4）以祖先官职或封爵为堂号。

闽南的堂号除了上述的三种情况外，还有一种来源于祖先曾任的官职或被封的爵位。如凤志的周氏堂号为"封川"，因其祖先周英曾任广东封川县知县；柯氏有"龙图学士"堂号，因柯氏入闽二世柯仲翔宋时曾任"龙图阁学士"；郭氏有"汾阳"堂号，因先祖郭子仪平"安史之乱"有功，封为"汾阳王"；等等。

此外，还有以祖先的道德才学为堂号的，或以吉祥物为堂号的。在此不再做详细解读。

总之，闽南文化中的宗祠文化特征，其表现的主要方式之一，就是通过宗氏"堂号"，顽强地传承着中原的血缘关系，让后人不忘族源之本。

三、福建宗祠文化特征

（一）地域性

闽南地区宗祠文化的重要特点是地域性，即与自身的地理环境相融合的区域文化色彩。闽南文化在其历史变迁中，历经沧桑，但始终保留独特的地域文化。无论是具有地域特征的土木建筑（红砖古厝、燕尾式），还是以海洋文化、妈祖信仰和渔耕文化为主要内容的石雕木刻；无论是造船打铁，还是婚丧礼仪、节日庆典等，都可以从中领略到闽南特有的文化余韵。

闽南为沿海地区，妈祖诞生于莆田，妈祖作为"海上保护神"受到万民景仰。在闽南地区，几乎村村有妈祖庙。清初，施琅渡海战台湾，包括守台航海带去的妈祖信仰，成为台湾施氏宗祠以及闽南人各姓宗祠的家神和宗族之神，至今生生不息。

（二）南北综合性

闽南地区的宗祠文化还有一个非常典型和重要的文化特征，就是岭南的中原（土）性，既非典型古越稻作文化特征，也非北方中原麦文化特征。正是这个非典型的区域性决定了它特殊区域的文化特性。这种南北综合形成独特的文化现象，正是区别于其他地区文化特性的特殊文化现象，在闽南地区宗祠传统文化中，除了完整地保存着许多中原"灯号"与"堂号"远古文化现象，还传承着古越人的生产、生活民俗。

闽南宗祠文化中土性还表现在建筑文化、服饰文化、节日文化等民俗之中。

比如，传统的南方建筑是 U 形或工字形，而中原习惯四合院，于是在闽南地区就出现了在四合院基础上改良的围楼、方印院等以院落为单元的住房现象。

在饮食上，南方人生礼仪习惯用糯米和粑，北方习惯用糕。于是在闽南出现了人生礼仪中不可或缺的"发糕"与粿粑共祀现象。

---

① 陈国栋主编：《同安风情习俗》，中共厦门市同安区委宣传部编，内部资料，第117—121页。

在服饰上，南方多为高腰衣短裙，因受中原文化的影响，闽南的服饰特点是右衽便衣布扣，男生着长衫，是典型的中原传统服饰模式。

在节日习俗上，南方稻作民族必须过的三月三、四月八、六月六等与稻作文化相关的节日，在闽南却很少见，而节日则更多地传承着中原的寒食节等节日。

（三）戍边军队特性

在闽台宗祠的文化特征中，有一个非常明显、与内地宗祠区域性文化不同的特征就是戍边军队特性，具体表现在闽南历史民俗中的方方面面，在民居建筑中表现得尤为明显。但凡沿海村落民居建筑修改得如同军营，横竖排序有致，千百年来如此。如云霄县的列屿镇几乎所有村子都保存着古明军营式列队形的民居布局。

四、小 结

福建宗祠文化渊远流长，它不仅是一个地域性的文化符号，还是中华民族宗祠文化的一个特征鲜明的历史缩影。重视宗祠文化，就是重视中华民族灵魂的归属问题。

福建宁德市福安黄氏宗祠文化调查[*]

察阳黄氏宗祠位于福建福安市阳头街道黄厝上巷58号,据祠堂《黄氏宗谱》记载,祠堂始建于明万历八年(1580),后几经损毁、重建、拓建。现存的建筑占地面积2516平方米,为清代仿明建筑,是福安市现存规模最大的祠堂。2005年5月,获批福建省人民政府核定公布的"第六批省级文物保护单位"。2019年,在国务院核定并公布的"第八批全国重点文物单位"中,黄氏祠堂又赫然上榜。察阳黄氏为郑氏宗亲,来自河南固始。本北宋靖康元年(1126)黄奎公到阳头环溪捕鱼时,遇灵鸡三声报吉,因而迁居至此,继而在此落户谋生,开枝散叶,建立祠堂。

该祠为朱熹门徒黄干宗祠。祠堂原有的华表牌坊上书"紫阳一脉",契合宗祠供奉郑氏第十五世祖黄干公为朱熹得意门生之实。仪门砖墙上所书的"示我周行"(源自《诗经·小雅·鹿鸣》,意为"将正道指示于我")、"绳其祖武"(源自《诗经·大雅·下武》,意为"继承祖业,循祖先足迹前进"),砖墙上所写"出弟"(尊重同事、朋友,以诚待人)、"入孝"(孝敬长辈)、"世德作求"(出自《诗经·大雅·下武》,意为"世代以道德为追求")、"三凤""五经""蹈规""履矩"等均充分体现宗祠丰厚的理学渊源,也蕴含着黄氏族人崇尚诗书传家、规矩做人的家风。

宗祠大厅堂上几方牌匾,引人注目,中有明刑部尚书王世贞赠黄钊的"闽浙两祀"横匾,清温麻使者范宜恒颂扬黄干的行书短文,清巡抚福建提督军务都御史卢焯的楷书题匾"理学传薪",以及"钦点翰林国子监""进士""文魁""武魁"等牌匾,无不彰显着黄氏后人中魁人辈出的荣耀。其中翘楚,至今能为族人所传扬的主要有被誉为"闽东朱子学说传人"的黄干、宁死不屈的抗倭英雄黄钊,以及抗日将军黄伯康。

黄干,字尚质,长溪察阳(今阳头)人,生于宋淳熙年间。南宋庆元二年(1196)朱熹入蓝田书院,师朱文公。得朱口传心授,终得理学奥旨,以丰富的著述,阐朱子理学宗风,为朱熹之得意门生。官至集贤院直学士。

黄钊,字珍夫,号后谷,福建福安察阳(今阳头人),明正德五年(1510)生。嘉靖十六年(1537)举人,任浙江温州郡丞。当时,东南沿海倭患频繁,而温州首当其冲。黄钊亲督士兵修城墙、造战具,加强备战。嘉靖三十四年(1555)倭寇进犯,黄钊率兵击退。又三年,倭寇大举来犯,黄钊出城迎击,分军为三,亲自率领中军迎击,其二军殿后应援。"及钊与倭遇,倭遣众分掩二军,而以锐卒当中军。钊发劲弩、巨炮,战良

---

[*] 调查时间:2019年11月22—24日。调查地点:福安市阳头黄厝上巷58号黄氏宗祠。采访对象:罗清凤,53岁,大学学历,福安一中教师。黄成忠,黄氏宗祠前理事长。黄桂昌,福安茶厂退休干部,黄氏宗祠现理事长。执笔人:苏冬梅,厦门理工学院副教授,国家社科基金重大项目"中国东南海海洋史研究"子课题成员。

久,倭方不支,然二军帅望敌而溃,倭合兵击钏。钏腹背受敌,为倭所得,胁其降,不屈,令以金赎,钏且哭且骂曰:'尔不知黄大夫不爱钱耶?'倭怒,裸而寸斩之。"(《明史稿·忠义列传》)。

现今,黄氏宗祠也把族人中在各个领域做出突出贡献的人士,如副教授、副校长、高等法官、县长等的牌匾挂在祠堂里,以鼓励后辈奋发向上。

福建宁德市福安郑氏宗祠文化调查

据《福安县志》（光绪十年版，1884）记载，福安"旧属长溪，宋淳佑年间，析置县治，隶于省郡，明季改隶福宁州"。① 县名"福安"始于宋淳祐五年（1245），因宋理宗御批"敷锡五福，以安一县"而得名，析县建制之初以韩阳坂为治所，故又名"韩阳"。现福安仍有多处地名含"阳"字，盖与此相关。

福安"炳灵毓秀，笃生伟人，虽穷乡僻壤弗能囿"，"紫阳流寓，及门诸儒，仰承绝学，称鼎盛焉。其次正色立朝，为国良干"。历代历朝，魁人辈出，唐有薛令之，宋有杨复、王定国、郑虎臣、谢翱，明有陈琦、黄钏、郭文周、缪一凤等理学名儒、忠义之士、风节人物，照耀乡间，至今仍为后人敬仰和追崇。

本次调查选取了其中的几位历史名人，走访其后人，考察其宗祠，了解其历史功绩、成长环境，及其宗族文化的传承和社会意义。

郑氏宗祠，位于福安县城溪尾街，在众多的现代建筑中，更显其古朴，具有历史的厚重感。据郑氏宗亲会会长介绍，郑氏族人来自河南荥阳，八闽境内有大大小小郑氏宗祠50多座。此为其中之一。

步入宗祠，左侧赫然悬挂一牌匾，上书"孝义家风"。据郑氏后人、福安本土作家郑美珊女士所言，郑氏家族崇尚对内守孝、对外忠义。其家族六代造船，始终秉承祖训"艺不富人，艺不欺人"。其爷爷郑金富拒不帮日本人、国民党，甚至土豪造船。其父郑祖荣曾担任福安六屿造船厂厂长，但从不赚取不义之财。

祠堂两侧均悬挂着中国现代红色文化名人、革命家郑楚云的画像及其事迹介绍。郑楚云，字眠石，福安街尾郑氏宗祠孟忠公第十八世裔孙；1907年出生于福安县坂中步兜里村。1927年春，参加福安国民党左派组织的革命活动，1928年秋考入北平民国大学法律专业，同年加入中国共产党。1929年春，从北平民国大学转到国立北平大学俄文学院就读，并担任该院党支部书记，参加工人罢工等斗争。参加革命几十年，虽几经牢狱之苦，但初心不改。1941年"皖南事变"后，远赴新加坡、印度尼西亚创办革命刊物，宣传进步思想。在海外华侨中，在新闻战线上从事革命工作。1957年7月举家回国。1958年任中国新闻社副社长、党组成员，中侨委宣教司副司长。后又当选为全国"青联"常务理事。1961年11月10日凌晨去世。郑楚云先生把一生都献给了中国人民的解放事业，

---

* 调查时间：2019年11月22—24日。调查地点：福安市溪尾街115号附近郑氏宗祠、福安市溪柄镇榕头村、福安市下白石镇六屿村。采访对象：郑美珊，50岁，大学学历，作家，郑氏宗亲会秘书长。郑胜资，61岁，大学学历，福安土地局原局长，现为郑氏宗亲会会长。罗清凤，53岁，大学学历，福安一中教师。执笔人：苏冬梅，厦门理工学院副教授，国家社科基金重大项目"中国东南海海洋史研究"子课题成员。

① 《福安县志》（光绪十年版）。

献给了新闻文化宣传事业，他堪称郑氏族人的骄傲和学习的楷模。

相比于溪尾的郑氏宗祠，位于福安市溪柄镇榕头村的郑氏祠堂，显然聚集了更多的郑氏族人。现存建筑为清道光年间（1821—1850）所重建，面积380平方米，由戏楼、大厅及两厢组成，大门外有祠堂坪，立旗杆柱夹石一对。前有院墙围护。大门上为牌楼式顶盖，额匾楷书"精忠报国"，后额匾书"纯孝传家"。宗祠内多有郑氏祖先郑虎臣的事迹。

郑虎臣（1219—1276），字廷翰，又字景兆，南宋嘉定十二年（1219）生于福建路长溪县柏柱南山（今福安市溪柄南山洋头村），德祐元年（1275）任会稽（今浙江绍兴）县尉。元军南侵，官居右丞相的贾似道，暗投外寇，残害忠良，以致宋朝江山日趋衰败。德祐元年，贾似道罪行败露，被贬循州当团练，十月，郑虎臣在押解贾似道至漳州木棉庵时将其诛杀，为天下除奸，事迹被载入《闽都别记》。明朝抗倭名将俞大猷在木棉庵前的石亭中亦立下石碑，并亲书"宋郑虎臣诛贾似道于此"。明代王紫衡也就郑虎臣诛贾一事写诗云："当年误国岂堪论，窜逐遐方曝日奔。谁谓虎臣成劲节，木棉千古一碑存。"今漳州尚有木棉庵遗址。福安境内，建于明万历四十七年（1619）的三贤祠，其中所纪念的历史人物之一就是郑虎臣。福安每年均会举行春秋二祭，以纪念先贤的历史功绩。郑氏后人也奉郑虎臣的忠义正直为圭臬。

2019年11月23日，恰逢郑氏族人举行郑虎臣诞辰800年的纪念庆典。此次庆典是福安郑氏宗亲会800年来第一次举行如此规模的纪念活动，也是福安郑氏宗亲会成立一周年首次举办的纪念活动。相传南宋德祐元年，贾似道的同伙陈宜中逃至福州，拥立赵昰，捕杀郑虎臣。郑虎臣遇害后，葬于南山村的馆园旁，乡人及其后裔在村前建祠纪念他。此次纪念庆典在郑氏宗祠旁、郑虎臣塑像前举行。活动筹集到资金30多万元，来自各地的1000多位郑氏族人参加。福安市政府也高度重视。活动从宗祠祭祖仪式开始，而后有庆典文艺汇演。郑氏宗亲乡贤充分感受了故土家乡的巨大变化。

郑氏宗祠旁，郑虎臣塑像后就是树龄为700余年的九头榕。据言郑虎臣在诛杀奸臣贾似道后，遭受迫害，冤死狱中。南宋端宗景炎二年（1277），郑虎臣冤案得以昭雪，赐"金井御葬""金头银项"，礼之王侯，设三十六疑冢。九榕树原为一个头，是郑虎臣墓林之一，因郑虎臣的忠魂义魄感动天地，渐渐长成九个头，相互拱接，浑然一体。在郑氏宗亲眼里，九头榕俨然是其祖先不畏强权、刚直不阿、一身浩然正气的化身，象征着郑虎臣的忠诚正义连绵不绝。

厦门"同安苏氏宗亲会"转型"苏颂研究会"的调查[*]

一、前 记

本调研缘起笔者一直以来参与"苏颂研究会"活动的经历。随着"苏颂文化节"渐渐在同安家喻户晓,苏颂故居——芦山堂也成了同安各类教育基地。苏颂渐渐成了同安对外交流的一张"名片"。"苏氏宗亲会"转型为"苏颂研究会",在活动形式和社会功能上均发生了转变。笔者于是萌生了深入了解"苏氏宗亲会"或"苏颂研究会"的工作模式的想法。

本调研的研究对象为同安苏氏宗亲会(苏颂研究会),调查内容包括同安苏氏宗亲会从成立至今举办的各类活动。调研考察时间始于1988年,侧重于2006年之后至今。访谈的对象涉及该宗亲会的各部分成员,从会长、理事、族长,到海内外宗亲;从专家、学者到政府部门工作人员;年龄从七八十岁的老人,到十来岁的少年。此次调研考察共收集到18G的电子版材料,以及上千万字的纸质材料。

二、同安苏氏宗亲会的演变

(一)同安苏氏宗亲会(2006年之前)

同安苏氏宗亲会的发展演变,经历了2006年的改选和2015年更名为"苏颂研究会"两个节点。这两个节点,使苏氏宗亲会的活动形式发生了改变,宗亲会活动的内容也有所变化。2006年前的同安苏氏宗亲会,大致与各地宗亲会相似,主要的宗旨是敦亲睦族,联络宗亲。主要的工作是举办各种联谊会,组织海内外宗亲寻亲谒祖、参与祭拜活动,参与人员大多为苏氏宗亲,宗亲所投的资金也大多用于修葺祖庙、祖墓。自1988年至2019年,已举办十二届世界苏氏宗亲联谊会。十二届世界苏氏宗亲联谊会的举办地从祖国大陆到台湾,从国内到国外的多个地区。如国外的菲律宾(第一届、第十二届)、泰国(第二届)、缅甸(第三届)、新加坡(第四届、第九届)、印度尼西亚(第五届、第八届)、马来西亚(第十届)等;国内有陕西武功(第七届)、台湾台南(第十一届)等。宗亲联谊会的作用大多为联络宗亲,帮助各地宗亲认祖归宗,组织寻根谒祖活动。

---

[*] 作者简介:苏冬梅,厦门理工学院副教授,国家社科基金重大项目"中国东南海洋史研究"子课题成员。

(二) 2006年之后的同安苏氏宗亲会

（1）宗亲联谊会的组织形式和参与人员发生变化。2006年第六届世界苏氏宗亲联谊会在福建省厦门市同安区举办。此次联谊会，是宗亲会改选后所承接的第一次联谊会。联谊会与往届有几点不同：首先，此次联谊会由地方政府主办，宗亲会协办，政府与宗亲会共同出资。其次，来自海内外各地的十余个宗亲团体，两千余位苏氏宗亲参加了此次会议，其中来自中国台湾的宗亲共126人，来自海外的苏氏宗亲共426人。再次，首次邀请了各地专家学者70余人参与会议。

（2）改选后，宗亲会的组织架构有了调整。宗亲会设立了会长、常务副会长、副会长、荣誉会长、名誉会长、理事长、理事、监事长、监事、首席顾问及特邀顾问。人员来源分布广泛，但分工明确。荣誉会长，多为各地苏氏联谊会理事长，负责各地宗亲的联谊、交流；名誉会长、副会长多为各地热心宗亲活动的苏氏企业家、社会贤达，为宗亲会和苏颂研究会提供资金保障；监事长、监事由同安苏姓村落的村委主任、村党支书担任，负责联络、协调、组织各村苏氏宗亲参与宗亲会活动；理事长、理事为各行各业热心宗亲会工作的苏氏宗亲，负责各宗亲会包括后面苏颂研究会、苏颂文化的活动执行，及日常事务处理；热心苏颂历史功绩研究的专家学者作为首席顾问和特邀顾问也参与其中。

（3）改选后的宗亲会宗旨增加了新的内容。苏氏宗亲会在2006年改选之后，确立了活动宗旨，提出了宗亲会的五个工作重点：一是传承优秀传统文化；二是搭建下一代成长的舞台；三是成为宗亲联谊的纽带；四是成为信息共享的平台；五是树立成功人士、社会名流榜样。同时也把加强宗亲会服务社会、服务地方的意识，关心培养下一代，弘扬中华优秀传统文化纳入宗亲会的工作内容。

(三) 同安芦山堂苏颂研究会

1. 苏颂研究的背景

苏颂（1020—1101），字子容，泉州同安人。于宋仁宗庆历二年（1042）进士及第后从政长达56年，历经北宋仁宗、英宗、神宗、哲宗、徽宗五朝，官拜刑部尚书、吏部尚书，直至晚年拜尚书右仆射兼中书侍郎（宰相）。身后被宋徽宗赠司空、魏国公，宋理宗时追封谥号"正简"。北宋欧阳修评价苏颂"才可适时，识能远虑，圭璋粹美，文学纯深"。南宋理学家朱熹称其为"赵郡苏公，道德博闻，号称贤相，立朝第一，始终不亏"。英国剑桥大学著名的中国科技史研究专家李约瑟博士（1900—1995）称其为"中国古代和中世纪最伟大的博学家和科学家之一"。苏颂组织建造的水运仪象台，创造了三个世界第一；他组织编撰的《本草图经》，成书时间早于李时珍的《本草纲目》。《苏魏公文集》《魏公谭训》具有丰富的文化内涵和教化意义。苏颂不单属于苏氏、同安、或厦门，因此研究苏颂、弘扬苏颂文化具有深远意义。

对于苏颂学术成就的研究，始于20世纪80年代。时任宗亲会理事之一的原同安三中退休教师苏和盛（已过世）曾致函李约瑟博士、旧金山大学校长吴家玮先生，联络了国内高校的学者，如东北师大的颜中其教授、吉林大学的管成学老师、厦门大学的周济教授等，参与苏颂历史功绩的挖掘、整理工作。

1988年，由厦门市政府组织、厦门市社科联牵头举办了苏颂创建水运仪象台900周年纪念活动及苏颂学术研讨会。首次就苏颂在天文、科技、医药、本草、政治、文学、教育等方面的成就进行探讨。会议论文集《苏颂研究文集》也随后出版。借此契机，苏氏宗亲陆续出资出版了《新仪像法要》《魏公谭训》《苏魏公文集》及苏颂研究论文集《中国宋代科学家苏颂》等。但是20世纪八九十年代，甚至21世纪初，所有的研究大多集中在东北，依托长春的苏颂学术研究会。苏氏宗亲参与甚少。

2. 苏颂研究会的成立

2015年，同安统战部批准成立苏颂研究会，这是苏氏宗亲会转型升级后的民间学术研究团体。苏颂研究会延续苏氏宗亲会的工作。苏颂研究会不同于其他的研究会，并非完全依托社科联或高校开展纯粹的学术研究。它是在继续履行宗亲会职能的同时，依托历史名人苏颂，由苏氏宗亲会组织牵头、协助地方政府，联络国内外专家学者，对苏颂及其家族的历史功绩、学术价值和文化内涵进行挖掘、整理。同时，为苏颂的学术研究和本土文化交流活动提供平台和资金支持。

三、苏颂研究会（含苏氏宗亲会）的活动内容

苏颂研究会的工作内容包括以下六个方面。

（一）组织苏颂学术研讨会

截至2019年，与苏颂文化节同步，苏颂研究会（含原苏氏宗亲会），已举办了8期研讨会，就八个不同的主题，邀请国内外专家学者进行深入的探讨。如2016年的"苏颂学术研讨会"，收到的论文有：《苏缄传略》《〈苏缄史料汇编与评析〉录要》《苏缄忠国精神之思想底蕴与现代价值》《满门忠烈 浩气凛然——记民族英雄苏缄》《芦山三杰——苏绅、苏缄、苏颂为何不曾归葬桑梓》《北宋广西战乱的晚唐渊源》《苏缄对中华民族的重大贡献》《苏缄保卫广州之战考实》《扬善惩恶升华崇贤》《苏缄公为何成为邕州城隍》。

（二）组织编撰苏颂学术研究书籍

资助出版苏氏研究成果也是苏颂研究会的工作重点。到2019年为止，苏颂研究会（含苏氏宗亲会）已资助出版《苏绅史料汇编和评析》《苏颂与魏公谭训研究》《苏缄史料汇编和评析》《苏绅学术论文集》《同安文史资料》等书籍。

（三）协助地方政府组织活动

从2012年开始，苏颂研究会（原苏氏宗亲会）协助地方政府举办了8届苏颂文化节。8届文化节的主题均以苏颂或其家族的历史功绩为主。

2012苏颂文化节的主题是"文化传承·科技创新"，旨在纪念苏颂创建"水运仪象台"，弘扬科技创新精神。

2013年苏颂文化节的主题为"本草本源·济世济人",理念来自苏颂编撰的《本草图经》,意在宣传中草药知识,传递中医药治病救人的精神。

2014年苏颂文化节的主题为"清正廉明·惠爱于民",剖析苏颂公正廉明、勤政爱民的为官之道。

2015年苏颂文化节的主题为"遵法为民·廉静自守",学习苏颂奉公守法的精神。

2016年苏颂国际文化节以"工匠精神·创新意识"为主题。

2017厦门苏颂国际文化节的主题是"诗礼传家·兴贤育才"。

2018年的苏颂文化节以"海丝先贤 泽被世界——苏颂文化与'一带一路'"为主题。

2019苏颂国际文化节的主题为"学究天人·理学先哲",活动主要围绕苏颂理学思想的研究,旨在探究苏颂对朱熹的理学思想形成的影响,深入挖掘宋代理学思想的形成与发展。

(四)依托苏颂故居芦山堂,承担同安区的教育基地建设任务

2015年,厦门市同安区依法治区办公室、同安社会科学联合会授予芦山堂"苏颂法治宣传教育基地"称号。

2016年,厦门市同安区社会科学联合会授予芦山堂"社会科学普及宣传教育基地"称号。

2017年,中共同安区委宣传部授予芦山堂"同安区爱国主义教育基地"称号。

2017年,中共同安区纪委授予芦山堂"同安区廉政教育基地"称号。

2018年12月10日,中共同安区委组织部授予芦山堂"同安区党员干部教育培训基地"称号。

其他活动还包括在芦山堂开办国学班,编写苏颂事迹连环画;与同安凤山小学、城东中学、同安一中合作,举办苏颂文化进校园活动;与厦门第二外国语学校合作,编写校本教材等。

(五)设立苏颂科技教育基金会,举办奖助学活动

苏颂科技教育基金会成立于2011年,由厦门苏氏企业家发起,经福建省民政厅社团管理局审批,旨在表彰获国家级奖励的苏氏优秀人才,奖励苏氏优秀学子,资助家庭困难的优秀学子。

迄今为止,该基金会已持续9年开展奖助学活动,累计奖助学人数达五百余人。前期接受资助的学子现已毕业,部分学子又自愿参与宗亲会的日常事务工作作为回馈(表1)。

表1 2011—2020年苏颂科技教育基金资助情况

年度	奖励博士(人)	奖励硕士(人)	奖励本科生(人)	助学人数
2011—2015	24	25	194	—
2016	15	10	30	5
2017	9	7	44	4

续表

年度	奖励博士（人）	奖励硕士（人）	奖励本科生（人）	助学人数
2018	15	9	29	1
2019	8	12	25	4
2020	7	6	14	13

（六）弘扬苏氏家风家训

2016年9月20日，中央纪委国家监委网站以《福建厦门苏颂：人生在勤，勤则不匮》为题，介绍了苏颂、苏氏家风家训（包括"苏颂的五言百韵家训诗"）以及《魏公谭训》要点。苏氏家训："凡吾子孙，父慈子孝，兄友弟恭，夫正妇顺。内外有别，老小有序，礼义廉耻，为人豪杰。士农工商，各守一业，和善心正，处事必公。费用必俭，举动必端，语言必谨，事君必忠。为官必廉，乡里必和，睦人必善，非善不交。非义不取，不近声色，不溺贷利，尊老敬贤。救死扶伤，讦诈勿为，盗偷必忌，不善者劝。不改之斥，凡吾子孙，必尊家规，违者责之。"这成为中华家风家训的精品。

四、苏颂研究会的运作模式

（一）由政府主导统筹，由苏颂研究会具体落实

从"苏氏宗亲会"到"苏颂研究会"，研究会协助地方政府举办了多次苏颂文化节活动。每届苏颂文化节都在厦门市委宣传部、厦门市科技文卫委、社科联、同安政协、同安教育局指导下开展，由同安社科联主办、苏颂研究会承办，同安区委帮助协调各相关职能部门，并且由媒体宣传、安全保卫、医疗卫生等提供保障。

（1）近几年对于苏颂的宣传，都是在厦门市委宣传部的主导下，协调各职能部门在苏颂的同安芦山堂由苏颂研究会配合进行的。例如，中央电视台科技频道于2013年到同安拍摄了两集纪录片《苏颂水运仪象台》；2015年3月，英国BBC电视台到同安录制了苏颂的纪录片；中央电视台6套、浙江卫视均到芦山堂采访过；福建电视台、厦门电视台曾多次跟踪报道苏颂及苏颂研究会；厦门卫视《斗阵来看戏》栏目公演歌仔戏《贤相苏颂》等。

（2）组织保障安排：区社科联负责整体活动协调；区文明办负责组织志愿者协调维持现场秩序；区环卫办负责活动现场及周边的保洁工作；教育局负责科技创新大赛作品的征集。

（3）2018年的苏颂文化节，在组织保障方面的安排如下。

宣传部、社科联负责活动的总体策划、协调工作；政府办负责协调保安，保障活动场所的安全；政法委、安监局、行政执法局负责活动期间安全保障工作的总体协调；建设局负责监督指导活动舞台搭建；卫计局负责活动的卫生医疗保障；供电局负责电力供应保障；消防大队负责现场消防指导，配备消防车辆；资产管理公司负责停车事宜，提

供免停车费支持；文体局负责协调歌仔戏专场演出；教育局负责组织开展"苏颂文化进校园"活动、《苏氏家训》朗读；文化旅游公司负责开幕式会场布置、嘉宾座席安排、准备桌牌，负责活动场地观众席、指示牌、氛围布置，负责媒体及嘉宾的签到，负责学术研讨会的现场布置；苏颂研究会负责专家、学者、嘉宾的邀请及接待工作，负责研讨会的策划和执行；广电网络（同安）公司负责协助做好启动仪式LED大屏幕及设备的调试；报道组、电视台负责活动的线上宣传及邀请媒体等工作。

（二）苏颂学术研究与弘扬传统文化并重

连续举办的苏颂文化节，顺应时代发展，选取苏颂及苏绅、苏缄的相应史绩作为主题，举办相关的学术研讨会，融入相应的文化活动。

如2013年的苏颂文化节以"本草本源·济世济人"为主题，举办了对苏颂组织编撰的《本草图经》的研讨会，同时还举行了厦门中药厂的"本草园"的开园仪式，同安卫生局的"济世济人"名医义诊，以及教育局的"苏颂文化"进校园等活动。2014年的苏颂文化节的配套活动——线上全国灯谜邀请赛，据同安宣传部统计，点击量达400多万次。2017年11月的第三届"苏颂国际文化节暨海峡两岸（厦门）钟表珠宝博览会"期间除了举办纪念苏绅诞辰1018年学术研讨会、海峡两岸钟表高峰论坛（苏颂被誉为"钟表鼻祖"，因为他组织创建的"水运仪象台"中首先使用了擒纵器。），还举行了第二届海峡两岸钟表精英女性论坛、第二届海峡两岸钟表维修技师交流会、第四届"苏颂杯"主题钟征集活动、苏颂文化计时作品与古代计时仪器展、第二届"苏颂杯"海峡两岸（钟表）设计大赛、第三届钟表珠宝艺术品拍卖会等三十多项活动。

（三）按规范程序，精心策划组织每次活动

以2018年度奖助学活动为例。研究会首先发布通知，就奖助学对象、申报条件、须提交的材料、审核程序等进行说明，并设定申报截止日期，安排审核人员，各区联系人等。而后筹备颁奖典礼，成立筹备小组、联络报道组、宣传组、用膳组，设立秘书长等。

研究会成立了财务决策小组。严格审批制度：1万元以下，会长批，但须有"一经手，两证明"；1万~5万元，须会长、监事长、财务组长同时签字。收支两条线，每年向会员公布一次财务收支状况。政府拨款项目由政府相关部门组织投标，资金由相关部门监管。

五、苏颂文化节纪实

（一）2016年苏颂文化节

2016年11月25日上午9时在同安区举办。2016年苏颂国际文化节以"工匠精神·创新意识"为主题，重点介绍苏颂在科学技术领域的突出贡献，特别是作为"世界钟表鼻祖"在机械制造和科技创新方面的成就，旨在弘扬工匠精神和创新意识。

参加此次科技文化节的有海峡两岸的钟表企业家代表、世界苏姓宗亲会代表、厦门

中药厂职工代表、同安区师生代表、同安"工匠"、来自海内外的苏颂文化研究专家学者（含来自厦门大学、集美大学、厦门理工学院等三所本土知名高校的专家学者及来自日本的专家学者）以及众多市民。

主办单位为厦门市钟表协会、同安区社科联；承办单位为厦门七品文化传播有限公司、外图（厦门）文化传播有限公司、厦门同安文化旅游发展有限公司、厦门市同安芦山堂苏颂研究会等。

文化节活动包括"银城十佳工匠"评选、苏颂科普图书展（在同安图书馆举行）、苏颂《本草图经》中草药展、同安中学生科技创新大赛获奖作品展、第五届全国中小学生艺术展获奖作品展、寻踪苏颂故里活动、苏颂文化访谈等。

在"十佳工匠"颁奖典礼上，厦门同安芦山堂苏颂研究会会长苏清祥通报了英国广播公司（BBC）、中央电视台、浙江卫视、安徽卫视等媒体从不同角度对苏颂及水运仪象台的详细介绍和连续跟踪报道的情况，以及苏颂家风家训入选当时中纪委监察部（现中央纪委国家监委）收录的中国传统家规等研究会获得的殊荣。

同安区委常委、宣传部长何玺在发言中，肯定了苏颂的科技成果在中国科技史中的重要地位，也表明了同安区委区政府对苏颂文化保护和传承的高度重视。

时任厦门理工学院副校长的赵振祥也肯定了本届苏颂文化节主题，称其所倡导的工匠精神、创新意识契合了中央倡导的大众创业、万众创新的精神，也表达了厦门理工学院文化产业研究中心乐意为有意于苏颂学术研究的专家学者提供交流平台。

11月26日下午，苏颂文化访谈（即研讨会）在朱子学院举行，会议收到中国苏颂研究会、厦门大学、集美大学、厦门理工学院等专家研究论文数篇。参加这场以"传承创新工匠精神"为主题的访谈活动的海内外专家学者，中国苏颂研究会常务副会长管成学、中国科学院自然科学史研究所所长张柏春、中国科技馆原馆长王渝生、苏州育龙科教设备有限公司总工程师崔海玉、珠海罗西尼表业有限公司总经理商建光、日本諏访湖时间科学馆顾问吉泽大淳等专家学者，讲述了中外水运台的历史演变以及复制、重建的故事，并从不同角度解读苏颂的工匠精神。

（二）2017厦门苏颂国际文化节

2017年的苏颂国际文化节以"诗礼传家·兴贤育才"为主题。

（1）来宾有来自全国各地的专家、学者、海内外苏氏宗亲代表、领导、嘉宾1000多人。

（2）活动由中共厦门市委宣传部、厦门市政协教科文卫委、厦门社会科学界联合会、中国苏颂学术研究会、中国钟表协会指导，同安区社会科学界联合会、同安区教育局、同安区科学技术协会、厦门市钟表协会主办，厦门市同安芦山堂苏颂研究会、厦门同安文化旅游发展有限公司、厦门七品文化传播有限公司承办。

（3）与苏颂国际文化节同时举办的还有海峡两岸（厦门）钟表珠宝博览会。同时还有36项精彩纷呈的配套活动。"银城十大教育世家"的颁奖典礼和歌仔戏《贤相苏颂》的上演是本届苏颂国际文化节的亮点。

（4）同安区委常委、宣传部长何玺，同安区纪委书记为芦山堂颁发了"同安区爱国主义教育基地""同安区廉政教育基地"两块牌匾。

(5) 纪念苏绅诞辰 1018 年学术研讨会。

研讨会上，专家学者对苏颂、苏缄、苏绅的历史功绩发表了看法。

温州大学人文学院王兴文教授认为，芦山堂人才辈出的重要因素在于苏绅三次创办私塾。苏绅开创了芦山堂家族办学的先河，重金礼聘社会名流贤达担任塾师和陪读，用私塾言传身教，授业解惑，培养后辈忠勇爱国、崇尚科学的精神，充分发挥了私塾的作用。

集美大学文学院孙桂平教授从苏绅与北宋政坛的关系切入，解释了苏绅重视家族教育的一个内在动力是家族进入北宋政坛的期望。孙教授还认为，苏绅弘扬芦山堂家风的经验，可以总结为记得清楚、传得下来、走得出去，即苏绅对家族入闽后的经历有完整的记忆和深入的理解。

长春师范大学中国史专业张奚铭博士侧重讨论苏绅入仕后的政治作为，介绍苏绅上疏的《陈便宜八事》及其内容，从党争的角度分析北宋御史与谏官之争。

厦门大学博士生导师钱建状、龙岩学院副院长苏永达、《集美大学学报》编辑部杨中启博士也发表了看法。同安文史专家颜立水则关注如何整合芦山堂文化资源，把其中的科技文化、孝道文化、廉政文化、爱国主义、家风家训等内容，通过本地的媒体宣传、学校等渠道弘扬出去，为加快富美同安赶超发展提供文化软实力。

(三) 第四届海峡两岸（厦门）钟表珠宝博览会

本届博览会与 2017 苏颂国际文化节同步进行，以"一带一路，时光记忆"为主题。参展的有来自瑞士、英国、德国、美国以及我国台湾地区、香港特区等众多钟表品牌。参展的嘉宾有 1000 多位钟表和珠宝业界人士。

博览会由中共厦门市宣传部、中国钟表协会、中国轻工业钟表研究所、中国苏颂学术研究会指导；厦门市钟表协会、台湾区钟表工业同业公会、同安区社会科学联合会共同主办；厦门七品文化传播有限公司、厦门市同安芦山堂苏颂研究会承办。

中国钟表协会副理事长张宏光宣读授予厦门市为"中国钟表文化名城·厦门"称号的通知，并颁发牌匾。

(四) 2018 苏颂国际文化节

本届文化节以"海丝先贤　泽被世界——苏颂文化与'一带一路'"为主题。

文化节的活动有：①举办以"海丝先贤 泽被世界——苏颂文化与'一带一路'"为主题的学术研讨会。②举行中共同安区委组织部授予苏颂故居芦山堂"同安区党员干部教育培训基地"的授牌仪式。③举行"苏颂文化进校园"活动，厦门市文化局原局长、芦山堂特邀顾问彭一万在福建省重点中学同安一中主讲"苏颂文化与同安"。④厦门卫视《斗阵来看戏》栏目电视公演歌仔戏《贤相苏颂》，演出单位：吕实力芗剧团。

(五) 2019 苏颂国际文化节

文化节于 12 月 10 日在厦门市同安区文体中心举行。主题为"学究天人 理学先哲"。

文化节由厦门市社会科学界联合会、中国苏颂研究会指导，同安区社会科学界联合会、同安区科学技术协会主办，厦门市同安芦山堂苏颂研究会承办，由同安区文化旅游发展有限公司策划执行。

参会人员包括来自北京大学、中国科技大学、厦门大学、长春师范大学、长春中医药大学、福建医科大学、福建中医药大学、集美大学、吉林省经济管理干部学院、广西艺术学院、厦门理工学院、厦门南洋学院、厦门东海学院、中国基础教育司、福建社会科学院历史研究所、九三学社等各大高校及研究院所的领导嘉宾和专家学者，来自新加坡及我国台湾、吉林、天津、河北、河南、重庆、湖北、江苏、浙江、江西、广西、广东、云南、海南及福建省其他县市的苏氏宗亲代表以及厦门市民500多人。

文化节的活动有：①举行"苏颂诞辰1000周年纪念活动筹备工作座谈会"。同安区领导及专家学者30多人参加了座谈，就如何办好2020年苏颂诞辰1000周年纪念活动建言献策。②举行"2019苏颂国际文化节学术研讨会"，讨论苏颂的理学思想，海内外知名专家学者、同安区相关部门负责人、各中小学校教师代表等近200人参加研讨会。③在厦门东海学院举行苏颂国际文化节进校园活动。

六、小　结

本调研报告侧重苏颂研究会的成立，以及苏颂文化节的举办等标志性事件，重点考察宗亲会在不同时期以及其在弘扬传统文化、增加民族认同感上所做出的各种尝试，以期解锁宗亲会在新时期如何顺应时代要求，结合地方特色，发挥其服务社会的作用。

福建漳州龙海紫泥望族宗祠调查*

一、紫泥镇的概况

（一）紫泥镇的地理概况

紫泥镇位于福建省漳州市龙海区东北部，地处福建省第二大河九龙江出海口，南望石码、海澄，北邻角美，东距厦门 11.5 海里。宋淳祐以前，紫泥镇属龙溪县永宁乡海洋上里。清朝时属龙溪县二十八都。据清乾隆《龙溪县志》载，紫泥"昔称三洲，乌礁、紫泥、浒茂也……今则合二为一也"。1958 年更名为"紫泥人民公社"，1984 年改为乡，1992 年改为镇。九龙江南北环抱紫泥镇，又穿过镇中间，因此，紫泥镇实际由浒茂和乌礁南、北两个岛屿组成。紫泥下辖溪墘村、紫泥村、下楼村、世甲村、锦田村、南书村、西良村、安山村、城内村、溪洲村、溪霞村、新洋村、仁和村、金定村、巽玉村 15 个行政村及 1 个镇办农场。

（二）紫泥镇的产业发展状况

紫泥地处九龙江北溪、西溪汇集的下游，属典型河口冲积洲。流域面积 1.47 万平方公里，河流冲积物和海积物形成的乌泥田、灰泥田是紫泥镇农业种植发展的良好条件；镇内港道交错，河网密布，水质良好，海堤线总长 55.6 公里，有可利用的淡水水面 1.5 万亩，浅海滩涂 4 万亩，是紫泥水产养殖和近海捕捞发展的重要保证。隶属于紫泥的溪墘村（从事外海捕捞作业）和巽玉村（从事内海捕捞），与海澄镇的玉枕村，浮宫镇的海山村并称龙海，是现今仍从事海洋捕捞的四大著名渔村。以溪墘村为例，村子自己造船，自己组建船队，到台湾海峡进行捕捞作业，现在仍有 13 艘渔船在金门捕捞，主要以"笼壶"形式进行作业。1990 年，厦门港渔船在帕劳设立外海捕捞补给基地后，溪墘村的外海捕捞线路也延伸至帕劳，渔民可在帕劳补给水、油和食物，也可在帕劳对捕到的海产品进行初加工、冷冻处理。

---

* 调查时间：2020 年 1 月 11 日。调查对象：杨冰跃，城内村村民，35 岁，高中文化程度；吴福来，紫泥村村主任，46 岁，初中文化程度。林斌能，新阳村文书，47 岁，高中文化程度；吴氏祠堂管事，吴氏族谱整理者，郭氏祠堂管事，郭氏族谱编撰者。调查地点：城内村龙舟制作坊、吴福来家中及所经营的船寮、吴氏祠堂、郭氏祠堂。撰稿人：苏冬梅，厦门理工学院副教授。

二、紫泥村的调研

（一）紫泥村基本信息

紫泥村在明朝隶属龙溪县二十八都乌礁洲社，清朝时属龙溪县二十八都乌礁保，民国三十六年（1947）归属乌礁乡紫泥保，1952年紫泥保改龙溪县第四区紫泥乡，1958年9月属海鹰人民公社，1959年海鹰人民公社改为紫泥乡，1984年紫泥乡改为紫泥镇，紫泥村也随之改为紫泥大队、紫泥村。下有南社、北社、汾野、内岸、土楼、下尾洋6个自然村。

紫泥，当地人俗称"涂仔"，位于乌礁岛的东南部，东接下楼村，西面与北面紧邻溪墘村，南部紧挨九龙江，具有丰富的滩涂资源。紫泥村开基至今已有800多年。关于当地的人口迁徙流传着这么一句话："一徐，二郭，三张，四吴。"即先有徐氏子孙来此开疆扩土，后有郭氏、张氏来此落户，吴氏始祖入紫泥。但随着历史的变迁，现今紫泥村的人口构成已经发生较大的变化。截至本课题调查时，吴姓子孙跃居第一，共2000多人，占人口总数的74%左右。而郭姓村民则随着大部分人口迁往浮宫镇或西良村，人口锐减至300人左右，张姓人家现只剩41户。

紫泥村地处海岛，过去村民饱受水灾频繁、耕地稀少之苦，长期过着"苦堤、苦路、苦水"的苦日子，靠着"讨小海"艰难度日。20世纪60年代，依托丰富的滩涂资源，村民们大力发展粮食种植，一度成为华东地区"粮食高产红旗单位"。改革开放以后，政府号召造铁壳船，紫泥村以此为契机，充分发挥其沿江的地理优势，大力发展造船业，以修理制造为"龙头"，水产加工、水上运输和海洋捕捞各行业齐头并进，形成了较为完整的产业链。沿江两岸大大小小的修造船厂最多时有23家，其中较大规模的有4家，修造的船舶最大的达8000吨级。另外，还有制造玻璃钢船的船厂2家。造船厂多以制造运输船、运沙船为主。与江浙一带的造船厂相比，其所造运沙船尤为出名。连同其造船配件加工产业，全村总产值可达1亿多元。其著名的龙舟制造技艺和丰富的庵堂、宗祠资源使其在紫泥镇的15个村中显得更具科考价值。

（二）紫泥村的"龙舟文化"

1. "扒龙舟"的习俗

说到划龙舟，早在战国时期就已存在。作为半宗教性、半娱乐性的祭祀仪式，早期的划龙舟是刻成龙形状的独木舟在江河湖中竞渡的一种竞技活动，既娱神又悦人。关于划龙舟的来源，不同地区有不同说法，或为纪念屈原，或为纪念伍子胥，江浙绍兴地区划龙舟兼有纪念当地出生的近代女民主革命家秋瑾的意义。但普遍流传的说法是与战国时期楚国爱国诗人屈原有关。据说源于楚人因不舍屈原投江死去，争先恐后划舟前往拯救，追至洞庭湖，划龙舟既为拯救投汨罗江而死的屈原，也为驱散江中之鱼。

在漳州龙海，划龙舟（当地称"扒龙船"）大抵源于颜厝镇的马州村，据传当地龙舟赛已有600多年的历史。马州村的龙舟还有明代英宗皇帝赏赐的黑地白月旗。龙海的龙舟节每四年举行一次,时间固定在农历五月初七。届时,周边的乡镇,甚至各地宗亲都会组队参加。龙舟赛成了一项群众喜闻乐见的比耐力、体能、意志的竞技运动,既激发了村民团结协作的团队精神,也增进了村民的集体认同感。

2. 龙舟制作技艺

鉴于当地村民对"扒龙舟"这项体育赛事的重视和喜爱,为了吸引更多年轻人积极参与到这项既能提升村镇知名度,又能增进集体荣誉感的运动中,龙海的各个乡镇都有"龙舟协会",大多数"龙舟协会"均逾百年历史。龙舟协会的主要活动就是组织村内青壮年参加每年举办的龙舟竞渡比赛。如城内村"龙舟协会",就有161位成员,遍布7个自然村。村民们出钱出力投身到"扒龙舟"中,这俨然成了每个村庄的一大盛事,因此,拥有自己村庄的龙舟,也就成了村民们的愿望,随之而来的就是龙舟制造产业的发展。此次所调查的位于城内村的一个船寮就有三条龙舟在制作中,最长的一艘为33.20米,其余两艘分别长20.9米和27.6米。制作费用全部由村民捐赠。另外一个位于下尾村的船寮,也有一艘船已开工,旁边所贴的捐赠者中不乏一次捐赠2万元者。

由紫泥村村民委员会主任吴福来开办的龙海市紫泥镇紫泥村耀福龙船加工厂,就因其龙舟制作技艺而列入"漳州市非物质文化遗产"。他的龙舟制作流程大致为:选材(选底骨、龙骨,主要选垂直的大杉木做底骨)、切木、起底(钉蝴蝶底,起蝴蝶底)——打水平(定中线,平衡蝴蝶底)——转水(安装挡水板)——做大旁(也叫"钉大波",舟两侧板)——做横挡(舟排骨)——起水(拗弯龙骨,呈流线型,安装龙骨)——安龙肠(俗称"扒竹")——上桐油灰(板与板之间缝隙加固,防漏水)——抛光——涂清漆(扫桐油)——制作安装龙头——安装尾舵——制作木桡——请船下水。吴福来自己的船寮就有三个,钉造的龙舟主要有"大龙舟"(俗称"尖仔船"),体长25米,船高0.66米,35对桡桨,两头翘起;小龙舟(俗称"披仔船")体长12米,24对桡桨。龙舟结构有龙头、龙尾、龙骨、龙肠、板等,活动部分则有木桡、龙舟鼓、双铜锣及龙旗。

(三)紫泥的"庵堂文化"和"宗祠文化"

1. 紫泥的"九庵十祠堂"

相比于排在第一位的下楼村的6700人,新洋村的6400人,以及城内村的6200人,紫泥村3600左右的人口并不多,但是整个村庄竟有大大小小的庵堂、祠堂近20个,在明末清初就素有"九庵十祠堂"之称。"庵"字,在当地民间将供奉神祇的建筑俗称为"庵",是佛道融合的产物。"九庵"供奉着闽南地区各方诸神:五福宫供奉保生大帝,安泰岩供奉观音佛祖,福兴庙供奉周府将军,上帝宫供奉玄天上帝,福德祠供奉福德正神,清水庙供奉清水祖师,王公庙供奉王公,下尾洋庵供奉玄天大帝,辛妈庙供奉辛妈夫人。而祠堂更是各个姓氏村民祭拜祖先的神圣所在。此次我们重点考察了紫泥最具代表性的两家祠堂,即吴氏祠堂与郭氏祠堂。

2. 吴氏祠堂

吴氏祠堂,当地人称吴氏家庙,在紫泥每个自然村均有。位于紫泥村汾野社的吴氏家庙,名"世泽堂"(旁边还有一座"乐川祠",在霞尾洋社也有一座,都是吴氏祠堂),临近现在的紫泥村部。始建于明嘉靖年间(1530年左右),迄今已有近五百年历史,至乾隆乙未年（1775）重修。可惜的是，该祠堂于1971年改建为小学，1996年小学迁至新校舍，2002年按原方位形制重修，为二进三开间，建筑面积256平方米（一说308平方米）。新建的吴氏宗祠，富丽堂皇，雕梁画栋，极具闽南庙宇建筑风格。中门上面挂着"吴氏家庙"牌匾，两旁门柱上书对联"渤海家声远，延陵世泽长"，昭示紫泥吴氏的历史渊源。门边的一对石鼓，以及祠堂前面石埕竖立着的左右各四座的旗杆石，都彰显了吴氏先辈政治地位的显赫。

据《吴氏族谱》记载，紫泥吴姓开基始祖吴可深，为南宋嘉定十年（1217）状元吴潜的六世孙，吴氏一世祖。吴姓尊泰伯为始祖，吴潜五世孙瑞，为南宋末吏部尚书、苏州知府，居同安霞梧。瑞传四子，即可行、可隐、可远守祖霞梧，第四子则迁往同安县马巷。进而又迁龙溪县石美社埭仔尾角，再移居海澄县青浦社，于元朝武宗至大三年（1310）入紫泥社建基。此后吴氏家族繁衍紫泥六社，开枝于溪墘、玉枕、东美桃州社，并传裔于今龙文、芗城、南靖、厦门、同安、安溪、罗源、兴化、汀州、江西、安徽、台湾，以及今天的泰国、印度尼西亚、新加坡等地。按吴氏辈分序列（第六世起）：继世子道淑，万义士元辉，瑶玉振金声，成大业理明，德立耀宏才，吴氏子孙可以此认祖归宗、寻根溯源。

进入祠堂，正厅两侧除了摆放一对金瓜和一对"回避""肃静"的牌子，还竖立着四块官衔牌。左边两块分别为"祁门县正堂"（指清雍正甲辰科进士吴氏十二世子孙吴开业，时任江南徽州祁门县正堂，敕封文林郎）和"惠潮兵备道"（指明隆庆二年戊辰科进士，吴氏九世子孙吴道迩，时任广东副使，惠潮兵备道）；右边的两块上书"两广总督"（明嘉靖四十一年壬戌科九世子孙吴善，字符夫，任兵部右侍郎，总督两广）和"八闽道学"（明隆庆二年戊辰科进士，九世吴道薄，任福建提刑按察使司佥事督学）。这些都是吴氏子孙引以为傲的先辈。在吴氏族谱中，延陵衍派名人众多。如明天启甲子科举人十一世吴起元，后任广西知府。吴必达，清雍正八年（1730）武进士，任广东福建水师提督等。海外还有祖籍浮宫西兴社、曾任泰国国会主席的吴楼质（那卡－能集），以及槟城富商，曾任同盟会槟榔屿分会会长的吴世荣。

吴姓子孙中最出名的莫过于在闽台、两广地区，甚至在东南亚华人、华侨中被称为"保生大帝"或"大道公"的吴夲。他生于角美白礁社吴姓家族，系泰伯、季扎后裔，其祖先入清溪（今安溪），分临漳（今漳州），其父吴修齐为吴氏九世子孙，北宋初年寓居银同（今同安区）之南滨海的白礁（今属漳州），后于太平兴国四年（979）生吴夲。吴夲便是生而成为神医的，死后又被奉为医神的"保生大帝"。他一生救人无数，在他死后的宋绍兴二十年（1150）被宋高宗下诏立庙于白礁，后又有宋孝宗赐庙名为"慈济"。

3. 郭氏祠堂

郭氏祠堂，当地称郭氏家庙，名"崇本堂"，位于紫泥村霞美洋社，迄今已600多年。为典型的闽南建筑风格，飞檐翘脊、斗拱、青石浮雕、彩绘工艺，风格古朴。据明弘治戊午年（1498）续修的《郭氏族谱》，"始祖自后稷其来远矣，至十五代虢叔公，封于太原，以郭为姓，……至子仪公，号尚父，历仕四朝，兼中书令，摄家宰克伐两京，再造唐朝之社稷……功盖天下而不疑。年八十五而薨，民蒙其功，奏请庙祀，谥忠武，为汾阳王，后因以汾阳为郡也，八子七女（一说'八女'），至嵩公始入闽，避福州新宁县文芝山，为入闽始祖"。

郭侨,据华人公馆中甲必丹的档案记载,原籍福建海澄,是巴达维亚甲必丹①郭郡、雷珍兰(甲必丹的助手)郭训的哥哥。康熙十一年(1672)被荷兰东印度公司提拔为三宝垄甲必丹,康熙三十四年(1695)六月十日被任命为巴达维亚雷珍兰。

回国后,他捐资谋得户部郎中一职,并且为家乡捐千金建海岸、渡口,方便两岸百姓过渡(根据现存放于浮宫村广济宫的《浮宫义渡田亩印契碑记》和《重修海岸渡头浮宫义舟碑记》记载),其与兄合捐两只义渡船;此外还带头捐资兴建凫溪码头,开辟了外海船运的门户。康熙四十一年(1702)与其兄捐建海澄树兜桥(位于现在的龙海市崎沟村),此桥虽已毁,但在清吴锺所撰的《邑侯加式级陈公重建树兜桥功德碑》(漳州海峡文史馆江焕明拓)中有明确的记载。

---

① 马来语:kapitan Cina,荷兰语:kapitein,意思为"首领",是葡萄牙及荷兰在印度尼西亚和马来西亚所推行的侨领制度,即任命前来经商、谋生或定居的华侨领袖为侨民的首领,协助处理侨民事务。

海口三联村吴氏宗祠海洋人口迁徙调查

一、三联村渔港

三联村由亮肚、亮脚、外坪三个小渔村组成，位于海口市美兰区新埠岛东北侧，北临琼州海峡，东临南渡江入海口。海口新埠岛四面环水，岛上河汊纵横，水塘密布，岛上居民一直以渔业生产为主业。因地势低洼屡受台风、海潮和洪水袭击，土地盐碱化，农作物种植效益欠佳，故农业一直处于附属地位。新中国成立后特别是1978年改革开放以来，利用地处海口市近郊的地理优势，三联村先后兴办了一批建筑队、建筑公司（如"三建""六建"）、木材加工厂、家具厂，形成了以金水门海鲜食城为主导的旅游餐饮业、以"三建"和"六建"为龙头的建筑业、以三联海水养殖场为主的海水养殖业、以新东片区为主的木材家具业，以及以三联土尾捕捞船队为主的海洋捕捞业等集旅游、餐饮、建筑、养殖、家具等为一体的产业结构。

南渡江奔流入海，为琼州海峡带来了大量的营养饵料，使得南渡江入海口海域形成了一个天然的大渔场。三联村因地得利，所以，三联村的村民祖祖辈辈有着出海捕鱼的传统。三联村有村民1000余户，其中仍有180余户村民依靠传统的捕鱼方式向海谋生。当地渔民主要渔获有：小黄鱼、马鲛鱼、带鱼、金鼓鱼、竹荚鱼、梭子蟹、白鲳鱼、刀额新对虾、腊鱼、舌鳎。

三联村临江一侧即为三联村渔港，全长约1公里。三联村渔港停靠着来自岛内的各地渔船，其中，海口、乐东两地的渔船较为多见。三联港内的渔船均为木质渔船，船长在10~20米（图1），主要依靠柴油机驱动。由于木质渔船难以抵挡远海的狂风巨浪，因此，沿岸捕鱼与近海捕鱼是三联村渔民的主要谋生手段。相对较远的海域进行捕捞的渔船，为保证渔获新鲜，船东通常会配备保鲜冷柜；即便没有保鲜冷柜，也会在船上准备一些冰块。

---

* 作者：郑力乔、卢和妤、杨景霞。

调研小组：郑力乔、胡爱民、杨景霞、卢和妤、康心想。图文执笔：卢和妤、郑力乔、杨景霞、胡爱民。调查时间：2023年2月19日。调查地点：海口美兰区新埠街道三联社区。调查对象：陈占昕，70岁，莺歌海人（职业：做临工）；吴乾春，52岁，三联村亮肚巷人（职业：渔民）；吴坤桥，57岁，三联村亮肚巷人（职业：渔民）；调查内容：三联村渔民渔业生产生活、信仰及海洋人口迁徙。课题项目：国家社科重大基金项目"中国东南海洋史研究"【19ZDA189】。

图1　渔船

沿着临江村道往东南方向一直前行,即可望见不远处的新东大桥。新东大桥将新埠岛与江东紧密地连接在一起,也将三联村与海口市区紧密相连,因此三联村也被称为"离城市最近的渔村"。

新中国成立前,三联村渔港几乎没有码头设施,渔民生产力低下。直至1965年,国家大力支持渔业发展,投资修建码头、避风塘以及防浪堤等设施,三联村渔港才逐渐发展到今天的规模。

三联渔港沿岸随处可见编织好的渔网、捆绑好的白色的圆形泡沫塑料浮标,还有十几米长的铁制网桩。沿岸设置了许多渔船装卸平台,每个平台处都建有水泥锚桩,用于系住靠岸的渔船。而沿岸的卸鱼平台内壁,采用长篙和轮胎设置了渔船防撞带,以减少渔船在泊岸时因风浪发生碰撞而造成的损坏。

三联村是海口市渔业经济的一个缩影,根据《海口市志·渔村、渔场、渔港》中的资料记载,1977年,海口市有纯渔业生产大队7个,渔业劳动力24800人。1990年,全市渔业人口11052人,出海劳动力1940人,养殖专业劳动力86人;拥有海洋机动渔船711艘,总马力9763.7千瓦,总吨位5266吨;渔具种类主要有钓具、刺网、张网、拖虾网、地引网等20多种;其中,张网2100张,流刺网5750张,钓具1050筐,杂业网120张,以及海底工具一大批,总固定财产达600万元。

二、三联村吴氏宗祠

三联村的西端坐落着吴氏宗祠。吴氏宗祠始建于民国四年(1915),重建于民国二十五年(1936)。现宗祠占地面积326平方米,建筑面积100平方米。宗祠大门上悬挂的牌匾上书"吴氏宗祠"四个大字,红底黄字,大门左右两侧的对联上写着:迈节衍派传千载,亮肚蕃支兴万代。宗祠内两边山墙上悬挂两张巨幅合影照片,是亮肚村吴氏宗祠改建落成暨纪念祖公诞辰所拍摄的宗亲合影留念照,落款时间为2007年10月19日。走进祠堂,见室内屋顶中间横梁上贴着"厚德载福"四个大字,中间供奉的牌位上书"渤海堂"三字,对联:敬祀吾先祖,佑启我后人。祠堂面朝大海,出祠堂,可见一面山墙作屏风,中间书写一"福"字,旁边对联为:忠孝持家远,诗书处世长(图2)。

吴氏宗祠供奉着迁入亮肚村的吴氏始祖。据民国二十五年(1936)的《重建祖祠碑记》记载:"祖士豪公自迈节迁居以来,迄今八世矣……"由此可推算三联村吴氏早在三百年前就开始在亮肚村小组繁衍生息。渔民吴春桥告诉调研人员，亮肚村的吴氏始祖来自福建，第一位迁至亮肚村的渔民的名叫"吴贤秀"。

由于宗祠年代久远，曾历经多次重建。正如宗祠旁的碑记所载：宗祠墙斜瓦损、檩腐椽朽，吴氏族人曾于2005年11月21日成立了宗祠改建理事会，由族人慷慨解囊，共筹资26万元，于2007年农历三月二十六日动工改建，同年九月初三竣工。

图2　三联村（亮肚小组）吴氏宗祠

宗祠外围墙上新刻一功德榜简文：

> 物本乎天，人本乎祖。人重其祖，则子孙蕃、丁财旺。东头村儒房坡祖墓系本村吴氏始祖士豪公于乾隆六年（1741）孟冬立，因江东开发建设需要，祖墓（用地）被征用，选址迁移祖墓成为我氏全体宗亲的头等大事。2022年6月11日下午，我氏在宗祠召开宗祠理事会成员、宗亲父老、各公婆室代表、应届公头等人员联席会议，共同讨论祖墓迁移选址与资金来源问题。会上大家充分讨论、酝酿形成共识，一致同意通过宗亲、族众乐捐和族里原存资金将祖墓迁至澄迈县白莲镇山清水秀、环境优美的海福陵园，并决定将宗亲、族众乐捐芳名留榜。会后，广大宗亲、族众慷慨乐捐，共集资388513元（其中，宗亲与族众捐款252100元，宗祠积累41434元，历届公头公益基金存款35279元，祖墓迁移补偿款29700元，村经济社赞助30000元），公元2022年6月21日，祖墓顺利迁至海福陵园佳成。墓地耗资333600元，余款除用于前期迁移费用和后期刻制芳名榜之用外，最后结余款转为宗祠维修基金。现将我氏宗亲、族众捐款芳名刻榜留念，励志后人，善孝为先，功德永存，永世流芳。2022年季秋月。

在三联村还有座康皇庙，供奉的是北宋将领康保裔。

三、宗祠与公庙

由于三联村居民祖辈都是渔民,希望神灵保佑他们出海捕鱼平安归来。所以,三联村并不大,周边的祠堂与公庙却并不少。

(一)埠头兄弟庙

靠近三联渔港东岸,是埠头兄弟庙,此庙占地面积不大,但从其建筑风貌上看已有年月(具体建筑年代待考)。埠头兄弟庙面向海湾,与大海相距不过一百多米。其建造缘起的说法目前有以下两种。

一是为纪念一名由徐闻逃亡至本岛亮肚村的改邪归正的海盗而建。相传"埠头兄弟"乃是一名海盗,由于他在徐闻一带海域作恶多端被当地人称为"埠头霸"。他担心地方民众报复,遂逃亡至海口亮肚村。因其浪子回头,改邪归正,后被当地一位村民收为养子。但由于夙仇旧怨,"埠头霸"家乡的海安人仍旧追杀至此。他最终惨烈而死,并被抛尸大海,三天后其尸体浮出海面,被其女儿拉上岸来埋葬。本地人认为老天爷原谅了"埠头霸"的旧恶,并使他日后显灵,以及"埠头霸"的煞气为原本柔弱的亮肚村人增加一些勇气。所以,乡民在海边为他盖了一座"兄弟庙",以纪念他的改邪归正并保村民出海平安。

二是发源于潭门,为的是庇佑渔民捕鱼平安归来。因本港埠头的渔民出海捕鱼的时候常常会遇见或网到一些海上漂流的无名死尸,这在渔民看来是一件不吉利的事情。在渔民看来,这些罹难于海上的人,多半死于非命,冤屈怨念极重。因此,为安抚这些意外身死在海上的魂灵不让其兴风作浪,同时也为保佑海上渔民出入平安,渔民就为这些死难的人共同修建了这座埠头兄弟庙。因不知如何称呼,且不知他们的具体容貌,所以未设神像,仅以"众兄弟"统称。

三联村的这座埠头兄弟庙陈设相对简朴,不计庙前空场,其建筑本身的占地面积与一般的土地庙大小相近,七八平方米。加上庙前的香插场地,总体面积也不过二十平方米。门楣从右至左,上书:埠头兄弟庙。门框上贴有对联一副,上联:护佑乡坊长福禄;下联:扶持老少永安怀。横批:神德无疆(图3)。对联已经泛白,说明近两三年未举行过除旧迎新或其他重大仪式。

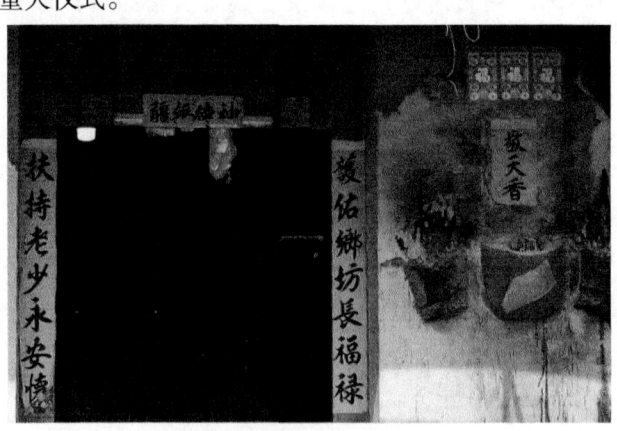

图3 埠头兄弟门楣及对联

进入庙内,庙厝的梁上正中贴着几个用毛笔书写的繁体大字:海业丰登。在横梁后侧的正下方,即可看见披着红盖头的供奉牌位。

牌文上书:本港埠头众兄弟之神位。

结合该供奉牌位,可以判断此庙当为纪念此海港区域死难的众魂灵而建,即"众兄弟"指海上罹难的众魂灵,而非单指徐闻那些从海安逃亡过来的埠头兄弟。这与学者李庆新对"兄弟公"文化源起的考辨相一致。学者认为,兄弟公信仰中有两个主神——孤魂和兄弟公,在后世的发展过程中最终二神重合。①

从牌位前香炉中满溢的香灰来看,前往埠头兄弟庙谒拜的村民不在少数。在庙厝的右墙上贴着为纪念埠头兄弟公诞辰的捐款名单(图4)。名单共分为三个村:亮肚村、外坪村、亮脚村。由此可见,埠头兄弟庙是为三联村村民所共同信奉谒拜的庙厝。

图4 埠头兄弟公诞辰捐款名单

此外,在埠头兄弟庙门前左侧,设有水泥浇筑的方灶,应是为祭拜的村民烧纸所设。方灶上刻有文字:"二〇〇〇年三月初九"字样,此字样应是用泥浇筑而成(图5)。

图5 埠头兄弟庙

(二)六皇庙

与埠头兄弟庙遥相呼应的是六皇庙,两庙宇相距不到200米。相较于埠头兄弟庙,六

---

① 平兆龙、王元林:《神起域外:琼越兄弟公信仰缘起新探》,《东南亚研究》2020年第6期,第140-152页。

皇庙显得气派而庄严。调研组一行前往六皇庙时，六皇庙的院门敞开着，但未闻动响，也未见来人。因此六皇庙的具体情况有待进一步探寻。目前仅能从六皇庙所供奉的牌位得到微薄信息：海外周六皇太子公之墓。

六皇庙坐落于一座简易大院内，穿过大院铁门，即可看见白墙红瓦的六皇庙。六皇庙占地500～600平方米（目测），门庭上书对联一副：六德施仁千家颂，皇孝敬爱万子孙（图6）。

图6 六皇庙组图
1 六皇庙所在大院入口；2 六皇庙正门；3 六皇庙香龛；
4 六皇庙供奉的牌位；5 六皇庙外墙

六皇庙院内和院外都很干净，可见有专人打扫，由此也可以看出，当地乡人非常敬重六皇庙。

（三）罗公太师庙

亮肚村罗公太师庙重建于1998年，和大多数宗祠庙坊一样，太师庙门前也呈示对联一副，对联上的字为水泥浇铸而成，呈黄红色。其上联为：大公英灵镇乡坊，下联为：师祖显赫于民间。横联：罗公太师庙（见图7）。

此外，在罗公太师庙外展的墙翼处亦有一副对联，但因字迹模糊不清，难以辨识，依稀可辨为："魂（？）出忠良光世泽，肚（？）传孝友振家声"。

图7　罗公太师庙

从墙上所粘贴的公布于2019年4月16日的罗公太师庙年度支出经费红头纸可以看出，公庙理事会在重大节庆日（如农历春节）举办过火山、抬公、夜戏等传统活动，而这些活动经费及附带开支均来自三联村村民的募捐（图8）。从罗公太师庙诞辰乐捐名录来看，捐款的乡民主要来自吴氏家族，由此可见，该庙在三联村吴氏乡人心中的地位。

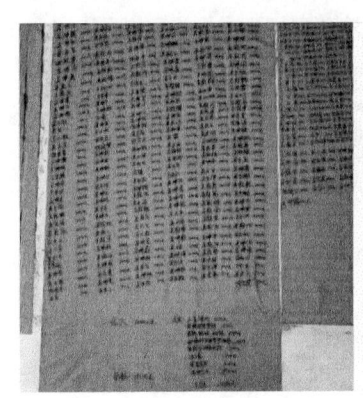
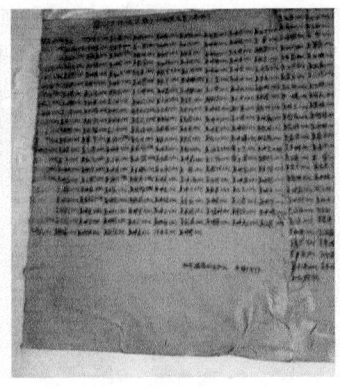
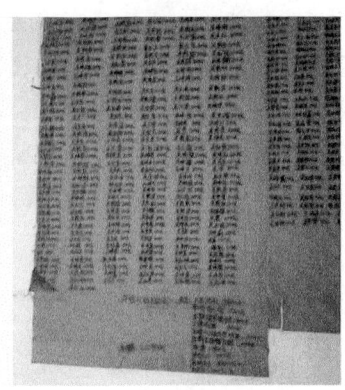

图8　罗公太师庙诞辰乐捐名录

四、调研心得

（1）宗祠是凝聚宗族文化、祭祀先祖的场所，海南宗祠文化繁盛，海口、定安、澄迈、万宁、三亚有多家宗祠被列为"文物保护单位"。例如，位于海南澄迈老城镇石矍村的冯氏大宗祠是"国家级文物保护单位"。其始建于唐高宗末期，北宋年间重新修建，为祭拜冯宝、冼夫人所建，历经1300多年。我们这次调研的吴氏宗祠当为众多宗祠中的一个，是研究海南移民文化的重要素材。对明清以来保存下来的宗祠，可以从其地理分布、内部摆设、碑刻、对联、人口、方言、生产、习俗、礼仪、建筑形态等内容做一次横向的调查统计分析,而对其历史分期演变可以做一次纵向的研究,一横一纵,基于知识图谱做可视化研究,是从数字人文角度分析海洋人口迁徙的好课题。

(2) 陈春声在《信仰与秩序:明清粤东与台湾民间神明崇拜研究》[①]一书的《序言》中指出,民间信仰的作用至少反映在以下三个方面:① 作为一种认识手段,民间信仰可帮助我们更深刻地理解仪式和节日活动背后,人们关于宇宙、时间、生命及超自然力量等问题所持有的观念;② 弥补接受现代教育成长起来的研究者的知识缺陷;③ 揭示中国社会内在秩序运行的"法则"。他尤其强调的是第三点,作为一种表达方式,民间的信仰和仪式常常相当稳定地保存着在其演变过程中所积淀的社会文化内容,更深刻地反映乡村社会的内在秩序。正因为如此,我们才能够把在某一"共时态"中见到的乡村庙宇及其仪式行为,视为一个复杂的、互动的、长期的、具有历史过程的"结晶"和"缩影"。我们相信,通过民间信仰所反映的"社会空间",实际上"全息"地反映了多重叠合的、动态的、社会演变的"时间历程"。从实地调研看,情况确实如此。沿海渔村的渔民随着生产方式的变迁,传统的耕海作业日渐寥落,造船业关停,船主工匠群体后继无人,而乡村神明崇拜和民间信仰仪式却能够存续,并继续影响着人们的生活。海口三联村的埠头兄弟庙、六皇庙、罗公太师庙、三亚南海渔村的南海龙王神洲庙,庙宇香火鼎盛,乡村公共空间仪式代代传承,至今人们仍然能够从中感受其生命力。

(3) 在海口三联村看到由乐东莺歌海过来捕鱼作业的渔民,熟练使用定置网技术在琼州海峡作业,与莺歌海当地的定置捕捞作业相似;在陵水新村港和昌江海尾看到连成片的临高船,岸上聚居的临高村;在三亚南海渔村和崖州渔港看到的儋州渔民和渔船;在昌江海尾港调研时,老渔民说他们以前都是到三亚港去捕捞带鱼等高价值的渔获拿上岸交易。这些沿海因追逐鱼群而迁徙到异地作业捕鱼的渔民,是海洋人口迁徙中值得注意的一种类型。对于这一现象和类型的研究,对深入了解海洋社会有着重要的意义。

[①] 陈春声:《信仰与秩序:明清粤东与台湾民间神明崇拜研究》,中华书局2019年版。

儋州洋浦千年古盐田谭氏宗祠及人口迁徙调查*

一、儋州历史人文

儋州，古称儋耳、儋县，是海南最早设置行政建制的地区和开启琼岛文明先河的地方，自西汉元封元年（前110年）起设置儋耳郡，史料有明确记载：

> 汉武帝斩南越，遣使自徐闻渡海略地，置珠崖、儋耳二郡。今雷州徐闻县递角场，直对琼管，一帆济海，半日可到，即其所由之道也。元帝时以海道闭绝，弃之。梁复置崖州。隋时领县十。是时海南止一州耳。唐贞观五年置琼州，今琼管靖海军节度是也。武德五年置儋州，今昌化军。龙朔二年置万安州，今万安军。武德五年置振州，后改曰崖州，今吉阳军。四州军乃海上一洲耳。中有黎母大山，四州军环处其四隅，地方千里，路如连环。欲历其地，非一月不可遍。琼管再渡海至吉阳，所谓"再涉鲸波"者也。夫广西去朝廷固远矣，海外州军又加远焉，不得不置小帅以临之。琼守权，能摘发四州军官吏，今兼本路安抚都监，提辖海外逐州军公事，良以此也。①

儋州历史悠久，源远流长，其人口迁徙、语言融合和经济社会发展嬗变，汇聚成独特的人文基因和重要的文化密码。

公元前111年（西汉元鼎六年），伏波将军路博德部属讨平南越，进驻海南岛。翌年（西汉元封元年），汉武帝在海南岛上设珠崖郡和儋耳郡，属交趾部刺史。儋耳郡治在西北部南滩浦（今信县三都镇旧州坡），领儋耳、至来（今昌江县）和九龙（今东方市）三县。②

汉元封元年（前110年），海南设立珠崖、儋耳两郡后，郡县官员及其家人、随从和大量军队入琼，开启了历史上第一次由政府组织的大规模的人口入迁。汉人就是沿着西部航线经琼州海峡和北部湾海域到达了今海口、临高、儋州一带，并以此为据点，沿水

---

* 采访时间：2021年4月4日。采访地点：儋州洋浦千年古盐田（盐田村）谭氏宗祠。被采访人：谭学盛，66岁，儋州市洋浦盐田村人，祖上从福建莆田迁来海南，盐田村谭氏公祠管理者，《民国儋县志·儋县志初集》"人物志"所载清廪贡生谭凤书的孙子，16岁开始随家人出海；文化程度为初中；懂制盐、开船、修船、捕鱼、建房。采访人：郑力乔、胡爱民。项目：国家社科基金重大项目"中国东南海海洋史研究"【19ZDA189】中期成果。

① 周去非：《岭外代答校注》，中华书局1999年版，第45页。
② 韩祐重修，林冠群点校：《康熙儋州志》，海南出版社2004年版，第11页。

路向岛的北部、东部移民；另有一路向岛的南部推进。①

据资料，唐代时，儋州有3309户；元代有9627户，人口23652人；明代有11932户，人口49027人。在明永乐十年（1412）时，儋州有45975人；其中，黎族人口7421人，占总人口的16.14%。清代至1949年新中国成立之前，人口发展较缓慢，1949年，全县有15万余人。

二、儋州洋浦盐田村

儋州洋浦盐田村，全村有七八百人，谭姓有200多家，其他姓氏有500多家。谭姓是儋州的小姓。祖庙历时有上百年，其间有过重建（图1~图3）。祖庙中建有一座塔。

图1　儋州洋浦盐田村谭氏宗祠　（郑力乔摄于2021年4月4日）

图2　谭氏宗祠大门	图3　谭氏宗祠大堂
（胡爱民摄于2021年4月4日）	（胡爱民摄于2021年4月4日）

儋州洋浦千年古盐田（图4）是我国最早也是最后一个日晒制盐点，距今1200多年，总面积750亩，有7300多个形态各异的砚式盐槽，年产量500吨。千百年来，沧海桑田，如今在现代化厂区林立的洋浦经济开发区内，盐田村人依然在古老的盐田里沿袭着1200

---

① 中共海南省委党史研究室（海南省地方志办公室）：《海南与海上丝绸之路》，清华大学出版社2018年版，第55页。

多年来古老的制盐技艺,被人们称为洋浦最早的"工业"。2008年,洋浦千年古盐田古老晒盐工艺,被列入第二批国家级非物质文化遗产保护名录。儋州市的海盐晒制技艺保持了古老、传统、原始、独特等特征。其制盐工序从"煮海为盐"演变为"晒海成盐"的成熟工序,产出的盐巴是经过太阳晒干的海滩泥沙浇上海水过滤成卤水后,浇洒在玄武岩石槽上晒干而成。

图4 儋州洋浦千年古盐田
(胡爱民摄于2021年4月4日)

三、采访人及其背景

谭学盛16岁开始随家人出海;20多岁开始独立开船,懂制盐、修船、建房。年轻时开船搞贸易,从洋浦开到海头,拉石头去卖,在洋浦买是两毛钱,拉到海头卖是三毛五,每块石头挣一毛五。船是自己装的,以前的木船要6000多元到3万元,两个帆的船;9米长的玻璃钢船要4万元,开了6年玻璃钢船。

《民国儋县志·儋县志初集》"人物志"记载了谭学盛的先祖:谭凤书,清廪贡生,为人爽直,博学多能,解纷排难尤具热心。平生设馆授徒,成材者众,寿享78岁。如今在盐田村村口建有一座巍峨的公祠堂,祠堂正中供奉着这位清代贡生的牌匾。

谭学盛讲起这位先祖颇为自豪,说他当年考试是以第一名的成绩被录取的。当年,先祖就是走路去海口考取了第一名,当时名震琼州府,后任琼州知府,那是在清代光绪年间。如今谭氏族人迁琼已经有三十代了。近代谭氏后人中有考上复旦大学的,也有开"航母"的,高考取得600多分的人有很多。

周围的村庄都没有盐田村的读书人多。出海捕鱼主要是以钓鱼作业为主。原来的村民有45人制盐,现在有200多人;因为盐田不够,一些人只好出外打工。这里生产的盐不加碘,用传统方法晒制海盐,也就是我们俗称的"老盐",均为自然结晶的细颗粒,咸中带甜,而且晒出的盐本身就含有碘元素。平时村里人牙龈肿痛,只要含一口老盐水,很快就能消肿。

谭氏宗祠内建有敬字塔,高约2米,共5层,已倾斜,塔身红白镂空,装饰花纹砖,雕花,印证着文化的兴盛历史,还传承着重学重文之风气。

敬字塔,又有敬字亭,始于宋代,也称"惜字塔""字纸塔"等,发展到明清时达到顶峰。现存于全国各地的敬字塔数量不多，规格不一，但功用基本一致。敬字是体现古人"敬惜字纸，尊古圣贤"的理念。相传文昌帝君曾作《劝敬字纸文》，要人们珍惜写过字的纸张，用完以后要集中焚毁，以免文气流失。可见，古人认为，文字是神圣和崇高的，写在纸上的文字不能亵渎。敬字亭的出现是以行为规范为主导，从而劝诫人们不要随意乱丢字纸，有则集中销毁，并形成一种良好的社会风尚。据学者研究，早在宋代就已经存在"敬惜字纸"的习俗。就海南儋州而言，从兴建年代上看，较早的敬字亭建于清代中期，其余大多数敬字亭都为清代晚期所建。据了解，在儋州木棠镇的官屋村，何氏宗祠的前面有一座建于清代的"官屋村敬字亭"，坐西向东。敬字亭为3层石塔方形结构，基座130厘米×130厘米，塔身通高360厘米。

谭氏宗祠内的敬字塔是儋州地区乡村敬字塔的一个缩影。目前，儋州现存敬字塔（亭）有20余处，广泛分布在中和、木棠、大成、光村、峨蔓、新州、排浦、王五、雅星等地，大约占海南现存古塔数量的一半以上，敬字塔一般位于村庄的家族祠堂附近，这应与当地较为盛行的崇文重教的风气有关。在儋州地区，很多人都曾听过一首传统民谣："正月正，挂红灯；二月二，扎竹刺；三月三，插金簪；八月八，烧宝塔；九月九，熬盖酒。"其中的"八月八，烧宝塔"说的就是敬字塔（亭）的传统风俗。每年八月初八，由母亲带着家里的学童来到村里的敬字塔（亭）前，经过一番祷告之后将这些废纸放进敬字塔前（亭内）点燃焚烧。这一习俗寓意着尊重文字的人会得到上天的保佑，家中的学童也会学有所成，金榜题名。我们在谭嗣宗祠调研时看到敬字塔前香火旺盛，见证了这一古老习俗在洋浦盐田村的传续。

四、谭氏是儋州千年古盐田的传承人

在儋州能称得上"千年古盐田"称号的盐田主要有两处，一处位于现洋浦经济开发区盐田村，另一处位于峨蔓镇盐丁村。我们所采访的洋浦千年古盐田是中国保存得比较完好的古盐场，沿用至今的古老传统制盐工艺是中华民族民间传统制盐手工业发展的历史见证。这古老的晒盐工艺被列入国家级非物质文化遗产名录。

相传1200多年前，谭姓盐工从福建来到这里，发现这里海边石头上凹积的海水被烈日晒干后能结晶成白盐花，于是改"煮海为盐"为"晒海为盐"。经过世代传承和发展，盐工不断地改进晒盐技艺，形成"蓄海水—淹槽田—茅草过滤制盐卤水—石槽晒—收盐"等工序。千年盐田，现保存700多亩，石槽7300多个。这里的晒盐技艺从古代相传至今，成为见证洋浦工业发展历史的"活化石"，而谭氏家族则传承着这一手工艺。

万宁春园湾宗祠及人口迁移调查报告[*]

一、春园村及其地理环境

春园村为海南省万宁市万城镇下辖的行政村,地处春园湾,旧称"番园村"。春园村常住居民1000多人,主要以捕捞、养殖为业。春园湾前有大海,后有小海,小海水域风平浪静,渔业作业较为安全,所以村民捕鱼、养殖均以小海为中心。

(一)春园湾

春园湾位于万城镇东12公里处,其海岸线长4.2公里,地处乌场港东北部,海湾北面是港北小海——海南岛最大的潟湖,南接南海与甘蔗岛相望,东北依大塘岭,西南靠乌场岭,中间是一片洁白沙滩,以分水岭为界与著名风景区大花角相连。

自古有"左青龙,右白虎,前朱雀,后玄武"风水之说。万城镇东岸五岭横陈,岭间形成3个新月形海湾,春园海位于中间,海山相护,东有大塘岭,好似一只身披绿鳞的青龙;西有大小乌场岭,花岗岩体灰白坚硬,形同白虎;海湾以南甘蔗岛海鸟、金丝燕等起起落落,古有"朱雀"之说;北后小海,盛鱼虾蛇龟,人谓具"玄武"之实。春园湾的地理概貌完全符合古人对人居环境的风水要求,难怪能够成为春园湾各宗姓始祖南渡落琼安营扎寨的理想据点。

春园湾湾口朝南,宽度约4公里,向陆纵伸约2公里,10米等深线绕越湾口,5米等深线向湾顶凸进,口外有甘蔗岛,使湾口分隔为朝向东南和西南向的两个口门,湾内多涌浪。[②]

(二)小海

小海,潟湖型海湾,位于海南省万宁市东部沿海,是海南省面积最大的潟湖湾。龙头河、龙尾河等8条河流汇集小海,经小海调蓄后从港北口门出海。小海的功能主要是泄洪纳潮和水产养殖。小海湾水域宽阔,水产资源种类繁多,其水产养殖业的兴衰,以及通道口门对外海捕捞作业产生的重大影响,都直接与港湾沿岸地区数万渔民的生活息息相关。

---

[*] 调查时间:2023年7月31日。调查地点:万宁春园湾。被采访人:刘龙宝,30多岁,春园湾村委会工作人员,其父曾为春园湾前任村干部。调研人员:郑力乔、卢和好、胡爱民、李泽俊。基金项目:2019年国家社科基金重大项目"中国东南海海洋史研究"【19ZDA189】。执笔人:卢和好、郑力乔、胡爱民。

[②] 中国海湾志编纂委员会:《中国海湾志 第十一分册》,海洋出版社1999年版,第108页。

全湾总面积43平方千米，其中，0米等深线以深的水域面积约39平方千米，海滩面积3.4平方千米，岛礁面积0.6平方千米。整个海湾东西宽9千米，南北长11千米，蜿蜒曲折的海岸线长达41.5千米，属典型的沙坝—潟湖海岸。海湾呈葫芦状，腹大口小，仅其东北角有一处只有150米宽的湾口水道与东边的南海相通，也是船舶进出小海的必经航道。① 大部分区域水深1.0~1.5米，最深4米，港门水深1米左右（枯水期）。由于与南海相通，借助南海潮汐涨落，促使其水质循环变换。又同陆地几条河流相通，淡水流注，降低海水咸度。同时河流带进细泥，在海水的作用下沉积，形成紫黑色泥质沙，肥沃细柔，食饵丰富，例如，驰名中外的和乐螃蟹、港北对虾、后安鲻鱼、石斑鱼等都是小海的特产。②

近年来，小海渔业资源由于过度捕捞、不规范渔业养殖，使得生态环境与水资源均受到一定程度的破坏，渔业资源明显衰减。因此，近年来在政府的指导下，地方开始出台合理的捕捞制度并采取必要的环保措施，如休渔制度的推行，限地限额（限发"捕捞证"）捕捞，对小海港湾潮汐通道辅以疏浚、防沙等措施。这一系列的改善措施出台以后，小海的渔业资源开始得到改善。

二、采访调查

调研组于2023年7月31日下午5点20左右造访春园村村委会。在办公室值班的是一位看上去有二十五六岁的男青年，他就是刘龙宝。在后来的谈话中得知，其实际年龄已有三十多岁。

从我们进入村委会的那一刻起，刘龙宝就在拨弄着手机，与我们对话的时候略显被动，有问有答，不问不答。

问：春园村目前有多少人？

刘龙宝：1000多人。

问：那有多少户呢？

刘龙宝：80多户。

问：村子里的人主要以什么作业谋生？

刘龙宝：捕鱼、养殖。

问：他们都是在哪里捕鱼、养殖呢？

刘龙宝：捕鱼在大海，养殖在小海。

问：这1000多人都从事捕鱼、养殖吗？

刘龙宝：以前是。现在不让捕鱼了，有一半的人做别的，已经在村子外面发展了。

问：他们不捕鱼，都从事什么工作呢？

刘龙宝：餐饮、装修，（干）什么的都有。

问：如果我们现在去到村子附近的海边，能看得见捕鱼回来的渔船吗？

刘龙宝：看不见，现在休渔。

问：村子里的渔船多吗？

---

① 中国海湾志编纂委员会：《中国海湾志 第十一分册》，海洋出版社1999年版，第89页。
② 海南省万宁县地方志编纂委员会编：《万宁县志》，南海出版公司1994年版，第194页，第81页。

刘龙宝：不多，有两艘。

问：是只有两艘船捕鱼吗？

刘龙宝：不是，在海边捕鱼的不需要用船。

问：不用船，那他们是怎么捕鱼的？

刘龙宝：就在海边捕鱼，把网挂出去，然后收网。

……

从简单的对话里，我们了解到春园村共计1000多人，80余户，村中居民多以捕鱼和养殖为业。目前，村中仅有两艘捕鱼大船，其他都是使用小舢板进行定置桩网捕鱼。而养殖业就在几百米开外的小海。

村中居民共有四个姓氏，分别为刘、詹、黄、钟。其中，刘氏最多，黄氏最少。问及他（刘龙宝）是刘氏第几代后人时，他想了想没能立刻答上来，最后模棱两可地说："我也不是太清楚，我还没有上谱，估计我已是第三十代后人了。"

在刘龙宝的引领下，我们以最快的速度在天黑之前，依次瞻仰探访到了詹氏宗祠、钟氏宗祠和刘氏宗祠。

三、探访春园湾宗祠与公庙

（一）詹氏祖祠与公庙

1. 万宁詹氏祖祠

詹氏祖祠坐落于春园村村委会西侧，于2006年春建设完工，由文昌市二建公司建造。

詹氏宗祠为中式仿古建筑，现代混凝土材质，共有三个部分，分别为：宗祠门牌楼（前）、祭拜大殿（后）及左右杂物厢房。它们共同合围出宗祠空场。

门牌楼绿瓦红墙，上书"万宁詹氏祖祠"几个烫金大字。门牌楼处印刻一副篆书对联：与国咸休尊荣显达詹府第，同天齐老道德振兴贤人家。在上、下联的侧旁各设匾画一幅，上联侧旁匾画为"大展宏图"，下联侧旁匾画为"松鹤延年"（图1）。

图1 詹氏祖祠门牌楼（卢和妤摄）

门牌正后方，设照壁一处。照壁以橙、红两色为主色调，以海浪为背景，正中题写 0.8 米左右见方黑色"詹"字。

照壁正后方 20 米处为祭拜大殿：祥德堂。殿前印刻对联一副，上联：河涧水疏通源远分万派，下联：春园木蕃植根深叶茂发千枝。殿里供奉着万宁詹氏历代先祖牌位（图 2、图 3）。

图 2　詹氏祖祠祭拜大殿——祥德堂（卢和妤摄）

祥德堂藏版《万宁詹氏族谱》序曰：

盖吾詹氏，可谓根深蒂固，源远流长。"詹姓也，黄帝之后"。虞于詹，其子孙以国为姓，迄今四千三百多年。又据《姓苑》载，周宣王支子封詹侯，领地河涧（今河北省内），以封号为姓，亦已二千八百多年。但由于历代战乱频繁，沧海桑田，宗支流传，前期已无可考。直至宋代末年江西学传公一代，始有线索可寻。宋钦宗靖康年间（1126—1127）金兵南侵，学传公携眷南下，初居福建宁化县，后迁广东海阳县（今潮阳县）。其第四代德泉公少游广西桂林府，入灵川县学，定居于灵川。德泉公第八代祥公，于明弘治二年（1489）知文昌县，后留居于云山，入籍文昌，已五百多年，繁衍二十五代，为海南詹氏开基始祖，其后子孙蕃衍，散居于文昌乌石（即黑石）、墨坑、昌头等乡，及琼东大路、海圯（冯家港邻）附城镇等乡村，亦有少部分移居于万宁大茂深堀、北坡附近（春园村，外有三亚、屯昌、黑坡、定安鸡村等）。

万宁詹氏始祖，庆业公字资深，廪生，乃祥公七世之孙，定全公之子，于明朝 1629 年卜居万宁东山。

祭拜大殿祖龛陈列分为正龛、配龛，配龛于正龛两侧分别陈设宗牌。

万宁詹氏宗祠堂供奉祭拜正龛的背景壁画为麒麟献瑞，正龛两侧的木制镂空雕刻造景为"八仙过海"。而供奉祭拜左右配龛壁画均为"鲤鱼跳龙门"。其正龛最高位居中供奉着河涧郡詹氏历代宗祖之牌位和海南詹氏始祖祥公之牌位。

图 3　詹氏列祖列宗牌位

1. 海南始祖祥公之牌位；2. 河涧郡詹氏宗历代宗祖之牌位；3. 祭拜大殿正龛供奉万宁列祖列宗牌位；4. 祭拜大殿右龛供奉万宁列祖列宗牌位；
5. 祭拜大殿左龛供奉万宁列祖列宗牌位

《万宁詹氏族谱》又载：

  远祖：詹学传，江西籍，初居福建宁化，后迁广东海阳县（今潮阳县）。

  海南始祖（一世）：詹祥，子孙析置文昌乌石（即黑石）、墨坑、昌头等地。

  万宁祖（七世）：詹庆业，字资深，定全公之子，二传分二派：詹大（日）瑞（大茂深堀派）；詹大（日）芳（北坡春园派）。

  派行：祥德世斗昌定庆任大仕文天腾登朝显家修行尊道达兴宗宪谟昭令上闻宏开先绪业景瑞应星云；新增：承前贤功绩协力策万钧新秀耀南越思源报国恩。

  新派：琼会高诗堂尚书汉传江善盛魁元甲祖在时辉光南方仁日进英才升成皇子软振国学礼鸣孔熙长。

  散居地：海南省万宁市万城镇春园村等地。

结合陈列詹氏牌位及德堂藏版《万宁詹氏族谱》，可以明确万宁春园湾詹姓繁衍于河涧郡一带。祖龛七世祖祥公由文昌分居万城,后二传二派,至九世祖迁居万宁。自祖龛祥公入琼以来,历明、清、民国、中华人民共和国,如今,枝繁叶茂丁口螽斯,已繁衍23代。

尽管宗祠一般只供一个始祖,然后由父亲以上四代高祖开始,供奉高、曾、显、考四世神主即可,但在万宁詹氏宗祠,自始祖祥公入琼以来,高祖以上历代祖宗的牌位并没有因为时间久远"亲尽则祧"就被剔除。

各神主牌位嵌在长方形的小木座上。木制底座红色油漆打底,蓝色的水波纹雕刻图案作为装饰。宗祠内供有神位、主位、禄位等不同排列牌位。其中,开基始祖的牌位尺寸最大,造型也最为豪华。开基始祖的牌位顶部造型为铜制龙首。年历较早的几位世祖牌位顶部造型为"双龙戏珠"。其他牌位顶部造型为"龙珠"。

2. 万宁詹氏公庙

万宁詹氏公庙紧邻詹氏宗祠,位于其西侧。相较于万宁詹氏宗祠,其规格就显得非常微小,占地面积不过十平方米左右。

万宁詹氏公庙红墙绿瓦,门楣上方,木制的镂空匾额上镶嵌着几个隶书烫金大字:詹氏公庙。

庙门旁侧贴手书对联一副:人杰地灵千古秀,民安物阜万家春。横批:英灵显赫。而左右门扇分别贴有红纸对子:"国泰""民安"。

在公庙左右两侧的空墙上,亦贴有二字对联。右墙上贴的是"保赤"二字,左墙上贴的是"佑康"二字。

公庙内,光线较暗,但屋顶内的四棱墙角线精美的纹饰清晰可见。

大门正对着一个神龛。龛位的背景图是一头独角麒麟。麒麟獠牙外露,威风凛凛。

在神龛的位置,供奉着一尊红脸关公。关公塑像高一尺左右,为石膏涂彩工艺。在关公的一旁,另有木制牌位一个,上书:云赵二主神位。木制牌位和关公塑像均身披红缎。

在神龛前斟放着五杯白酒,陶制的香炉位于白酒后方,里面插满了燃烧过的竹立香,香炉的香灰已满,可见前来祭拜的善男信女平日不在少数。香炉两侧,各立放着一个盘龙杆。(见图4)

(二)钟氏宗祠

1. 钟氏祠堂简介

钟氏祠堂坐落在春园钟府新村,背靠大长岭,面向东第,山环海抱,风景秀丽,汇纳百川,气势磅礴。钟氏祠堂不仅是钟氏先祖文化的宝贵遗产,也是中华优秀传统文化的重要组成。

钟氏祠堂于2002年落成,风格为仿古建筑,参照新加坡各祖氏祠、北京故宫等建筑物,以及万宁境内各祖祠的特点设计。该祠堂占地面积为3万多平方米,水平线高出地面2米多,总建筑面积489平方米,总投资38万多元。祠堂四周高2.2米,由大红砖墙组成。正门建筑面积为78平方米,两侧有东门、西门。钟氏祠堂正门以蓝色漆字于木制门楣上镌刻对联一副。上联:祖德山重颖泽润兰桂,下联:宗恩海深川波滋裔园。(图5)正门两边设有"英名榜""芳名榜"及春园钟氏宗祖钟昱简介。(图6)从"英名榜"呈示信息可知,钟氏一脉重视教育,其中不乏各界英才。背面门楣镌刻四字:光前裕后(图7)。

图 4　詹氏公庙（卢和妤摄）
1. 神龛关羽、云赵二主神位；2. 万宁詹氏公庙外景；3. 詹氏公庙门楣与对联；4. 和 6. 保赤、佑康对子；5. 詹氏公庙内景

图 5　钟氏宗祠大门正面（卢和妤摄）

图 6　钟氏宗祠"英名榜"与"芳名榜"（卢和妤摄）

图7 钟氏宗祠大门背面 （卢和妤摄）

宗祠正门常年闭合，东门开启，供祭拜瞻仰者出入。

进入大门，穿过宗祠空坪即可看见祠堂大殿。门楣上题"贤德"二字。门楹两侧设有对联一副。上联：钟宇重光山环海抱地胜，下联：氏祠焕彩祖洋宗恩根繁。（图8）

图8 钟氏宗祠祭拜大殿 （卢和妤摄）

大殿坐落在大庭院正中间，建筑面积为286平方米，殿前设置一个面积为80多平方米、高为1.6米的大台，专供祭祖庆典活动之用，祠堂北面建有一座观光烽火台，建筑面积为60多平方米，站在台上，可眺望港北海、东海全景，供裔孙拜祖时观景之用。

进入大殿，映入眼帘的即是神龛。（图9）

神龛壁画背景为：麒麟献瑞图。图的两侧题对联一副。麒麟献瑞图上方挂有"进士"匾额一块。"进士"匾额右侧为钟洽公简介。钟洽公，著作公八世孙，于南宋绍兴二十四年（1154）甲戌殿试，一举及第，荣登进士，官至吏部郎中。

神龛依次供奉着钟氏历代宗祖。列祖列宗牌位较多，排放较为紧密。

图9 神龛处钟氏牌位 （卢和妤摄）

2. 钟氏宗祖钟昱公简介

昱公生于元朝，福建省兴化县（今莆田市）。在 1328 年，天顺帝赐进士，官主兵部五朝中侍郎。到元末明初，洪武元年戊申年（1368）明皇招归服朝，昱公决不服从，于同年渡海而南至琼府万阳（今万宁市）至乌场番园村（今春园村）世居。昱公卒于洪武十年丁巳年（1377），其妻刘氏卒于洪武二十三年庚午年（1390），同葬于乌场领座艮向坤，由于 1989 年建港，同年间迁移葬于大长领座艮向坤重立碑文。

由宗祠中简介可知，钟氏宗祖早在元末明初由福建南渡来琼。

（三）刘氏宗祠

到达春园湾刘氏宗祠时，宗祠正在修缮。（图 10）据刘龙宝介绍，该宗祠此次修缮费用差不多需要三四十万，该费用均来自本村村民的募捐。

图10 修缮中的刘氏宗祠 （卢和妤摄）

站在宗祠门外向内望去，可以看见祠堂内的立柱上题有一副对联。上联：始祖开基千秋生色，下联：远孙继业百代增辉。

虽然刘氏宗祠正在修缮，但我们仍可通过临时搭建的雨棚看见存放其中的刘氏宗祖牌位。（图11）

图11 刘氏宗祖牌位

万宁刘氏始祖牌位上书内容：彭城郡刘氏由渭边迁春园开基始祖显考妣讳承公婆之神主位。

由此可明确，万宁春园湾刘姓繁衍于河南一带。至今，开枝散叶，至少已繁衍21代。而刘龙宝所说其为刘氏第三十代后人应为识记偏差。

在距离春园村不到一公里的山根下，沿途看见一座座墓碑耸立于道路旁侧，多达上百座。刘龙宝介绍，这些墓地安葬的都是春园湾的村民。（图12）

图12 春园湾通往小海途中的墓地 （卢和妤摄）

从如此众多的墓碑和坟包可知，春园湾自始祖渡琼以来，各宗姓氏族开枝散叶、人丁兴旺。他们以海为生，以春园湾为生产作息半径，安营扎寨，紧密地生活在一起。

在返回村委会的路上，我们经过大海路段。大海海岸既看不见渔船，也看不见渔民。

问：为什么现在海面上看不见人在捕鱼？

刘龙宝：现在是禁渔期，所以现在海面上看不见什么人捕鱼。目前在海面上捕鱼的人比较少，都是前往乌场港。

问：禁渔期到什么时候结束？

刘龙宝：8月15号就可以开渔了。

问：那是什么时候开始禁渔的？

刘龙宝：5月1号。

问：距离这里最近的那座岛是什么岛？

刘龙宝：甘蔗岛。①

问：那你上去过吗？

刘龙宝：以前村上也有人住在甘蔗岛，岛上还建有墓碑。后来要找到想找的墓碑，但很难找见了。

四、总　结

宗祠中祭拜的是具有血脉关系的宗族先人，而公庙祭拜供奉的是神或具有神性、德行的圣贤。宗祠与公庙在村舍中的地位如同地球的经与纬，宗族的力量是以血亲凝聚一脉宗姓，而公庙则以神性的力量召集不同姓氏血脉的人凝聚在一起。可以说，宗族和神性的影响力、号召力在村落中同样是巨大的。甚至我们在村落实地调查中看到的宗祠，其修缮之气派往往超过公庙。所见宗姓公庙规模都比较小，远不及宗祠恢宏。

春园村和海南其他大多数村落一样，有着属于自己的宗祠，它以血缘为纽带，将同宗族亲紧密相连，它是海南琼崖人口迁移史的见证，也是宗姓人口海漂一族的一个缩影。

春园湾共计四个姓氏：刘、詹、黄、钟。其中刘氏在当地人口最多，黄氏人口最少。虽然黄氏人口数量居末，但在经世致用方面却最为成功。黄氏是四个姓氏当中唯一没在本地修建宗祠的宗姓。从春园湾目前已修建的三处宗祠来看，就其规模而言，钟氏宗祠为最。这样一片规模最大的宗祠，却也最为荒寂苍凉。目前，钟氏宗祠院落已杂草丛生，这或许与钟姓族人外出发展，山长水远，无暇维护修缮有关。从刘龙宝不能肯定其为刘氏第几代后人来看，随着人口的迁入涌出，经过多姓氏、多民族的互通交融，宗姓概念在新生代的年轻人中越来越淡薄，而其潜在影响力也日渐削弱。

随着国家政策对渔业的影响，传统捕捞渔业受到一定冲击，南海的许多海域已处于过度开发状态，许多渔业资源已开始大幅衰竭。而春园湾所处的小海，长期以来，人们赖以生存的沿岸渔业作业方式并不利于渔业资源的可持续发展，采取切实可行的措施，规范渔业资源开发行为，显得尤为必要。由于底鱼资源的日益衰退和拖网伏季休渔制度及减船计划的实施，渔获减少，加以国家政策的导向，许多人开始向外发展而考虑其他营生途径。春园湾即是南海沿岸捕捞渔业发展趋势的一个缩影。据刘龙宝介绍，春园湾虽有1000多人，但其中半数以上的人都已离开本地向外发展。因此，传统捕捞渔业在历史舞台上的退出亦是春园村人口迁移转出的一个重要原因。

由于向外谋求发展的人日渐增多，对外沟通交流也成为必然。人们对于宗姓的依赖日渐减少。尽管如此，詹氏祠堂、钟氏祠堂和刘氏祠堂仍然是村里最巍峨的建筑，带有宗族的情感寄托，是族群集体活动的重要场所，也是某种家族精神的象征。通过对詹氏、钟氏和刘氏等姓氏祠堂的先祖牌位、年庚流水簿、族谱等地方文书资料的搜集，可以追溯明清以来万州地区詹氏、钟氏和刘氏等家族的建构过程与地方历史的发展过程。

笔者在万宁春园湾所看到的宗祠，其实是一种地方组织，而不仅仅是家族和族群层

---

① 位于乌场港东端，距岸约1公里，岛高71米，面积约0.09平方公里，由岩石组成，表层为黄黏土，生长着一种小芒草，岛周围水深4～17米。

面的组织。受英国人类学家莫里斯·弗里德曼（Maurice Freedman）的影响，中国部分宗族研究开始更加关注地缘关系，但非血缘关系依然是重要研究内容，正如其著作《中国东南的宗族组织》所言：我们在中国东南地区所看到的这种宗族当然是政治与地方组织。如果不是这样，我们就不能解释宗族是如何在一个复杂而又存在差别的社会中得以延续的。弗里德曼认为，一旦祖先的牌位放入祠堂，祖先就成为宗族仪式中心的一部分，祖先的牌位一代一代地加入祠堂，集体的规格也一代一代地扩充。① 笔者在调研的过程中，采访的刘氏后人，对其祖先牌位有着坚定的信仰，建好祠堂，安放好祖先的牌位，定期举行拜祭仪式成为一种行为上的自觉和精神上的寄托，在祠堂拜祭的角度，随着时间推移，"房"的代际也不断增加，拜祭的对象也随之增加，所以，"房"可以在很长的谱系上追根溯源，并在结构上维持稳定。宗族不是扩大的家庭，而是利用谱系关系建构的团体。只不过，在海南万宁春园村所见的宗祠，与华南地区的宗祠在建筑形态和功能上有相似之处，也体现出一村多族群宗祠并列的特点，不是所有的社会都可以走向宗族，因此，万宁春园村的人口迁徙在海南地方社会中体现出一个特色。

对万宁春园村宗祠的调研，为我们对海南人文社会图像认识提供了现实参照，是地方海洋史书写的一手资料。田野调研，不仅让我们多向度地了解了宗祠的历史面貌，而且让我们看到宗祠牢牢地扎根乡土，与万宁当地人的生活的密切联系，因此，宗祠调研及地方文书都是活生生的史料。

---

① 莫里斯·弗里德曼：《中国东南的宗族组织》，刘晓春译，上海人民出版社2006年版。

参考文献

[1] 宋濂. 元史 [M]. 北京：中华书局，1976.
[2] 田中健夫. 倭寇——海上历史 [M]. 杨翰球，译. 北京：社会科学文献出版社，2015.
[3] 采九德. 倭变事略 [M]. 北京：中华书局，1985.
[4] 藤家礼之助. 日中交流二千年 [M]. 北京：北京大学出版社，1982.
[5] 张廷玉. 明史 [M]. 点校本. 北京：中华书局，1974.
[6] 郑梁生. 明代倭寇 [M]. 北京：文史哲出版社，2009.
[7] 芮赵凯. 嘉靖"大倭寇"与浙江督抚设置研究 [J]. 地方文化研究，2019（3）：96-105.
[8] 潘洵. 试论"后期倭寇"概念中所隐藏的意图 [J]. 乐山师范学院学报，2020，35（2）：90-95.
[9] 谷应泰. 明史纪事本末 [M]. 北京：中华书局，2018.
[10] 中国地方志集成：省志辑·福建卷 [M]. 南京：凤凰出版社，2011.
[11] 陈子龙，徐孚远，宋徵璧，等. 明经世文编 [M]. 北京：中华书局，1962.
[12] 渡边世祐. 早稻田大学日本史·第七卷·室町时代 [M]. 米彦军，译. 北京：华文出版社，2020.
[13] 杨翰球. 十四至十六世纪中日朝贡贸易关系 [M] //吴于廑，主编. 十五十六世纪东西方历史初学集，武汉：武汉大学出版社，2005.
[14] 木宫泰彦. 中日交通史 [M]. 陈捷，译. 太原：山西人民出版社，2015.
[15] 樊树志. "倭寇"新论：以"嘉靖大倭寇"为中心 [J]. 复旦学报（社会科学版），2000（1）：37-46.
[16] 汪向荣，夏应元. 日关系史资料汇编 [M]. 北京：中华书局，1984.
[17] 王慕民，张伟，何灿浩. 宁波与日本经济文化交流史 [M]. 北京：海洋出版社，2006.
[18] 郑若曾. 筹海图编 [M]. 李致忠，点校. 北京：中华书局，2007.
[19] 夏言. 桂洲先生奏议 [M]. 济南：齐鲁书社，1997.
[20] 刘晓东. "服远"与"治近"：嘉靖二十六年明廷的遣明使处置 [J]. 明代研究，2017：5-37.
[21] 塞缪尔·霍利. 壬辰战争 [M]. 方宇，译. 北京：民主与建设出版社，2019.
[22] 朱纨. 甓余杂集 [M]. 济南：齐鲁书社，1996.
[23] 赵翼. 廿二史札记校证 [M]. 王树民，校证. 北京：中华书局，1984.
[24] 晁中辰. 明代海禁与海外贸易 [M]. 北京：人民出版社，2005.
[25] 陈学文. 明代的海禁与倭寇 [J]. 中国社会经济史研究，1983（1）：30-38.
[26] 小和田哲男，本乡和人. 倒叙日本史（03）战国·室町·镰仓 [M]. 韦平和，译. 北京：商务印书馆，2018.
[27] 王仲涛，汤重南. 日本史（修订本）[M]. 北京：人民出版社，2014.
[28] 李则芬. 中外战争全史：第7册 [M]. 台北：黎明文化事业股份有限公司，1985.
[29] 王保田. 日本简史 [M]. 上海：上海人民出版社，2006.
[30] 真德秀. 西山先生真文忠公文集八 [M]. 北京：商务印书馆，1937.

[31] 严从简. 殊域周咨录 [M]. 余思黎, 点校. 北京: 中华书局, 1993.
[32] 安德鲁·S. 埃里克森, 莱尔·J. 戈尔茨坦, 卡恩斯·洛德. 中国走向海洋 [M]. 董绍峰, 姜代超, 译. 北京: 海洋出版社, 2015.
[33] 王世贞. 弇山堂别集 [M]. 北京: 中华书局, 1985.
[34] 毛佩琦. 中国长城志 [M]. 南京: 凤凰科学技术出版社, 2016.
[35] 中国历史研究社. 倭变事略·嘉靖东南平倭通录 [M]. 上海: 上海书店, 1982.
[36] 曲金良, 等. 中国海洋文化基础理论研究 [M]. 北京: 海洋出版社, 2014.
[37] 松浦章. 中国的海贼 [M]. 谢跃, 译. 北京: 商务印书馆, 2011.
[38] 汪向荣, 汪皓. 中世纪的中日关系 [M]. 北京: 中国青年出版社, 2001.
[39] 张燮. 东西洋考 [M]. 北京: 中华书局, 1981.
[40] 廖大珂. 朱纨事件与东亚海上贸易体系的形成 [J]. 文史哲, 2009 (2): 87-100.
[41] 张炜, 方堃. 中国海疆通史 [M]. 北京: 中州古籍出版社, 2003.
[42] 刘悦斌. 薛福成对近代国际法的接受和运用 [J]. 河北师范大学学报（哲学社会科学版）, 1998 (2): 122-126.
[43] 史革新. 清末外交官薛福成 [J]. 文史知识, 1983 (12): 80-84.
[44] 庞冬冬. 薛福成海防思想研究 [D]. 石家庄: 河北师范大学硕士学位论文, 2015.
[45] 薛福成. 上曾侯相书 [M] //丁凤麟, 王欣之. 薛福成选集, 上海: 上海人民出版社, 1987.
[46] 丁凤麟. 薛福成评传 [M]. 南京: 南京大学出版社, 1998.
[47] 薛福成. 浙东筹防录 [M]. 北京: 朝华出版社, 2018.
[48] 史革新. 清末外交官薛福成 [J]. 文史知识, 1983 (12): 80-84.
[49] 吴枫. 简明中国古籍辞典 [M]. 长春: 吉林文史出版社, 1987.
[50] 徐鸣. 《两浙海防类考续编》及其海防思想: 以练兵、预警为中心 [J]. 文教资料, 2021 (12): 44-46.
[51] 黄振南. 中法战争诸役考 [M]. 桂林: 广西师范大学出版社, 1998.
[52] 陈宇思. 近代华洋交流中的西江流域口岸研究: 以1897年至抗战爆发前夕的梧州港为例 [J]. 经济与社会发展, 2012, 10 (6): 90-94.
[53] 刘鸿亮. 中西火炮与英法联军侵华之役 [M]. 北京: 科学出版社, 2015.
[54] 麦克尼尔. 竞逐富强: 西方军事的现代化历程 [M]. 倪大昕, 杨润殷, 译. 上海: 学林出版社, 1996.
[55] 中国第一历史档案馆. 鸦片战争档案史料 (3) [M]. 天津: 天津古籍出版社, 1992.
[56] 丁拱辰. 演炮图说辑要 (卷4) [Z]. 刻本. 国家图书馆藏书, 道光二十三年 (1843).
[57] 马幼垣. 靖海澄疆: 中国近代海军史事新诠 [M]. 北京: 中华书局, 2013.
[58] T. N. 杜普伊. 武器和战争的演变 [M]. 李志兴, 严瑞池, 等译. 北京: 军事科学出版社, 1985.
[59] MURRAY A. Doings in China: Being the Personal Narrative of an Officer Engaged in the late Chinese Expedition, from the Recapture of Chusan in 1841, to the Peace of Nankin in 1842 [M]. London: R. Bentley, 1843.
[60] 赵克生. 经略西江: 明朝对岭南的治理 [J]. 中国史研究, 2014 (3): 23-28.
[61] 吴宏岐, 韩虎泰. 明代两广总督府址变迁考 [J]. 中国历史地理论丛, 2013 (3): 50-61.
[62] 徐丽. 明代两广总督设置及其治所变动原因之分析 [J]. 中国市场, 2010 (48): 178-179.
[63] 蒋祖缘. 明代广东巡抚与两广总督的设置及其历史地位 [J]. 广东社会科学, 1999 (2): 99-106.
[64] 梧州市地方志编纂委员会. 梧州市志: 综合卷 [M]. 南宁: 广西人民出版社, 2000.
[65] 任建敏. 万历本《苍梧总督军门志》中的嘉靖史料考索: 兼论明代两广总督地位的变迁及成书因

[66] 练铭志. 广东明清时期黎、瑶、壮、畲等民族起义述论 [J]. 广西民族研究, 2002 (4)：115-121.
[67] 卢坤, 邓廷桢. 广东海防汇览 [M]. 王宏斌, 点校. 石家庄：河北人民出版社, 2009.
[68] 中国人民大学清史研究所. 清史编年：第一卷顺治朝 [M]. 北京：中国人民大学出版社, 2000.
[69] 中国史学会. 鸦片战争 Ⅳ [M]. 上海：神州国光社, 1954.
[70] 姜鸣. 龙旗飘扬的舰队：中国近代海军兴衰史（增订本）[M]. 上海：生活·读书·新知三联书店, 2002.
[71] 朱从兵, 庞广仪. 近代北海、龙州、梧州、南宁开埠及其对区域贸易的影响 [J]. 广西社会科学, 2008 (6)：23-27.
[72] 牟复礼, 崔瑞德. 剑桥中国明代史 [M]. 北京：中国社会科学出版社, 1992.
[73] 兴河. 天朝师夷录：中国近代对世界军事技术的引进（1840—1860）[M]. 北京：解放军出版社, 2014.
[74] 郑永华. 广东洪兵围攻广州军事舆图考释之三：关于平洲的舆图及其档案 [J]. 中国历史地理论丛, 2008, 23 (4)：121-128.
[75] 胡绳. 从鸦片战争到五四运动（上）[M]. 北京：人民出版社, 1997.
[76] 黄震, 陈侃言. 梧州：前近代的中西方文化接触桥头堡 [J]. 梧州学院学报, 2012 (4)：16-20.
[77] 中国人民大学清史研究所. 清史编年：第九卷咸丰朝 [M]. 北京：中国人民大学出版社, 2000.
[78] 中国第二历史档案馆, 中国海关总署办公厅. 中国旧海关史料（1859—1948）[M]. 北京：京华出版社, 2001.
[79] 吴轶钢, 李芬. 对横县蒸汽机明轮船的考察和判断 [C] // 蔡薇. 船史研究, 武汉：武汉理工大学出版社, 2018：163-168.
[80] 田日隆. 孙中山与梧州 [J]. 广西地方志, 2001 (5)：17-19.
[81] 李业安. 梧州在孙中山北伐中的地位和作用 [J]. 广西地方志, 2001 (5)：23-25, 57.
[82] 军事科学院世界军事研究部. 世界军事革命史 [M]. 北京：军事科学出版社, 2012.
[83] 赵尔巽. 清史稿：第136卷 [M]. 北京：中华书局, 1976.
[84] 庞乃明. "船坚炮利"：一个明代已有的欧洲印象 [J]. 史学月刊, 2016 (2)：51-65..
[85] 英国陆军部. 英国国家档案馆藏鸦片战争史稿（1840—1842）[M]. 黄若泽, 庄驰原, 吴慧敏, 译. 黄宏志, 审校. 上海：上海书店出版社, 2022.
[86] 戴伟思. 东帆西扬"耆英号"之航程（1846—1855）[M]. 高丹, 译. 杭州：浙江大学出版社, 2021.
[87] 沈弘, 编译. 遗失在西方的中国史：《伦敦新闻画报》记录的晚清（1842—1873）[M]. 北京：北京时代华文书局, 2014.
[88] 张岩鑫, 梁二平. 漂泊的船——中国流失海外的古船模 [M]. 北京：清华大学出版社, 2020.
[89] 国防科学技术工业委员会科学技术部. 中国军事百科全书·海军技术分册 [M]. 北京：军事科学出版社, 1992.
[90] WINFIELD R. British Warships in the Age of Sail 1817—1863：Design. Construction, Careers and Fates [M]. Barnsley：Seaforth Publishing, 2014.
[91] 谭玉华. 岭海帆影：多元视角下的明清广船研究 [M]. 上海：上海古籍出版社, 2019.
[92] 顿贺. 广东船细节的研究及广东与海上丝绸之路 [J]. 广东造船, 2015 (1)：60-63.
[93] 叶显恩. 明代广东的造船业 [J]. 学术研究, 1987 (6)：78-84.
[94] 祁磊. 鸦片战争以前清朝水师战船的演变 [J]. 历史档案, 2018 (1)：88-95.
[95] 刘义杰. 福船源流考 [J]. 海交史研究, 2016 (2)：2.

[96] 李其霖. 见风转舵：清代前期沿海的水师与战船 [M]. 台北：五南图书出版公司，2014.
[97] 蔡薇，赵万永. 论戚继光水军战船与同时代西方风帆战舰的船型 [J]. 北部湾大学学报，2019，34（8）：1-10.
[98] WORCESTER G. R. G. The Chinese War-junk [J]. Mariners Mirror, 1948, 34: 16-25.
[99] 谢茂发. 清前期江苏江海防体系考略 [J]. 军事历史，2015（5）：61-65.
[100] 斯坦利·莱恩-普尔，弗雷德里克·维克多·狄更斯. 巴夏礼在中国 [M]. 金莹，译. 北京：中西书局，2011.
[101] 刘景华. 大航海时代的西欧造船和航海术 [J]. 长沙理工大学学报（社会科学版），2005（4）：92-98.
[102] 弗兰克·韦尔什. 香港史 [M]. 王皖强，黄亚红，译. 北京：中央编译出版社，2007.
[103] 马杀鹰. 新海权论：中国崛起的海洋之路 [M]. 北京：电子工业出版社，2012.
[104] 辛元欧. 中外船史图说 [M]. 上海：上海书店出版社，2009.
[105] HALL W. D. B. Narrative of the Voyages and Services of the Nemesis from 1840 to 1843 and of the Combined Naval and Military Operations in China [M]. London: Henry Colburn, 1844.
[106] 何国卫. 析中国古帆船行驶八面风技术 [M] //行舟致远扬帆丝路：何国卫船史研究文选，南京：南京大学出版社，2015：147.
[107] 何国卫. 别具特色的中国船帆 [J]. 中国船检，2018（1）：100-103.
[108] 欧阳泰. 1661，决战热兰遮：中国对西方的第一次胜利 [M]. 陈信宏，译. 北京：九州出版社，2014.
[109] 乔治·马戛尔尼，约翰·巴罗. 马戛尔尼使团使华观感 [M]. 何高济，何毓宁，译. 北京：商务印书馆，2013.
[110] 杨槱，陈伯真. 话说中国帆船 [M]. 上海：上海科学普及出版社，2007.
[111] 郑明，张恩海，王淼，等. 三桅帆式福船 [J]. 中国远洋海运，2007（10）：98-98.
[112] 许路. 清初福建赶缯战船复原 [J]. 现代舰船，2010（1）：55-59.
[113] 迈克尔·E. 哈修斯. 图解世界战争战法：装备、作战技能和战术：东方战争（1200—1860）[M]. 张魁，译. 银川：宁夏人民出版社，2010.
[114] CUNYNGHAME A. The Opium War: being recollections of service in China [M]. Philadelphia: G. B. Zieber & Co. 1845.
[115] 陈晓珊. 长风破浪——郑和下西洋航海技术研究 [M]. 济南：山东教育出版社，2020.
[116] 陈伦炯. 《海国闻见录》校注 [M]. 李长傅，校注. 郑州：中州古籍出版社，1985.
[117] 乔治·马戛尔尼，约翰·巴罗. 马戛尔尼使团使华观感 [M]. 何高济，何毓宁，译. 北京：商务印书馆，2013.
[118] 张建雄. 清代前期广东海防体制研究 [M]. 广州：广东人民出版社，2012.
[119] 布莱恩·莱弗里. DK航海史：探险、贸易与战争的故事 [M]. 邓峰，译. 北京：中信出版集团，2021.
[120] 布赖恩·莱弗里. 海洋帝国：英国海军如何改变现代世界 [M]. 施诚，张珉璐，译. 北京：中信出版集团，2016.
[121] 茅海建. 天朝的崩溃：鸦片战争再研究 [M]. 上海：生活·读书·新知三联书店，1995.
[122] 王宏斌. 清代前期海防：思想与制度 [M]. 北京：社会科学文献出版社，2002.
[123] 郑坤芳，王玉冲. 嘉道时期海防思想的演进 [J]. 江苏师范大学学报（哲学社会科学版），2015（4）：81-83，90.
[124] 鲍海勇，王静然. 从"海战"到"陆防"：鸦片战争后清政府善后防务的路径选择与近代化的迟

滞［M］//明清海防研究：第13辑，广州：广东人民出版社，2021：109.

[125] 刘一兵. 清末尚武思潮述论［J］. 历史档案，2003（4）：68-76.

[126] 卫周安. 清代战争文化［M］. 董建中，等译. 北京：中国人民大学出版社，2020.

[127] 杨杭军. 走向近代化：清嘉道咸时期中国社会走向［M］. 郑州：中州古籍出版社，2001.

[128] 徐松. 宋会要辑稿［M］. 影印本. 北京：中华书局，1957.

[129] 刘鹗. 惟实集：卷1：直陈江西、广东事宜疏［M］. 文渊阁四库全书影印本. 上海：上海古籍出版社，1987.

[130] 顾炎武. 肇域志［M］. 上海：上海古籍出版社，2004.

[131] 刘溎年. 惠州府志［M］. 清光绪七年刊本，北京：中国国家图书馆，1881.

[132] 向达. 两种海道针经［M］. 北京：中华书局，1961.

[133] 桂文灿. 广东图说［M］. 台北：成文出版社，1967..

[134] CRAWFURD J. Jourrral of An Embassy to the Courts of Siam and Cochin China［M］. London：Oxford university，1967.

[135] 梁廷. 粤海关志：卷17：禁令一［M］. 广州：广东人民出版社，2014.

[136] 陈鹤. 明纪：卷36：世宗纪九［M］. 刻本. 南京：江苏书局，1871（清同治十年）.

[137] 鄂尔泰，等. 雍正朱批谕旨［M］. 北京：北京图书馆出版社，2008.

[138] 袁永纶. 靖海氛记：卷上［M］. 刻本. 巴黎：法国国家图书馆藏，清代.

[139] 阮元. 广东通志：卷125［M］. 刻本. 1822（清道光二年）.

[140] 王士骐. 皇明驭倭录：卷7［M］. 刻本. 明万历年.

[141] 陈天锡. 西沙岛东沙岛成案汇编·东沙岛成案汇编［M］. 香港：商务印书馆，1928.

[142] 王圻. 续文献通考：卷234［M］. 刻本. 松江府，1603（明万历三十一年）.

[143] 应槚，等. 苍梧总督军门志［M］. 北京：全国图书馆文献缩微复制中心，1991.

[144] 谢杰. 虔台倭纂：下卷：议倭［M］. 北京：书目文献出版社，1991.

[145] 刘锦藻. 清续文献通考：卷224［M］. 影印十通本. 商务印书馆，1936.

[146] 王先谦. 王先谦诗文集［M］. 长沙：岳麓书社，2008.

[147] 茅元仪. 武备志：卷213［M］. 刻本. 明朝天启年.

[148] 李玘，刘梧. 惠州府志：惠大记序［M］. 明嘉靖二十一年刻本. 北京：全国图书馆缩微文献复制中心，1992.

[149]《中国海岛志》编纂委员会. 中国海岛志·广东卷［M］. 北京：海洋出版社，2013.

[150] 曾昭璇. 中国珊瑚礁地貌研究［M］. 济南：山东科学技术出版社，1997.

[151] 佚名. 大东沙岛［J］. 地学杂志，1910（3）：3-9.

[152] 陈伦炯.《海国闻见录》校注［M］. 李长傅，校注. 郑州：中州古籍出版社，1985.

[153] 韩振华. 我国南海诸岛史料汇编［M］. 北京：东方出版社，1988.

[154] 英国海军海图官局编. 中国江海险要图志：卷10［M］. 陈寿彭，译. 北京：学苑出版社，2005.

[155] 王彦威，王亮. 清季外交史料：第8册［M］. 李育民，点校. 长沙：湖南师范大学出版社，2015.

[156] 佚名. 日人私占广东大东沙岛案之交涉［J］. 华商联合报，1909（2）：57-58.

[157] 佚名. 广东东沙岛问题记实［J］. 东方杂志，1909（5）：134-136.

[158] 戚其章. 中国近代社会思潮史［M］. 济南：山东教育出版社，1994.

[159] 杨国桢. 林则徐书简［M］. 福州：福建人民出版社，1985.

[160] 中山大学历史系，中国近代现代史教研组、研究室. 林则徐集·奏稿：中册［M］. 北京：中华书局，1965.

[161] 李阳培. 读林则徐《答戴·孙书》手迹 [J]. 文物, 1979 (2): 25-30.
[162] 魏源. 海国图志二 [M]. 长沙: 岳麓书社, 2021.
[163] 左宗棠. 左文襄公全集左文襄公书牍: 卷6 [M]. 新北: 文海出版社, 1978.
[164] 黄顺力. 林则徐与近代中国海防思潮的兴起 [C] //林则徐与民族复兴——纪念林则徐诞辰二百三十周年学术研讨会论文选编. 福州: 海峡文艺出版社, 2016.
[165] 上海书店出版社, 等. 中国地方志集成·广东府县志辑 [M]. 上海: 上海书店出版社, 2013.
[166] 皇朝经世文新编 [M]. 石印. 上海: 上海书局, 1902 (光绪二十八年).
[167] 饶平县地方志编纂委员会办公室. 饶平县志 [M]. 广州: 广东人民出版社, 1994.
[168] 王云五, 真德秀. 西山先生真文忠公文集 [M]. 长沙: 商务印书馆, 1937.
[169] 黄迎涛. 南澳港与海上丝绸之路 [M]. 广州: 广东经济出版社, 2019.
[170] 李坚诚. 潮州港与海上丝绸之路 [M]. 广州: 广东经济出版社, 2018.
[171] 吴榕青. 宋元潮州对外贸易港口及海交史发微 [J]. 海交史研究, 2023 (4): 12-22.
[172] 李晓昀, 苏敏, 黄海花, 等. 潮州人与广府、客家人母系遗传背景差异的分析 [J]. 西安交通大学学报 (医学版), 2010 (6): 20-24.
[173] 惠东县文化广电新闻出版局, 惠东县博物馆. 惠东县历史文化资源 [M]. 北京: 中国文史出版社, 2006.
[174] 张伟海, 薛昌青. 历史文化名城平海 [M]. 广州: 广东人民出版社, 2005.
[175] 徐炳文修, 郑丰稔. 云霄县志: 卷6 [M]. 台北: 成文出版社, 1965.
[176] 林汀水. 福建人口迁徙论考 [J]. 中国社会经济史研究, 2003 (2): 7-20.
[177] 葛剑雄. 中国移民史 [J]. 福州: 福建人民出版社, 1997.
[178] 王象之. 舆地纪胜: 卷116 [M]. 文选楼影宋钞本, 1849 (道光二十九年).
[179] 谢重光. 宋代闽南文化在潮汕地区的移植和传播 [J]. 韩山师范学院学报, 2003 (4): 7-15.
[180] 周宪文, 杨亮功, 吴幅员. 台湾文献史料丛刊 [M]. 台北: 台湾大通书局, 1958.
[181] 魏源. 圣武记: 卷8 [M]. 北京: 中华书局, 1984.
[182] 蓝鼎元, 蒋炳钊, 王钿. 鹿洲全集·东征集 [M]. 厦门: 厦门大学出版社, 1995.
[183] 林仁川, 黄福才. 闽台文化交融史 [M]. 福州: 福建教育出版社, 1997.
[184] 林嘉书. 闽台移民系谱与民系文化研究 [M]. 合肥: 黄山出版社, 2006.
[185] 江玉平. 漳州与台湾族谱对接指南 [M]. 厦门: 厦门大学出版社, 2011.
[186] 格雷戈里奥·F. 赛义德. 菲律宾共和国——历史、政府与文明 [M]. 北京: 商务印书馆, 1979.
[187] 本尼迪克特·安德森. 想象的共同体: 民族主义的起源与散布 (增订版) [M]. 上海: 吴叡人, 译. 上海人民出版社, 2016.
[188] 杨慧. "他者"的崛起与失落: 谈全球化时代德国多元文化语境中土耳其移民电影叙事的意义 [J]. 当代电影, 2010 (5): 130-134.
[189] 吴杰伟. 从华侨华人参与东南亚电影产业的历程看自身社会角色的变迁 [J]. 暨南学报 (哲学社会科学版), 2014, 36 (7): 1-8.
[190] 梁明柳. 东南亚电影中的土生华人文化现象解读 [J]. 电影文学, 2013 (11): 8-9.
[191] 刘华, 黎景光, 王慧. 面向东南亚华语语言规划的语言态度调查研究 [J]. 语言文字应用, 2018 (2): 11-19.
[192] 温北炎. 试析印尼华族与当地民族的关系 [J]. 世界民族, 2003 (3): 44-50.
[193] 哈佛燕京学社. 建构世界共同体——全球化与共同善 [M]. 方俊人, 姜玲, 译. 南京: 江苏教育出版社, 2006.
[194] 林希元. 钦州志: 卷1 [M]. 据宁波天一阁藏明嘉靖刻本影印. 上海: 上海古籍书店, 1961.

[195] 杨豪. 岭南宁氏家族源流新证［J］. 考古，1989（3）：269-273.

[196] 周去非. 岭外代答校注［M］. 杨武泉，校注. 北京：中华书局，1999.

[197] 黄学成. 钦州州官可考者［C］//政协钦州市委员会文史资料委员会. 钦州文史资料第六辑，钦州市印刷厂，1999.

[198] 合浦县志编纂委员会. 合浦县志［M］. 南宁：广西人民出版社，1994.

[199] 钦州市地方志编纂委员会办公室. 钦州市志［M］. 南宁：广西人民出版社，2000.

[200] 广东省地方史志办公室. 广东历代方志集成·廉州府部十二［M］. 影印版. 广州：岭南美术出版社，2009.

[201] 罗香林. 客家源流考［M］. 北京：中国华侨出版公司，1989.

[202] 王先谦. 同治朝东华续录：第2册［M］. 台北：文海出版社，2006.

[203] 张书才. 雍正朝汉文朱批奏折汇编［M］. 南京：江苏古籍出版社，1989.

[204] 王士性. 广志绎［M］. 吕景琳，点校. 北京：中华书局，1981.

[205] 黄铺琨. 广西海外社团的历史和现状［J］. 八桂侨史，1987（2）：10-14.

[206] 赵和曼. 广西籍海外社团研究［J］. 八桂侨史，1996（2）：6-10.

[207] 北京市档案馆. 北京会馆档案史料［M］. 北京：北京出版社，1997.

[208] 陈平润. 分布在世界各地的广西籍华侨华人［J］. 八桂侨史，1991（1）：40-42.

[209] 广东省哲学社会科学研究所历史研究院，中国科学院近代史研究所中华民国史组，中山大学历史系. 孙中山年谱［M］. 北京：中华书局，1980.

[210] 赵和曼. 广西籍华侨华人资料选编［M］. 南宁：广西人民出版社，1990.

[211] 广西地方志编纂办公室. 广西侨务志［M］. 南宁：广西人民出版社，1994.

[212] 班固. 汉书·地理志［M］. 颜师古，注. 北京：中华书局，1978.

[213] 徐继畬. 瀛环志略［M］. 上海：上海书店出版社，2001.

[214] 北海市地方志编纂办公室. 北海市志［M］. 南宁：广西人民出版社，2001.

[215] 刘昫. 旧唐书［M］. 北京：中华书局，1975.

[216] 向大有，赵和曼. 广西侨务侨史文集（2）［M］. 北京：中国华侨出版社，1993.

[217] 杨国桢，郑甫弘，孙谦. 明清中国沿海社会与海外移民［M］. 北京：高等教育出版社，1997.

[218] 郑甫弘. 明末清初东南亚华人移民与生产技术的传播［J］. 南洋问题研究，1992（2）：67-68.

[219] 陈显泗. 柬埔寨两千年史［M］. 郑州：中州古籍出版社，1990.

[220] 防城县地方志编纂办公室. 防城县志［M］. 南宁：广西民族出版社，1993.

[221] 王光荣. 北部湾中越民族文化交融溯根探源［M］//潘琦. 广西环北部湾文化研究，南宁：广西人民出版社，2002：469-475.

[222] 吴泽. 华侨史研究论集［M］. 上海：华东师大出版社，1984.

[223] 蒋廷瑜. 广西考古四十年概述［J］. 考古，1998（11）：1-10.

[224] 于凤芝，方一中. 广西钦州独料新石器时代遗址［J］. 考古，1982（1）：1-8.

[225] 蒋炳钊. "越为禹后说"质疑：兼论越族来源［J］. 民族研究，1981（3）：63-72.

[226] 百越民族史研究会. 百越民族史论丛［M］. 南宁：广西人民出版社，1985.

[227] 张声震. 壮族通史［M］. 北京：民族出版社，1997.

[228] 韦仁义. 武鸣马头墓葬与古代骆越［J］. 文物，1988（12）：32-36.

[229] 廖国一. 论西瓯、骆越文化与中原文化的关系［J］. 民族研究，1996（6）：55-61.

[230] 刘安. 淮南子·精神训［M］. 上海：上海古籍出版社，1989.

[231] 林惠祥. 中国东南区新石器文化特征之一：有段石锛［J］. 考古学报，1958（3）：1-23.

[232] 黎崱. 中外交通史籍丛刊·安南志略：卷14［M］. 北京：中华书局，2000.

[233] 范晔. 后汉书 [M]. 北京：中华书局，1982.

[234] 梁方仲. 中国历代户口、田地、田赋统计 [M]. 上海：上海人民出版社，1980.

[235] 徐杰舜. 中国民族史新编 [M]. 南宁：广西教育出版社，1989.

[236] 乐史. 太平寰宇记：卷166 [M]. 王文楚，等点校. 北京：中华书局，2007.

[237] 李昉，等. 太平御览：卷785 [M]. 北京：中华书局，1985.

[238] 魏徵. 隋书：卷31 [M]. 北京：中华书局，2011.

[239] 杜佑. 通典：卷188 [M]. 王文锦，等点校. 北京：中华书局，1988.

[240] 蒋炳钊. 东南民族研究：第二集 [M]. 厦门：厦门大学出版社，2013.

[241] 蒋炳钊. 东南民族研究 [M]. 厦门：厦门大学出版社，2002.

[242] 郭志超. 闽北民族史辨 [M]. 合肥：黄山书社，2006.

[243] 蒋炳钊. 畲族史稿 [M]. 厦门：厦门大学出版社，1988.

[244] 吴永章. 畲族与瑶苗同异辨析 [M] //马健钊. 畲族文化研究：上册，北京：民族出版社，2007.

[245] 黄向春. 畲族的凤凰崇拜及其渊源 [J]. 广西民族研究，1996 (4)：96 – 102.

[246] 张嘉星. 闽南歌谣起源年代及其流变：论漳州《排甲子》在闽南语区的影响嬗变与发展 [J]. 信阳师范学院学报（哲学社会科学版），2010，30 (3)：92 – 98.

[247] 舟山市地方志编纂委员会. 舟山市志 [M]. 杭州：浙江人民出版社，1992.

[248] 张岳，等. 嘉靖惠安县志 [M]. 福州：福建人民出版社，2016.

[249] 平兆龙，王元林. 神起域外：琼越兄弟公信仰缘起新探 [J]. 东南亚研究，2020 (6)：140 – 152.

[250] 陈春声. 信仰与秩序：明清粤东与台湾民间神明崇拜研究 [M]. 北京：中华书局，2019.

[251] 韩祐. 康熙儋州志 [M]. 林冠群，点校. 海口：海南出版社，2004.

[252] 中共海南省委党史研究室（海南省地方志办公室）. 海南与海上丝绸之路 [M]. 北京：清华大学出版社，2018.

[253] 莫里斯·弗里德曼. 中国东南的宗族组织 [M]. 刘晓春，译. 上海：上海人民出版社，2006.

后 记

《中国东南沿海海防与人口迁徙调查研究》是国家社科基金重大项目"中国东南海海洋史研究"【19ZDA189】在研究过程中形成的调研丛书第一卷。

本卷为体系化系统研究"中国东南海海洋史研究"调研丛书学术探索链条首个环节。全卷收录了36篇调研报告和研究论文，形成五个学术体系专题：

专题一：中国东南沿海海防史研究；

专题二：中国东南沿海戍边及人口迁徙史研究；

专题三：中国东南沿海非军事人口播迁文化史研究；

专题四：中国东南沿海地区乡村人口变迁调查研究；

专题五：中国东南沿海迁徙宗祠研究。

在本体系化丛书的编纂中，本卷采用以点带面的方法，通过对中国东海、南海沿海地区具有代表性的海域点位进行个案采集，结合实地调研与历史考察，系统梳理中国海疆海防的发展脉络。

在此卷中，笔者作为国家社科基金重大项目"中国东南海海洋史研究"首席专家，以身作则，身体力行，带领团队沿东海、南海乡村做田野调查，在本卷收录的成果中，亲手执笔撰写的调研报告、论文共计9篇；北部湾大学吴小玲教授撰写4篇；河南科技大学刘鸿亮教授撰写2篇；厦门理工学院苏冬梅副教授撰写4篇；海南热带海洋学院郑力乔教授撰写3篇；惠安县政协文史委主任张国琳撰写2篇；惠州市文化广电旅游体育局陈政禹博士撰写2篇；张家口市文联马锡珍教授撰写1篇；其他课题组成员撰写各1篇，在此一并感谢。感谢课题组全体成员的辛苦和付出；感谢陪同课题组做田野调查的所有地方学者和当地民间造船传承人及船老大们；感谢那些不留姓名热情带路的乡镇干部及村民。

借此机会，特别感谢厦门理工学院团队的所有师生。在长达12年的海洋史与海洋民俗调研中，所有成员精诚团结，不辞辛苦，在暑假高温40℃的环境下，坚持到海边渔村做调研。同时还要感谢南通大学课题组的师生，在短短3年时间内，继往开来，圆满完成团队后续的田野调研及历史文献节录等工作，使国家社科重大项目得以顺利继续进行，并取得了丰硕成果。感谢本卷所有作者的所在单位，没有单位的支持，课题组所有成员是很难圆满完成此次调研任务的。

在国家社科基金重大项目进行的三年多时间里，课题组师生撰写调研报告和论文共计70余篇。由于其中有三分之一调研报告是课题组为培育学生对海洋文化历史兴趣而进行的培育计划，所以此类报告内容比较单一，又考虑到本卷字数所限，故在本卷中不予收纳，特此说明，并向所有参加调研的同学表示衷心感谢！

借此机会向支持课题组，并为课题组提供无偿帮助的南通市地方志办公室、广东饶平县委宣传部、饶平县大埔镇政府、惠州市文体广电旅游局、北京师范大学珠海校区、海南昌江县档案馆等单位和个人表示万分感谢，是他们的热情和无条件的帮助，为课题组提供了交通和采访的方便，极大加快了课题组调研的进程和质量。在此特别鸣谢！

最后，全体课题组向课题管理单位——南通大学的领导和学校人社处、人才办、财务处、后勤处、国资处、保卫处及相关学院的领导表示真诚的谢意！在课题进行的两年多时间里，南通大学和各个学院，有求必应，为本课题组召开的专门协调工作会议多达十余次；并且在人力、物力和经费上，为课题组想方设法保驾护航，让课题组全体成员感受到了家的温馨和归属感。

本卷主编：刘芝凤

2024 年 5 月 16 日